W9-CNM-460

**Рауль
Валленберг**

Bengt Jangfeldt

Raoul Wallenberg

En biografi

Бенгт Янгфельдт

Рауль Валленберг

Исчезнувший герой Второй мировой

Перевод со шведского
Ольги Сушковой

издательство **АСТ** Москва

УДК 94(485)(092)Валленберг
ББК 63.3(4Шве)-8
Я60

Издание осуществлено при финансовой поддержке Swedish Arts Council

KULTURRÅDET

Published by agreement with Banke, Goumen & Smirnova Literary Agency

Художественное оформление и макет Андрея Бондаренко

Янгфельдт, Бенгт

Я60   Рауль Валленберг. Исчезнувший герой Второй мировой / Бенгт Янгфельдт, пер. со шведского О. Сушковой. — Москва: АСТ: CORPUS, 2015. — 636, [4] с.

ISBN 978-5-17-087296-1

Многократный лауреат премий Августа Стриндберга и других, знаток литературы и истории, автор книг о Владимире Маяковском и Иосифе Бродском, Бенгт Янгфельдт — едва ли не самый известный шведский славист. Его книга "Рауль Валленберг. Исчезнувший герой Второй мировой" — это на сегодняшний день самое подробное исследование жизни и гибели шведского бизнесмена, во время Второй мировой войны в оккупированной Венгрии спасшего от смерти много тысяч евреев. Янгфельдту удалось получить доступ к ранее недоступным шведским архивам и восстановить в подробностях хронологию последних дней Валленберга в Будапеште и его пребывания в советских застенках. Книга "Рауль Валленберг. Исчезнувший герой Второй мировой" стала бестселлером во многих странах, а теперь наконец выходит на русском языке.

УДК 94(485)(092)Валленберг
ББК 63.3(4Шве)-8

ISBN 978-5-17-087296-1

Содержание

"Он был, возможно, единственным человеком, имевшим
по-настоящему значительное влияние в Будапеште. [...]
В то время проходила крупная операция по спасению [евреев].
Но именно он был тем, кто выступал с инициативой, давал
нам силы, действовал личным примером. Он сам был проти-
воположностью всему тому, что происходило в Будапеште".

АРИ БРЕСЛАВЕР
на процессе против Адольфа Эйхмана, 1961 год

"Наверное, ни один швед в нашей истории не имел случая
таким непосредственным и личным образом спасти
тысячи человеческих жизней".

**Первый заместитель
министра иностранных дел Швеции
АРНЕ С. ЛУНДБЕРГ,
1957 год**

"Пусть сбудется все то, о чем я постоянно думаю, —
что ты вырастешь способным человеком, который сделает
честь нашей семье".

**ГУСТАВ ВАЛЛЕНБЕРГ —
Раулю Валленбергу
в день его 23-летия, 1935 год**

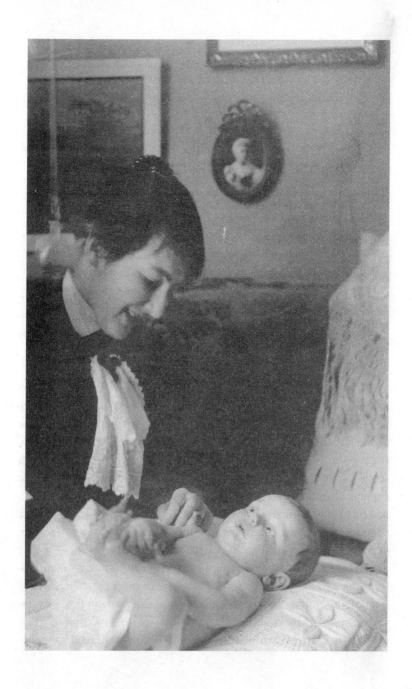

Доброе предзнаменование

Когда Рауль Валленберг родился, его бабушка Софи Висинг писала: "Малыш Рауль, что называется, родился в сорочке[1], — для суеверных это означает нечто хорошее, хотя не знаю, что именно. Меня же порадовало, что он появился на свет в воскресенье. Да будет это добрым предзнаменованием!"

И предзнаменование оказалось добрым. Нет ни одного шведа, который внес бы такой вклад в дело спасения человеческих жизней, как Рауль Валленберг на заключительном этапе Второй мировой войны. После того как 19 марта 1944 года Германия оккупировала Венгрию, всего за семь недель было депортировано почти полмиллиона венгерских евреев. В июле того же года Валленберг был направлен в Будапешт с дипломатической миссией. Перед ним стояла задача постараться предотвратить умерщвление в газовых камерах четверти миллиона евреев, еще остававшихся в живых.

Валленберг развернул в Будапеште широкомасштабную спасательную операцию. Он выдал шведские охранные паспорта почти десяти тысячам евреев, которые в результате стали шведскими гражданами и избежали депортации и смерти. Этим Валленберг известен больше всего. Но не менее важной частью его операции по спасению людей стала выстроенная им сеть социальной защиты. Он организовывал медицинскую помощь и распределение продовольствия, создавал детские дома и дома престарелых. Благодаря этой гуманитарной деятельности еще многие тысячи людей были избавлены от голода и смерти.

Рауль Валленберг был по сути не столько дипломатом, сколько предпринимателем.

Он родился в стокгольмском пригороде Лидингё 4 августа 1912 года. В социальном плане ему действительно крупно повезло: он появился на свет в семье ведущих представителей шведского финансового бизнеса. Перед ним открывалось безоблачное будущее. Валленберг рос в богатом районе столицы, учился в лучших школах и вращался в высших кругах. Но с самого начала его жизнь была омрачена скорбью. Когда он родился, его отца уже не было в живых. Ответственность за воспитание мальчика в значительной мере взял на себя его дед по линии отца, Густав Валленберг, родной брат Маркуса Валленберга-старшего, главы клана.

Роль деда в воспитании Рауля невозможно переоценить. Именно он наметил контуры его будущего образования и сформулировал определенные моральные принципы, желая, чтобы Рауль руководствовался ими в жизни. Он хотел, чтобы Рауль стал успешным предпринимателем и одновременно гражданином мира, человеком, который принесет славу своей семье, ведь принадлежность к семейству Валленбергов ко многому обязывает. Рауль, с юных лет проявлявший большой интерес к эстетической сфере, сначала учился в США на архитектора. После этого он прошел стажировку в Кейптауне и Хайфе, где получил опыт предпринимательской и банковской деятельности. Когда в 1936 году, после пяти лет пребывания за границей, он вернулся в Швецию, предполагалось, что он начнет работать в коммерции. Однако при всей своей активности и неоспоримом таланте вести переговоры особых успехов на стезе предпринимательства Рауль не достиг. Эти качества тем не менее пригодились ему в Венгрии, когда дело потребовало инициативы и нестандартного мышления.

"Сорочка", в которой воскресным днем родился счастливчик Рауль Валленберг, оказалась добрым предзнаменованием для будапештских евреев, но не для него самого. В январе 1945 года он был захвачен советскими войсками, арестован и отправлен в Москву, где его посадили в тюрьму и, судя по всему, два с половиной года спустя казнили. Поэтому история Рауля Валленберга — это не только история его борьбы за спасение будапештских евреев. Это также история цены, которую пришлось заплатить, и история судьбы Валленберга в Советском Союзе, которая и сегодня, через 68 лет после того, как его вывезли в СССР, покрыта мраком.

Осенью 1944 года линия фронта между двумя великими тоталитарными идеологиями XX века проходила через Будапешт. Рауль Валленберг попал под перекрестный огонь. Одержав победу над одной из идеологий, он пал жертвой другой.

Рожденный
Валленбергом

Письмо, в котором говорилось, что Рауль "родился в сорочке", было адресовано Анни Валленберг, бабушке новорожденного по отцовской линии. Четыре дня спустя еще в одном письме, на этот раз адресованном не только ей, но и деду Рауля Густаву Валленбергу, госпожа Висинг написала: "Пусть это крохотное беспомощное создание, ваш внучек, принесет вам в будущем большую радость. Да оправдаются в нем, хотя бы в какой-то мере, те светлые ожидания, которые вы возлагали на его отца".

Отец Рауля скончался от рака за три месяца до появления сына на свет. Его тоже звали Рауль. Мальчик был назван в память о нем. В отсутствие отца решающую роль в выборе воспитания и обучения стал играть дед Рауля. Хотя Густав Валленберг отсутствовал физически (он жил и работал за границей), первые 25 лет жизни Рауля-младшего отмечены его влиянием. Второе его имя, Густав, стало данью уважения деду.

777

Рауль Валленберг родился в семье, в которой мужчины воспитывались в соответствии с определенными традициями, так что к ним предъявлялись жесткие требования. Тому, кто хочет почувствовать дух, царивший в этой среде, стоит ознакомиться с идеалами и методами воспитания, принятыми в семействе Валленбергов. Они определили юные годы и последующий выбор профессиональной деятельности отца и деда Рауля.

Отец Рауля, сын Густава и Анни Валленбергов, родился 13 июля 1888 года. Густав Валленберг в юности был морским офицером, и мальчика крестили в стокгольмской церкви, приход которой состоял из военно-морских офицеров и членов их семей. Среди крестных и гостей на церемонии можно было видеть родных со стороны отца — бабушку Рауля-старшего Анну, его дядю Маркуса и тетю Алис, а также родственников по материнской линии и других представителей высших кругов шведского общества.

Рауль Оскар был у своих родителей первым ребенком и единственным сыном. Выбор необычного имени, возможно, был навеян чтением романов Александра Дюма: Раулем зовут сына мушкетера Атоса². Позднее на свет появятся другие дети — дочери Карин (родилась в 1891 году) и Нита (родилась в 1896 году). У Рауля-старшего были еще двоюродные братья и сестры, все моложе его, — четыре девочки и два мальчика, дети Маркуса Валленберга, доводившегося Раулю Оскару дядей. Девочек воспитывали так, чтобы обеспечить им достойную в социальном отношении партию. Мальчики — Якоб, родившийся в 1892 году, и Маркус-младший (Додде), родившийся в 1899-м, — получали образование, призванное способствовать их карьере в *Stockholms Enskilda Bank* (этот банк основал в 1856 году их дед Андре Оскар Валленберг). Будучи самым старшим среди кузенов, Рауль Оскар в своем поколении был первым претендентом на руководящую роль в этом банке.

Но прежде ему надлежало получить образование. Сыновья в семействе Валленбергов по традиции учились сначала в школах-пансионах за границей, а затем в Королевском военно-морском училище в Стокгольме. Школа, где в течение трех лет учились Густав и Маркус (как и еще несколько их братьев), называлась "Корнталер Кнабенинститут" и находилась под Штутгартом. В рекламе школа описывалась как "классическая, математическая и коммерческая школа для юных джентльменов". В основе преподавания лежали идеи просвещения и прогресса, центральные и для представлений самого Андре Оскара. "Сыну, получившему в дар средства, уроки и опыт своих родителей, следует достичь большего, чем достиг его отец", — писал он сыну Кнуту. И далее: "Знание напоминает лестницу, где каждая следующая ступенька оказывается выше, чем предыдущая, а на самом верху находятся все то просвещение и все те удовольствия, каких только может достичь человек в наше время".

После этой подготовительной учебы мальчики попали в военно-морское училище в Стокгольме, в точности повторив путь отца. Карьера морского офицера во второй половине XIX века привлекала многих молодых людей из высших слоев общества, видевших в ней свой идеал. Как считал Андре Оскар, море дарит человеку важный опыт, который может пригодиться и в иной связи: "Тот, кто не научился подчиняться исключительно из чувства долга, никогда не станет тем, кто отдает приказы. Такому пристала жизнь в овечьем стаде: стоит кому-то испугаться, и все стадо обычно бросается вслед за ним…"

Однако по сравнению с 1860-ми годами времена изменились. В отличие от отца и дяди, Рауля Оскара не послали в пансион, а отправили в Новое элементарное училище в Стокгольме. (Эта экспериментальная школа, основан-

Генеалогическое древо Валленбергов

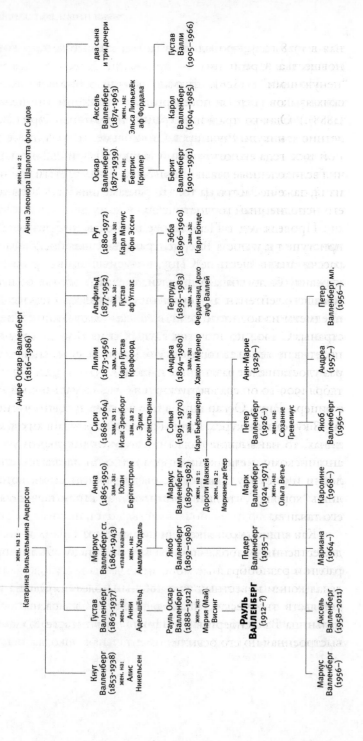

ная в 1928 году, проводила в жизнь важные педагогические новшества. Среди них — признание телесных наказаний "ненужными" (1846), факультативное изучение классических языков (1846) и посещение богослужений по желанию (1888).) Однако традиция учебы за границей сохранялась: летние каникулы Рауль проводил в Германии и Англии, а весной 1902 года его отправили учиться в Париж. Там он получил великолепные отзывы и закончил курс первым учеником из 14, даже несмотря на то, что "был младше всех", как писал его исполненный гордости отец.

Проведя год в Париже, Рауль Оскар с осени 1903 года приступил к учебе в Военно-морском училище. Учеба была рассчитана на шесть лет. После успешно сданного экзамена курсанту было сначала присвоено звание мичмана, а затем младшего лейтенанта. Теоретическое образование дополняли предметы из военного дела и морские экспедиции в другие страны. С 1904 по 1909 год Рауль Оскар объездил весь мир, посетив не менее 24 городов. Учился он блестяще и несколько раз удостаивался различных наград и знаков отличий. 28 октября 1909-го он сдал выпускной экзамен на звание морского офицера. Рауль Оскар вышел из училища третьим учеником из 18 курсантов курса. Если говорить о гражданских дисциплинах, то наивысшие баллы он получил по родному языку, английскому, немецкому и французскому, а также политологии и рисунку. Напротив, по алгебре он заработал всего лишь "хорошо", что дает некоторое представление о профиле его таланта.

Как видно по оценке за рисунок, Рауль Оскар обладал художественным дарованием. Он обожал рисовать военные корабли и разнообразные морские сюжеты и с удовольствием делал копии известных живописных полотен. Одно из свидетельств творческих наклонностей Рауля Оскара — усыпальница Валленбергов в их родовом поместье Мальмвике, выстроенная по его эскизам.

В сохранившихся письмах Рауль Оскар предстает как энергичный молодой человек с живой фантазией, изрядной долей юмора и острым взглядом. "[Я] тут же полюбил его... за верность долгу, открытость и прямодушие, а также за веселый и бойкий нрав", — вспоминал знавший его по училищу офицер Фабиан Тамм. Тамм был также поражен некоторыми чертами характера Рауля Оскара, которые наблюдал во время стоянки в Шербурге в 1909 году, когда среди экипажа разразилась эпидемия. В рассказе об этом он подчеркивает "то спокойствие, которое ощутил после разговора с Раулем. Расставание с заболевшими курсантами в Шербурге было тяжелым", но Тамм "уверился в том, что он [Рауль] позаботится о своих товарищах и поможет тем, кто не обладал его способностями приспособиться к чужой стране". По словам вице-консула в Шербурге, Рауль говорил "на достойном восхищения французском" и выказал "исключительную энергию и невероятную чуткость, не только помогая врачу в его работе, но и успокаивая своих товарищей и морально поддерживая их". Его поведение свидетельствовало о "достойном восхищения самообладании и мужестве".

После военно-морского училища Рауль продолжил свое образование морского офицера во Флоте береговой обороны. Первоначальной его целью было стать лейтенантом, на что требовалось три года. Но уже год спустя, летом 1910-го, он сообщил своему отцу, что хотел бы поступить в Высшую техническую школу: "Чем бы я ни занялся в дальнейшей жизни, такого рода курс всегда будет приносить свои плоды".

Объяснение этому повороту следует искать в важных переменах в жизни Рауля, имевших место вскоре после сдачи им выпускных экзаменов на офицерское звание. Зимой 1910 года он влюбился. Чувства оказались взаимными,

Морской офицер **Рауль Оскар Валленберг**.

и влюбленные приняли решение о помолвке. "Мы довольно быстро обо всем договорились, — писал Рауль своим родителям в апреле 1910 года, — но все равно при нашей молодости и неопытности ужасно сомневались, спрашивая себя, действительно ли мы любим друг друга достаточно сильно. Это ведь такая большая ответственность — легко попасть пальцем в небо, сделавшись несчастными на всю жизнь. Над этим мы долго размышляли и в конце концов решили, что, если наши родители дадут свое согласие, мы будем продолжать отношения, но пока не объявляя о помолвке и при всех обстоятельствах отложив свадьбу до того, как я стану лейтенантом (через три года)".

Предметом чувств Рауля стала Май Висинг, дочь врача, профессора Пера Висинга и его жены Софи. Май, пишет он, "здоровая, сильная и развитая девушка, способная за полдня пройти пешком 30 км. К тому же у нее необычайно изящная и хорошая фигура", она "по сути очень серьезная и очень целеустремленная", но одновременно "очень веселая, оживленная". И он, и Май отнеслись к случившемуся "крайне серьезно", поскольку они "ужасно боятся, каждый по своим причинам", что родители не одобрят их образ действий — то есть что Рауль Оскар попросил ее руки, не уведомив сначала собственных родителей.

Поскольку "женишься прежде всего на семействе, а уж потом на девушке", как это сформулировал Рауль, страх был небезоснователен. Что касается родителей Май, то с ними проблем не было, они имели возможность наблюдать за влюбленными с близкого расстояния и с самого начала. Они были убеждены, что молодые обладают "лучшими предпосылками стать счастливой парой". Но отец Рауля с 1906 года занимал

Май Висинг, "здоровая, сильная и развитая девушка, способная за полдня пройти пешком 30 километров. К тому же у нее необычайно изящная и хорошая фигура".

пост шведского посланника в Токио и ни разу не видел будущей супруги сына. К тому же Густав Валленберг неоднократно предупреждал его об опасности со стороны "коварных сирен, жаждущих поймать юношу в свои сети". Однако в результате переписки с сыном он согласился на этот брак.

Венчание состоялось 27 сентября 1911 года. Перед красивой парой открывались самые блестящие перспективы. Они поселились в четырехкомнатной квартире в центре Стокгольма. В том же доме находилась большая угловая квартира родителей Май. Но радость оказалась недолгой. Перед Рождеством Рауль заболел, и в январе 1912 года врачи поставили диагноз "саркома", рак костного мозга, — редкий вид рака, чаще всего поражающий молодых. Когда Рауль заболел, ему было 23 года.

Болезнь развивалась стремительно, но и от больного, и от его молодой жены скрывали, что надежды нет. "Рауль и Май не знают подробностей о болезни Рауля, но он наверняка временами догадывается, что дело может кончиться плохо", — писал Пэр Висинг Густаву Валленбергу в Токио 9 апреля 1912 года. На самом деле ничем помочь было нельзя, разве что постараться уменьшить боли. 23 апреля 1912 года Маркус Валленберг сообщал брату Густаву, что сын его переносит свое положение мужественно: "Я иногда захожу к нему и пытаюсь развлечь разговором. К сожалению, ничего нельзя сделать. Лучший его друг теперь — морфий".

Рауль Оскар скончался 10 мая 1912 года и был похоронен четыре дня спустя. Первым в своей семье он был погребен в усыпальнице в Мальмвике, возведенной по его собственным эскизам. "Было поучительно видеть, как несла свою тяжкую скорбь молодая супруга. Впечатление почти такое, как будто ее поддерживали какие-то высшие силы", — писал капитан Фабиан Тамм отцу Рауля (в связи с политическими настроениями в Китае родители прибыть домой на погребение сына не смогли).

Усыпальнице в Мальмвике.

В череде представителей рода Валленбергов Рауль как старший внук основателя династии мог надеяться на главенствующее положение в семейном банке и бизнесе. Его не стало, и эстафетная палочка перешла к его кузену Якобу, который был на четыре года моложе и осенью, в год смерти Рауля, закончил военно-морское училище. Якоб мечтал о продолжении карьеры морского офицера, но вместо этого отец и дядя Кнут Валленберг вынудили его оставить эти планы и заняться банком.

"Жизнь так безгранично тяжела"

К моменту смерти своего супруга Май Валленберг только что исполнился 21 год, она была на седьмом месяце беременности.

"Мне кажется, с каждым днем жизнь все тяжелее, а безграничная пустота и тоска все больше и больше, — писала она 5 июля своей свекрови. — Это чувство полной беспомощности перед жестокой смертью, так неумолимо унесшей все, все, что было у меня и у вас. Но мне давным-давно следовало понять, что огромное и абсолютное счастье, которого я удостоилась с того момента, как познакомилась с моим Раулем, не может длиться долго". Она беспокоится о будущем своего ребенка: "Ах, мама, что же будет с нашим крошкой? Я часто спрашиваю себя, хватит ли у меня мудрости, чтобы воспитать из него приличного человека. Бедное дитя, лишившееся своего папы!"

Начало лета она провела в Мальмвике, где могла посещать место последнего упокоения мужа. "Как же тут красиво теперь", — сообщала она свекрови. Семейство маленьких жаворонков устроило гнездо в нише у ног Рауля, флаг лежал на могильной плите, но цветы убрали, поскольку цемент еще не застыл. Май позаботилась о том, чтобы унесли офицерскую саблю Рауля, иначе ее могла повредить сырость. "Если будет мальчик и он станет офицером, для него, наверно, будет такой драгоценной возможностью носить саблю отца".

Прожив неделю в Мальмвике, Май перебирается в Капста в Лидингё — летнее местопребывание семьи Висинг. Она на девятом месяце, "жизнь так безгранично тяжела", и она не знает, чем себя занять, чтобы "забыть весь этот ужас", который ее постиг. Иногда ей хочется умереть. Ее также мучает опасение, что болезнь отца может передаться ребенку. Эта мысль ранее не давала покоя и отцу: "Мне он этого никогда не говорил, он берег меня, насколько это было возможно, но с сестрой они это обсуждали". Однако она утешает себя тем, что, по мнению врачей, саркома по наследству не передается.

Роды наступили 4 августа. "Как ты, вероятно, уже знаешь из телеграммы, — писал Пер Висинг Густаву Валленбергу, — наша дорогая Май разрешилась от бремени, родив, как она сама и желала, мальчика, которого она назвала до-

Софи Висинг на даче в Капсте, где родился Рауль.

рогим для нее именем Рауль Густав Валленберг". Крестины состоялись там же, в Капсте, 3 сентября, в тот самый день, когда Густав и Анни Валленберг отмечали свою серебряную свадьбу. Среди крестных и гостей были братья деда Рауля Кнут, Маркус и Аксель с женами, дядя Рауля Якоб, а также родственники по материнской линии.

Роды прошли хорошо, мальчик родился весом 3 кг 300 г и сразу же взял грудь. "Сама я не в силах описать то счастье, которое переживаю от того, что у меня есть этот младенец, живое напоминание о моей счастливой любви", — писала Май свекру. "Он и вправду прелесть и красавец. Май говорит, что у него губы Рауля, вздернутый носик и синие глаза", — сообщала Софи Висинг в письме к Анни Валленберг.

Появление на свет Рауля стало лучом света во тьме не только для его матери, но и для деда и бабушки по отцу. "Пусть предстоящие годы облегчат горечь и скорбь, постигшие вас", — писала Софи Висинг в письме-поздравлении

Рауль Густав Валленберг. Капста, Шерсэтра, 4 августа 1912 года.
Май Валленберг, урожденная Висинг.

в связи с их серебряной свадьбой. Она также выражала надежду на то, что дедушка с бабушкой в какой-то степени разделят ответственность за воспитание внука: "Я от всей души надеюсь, что малыш Рауль сможет прибегать к поддержке и добрым предостережениям своих любезных дедушки и бабушки вплоть до момента, когда станет взрослым мужчиной".

И Рауль в избытке получил все это. С момента его рождения Густав Валленберг перенес на внука все свои планы и амбиции, которые прежде связывал с сыном. Он как будто вновь стал отцом. В 1919 году он стал официальным опекуном Рауля.

Раульчик

После кончины мужа Май вернулась в родительский дом. Она полностью отдалась заботам о малыше — Раульчике, как стали звать мальчика. "Мамина заветная надежда на то, что этот малыш, мой единственный любимый, станет моим утешителем, оправдалась, — писала она 20 октября свекрови. — Я так счастлива, что и Рауль сумел почувствовать и понять, что ребенок принесет мне в будущем только безграничное счастье и утешение".

Чувство счастья, нашедшее выражение в этом письме, было вдребезги разбито всего через месяц с небольшим. Се-

Дедушка и бабушка Рауля по материнской линии Пер и Софи Висинг.

мидесятилетний отец Май, несмотря на связанные с возрастом недуги продолжавший активную врачебную практику, заболел воспалением легких и умер 5 декабря того же года. Май вновь понадобилось все ее "достойное восхищения самообладание", только что проявленное в связи со смертью мужа. "У кровати больного она вновь переживала историю страданий своего собственного любимого, — писала Софи Висинг Густаву и Анни Валленберг. — Она страдала вдвойне, бедняжка, и, как обычно, изо всех сил честно старалась не поддаваться, но это дорого ей стоило".

После кончины Пера Висинга связь между матерью и дочерью укрепилась еще сильнее. Обе в течение одного года потеряли мужей, для обеих Раульчик стал играть роль маленького "дорогого утешителя". Рауль — основная тема множества писем, написанных за эти годы Май свекру и свекрови, которых она постоянно держала в курсе всех новостей жизни ребенка.

Рауль рос в семье, члены которой как с отцовской, так и с материнской стороны принадлежали к высшим кругам общества и вели соответствующий образ жизни. У них несколько служанок, помогающих по хозяйству. Май играет в хоккей на Стокгольмском стадионе с кронпринцессой Маргаритой и организует "благотворительный чай" в отеле "Рояль", где присутствует и кронпринцесса, и принцесса Ингеборг. Ее приглашают на ужин на борту броненосца береговой обороны "Оскар II" и отвозят домой в Капсту на адмиральском баркасе. Она водит дружбу с несколькими виднейшими аристократическими семействами Швеции. Благодаря своей подруге Эльзе фон Дардель она имеет возможность в январе 1914 года из окна Верховного Суда, где работает брат Эльзы Фредрик, наблюдать похоронную процессию при погребении вдовствующей королевы Софии. Зимой того же года она вместе с матерью проводит два месяца на Французской Ривьере, в то время как с Раулем остается няня.

Детство Рауля в основном проходит в парке Хумлегорден, в нескольких шагах от дома. Больше всего он общается с Хагстрёмерами — своими двоюродными братьями, особенно с Андерсом. Старшая сестра Май Сигрид была замужем за членом Верховного суда Свеном Хагстрёмером, оказавшим им помощь при составлении описи имущества, оставшегося после Рауля-старшего. Семья Хагстрёмеров владела летней дачей на острове Вэрмдё, куда обыкновенно приезжала Май с Раулем. Другая сестра Май, Анна, была замужем за Карлом Ниссером, владельцем усадьбы Бробю в провинции Сёрмланд, где все с удовольствием проводили Рождество и Новый год и пару недель летом. Но в основном летом они постоянно жили в Капсте, куда часто приезжала погостить Эльса, третья сестра Май. Она была замужем за капитаном американской береговой артиллерии Уильямом Мехлингом Кольвином (в се-

Май Валленберг в Капсте с сыном Раулем.

мье прозванным Мех) и приезжала с двумя своими детьми — Лусеттой и Фитцджоном. Из писем явствует, что Май и Рауль общались в основном с родственниками, включая, естественно, родных по линии Валленбергов. В рождественский сочельник Май с Раулем ездит к "дяде Маркусу". Они частые гости в Мальмвике, и Маркус Валленберг в октябре 1913 года очень постарался, чтобы в склепе было не так влажно, что принесло Май "совершенно безграничное счастье".

В экономическом отношении жизнь молодой вдовы вполне налаженна. Она получает пенсию как вдова. Кроме того, ее часть наследства по мужу составляла 11 765 крон (почти 550 тыс. крон на нынешние деньги). В день, когда ей исполнился 21 год, Май (как и три ее старшие сестры в момент их совершеннолетия) также получила 10 700 крон (500 тыс. по современному курсу) от своих родителей, людей вполне обеспеченных. А имущество, оставшееся после смерти доктора Висинга, было оценено почти в 15 млн крон в соответствии с нынешним курсом.

Таковы были среда и обстоятельства, при которых появился на свет Рауль Густав Валленберг. Без отца, при "отчиме", то есть деде, постоянно проживавшем в другом полушарии, у матери, овдовевшей за неделю до того, как ей исполнился 21 год. Он принадлежал клану Валленбергов, но условия могли бы быть и более благоприятными.

Жуткий юморист

За развитием Рауля в его детские и юношеские годы можно проследить по письмам его матери Густаву и Анни Валленберг. Как было сказано, дед Рауля находился на дипломатической службе, сначала как шведский представитель в Токио, затем, с 1920 года, в Константинополе. К нему изредка приезжала его супруга Анни, которая предпочитала жить на вилле в Сальтшёбаден в пригороде Стокгольма, где у нее был сад, за которым она обожала ухаживать. "Он понимает уже большую часть того, что ему говорят, и я упорно работаю над тем, чтобы приучить его к послушанию", — сообщала Май, когда мальчику исполнилось 14 месяцев. Врач, осмотревший ребенка, сказал, что он "спокойный, без малейших признаков нервозности или застенчивости и производит впечатление очень сообразительного". Месяц спустя малыш сделал свои первые шаги.

Рауль на улице Нарвы в Стокгольме

В рассказах матери о первых годах его жизни отчетливо проступают определенные черты и свойства характера мальчика. Рауль не слушается, в нем "довольно много упрямства, с которым приходится бороться", и это ее беспокоит. Но одновременно она отмечает и более положительное проявление тех же черт характера, а именно его "исключительную самостоятельность во мнениях и поведении". В качестве примера она приводит ответ Рауля на высказанную ею надежду, что он, когда вырастет, будет как отец: "Нет, мама, я не могу быть как все другие люди". Густав Валленберг хотел, чтобы Май всячески поощряла это качество в своем сыне. "Вы пишете в своем письме, что мне следует развивать в Рауле его чувство независимости. Именно это я и делаю, — отвечает она в ноябре 1917 года, когда Раулю едва исполнилось пять лет. — В девять часов каждое утро за Раулем заходит его двоюродный брат Андерс Хагстрёмер, он старше Рауля на девять месяцев. Два мальчугана, держась за руку, отправляются в парк Хумлегорден и самостоятельно играют там до 12 часов, когда им надлежит возвращаться домой. Два раза в неделю они должны сами вовремя, к половине одиннадцатого утра, прийти на гимнастику на улице Нюбругатан. Там они должны снять ботинки и надеть гимнастические тапочки. Со всем этим они справляются совершенно замечательно. Да и почему бы им не справляться, когда дети бедных родителей так хорошо умеют сами себя обслуживать?"

Еще одна отличительная черта Рауля — его наблюдательность. Ему еще нет и двух лет, когда мать пишет, что он "все замечает и пытается выучивать новые слова". А когда ему едва исполнилось три года, она сообщает свекру: "Он так много размышляет обо всем, и его мысли всегда такие

Густав Валленберг с Раулем. Фотография сделана во время одного из редких приездов деда в Стокгольм.

правильные и разумные. Выводы из своих наблюдений он сообщает с быстротой молнии". Она приводит пример: когда кузен Леннарт Хагстрёмер, старший брат Андерса, заметил, что рождественская елка дома у Рауля маленькая, а у них елка до самого потолка, четырехлетний Рауль с презрением махнул рукой и ответил: "Ну да, у нас просто потолки намного выше, вот и все".

Эта реплика отражает не только живость ума, но и большое чувство юмора: как писала мать, ее сын — "жуткий юморист". В письме свекрови осенью 1917 года Май рассказывает, как однажды надела спортивные штаны своего мужа, чтобы собрать урожай с деревьев. Когда Рауль ее увидел, он воскликнул: "Ну посмотрите только, на кого похожа госпожа Валленберг!"

Как видно, у Рауля была особая чуткость к слову. "Похоже, что Рауль унаследовал языковую гениальность своего папочки, — сообщала Май свекру и свекрови, когда мальчику было четыре года. — Как мне кажется, он с такой легкостью подхватывает новые слова и фразы на иностранных языках!" Она приводит в письмах несколько примеров того, как Рауль играет со словами, и описывает его "необычайную разговорчивость".

Май фон Дардель

Когда Раулю было шесть лет, в его жизни произошла большая перемена. 24 октября 1918 года его мать вышла замуж за нотариуса Верховного суда Фредрика фон Дарделя, из окна которого в здании Верховного суда Швеции несколько лет назад наблюдала за похоронной процессией вдовствующей королевы Софии. Семейство фон Дардель было знакомыми их знакомых. Эльза, сестра Фредрика, как уже говорилось, была подругой детства Май, а его отец, землевладелец Фриц

Фредрик фон Дардель.

фон Дардель, — одним из свидетелей при описи наследства Рауля-старшего.

Фредрик фон Дардель, старший брат известного художника Нильса Дарделя (вычеркнувшего "фон" из своей фамилии), родился в 1885 году и сам был не лишен художественной жилки. Он писал замечательные акварели, рисовал. В молодые годы именно он считался самым талантливым из братьев. Но Фредрик (Фред) избрал юридическую стезю и через год после женитьбы был назначен начальником канцелярии Национального управления здравоохранения. В августе 1919 года на свет появился сын Ги, а в марте 1921 года — дочь Нина. В дальнейшем Рауля и его сводных брата и сестру связывали близкие и теплые отношения. Они любили его, сво-

его "несравненного, дорогого старшего брата", вспоминал Фредрик фон Дардель, он "забавлял их своими смешными выходками, и наш дом часто наполнялся их веселым смехом". Отношения между Раулем и его отчимом были очень хорошими, несмотря на то что по характеру эти два человека совершенно не походили друг на друга. По свидетельству современника, практический, достаточно приземленный характер Фредрика фон Дарделя зачастую служил удачным дополнением характера Рауля, чья склонность к фантазиям могла завести его далеко.

В тот самый год, когда мать второй раз вышла замуж, Рауль пошел в первый класс. Контуры его будущего образования наметил дед. Это он настоял на том, чтобы Рауль начал учиться в школе уже с осени 1918 года, хотя ребенку было всего шесть лет. Мать была не в восторге от этой идеи, но, поскольку учеба давалась Раулю легко, последовала совету свекра.

После трех подготовительных классов, весной 1921 года, Рауля записали кандидатом в Новое элементарное училище. Как сообщала Май свекру, у него не было проблем с географией, христианским вероучением и чтением, но успехи по чистописанию и счету были значительно хуже. В случае неудачи на вступительных экзаменах в школу Раулю грозила перспектива провести за зубрежкой все лето. А этого Рауль совсем не хотел, поскольку дедушка Густав, за год до этого назначенный посланником в Константинополь, пригласил его приехать к нему в гости.

Как пишет мама, сердце всей семьи "трепетало от волнения экзаменационной лихорадки". Но не сердце Рауля, который оставался "совершенно спокойным". Вступительные испытания прошли хорошо, и Рауля приняли в первый класс.

Рауль с младшим братом Ги.

KLASS 2a.　　　　　　　　　Klassföreståndare: H. Kummel.

1 *Inge Böös* 2 *Anders Hagströmer* 3 *K. A. Sundkvist* 4 *Arne Wallin*
5 *Bengt Rosenberg* 6 *Sten Möller* 7 *Torsten Lundin* 8 *Axel Trobäck*
9 *Axel von Heijne* 10 *Bengt Tornblad* 11 *Georg Lindner* 12 *Torsten Holmgren*
13 *Gunnar Wihelblad* 14 *Rolf von Kurenstuma* 15 *Johan Banér* 16 *Rolf Öy*
17 *Åke Gustafsson* 18 *Stig Andrén* 19 *Raoul Wallenberg* 20 *Sven Lagergvist*
21 *Paul Isberg* 22 *Olof Agrén* 23 *Gören Tönnberg* 24 *Claes Lundqvist*
25 *Olof Carlson* 26 *Curt Krook* 27 *Curt Frölén* 28 *Börje Lindberg*
29 *Rolf af Klintberg* 30 *Hans Sjöqvist* 31 *Bo Stenberg*

24

Класс 2-й "А" в Новом элементарном училище. Рауль —
номер 19, его двоюродный брат Андерс Хагстрёмер —
номер 2, Ральф аф Клинтберг — номер 29.

То, что Рауль поступил именно в эту школу, не было случайностью. Там же в свое время учился и его отец, и кузены отца
Маркус и Якоб.

Густав Валленберг

Поездка в Константинополь летом 1921 года не состоялась.
Но несколько лет спустя Рауль все же приехал к деду, который с этого времени начинает играть все более важную
роль в том, что касается воспитания и образования Рауля.
Поскольку опекун и его подопечный жили порознь, отношения поддерживались через переписку. Подобно отцу
и братьям Густав Валленберг был мастером эпистолярного
жанра. Своему сыну, отцу Рауля, он прививал представление
о важности умения внятно выражать свои мысли на бумаге.
Не нужно бояться "писать подробно и многословно", на-
ставлял он из Йокогамы в 1907 году. "Но это еще не высшее
достижение искусства письменной речи", — добавлял он.
Напротив, вершина — это "краткость, точность, присущие
скальду и юристу. Это трудно и требует особых способностей и большой образованности. Но можно жить и без гу-
синой печенки и устриц и довольствоваться сальной свечкой
в качестве освещения!" Интересно, что Густав Валленберг
описывает как идеал стилистику, абсолютно противополож-
ную магистральному направлению его собственного слога.

Густаву Оскару Валленбергу на момент рождения внука
исполнилось 49 лет. Он родился в 1863 году в Стокгольме
и был старшим сыном Андре Оскара и Анны фон Сидов
(которая в течение 21 года родила своему супругу четырнад-
цать детей). Кнут Валленберг доводился ему старшим свод-

ным братом, а Маркус Валленберг — младшим родным. Как и Маркус, Густав учился на морского офицера, но в отличие от него продолжил образование и дослужился до капитана. Однако в начале 1890-х годов, оставив офицерскую карьеру, посвятил себя предпринимательской деятельности, главным образом в сфере пароходства. Его особенно интересовали вопросы транспортировки, развитие навигации и торговых связей Швеции, за которые он ратовал как член парламента (от партии либералов) и в бесчисленных газетных статьях.

Густав Валленберг был предприимчивым, энергичным и импульсивным человеком. Кроме того, по природе своей он был индивидуалистом. Своей экспансивностью он не походил ни на Кнута, ни на Маркуса, девизом которых был семейный принцип Валленбергов — "действуй, но незаметно". Если Густав и вошел в правление *Enskilda Banken*, это, видимо, произошло главным образом из-за отсутствия других кандидатов. Когда в следующем году Кнут предложил его в качестве вице-президента правления банка, Маркус ответил решительным отказом.

Долгие годы отношения между Густавом и Маркусом были весьма напряженными. По мнению Маркуса, Густаву недоставало рассудительности, и впоследствии его отстранили от дел в семейном банке. Однако после того, как в 1906 году он был назначен дипломатическим представителем Швеции в Японии (а с 1907 года и в Китае), отношения между братьями улучшились. Когда несколько лет спустя некоторые коллеги по шведской дипломатической миссии в Токио обвинили его, в частности, в том, что он разгласил содержание шведско-китайского торгового договора, прежде чем тот дошел до шведского МИДа, а также, занимая государственный пост, выставил на продажу в Японии собственные

Густав Валленберг в парадной форме дипломата.

суда, Маркус взял его под защиту. Густав получил выговор от МИДа, но не лишился своего поста. Несколько лет спустя Маркусу пришлось вновь прийти на выручку брату. Он спас Густава, когда тот по ошибке выступил в качестве поручителя по огромному гарантийному обязательству. Вместе с Кнутом Маркус предоставил гарантии, в результате чего Густав смог освободиться от своих обязательств, за что горячо благодарил братьев. "Надеюсь, его благодарность выразится в том, что он никогда больше не станет заниматься бизнесом" — так комментировал эту ситуацию Маркус в письме к Кнуту. Густав так и поступил.

Новое элементарное училище

"П"рошло совсем немного времени, и школьные товарищи заметили, что Рауль во многих отношениях отличается от большинства", — вспоминает Рольф аф Клинтберг, одноклассник Рауля в Новом элементарном училище:

Примечательной была уже его внешность: большие глаза, волнистые темные волосы. Необычными казались его интересы, то, как он выражал свои мысли. Одноклассники вначале с предубеждением отнеслись к мальчику, для которого футбол и разные детские выходки не составляли главных интересов. Но в скором времени мы все прониклись некоторым почтением к этому юному мечтателю.

При этом одноклассники вспоминают, что Рауль "в споре не лез за словом в карман" и не боялся "пререкаться с учителями".

Отсутствие у Рауля интереса к соревновательным видам спорта засвидетельствовано и его матерью. Зато с юных лет он увлекался верховой ездой и фехтованием — в школе фехтование входило в учебный план по физкультуре. Он с большим старанием собирал марки — марки, присылаемые дедушкой Густавом из Турции, вызывали зависть у его товарищей и высоко ценились при обмене. Ему также нравилась музыка, он пел в церковном хоре мальчиков и в рождественские дни любил слушать ораторию Генделя "Мессия". "На меня производило сильное впечатление, что он (в возрасте примерно 11 лет) мог открыть окно, выходящее в сад, и громко петь так, чтобы слышали соседи", — вспоминает двоюродный брат Рауля Андерс Хагстрёмер. Кроме того, Рауль с раннего возраста страстно любил кино, а также хорошо и с увлечением рисовал, этот талант он унаследовал от отца. Очень рано у него сформировался интерес к политике и общественной тематике. Его комментарии к плакатам первомайской демонстрации 1923 года (когда мальчику было всего десять лет) свидетельствуют о рано развитой наблюдательности и аналитическом мышлении. Тетя Анна Ниссер отмечает у Рауля "страсть к чтению", добавляя, что читал он отнюдь не детские книжки. "Говорили, — пишет Рольф аф Клинтберг, — что он, просто для собственного удовольствия, прочел всю "Скандинавскую энциклопедию" в 35 томах, и часто в споре мы замечали, как обширны и глубоки его интересы". Мать пишет, что Рауля "не очень занимали те отрасли знания, которые, как он считал, ему не пригодятся". Эта черта личности отразилась на школьных оценках: по всем предметам, к которым он не испытывал интереса, оценки были плохими. Поэтому часто он получал задание на лето. Хуже всего обстояли дела с математикой и немецким.

Летом 1925 года Густав Валленберг пригласил Рауля приехать погостить к нему в Константинополь, но мать вместо этого отправила его в Германию, чтобы он подтянул свой немецкий, которым занимался дополнительно всю весну. Его поселили в семье фон Лафферт в курортном местечке Бад-Доберан в Мекленбурге. Каждый день у него были за-

Рауль с Готтхардом фон Лаффертом летом 1925 года.

нятия немецким языком, он усердно общался с мальчиком из этой семьи. Свой отчет домой Рауль написал частично по-немецки. "И хорошо написал, — отмечала мать. — Кроме того, он начинает понимать речь на слух".

Во время своего пребывания в Германии Рауль также имел возможность пообщаться с дедушкой Густавом, который заехал к нему, будучи в этой стране проездом. Они вместе посетили, в частности, Любек, Гамбург, Дрезден, Кобург и живописный городок Гослар. Поездка в Германию сделала свое дело: 21 августа Рауль пересдал немецкий и смог продолжить обучение, перейдя в последний класс школы.

Поездка в Константинополь осуществилась на следующий год, во время летних каникул после окончания школы. Рауль отправился туда один, но путешествие, как пишет мать, "было тщательно спланировано: по специальной договоренности его должен был опекать сопровождающий". Несмотря на это, во время стоянки в Белграде Рауль исчез, "чтобы лично взглянуть на происходившие в городе беспорядки". Рауль был любознательным и бесстрашным молодым человеком.

"Мы невероятны рады, что к нам приехал Рауль, — сообщал Густав Валленберг 15 июня своей сводной сестре Анне Рютсель. — Он так хорошо воспитан и всегда ведет себя вежливо и тактично по отношению ко всем. Своим изысканным видом он привел всех в восхищение". Рауль пробыл в Константинополе до конца августа и был, как пишет Густав Валленберг, "очень тронут и благодарил за все, что видел и в чем поучаствовал". В течение почти двух месяцев Рауль с дедом обсуждали и политические вопросы, и будущее Рауля. Вместе они ехали домой, и дед пришел к убеждению, что внук, пожалуй, "не создан быть курсантом военно-морского училища". Рауль действительно думал совсем о другом. Рассказ об этом впереди.

27 августа Рауль прибыл в Стокгольм, где в порту его встречали мать и сводные брат и сестра. Занятия стартовали

за день до его возвращения домой, так что учеба в гимназии началась с опозданием. Ему только что исполнилось 14, в классе он оказался самым младшим. Дядя Рауля Маркус в свое время учился в той же гимназии, но в классе с естественно-научным направлением. Рауль выбрал латынь, так как языки давались ему легко. Однако вскоре оказалось, что со строгим латинистом они не сошлись: по словам Рольфа аф Клинтберга, это был "самый требовательный преподаватель в гимназии", который "смотрел с большим скепсисом на всех, кто интересовался чем-то еще" кроме латыни.

Поэтому в следующем семестре Рауль оставил латынь и перешел в группу, в которой вместо латыни изучался русский. Преподавание русского языка было особенностью этой школы, имевшей с 1828 года статус государственного экспериментального учебного заведения, где опробовались последние педагогические новшества. Многие школьные реформы начинались именно с Новой элементарной школы. Уже в середине XIX века в ней за счет латыни было увеличено количество часов на изучение современных языков, ученикам разрешили самим выбирать первый иностранный язык — английский или немецкий. Телесные наказания, правда, не отменили, но было признано "отсутствие необходимости в них". Примечательно, что на учителей возлагалась задача создания собственных учебников. Это был путь к формированию школы, элитной по своему педагогическому составу: она привлекла к себе лучших преподавателей страны. О качестве школы говорит и масштаб школьной библиотеки, которой пользовались ее ученики, — 15 тыс. томов.

Преподавание русского языка было введено в школе с осени 1912 года. В годы учебы Рауля в гимназии этот язык преподавал русский аристократ по имени Александр де Рубец (1882–1956), принадлежавший к одному из древнейших дворянских родов России. Он учился и затем сам преподавал в Царскосельском лицее. Во время Первой мировой войны де Рубец служил в канцелярии русского генерал-губернатора в Хельсинки и после революции перебрался в Швецию. Как и другие преподаватели школы, он написал в числе других книг учебник "Современная литература России", вышедший в 1929 году. С 1929 года Рубец стал священником Преображенского храма в Стокгольме, а затем и основателем православного прихода в Осло.

Подобно всем образованным русским, Александр де Рубец обладал энциклопедическими знаниями. Поэтому его преподавание, как пишет Рольф аф Клинтберг, было "совершенно великолепным и вдохновляющим". Мать Рауля сообщает, что ее сын "был влюблен в своего русского учителя" и сам, в свою очередь, принадлежал к числу его любимых учеников.

Беспокойство за Рауля

"Дела с учебой у Рауля идут хорошо, хотя он, конечно, не входит в число лучших учеников. Но, думаю, первенство принесло бы ему мало радости, ведь расплачиваться за него пришлось бы перенапряжением, — писала Май фон Дардель свекрови в середине февраля 1927 года. — Во всяком случае, его определенно считают одним из самых умных. С немецким им приходится сильно попотеть, так что уж этот язык они изучат досконально". Из всего этого обоснованным было лишь первое утверждение: что Рауль умен. Во втором полугодии он тем не менее плохо учился, в результате чего не был переведен на следующий курс гимназии и вынужден был в начале осени сдавать переводной экзамен по христианству и математике.

Рауль в возрасте 12 лет, в 1924 году.

Поскольку оценки по немецкому не улучшились, у семейства были все основания организовать еще одну поездку Рауля в Германию. Такое путешествие в самом деле планировалось, но вместо этого дедушка Густав в 1927 году отправил его в Англию. Английский был одним из любимых предметов, в котором он делал успехи. К тому же у него была возможность попрактиковаться в этом языке, так как летом в Швецию регулярно приезжали его двоюродные сестра и брат Лусетта и Фитц, дети тети Эльсы.

Достижения Рауля на втором году обучения в гимназии оказались в целом такими же скромными, как в первый год, с той лишь разницей, что оценки по немецкому еще более ухудшились. С этого момента он стал изучать четвертый иностранный язык, французский. Несмотря на очень средние оценки, его перевели в следующий, третий класс гимназии.

Лето 1928 года Рауль провел в усадьбе Эбботс Риптон в Англии. Это также оплатил дед. По прибытии в Лондон Рауля принял шведский посланник в Англии Эрик Пальмшерна. Он заранее забронировал для него номер в роскошном отеле "Сесиль". В письме бабушка Рауля выражает некоторые соображения на этот счет, а также пишет о том, каким образом внук добирался до Лондона. Вопрос был щекотливым. Густав Валленберг не жалел средств для воспитания внука, но он сам и его супруга смотрели на жизнь весьма аскетично. Май фон Дардель вынуждена объясняться:

> Вы также выражали опасения относительно того, как бы нам не переусердствовать, исполняя желания Рауля, особенно по поводу путешествия самолетом и отеля

Двоюродные сестры Рауля Май Ниссер и Лусетта Кольвин и брат Ги на Брубю летом 1924 года.

"Сесиль". Но самолет вовсе не был желанием Рауля. Просто из-за даты окончания его занятий более дешевые пароходные рейсы из Мальмё совершенно не подходили, а выбрав пароход в Лондон из Гетеборга, мы выгадали бы не больше ста с чем-то крон. И я решила, пусть летит, но при условии, что сам, из своих денег, выплатит разницу. Ведь он уже много лет копит свои рождественские деньги. Отель "Сесиль" был ошибкой от начала до конца, и мы оба — и Рауль, и я — испытываем ужас при одной мысли о нем. […] Дорогая мамочка, не думайте, что я своим воспитанием прививаю Раулю привычки сынка миллионера. Наоборот, ему то и дело говорят, что нужно экономить на всем лишнем, чтобы хватило денег на важное. Я пока не замечала у него тяги к расточительству.

Рауль покинул Лондон 15 августа и вернулся домой как раз к началу учебного года. Густав Валленберг, находившийся в Стокгольме, сообщил в письме супруге, что на этот раз Рауль стал для него предметом "живейшего интереса": "Он на самом деле умен и заметно пробудился". Дед также "приложил старания к тому, чтобы обратить на него внимание разных членов семьи".

После прошлогодних неудач в школе Рауль взял себя в руки. Он "невероятно занят, одна письменная работа следует за другой, то домашняя, то классная, и порой лишь часов в 11 он гасит лампу в своей комнате", — отчитывается Май фон Дардель в письме к Анни Валленберг 11 октября.

Несмотря на оптимизм Май относительно учебы, оценки за осенний семестр показали лишь частичный прогресс. В связи с этим Рауль посвятил рождественские каникулы составлению "совершенно роскошного плана "повышения оценок за полугодие". Однако эти планы не осуществились из-за нескольких протяженных болезней. В январе ему удалили аппендикс, а еще через несколько месяцев он заболел гриппом. Когда пришло время оценок за второе полугодие, он опять схватил "неуд" по немецкому, однако по русскому получил четверку. Плохую оценку по немецкому он объяснил перенесенной операцией.

Раулю легко давалась как письменная, так и устная речь, и во втором полугодии, когда гимназистам-третьекурсникам разрешили участие в написании выпускных итоговых сочинений, он получил возможность показать свои способности. Рауль писал на тему "Предпосылки и перспективы развития шведской промышленности (возможная речь на открытии промышленной выставки)". "Поскольку я интересуюсь такими вещами, я состряпал довольно-таки сносное сочинение", — сообщал он деду с напускной скромностью, уже прекрасно зная, что его сочинение удостоено высокой оценки. Для матери это его сочинение тоже стало предметом гордости: окольными путями до нее дошло, что один из учителей расхваливал работу Рауля в присутствии ее дяди, профессора физики, не зная, что тот доводится ей родственником, при этом заявляя: "Написано с большим знанием дела. Пройдет немного времени, и этот мальчик выступит с подобной речью на реальной выставке".

Лето в Савойе

Весной 1929 года, как и в прежние годы, обсуждались планы Рауля на лето. Густав Валленберг объявил, что он, как и раньше, готов финансировать поездку внука за границу. Обдумывались еще одни каникулы в английской усадьбе, но потом решили, что в этом году Рауль поедет во Францию.

Как только кончились занятия, вся семья фон Дардель, кроме отца, выехала в Савойю. Первые дни Рауль провел вместе со всеми, но затем перебрался в курортный город Тонон-ле-Бен на французском берегу Женевского озера,

Две студийные фотографии Рауля в новом костюме, сшитом портным, в Тонон-ле-Бен.

чтобы пожить во французской семье. Месье Бурдийон, школьный инспектор, редко бывал дома, и преподаванием занималась мадам. Помимо Рауля в пансионе проживали еще четверо: мальчик из Парижа, молодая чешка и два молодых серба, причем у одного из них был голос такой силы, что "и мертвого разбудит". Еще в весеннем письме деду Рауль обещал, что "соорудит послание позабавней", как только позволит нагрузка в школе. И вот теперь настало время этого послания в виде шутливого описания серба с громовым голосом:

> ...когда он хочет сказать что-то остроумное, а этого он, разумеется, хочет всегда, его крик переходит в вопль, а вопль — в настоящий рык, который вчера затих по крайне мере не раньше, чем его обладатель в половине одиннадцатого заснул. Может статься, рык не прекратился и то-

гда, но об этом мне ничего не известно. Дело в том, что, слава Богу, его спальню от моей отделяют еще две комнаты. Однако от окончательных выводов воздержусь, ведь я здесь всего лишь второй день. Правда, диковатый рык этого серба на тему революции меня раздражает. Он постоянно с гордостью и энтузиазмом толкует о стачках и беспорядках, которые наблюдал или в которых участвовал в своем благополучном Белграде. Когда же он перестает рычать, он очень дружелюбен.

"В первый день моего здесь пребывания я знал французский совсем чуть-чуть, — отчитывался Рауль в следующем своем письме, после того как пробыл во Франции почти две недели. — То есть с произношением у меня никогда не было трудностей, но что касается словарного запаса, то тут дело обстояло из рук вон плохо". Каких-нибудь "занятных приключенческих книг", как это было в английском поместье, в семейной библиотеке не оказалось, все только "скучная поэзия и т. п.". Но мадам Бурдийон дала Раулю "Путешествие Нильса с дикими гусями" в переводе на французский, и всего за несколько дней он выучил "очень большое количество французских слов". Кроме того, каждый день его обучают грамматике, он читает вслух и делает переводы со шведского. Поскольку Рауль обещал держать деда в курсе своих "возможных будущих успехов", его третье письмо из Тонон-ле-Бен частично написано на хорошем — хотя и не без ошибок — французском. Свободное время Рауль посвящает купанию, гребле и длинным прогулкам, а однажды участвует в альпинистском походе на гору свыше 2 тыс. м высотой.

"Приятно удивленный" успехами Рауля на поприще французского языка, дед посылает внуку два сборника эссе шведского критика и историка культуры Кнута Хагберга. В них Рауль имел возможность почитать о выдающихся государственных деятелях и политиках, таких как Гладстон, Ллойд Джордж, Эдуард VII и Поль Дешанель — французский писатель, политик и президент. Рауль рад книгам, которые находит "удивительно хорошо написанными", и каждый день устно переводит мадам Бурдийон по одному эссе.

Перед своим отъездом из Тонон-ле-Бен в начале августа он получает от деда поздравления с днем рождения и чек на 100 крон — "тоже чрезвычайно интересное чтение", которое он "искренне оценил по достоинству". Он также успевает сделать последние примерки у портного и не упускает возможности сфотографироваться в фотоателье в своем новом костюме и отправить снимки домой родным. "Что касается учебы и моих достижений за эти два месяца, то, думаю, я определенно могу сказать, что время даром не пропало", — подводит он итог. Он также спешит порадовать деда тем, что пребывание в Тонон-ле-Бен окажется "весьма дешевым": "Думаю, все вместе обойдется не дороже 700 [около 20 тыс.] крон".

Разделил ли дед мнение Рауля о дешевизне поездки, неясно, ведь 700 крон составляли почти половину всего годового содержания Рауля (1500 крон). Как бы то ни было, нет сомнений, что он с радостью оказывал финансовую помощь своему внуку.

Будущий глава семьи

Пребывание в Тонон-ле-Бен дало желаемый результат: оценка по французскому за полугодие улучшилась. Да и вообще оценки оказались выше прошлогодних.

Рауль начал работать над успеваемостью, осознавая связь между благосклонностью и щедростью деда и собственными учебными достижениями. До выпускных экзаменов оставалось немногим более пяти месяцев. Всю весну он корпел над уроками, и оценки на выпускных экзаменах оказались лучшими за все годы гимназии: "отлично" по английскому, французскому и географии, "хорошо" по христианству, родному языку, немецкому, истории, философии, музыке, русскому и рисунку. Чуть похуже обстояло дело с биологией и физикой. К счастью для Рауля, математика в двух последних классах гимназии не входила в учебный план.

Хотя Рауль не получил высшего балла по шведскому языку, он явно обладал природной склонностью к языкам и поразительно хорошим для своего возраста слогом. Неслучайно дед так горячо хвалил его письма. Он много читал сверх школьной программы. Тетушка Амалия подарила ему на Рождество 1927 года книгу "Торговля и промышленность", а дядя Якоб — вторую часть "Мировой истории" шведского историка Гримберга. "Обе книги я читаю с большим интересом", — сообщал он бабушке. Два года спустя рождественский подарок тети состоял из подарочного купона в книжный магазин и книги "Мать Индия" Кэтрин Мэйо о социальных проблемах Индии. Рауль вообще очень интересовался социальными и экономическими вопросами и, по свидетельству матери, проглатывал даже годовые отчеты крупных компаний. Весной 1930 года он прочел несколько книг на внешнеполитические темы, а также ряд работ выдающихся экономистов, таких, как швед Густав Кассель и немец Фридрих Лист. Деду он объяснил, что теория экономики постепенно стала для него "настоящим хобби". Густав Валленберг с удовлетворением приветствовал такое хобби, но при условии, что Рауль не забудет, что действительность не менее важна, чем теория: "Настоящее понимание вопросов экономической теории приходит... лишь в результате изучения реальностей жизни, ибо независимо от цифр много значит менталитет людей".

Аналитическое мышление и способность Рауля формулировать свои мысли видны в его сочинении по шведскому языку на выпускном экзамене. Тема была "Наемные работники и работодатели". Сочинение начиналось утверждением, выраженным с безапелляционностью семнадцатилетнего: "Борьба между наемными работниками и работодателями есть самая большая социальная проблема нашего времени. Вместо добрых отношений, которые должны были бы царить между низшими и высшими, между ними наблюдается агрессивная борьба — во многом из-за глупости, близорукости и властолюбия, присущих обеим сторонам". За этим следует подробное описание резкого подъема машинного производства, приведшего к росту безработицы, что, в свою очередь, породило рабочее движение и марксистский лозунг "Пролетарии всех стран, соединяйтесь!" "Совершенно естественно, — пишет Рауль, — что слои населения, страдающие от гнета плохих экономических условий, пытаются с помощью насилия отвоевать для себя более приемлемое положение", но одновременно "попытки жонглировать законами экономической жизни, к которым прибегало и прибегает рабочее движение, есть идея очень близорукая и глупая". Однако позиция работодателей немногим лучше, считает автор сочинения, так как они "недооценивают значение хороших квалифицированных работников" и используют "ненужную жесткость и произвол". Однако шаг за шагом стороны уже начинают корректировать свою точку зрения. Рабочее движение было вынуждено отказаться от своего "гордого Интернационала", "убедившись в необходимости двигаться вперед с осторожностью". А работодателям пришлось уточнить свою позицию по нескольким вопросам, и они "все чаще стали выдвигать разумное требование квалифицированности рабочей силы". Сочинение заканчивается анализом различия между рынками труда в Европе и в США. Хотя преподаватель родного языка счел рассуждения Рауля "иногда неясными и даже неправильными", он поставил высокую оценку.

Устный экзамен состоялся 12 мая, а на следующий день в доме семейства Дардель был устроен большой званый ужин. Гости состояли в основном из родственников старшего поколения, прежде всего со стороны Валленбергов. Преобладание на ужине людей преклонного возраста было обусловлено не только тем, что таковы были требования времени и традиции семьи. У Рауля по линии Валленбергов просто не было родных-сверстников. Его двоюродным братьям Марку и Петеру, сыновьям Маркуса-младшего (Додде), в 1930 году исполнилось соответственно шесть и четыре года. Это означало, что в своем поколении Рауль оказывался первым — после кузенов отца — в очереди за право принять ответственность за семейное дело.

Тетя Амалия и дядя Маркус находились за границей и не могли присутствовать на ужине, но прислали поздравления. Тетя Амалия к тому же подарила Раулю наручные часы, замечательные тем, что они "не только попеременно то ходят, то останавливаются и к тому же своими непрошеными, сеющими панику звонками будят среди ночи, но и показывают правильное время и отлично смотрятся на руке". За еще одни такие часы Рауль даже готов повторить выпускные экзамены, которые были "почти что приятными", писал он в благодарственном письме.

Письмо тете заканчивалось фразой: "С наилучшими пожеланиями, будущий капут" — то есть *caput familiae*, глава семьи. Шутливая формулировка была не лишена серьезности и реальных оснований. Рауль сознавал, что когда-нибудь ему предстоит занять ведущую роль в банковской и предпринимательской деятельности своей семьи. Это явствует и из благодарственного письма, написанного им в тот же день Маркусу-старшему: "Ваша доброта и заинтересованность, дядя Маркус, разумеется, являются для меня важным стимулом приложить максимум усилий в той или тех областях, в которых мне предстоит начать трудиться, и я надеюсь, что никогда не запятнаю семейное имя".

Рауль и его мать в день экзамена.

Первый свой опыт знакомства с делами Валленбергов Рауль получил уже на следующий день после праздничного ужина. Он начал работать в стокгольмском отделении *Enskilda Banken*. На это место его устроил дядя Якоб. "Работа приносит мне огромную пользу, — писал он тете

Амалии. — Во-первых, потому, что я могу хоть бегло ознакомиться с внешней организацией и различными отраслями банковского дела, а во-вторых, потому, что получаю представление о конторской работе и о том, каким надо быть, чтобы справляться с ней". Обладал ли он сам такими качествами, оставалось открытым вопросом, этого он и сам еще не знал, однако пока он мог позволить себе шутить над такими вещами: "И банк тоже, по всей видимости, получает большую пользу от моей работы в нем. Уже на четвертый день службы в своих расчетах мне удалось выявить прямую банковскую прибыль на сумму 21 млн крон. Правда, позже оказалось, что указанная прибыль отчасти объясняется парой "незначительных" ошибок в моих калькуляциях".

Одновременно с выпускными экзаменами Рауля произошли решающие изменения в жизни Густава Валленберга: он вышел на пенсию и вынужден был оставить свой пост шведского посланника в Стамбуле. Однако он решил не уезжать из Турции, где у него были хорошие деловые связи и приобретенное с годами прочное положение. Он также опасался, что, приехав в Швецию, утратит всякое влияние, и его вскоре начнут воспринимать как человека, у которого все в прошлом.

Гренадер лейб-гвардии полка

Проработав месяц в качестве банковского служащего, 16 июня Рауль поступил на военную службу по подготовке командного состава в лейб-гвардию в городе Эребру. В письмах к родным он описывает армейскую жизнь с комической стороны. "Я тружусь с большим рвением и патриотическим самопожертвованием и, защищая родину, ношусь взад-вперед по лесу и поворачиваюсь "напра-во!", "нале-во!" и т. д. и т. п.", — отчитывался он примерно месяц спустя тете Амалии. А через три недели тому же адресату он написал:

Инспектировать наш взвод приезжал полковник, ведь полковник — это нечто, по величию и высоте почти превосходящее солдатский ум. Поэтому Вы понимаете, тетя, что его прибытию предшествовали многие мистические церемонии вроде трехчасового полирования обуви и ружей. Полковник явился, взглянул и что-то рявкнул.

Военная служба в Эребру. Рауль — четвертый слева в верхнем ряду.

На мой вкус, самым захватывающим моментом боев, организованных ради милостивого инспектирования их нашим полковником, был тот, когда он при своем весе килограммов в 100 должен был перебраться через ров шириной в пару метров, через который мы, прочие, переправились как могли, барахтаясь в воде.

Огонь прекратился, весь взвод, затаив дыхание, наблюдал, как полковник шагает по мосточку, который сумел найти наш лейтенант после десяти минут комичных поисков. Между тем наш полк покоряет все новые и новые высоты. На днях нас посетил не кто иной, как сам командир дивизии, генерал Лильехёк. Разница между ним и полковником явствовала из того, что его визиту предшествовал еще более длительный процесс приведения в порядок личных вещей и оружия.

К концу срока службы Рауль подхватил желтуху и попал в военный госпиталь. Там он познакомился с Ингемаром Хедениусом, будущим профессором философии в Упсальском университете. "Мы были совершенно откровенны друг с другом, делясь чувствами и представлениями о жизни, — вспоминал Хедениус. — Мы оба принадлежали к высшему классу, но он, казалось, более гордился своей семьей, чем я своей. В то время я придерживался левых настроений, а он нет". У Рауля была примесь еврейской крови, и он это подчеркивал. "Он говорил о себе как о "Валленберге и на одну восьмую еврее" и, похоже, считал это гарантией жизненного успеха". В другой связи Хедениус приводит формулировку Рауля в еще более заостренном виде: "Такой человек, как я, Валленберг и одновременно наполовину еврей, непобедим". Пусть эти сведения неточны (Рауль был евреем на одну шестнадцатую, со стороны матери), но интересно отметить, что в беседах он упоминал о своей еврейской крови.

Рауль и Хедениус, который был старше его на четыре года, мечтали о создании новой крупной ежедневной газеты, которая бы вытеснила все прочие. Рауль должен был стать владельцем, исполнительным директором и главным редактором, а Хедениус отвечал бы за политику и культуру. Если только они сохранят свою дружбу, то тогда им обеспечено "решающе влияние почти на все в нашей стране". Когда юные пациенты не были заняты мечтанием о переделке мира, они сочиняли песни, по выражению Хедениуса, "к сожалению, более скабрезные, чем по-настоящему веселые". Рауль писал слова, Хедениус музыку.

Рауль был молод, а его отношение к армейской жизни чересчур веселым, чтобы нравиться начальству. Рольф аф Клинтберг вспоминает:

Он сначала с огромным интересом старался стать идеальным солдатом и сумел заразить этим и других, так что не найти было более живого отделения, чем наше. В прочих отделениях народ с самого начал был настроен по отношению к военной службе небрежно. Однако вскоре оказалось, что лишенные всякого воображения командиры не в состоянии по достоинству оценить проявляемую Раулем заинтересованность, необычную для них. Результат не заставил себя ждать. Рауль стал сопротивляться и львиную долю своей энергии тратить на то, чтобы досадить младшим командирам. Был случай, когда два всем известных скандалиста из части явились в казарму пьяные и поломали там стулья и стол. Рауль, сам в рот не бравший крепких напитков и позволявший себе максимум сходить в ресторан и прилично поесть, немедленно бросился им на выручку и приложил всю свою энергию к тому, чтобы спасти их от наказания. Когда это не удалось, Рауль организовал триумфальное шествие для грешников до гауптвахты, а потом от нее: их донесли на скрещенных руках под возгласы "ура" до места заключения, а после отсидки принялись качать под приветственные крики единодушного собрания. Командование, ровным счетом ничего не понявшее, пришло к выводу, что Рауль сделался коммунистом.

На этом фоне стоит ли удивляться тому, что при демобилизации 20 декабря баллы у Рауля оказались весьма средними.

Воспитать "толкового члена общества"

Через три дня после того, как Рауль отпраздновал окончание гимназии, 16 мая 1930 года, открылась Стокгольмская выставка. Хотя это была выставка художественной промышленности и художественных ремесел, наибольшую известность ей принесли здания, спроектированные Гуннаром Асплундом и другими архитекторами-модернистами. Выставка продемонстрировала прорыв функционализма в архитектуре, впервые представленного на суд широкой общественности и с самого начала своей работы была у всех на устах. Одним из первых ее посетителей стал Рауль.

Архитектура была предметом его страстного интереса. По свидетельству его матери, еще будучи ребенком, Рауль знал "все стройки в городе, заходил на них, знакомился с мастерами и рабочими и учился". В 1920-е годы Кунгсгатан, одна из главных улиц Стокгольма, была одной большой стройплощадкой, и как раз там Рауль получал свой первый опыт в области архитектуры. Как известно, Раулю хорошо давалось черчение. А темой одного из его сочинений в последнем классе гимназии стали "современные архитектурные стили".

На самом деле Рауль уже давно лелеял мечту о карьере архитектора. Во время поездки в Константинополь летом 1926 года они с дедом подробно обсуждали его планы на будущее. После возвращения домой в Швецию Густав Валленберг сообщил жене, что говорил с матерью и отчимом Рауля о его будущем и что "все стороны теперь, кажется, договорились, что он станет архитектором, чего и сам Рауль хочет больше всего". "Думаю, это хорошая идея, потому что в этой области он, наверно, многое унаследовал", — продолжал он, имея в виду собственного сына. Иными словами, уже в 14 лет Рауль четко представлял, чему бы он хотел посвятить себя. Возможно, что отчасти выбор профессии был данью уважения покойному отцу и его мечтам об искусстве.

В обсуждении послегимназического образования Рауля принимали участие его мать, отчим, Густав Валленберг и сам Рауль. В письме к Май фон Дардель от апреля 1929 года дед писал, что пора "начать обсуждение... будущего архитектурного образования", и далее: "Я исхожу из того, что Рауль тверд в своем желании выбрать данную профессию. Это мне нравится, поскольку продуктивно".

Профессия архитектора не была самоочевидным выбором для члена семьи Валленбергов, от которого скорее ожидалось, что он посвятит себя промышленности или банковскому делу — центральным для семьи сферам деятельности. Это сознавали и Рауль, и его дед. Оба рассматривали профессию архитектора как часть образовательного плана, имеющего более долгосрочные перспективы. "Как Вы писали в своем последнем письме, Вы желаете так выстроить мое образование, чтобы я уже с самого начала получил возможность обеспечивать себя с помощью какой-то практической профессии, а уже затем, по достижении зрелого возраста, устремился бы туда, к чему чувствую себя наиболее склонным и подготовленным. Все указывает на то, что так и будет, то есть что время для моей окончательной карьеры настанет в возрасте лет 30 или позже". Под окончательной карьерой имелась в виду "предпринимательская стезя", и, чтобы "обеспечить по возможности безболезненный переход от "архитектурного этапа" к коммерческому, было "необходимо какое-то образование также и в этой области".

Поэтому с учетом "коммерческого образования" Рауля обсуждались и другие варианты. Одним из них была возможная учеба Рауля в Высшей школе экономики в Стокгольме с продолжением образования в Гарвардской школе экономики. В пользу этого варианта говорило то, что, по мнению матери, Рауль тем самым получил бы "равно большие возможности сделать карьеру как в Швеции, так и в Америке". С тем, что Раулю следует, по крайней мере частично, учиться в США, были, по всей видимости, согласны и остальные участники обсуждения. Мать и сам Рауль склонялись к тому, что сначала следует учиться в Швеции, так как Рауль еще очень молод. На момент сдачи выпускных экзаменов ему будет всего 17, указывал он сам в письме к деду: "И тогда сразу же отправляться в Америку было бы вообще-то нерасчетливо, поскольку в смысле зрелости я заведомо буду уступать своим американским товарищам и тем самым испытывать трудности с освоением, несомненно, достаточно сложных курсов". Даже и после двухгодичной учебы в Высшей школе экономики, к моменту отъезда в Америку, ему все равно было бы только 19.

Дед, наоборот, полагал, что Раулю следует начать с образования в США. Он считал, что "американский план" подразумевает, что "полученный в Америке опыт даст ему небольшой плюс в большой конкурентной борьбе с себе подобными, впоследствии ожидающей его дома". Для Густава самым важным представлялось не образование само по себе, а воспитание из внука "толкового члена общества, способного с самого начала стоять на собственных ногах":

Всякий ребенок начинает с того, что хочет быть барабанщиком, ибо это соответствует рудиментарной фазе его развития. За этим часто следуют блестящие пуговицы и т. д. Что касается меня, то я пришел к убеждению, что на самом деле молодым людям не следует и нельзя избирать себе жизненный путь прежде, чем они переступят порог 30-летнего возраста. Конечно, за исключением тех, кто решил посвятить себя военному или административному поприщу и чье дальнейшее продвижение будет затем совершаться исключительно в результате накопления стажа. Вместо этого я очень желаю, чтобы ты получил образование, которое позволило бы тебе самостоятельно обеспечивать себя и быть независимым человеком, способным, когда наступит зрелость и ты уже сможешь воспользоваться опытом других, взять на себя то, что окажется соответствующим твоему характеру.

Лучшим способом стать "независимым человеком" было усвоить американский менталитет. В длинном письме своему 17-летнему внуку Густав Валленберг объяснил, почему он хочет, чтобы тот учился в Америке. В Швеции молодых людей по-прежнему воспитывают в духе армейских принципов "шагом марш!", с умеренной скоростью и всегда строем". В Америке все по-другому, именно там у его, Густава, отца произошло "пробуждение к финансовой деятельности", и его собственная энергия также имеет источником американские впечатления. "Направление всей жизни" — вот то, что, как надеется дед, сможет найти в Америке Рауль. Учеба в США — отнюдь не книжное образование, это с таким же успехом можно получить и в Швеции:

> Нет, я хочу совсем другого: дать тебе представление об американском менталитете, о том, как воспитывается там молодежь, с целью сделать из юношей мужчин, уверенных в самих себе, даже с оттенком ощущения своего превосходства над всеми прочими, что, возможно, как раз и является основанием и источником того особого положения, кото-

рое занимает сегодня Америка. Это совсем не то же самое, что "равняйсь!" и "строем!", как у нас. [...]

Достаточно взглянуть на этих "в строю", как они пролагают свои "жизненные пути", как изворачиваются, чтобы с трудом сдать экзамены, стать офицером или юристом, получить место, подыскать невесту и т. д., а потом, еще не достигнув 30, осознают, что все было ошибкой, все не так, везде стесненные обстоятельства и неудача, а на шее семья, которая с каждым днем все яснее понимает, что глава семьи абсолютно не справляется со своим призванием. Во всяком случае, такова судьба большинства, но это не то, к чему следует стремиться.

Когда человек принадлежит семье, в которой уже нескольким поколениям удалось достичь определенного признания в силу своей компетентности и профессионализма, ему совершенно необходимо понять, что такая судьба не есть переходящее к нему по наследству имущество. То, что то или иное поколение добилось финансовых успехов, представляет собой скорее трудность для последующих. [...]

Таким же образом, как Андре Оскар разработал подробную программу того, как его сыновьям стать "толковыми членами общества", Густав выстроил свои идеи воспитания и будущего Рауля на основе тщательно продуманного плана, "программы" — это слово повторяется из письма в письмо. Как считал дед, не менее важным, чем находиться в США, будет для Рауля оторваться от Стокгольма и "двоюродных братьев и прочей тамошней молодежи". Пугающий пример того, к чему может привести "общение с людьми, привыкшими относиться к жизни чересчур легко, и окружение себя таковыми", — сын его собственного брата Акселя, который сделался "джазовым танцором в Париже, насколько я знаю". Речь шла о Густаве Валленберге, актере, эстрадном артисте и к тому же гомосексуалисте, взявшем псевдоним Густав Валли.

С "легкомыслием молодости", как считает дед, лучше всего бороться самому и главным образом тем, что "ты проникаешься интересом в определенном направлении". Именно так Густав Валленберг воспитывал своего сына, отца Рауля. Узнав, что тот взялся отвечать за организацию "развлекательных вечеров" в военно-морском училище, он указал ему на грозящие опасности: человек соблазняется легкомысленным образом жизни, и в худшем случае это заканчивается тем, что он "спивается" и гибнет. Как мы увидим в дальнейшем, в соответствии с этой философией Густав Валленберг в последующие годы пытается сделать все, чтобы держать внука подальше от Стокгольма и всех связанных со столицей искушений.

События развивались по желанию Густава: Рауля сразу же отправили в США. У него на самом деле не было выбора. Дед полностью оплачивал обучение и обладал правом решающего голоса. "Я невыразимо благодарен, — писал Рауль, — за то, что тем самым Вы и экономически, и во всех других смыслах даете мне возможность со временем, приобретя все для этого необходимое, привнести свой кирпичик в общественное здание".

Первый этап обучения Рауля завершился. Теперь ему, в согласии с моделью воспитания семьи Валленбергов, предстояло выйти в мир. Пройдет шесть лет, прежде чем он вернется на родину на постоянное жительство.

В мир

В качестве учебного заведения для получения архитектурного образования был выбран Мичиганский университет в городе Энн-Арбор на Среднем Западе. На каком-нибудь более престижном университете не остановились потому, что Густав Валленберг пришел к выводу, что университет "в одном из штатов Среднего Запада предпочтительнее, чем учебные заведения на Атлантическом побережье, где, говорят, американский менталитет уже не тот, что прежде". Правда, Рауль должен был выучиться на архитектора, но прежде всего дед хотел "через учебу в Америке, методам воспитания в которой можно доверять, сделать из него человека".

Поскольку срок военной службы у Рауля закончился только в декабре 1930 года, а вступительные экзамены в Энн-Арборе были в сентябре, он смог приступить к занятиям в Америке лишь в следующем учебном году, с осени. Времени, однако, терять не захотели, и в январе 1931 года Рауля, как когда-то и его отца, отправили во Францию. Он записался

Рауль в Пуатье весной 1931 года.

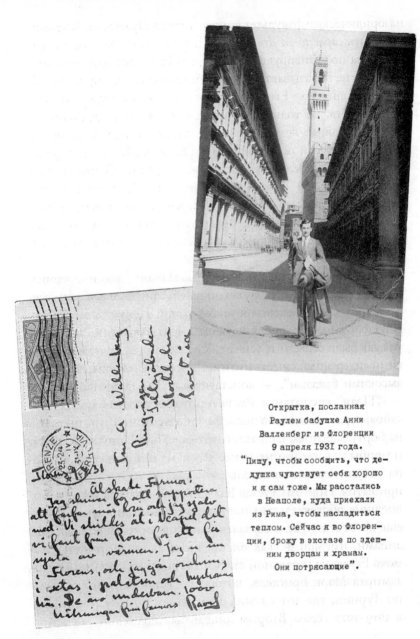

Открытка, посланная
Раулем бабушке Анни
Валленберг из Флоренции
9 апреля 1931 года.
"Пишу, чтобы сообщить, что дедушка чувствует себя хорошо
и я сам тоже. Мы расстались
в Неаполе, куда приехали
из Рима, чтобы насладиться
теплом. Сейчас я во Флоренции, брожу в экстазе по здешним дворцам и храмам.
Они потрясающие".

на юридический факультет университета в Пуатье, имея целью получить *capacité en droit* — свидетельство о сдаче базового экзамена по юриспруденции. То, что Рауль оказался на этом факультете, показывает, что разработанная ранее "программа" была расширена. Ему надлежало, по выражению Густава Валленберга, не только "основательно изучить изысканный французский, на котором говорят в самом сердце Франции", но и приобрести познания в области права. В начале апреля Рауль заехал в Италию, где встретился с дедом. Однако о пребывании Рауля в Пуатье известно мало. Ректор университета подтвердил, что он "лично встречался [с Раулем] много раз и имел удовольствие... поздравить его с замечательными успехами во французском", но отметил также, что тот не сдал никаких экзаменов.

Отучившись семестр в Пуатье, Рауль вернулся, чтобы с 22 июля завершить свою военную службу, теперь в качестве офицера полка королевской лейб-гвардии в Стокгольме. В противоположность периоду службы годом раньше, на этот раз у Рауля были серьезные успехи. "Он, несомненно, обладал редкими лидерскими качествами и закончил срок службы с самыми высокими баллами", — констатировал Рольф аф Клинтберг.

"План" воспитания Рауля отличался строгостью. 12 сентября, через четыре дня после демобилизации, Рауль был уже на борту парохода, направлявшегося в Нью-Йорк, в который и прибыл 21-го. Тем не менее Рауль не попал в Энн-Арбор на вступительные экзамены, которые начались в день его прибытия. Поэтому Густав Валленберг, не любивший, чтобы внешние обстоятельства нарушали его амбициозные планы, еще до отъезда Рауля связался с несколькими влиятельными лицами, имевшими, как он предполагал, возможность "помочь Раулю на начальной стадии". Одним их них был контр-адмирал Марк Бристоль, которого Густав Валленберг знал по Турции, где тот служил Верховным комиссаром США в 1919–1927 годах. Вторым лицом был шведский скульптор

Карл Миллес, недавно получивший пост "скульптора-резидента" и заведующего отделением скульптуры Крэнбрукского фонда — академии искусств, расположенной в 60 км от Энн-Арбора и известной как колыбель американского модернизма.

Густав Валленберг не был знаком с Миллесом, и инициатива написать ему, очевидно, принадлежала самому Раулю, который наверняка был в курсе его избрания на должность в Крэнбрукском фонде. Миллес, в свою очередь, обратился к возглавлявшему институт архитектуры в Энн-Арборе профессору Эмилю Лорху, одному из лучших преподавателей архитектуры в США.

"Кроме письма ректору моего факультета, Миллесу больше ничего не пришлось для меня делать", — сообщил Рауль деду. Адмирал Бристоль, очевидно, также написал рекомендательное письмо, но Раулю оно не понадобилось, поскольку требования на вступительных экзаменах оказались не слишком высокими, и он "уже с первого дня убедился, что никаких препятствий на пути не будет и одного факта иностранного подданства достаточно, чтобы многие формальности упростились".

В благодарственном письме Миллесу Рауль также сообщает свои первые впечатления от Энн-Арбора. "Здесь я чувствую себя отлично, — пишет он. — Бо́льшую часть этого года я проучился во Франции, и меня поражает контраст между французским недружелюбием и равнодушием и американской отзывчивостью и общительностью".

Руди Валленберг

Первым местом проживания Рауля в Энн-Арборе стала Ист-Мэдисон-стрит, на которой он у одной семьи снял комнату. Он встает около семи утра. Потом завтракает в студенческой столовой университета. Два раза в неделю занятия начинаются в восемь часов, а в остальные дни — в девять. Учеба продолжается до пяти. Дел у него много, сообщает он деду. Учеба "сама по себе не слишком сложная или напряженная, но отнимает чудовищно много времени". Пятнадцатого октября он пишет свое первое сочинение на английском языке — "Что значит идея "Соединенных Штатов Европы"?". Оно было удостоено оценки "отлично" (*A*) и комментария "отличная работа".

"У Рауля, видимо, все хорошо, и ему нравится, — подвела итог Май фон Дардель в письме к свекрови после первого семестра в Энн-Арборе. — Удивительно, как легко ему дается английский". Это правда, дела у Рауля шли хорошо, и хотя он не достиг блестящих успехов в геометрии, математике и химии, по английскому он стал лучшим в своей группе. "Я познакомилась [с Раулем] на занятиях английского и была поражена его огромным запасом слов", — вспоминала его однокашница.

Вскоре Рауль подружился с Джоном Вехаузеном, который был годом младше его и изучал математику и физику на инженерном отделении[3]. Они обычно отправляются поесть "в маленькое заведение, куда другие, как правило, не хотят ходить с нами". Рауль выписывает *New York Times*. Он пишет: "Это лучшая из газет, какие я когда-либо читал, и она считается лучшей в стране". Он читает также *Christian Science Monitor*, потому что "ее высокое качество состоит в том, что она не пишет о скандалах, не распространяет ложь и т. д.". Рауль становится членом дискуссионного клуба, что дает ему "сразу хорошую разговорную практику в английском, навык ораторского искусства и участия в публичных обсуждениях". Однако после нескольких месяцев он чувствует разочарование:

Организуется и реорганизуется масса разных обществ и клубов. Надо признать, они обладают бо́льшим навыком парламентаризма, чем шведские студенты, и на своих собраниях ругаются между собой гораздо меньше нашего. Но подозреваю, что отчасти это просто потому, что они ничуточки

308 E. Madison Street
Ann Arbor

10.10.31.

University of Michigan

Professor Milles,

Jag tackar för ett brev av den 28.9.
och för er vänlighet att skriva till prof.
Cork. Han förefaller att vara en mycket
snäll man liksom alla lärarna här. Per-
sonligen har jag ingen förbindelse med honom
ännu då han troligen endast undervisar
på ett högre stadium. Jag trivs utmärkt.
Största delen av detta in har jag studerat i
Frankrike och det slår mig vilken skillnad
det är mellan fransmännens strävhet och likgil-
tighet och amerikanarnas hjälpsamhet och vänlighet.

Den minister Wallenberg som skrivit till
professorn är icke min far, som varit död praktiskt
taget sedan jag föddes, utan min farfar. Han
är min förmyndare. Adressen är, åtminstone
tror jag så, Grand Hotel i Stockholm. Vanligtvis
bor han emellertid i (Konstantinopel) Stamboul:
Légation de Suède.

Tusen tack och hälsningar

R. Wallenberg

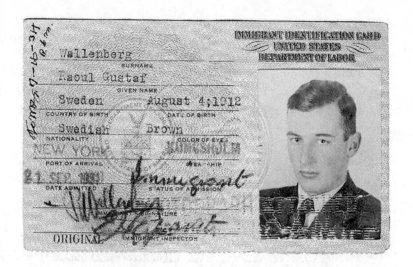

Вверху: американское удостоверение личности Рауля.
Слева: письмо Рауля Карлу Миллесу.

не интересуются словесными боями, а не потому, что обладают каким-то высшим здравомыслием. Однако, насколько я понимаю, в них гораздо больше развита способность к мудрому подчинению и признанию правоты лидера, вообще понимание того, что иметь лидера и сложившуюся организацию — это хорошо. Думаю, что их вера в авторитеты, или как уж там это назвать, — часть распространенного здесь явного движения за сохранение традиции и преемственности. Это становится особенно ясно, когда сравниваешь со Швецией. Там так много традиций и заведенных порядков, что реакцией студентов становится не вера, а протест.

Несмотря на критическое отношение, Рауль вскоре вполне перенимает американский стиль жизни. Он обожает хотдоги, разгуливает в кроссовках и путешествует автостопом. Довольно скоро его американские товарищи награждают его ласковым прозвищем Руди. "Он был настолько американцем, насколько возможно, — по одежде, манере себя вести и сленговым выражениям, немедленно им подхваченным", — вспоминал один из его студенческих приятелей Чарльз Роуса. Рауль забавлял окружающих своими талантами подражателя (он как никто умел имитировать животных и людей) и языковой фантазией, выражавшейся, в частности, в том, что для описания событий и вещей он изобретал новые слова.

Мичиганский университет был учебным заведением с очень хорошей репутацией, главным образом привлекавшим к себе студентов из семей, не располагавших достаточными средствами, чтобы отправить детей в дорогие университеты на восточном побережье. Как явствует из писем, еще одна причина, по которой Густав Валленберг выбрал именно этот университет для своего внука, заключалась в отсутствии там снобизма. Хотя Раулю приходилось быть бережливым, его экономическая ситуация отличалась от условий жизни большинства его товарищей-студентов. Однако он никогда не рассказывал, что происходит из богатой семьи, да и в любом случае немыслимо было жить роскошной жизнью во время экономической депрессии. Поэтому Рауль не делал ничего такого, что отличало бы его от других студентов, — разве что, может быть, позволял себе красное вино и импортные сыры с таким сильным запахом, что его квартирная хозяйка потребовала, чтобы он хранил их где-нибудь в другом месте, если желает сохранить за собой комнату.

Учеба была напряженной, и для развлечений и свободного времяпрепровождения оставалось мало места. Об употреблении спиртного в первые годы учебы Рауля вопрос вообще не стоял — по крайней мере легальном, поскольку в стране действовал запрет на торговлю спиртными напитками. Вместе со своим студенческим приятелем Фредриком Джеймсом он с удовольствием ходил на музыкальный факультет послушать пластинки, особенно Моцарта. Джеймс вспоминает, что Рауль обожал музыку. Он усердно учился в течение недели, чтобы иметь возможность в выходные заняться другим: покататься на велосипеде, погулять, отправиться в плавание на каноэ или съездить в Детройт, чтобы сходить в кино или послушать какую-нибудь оперу, посмотреть балет. Ему нравились Чаплин, Лорел и Харди и братья Маркс. Джеймс вспоминает, что Рауль всегда был "полон энергии, в хорошем настроении и вообще славный малый".

Гринвич: жизнь на широкую ногу

Как только первый семестр закончился, Рауль отправился погостить к семье Кольвинов в Коннектикуте. Эльса, его тетя по материнской линии, была замужем за полковником американской армии Уильямом Мехлингом Кольвином (1876–1963). В 1910–1913 и 1917–1920 годах он был военным атташе при американских миссиях в Стокгольме, Осло и Копенгагене, а в годы Первой мировой войны — специальным посланником американского МИДа по организации помощи американским гражданам в Европе. В 1920-е он служил комендантом американского форта на Филиппинах и в зоне Панамского канала, а затем командующим Четвертым участком береговой артиллерии со штаб-квартирой в Атланте.

У полковника и госпожи Кольвин было двое детей, дочь Лусетта и сын Фитцджон. Рауль и раньше был знаком со своими двоюродными братом и сестрой, потому что они приезжали в Швецию на лето, но у них дома не бывал. Впрочем, и для них "быть дома" тоже было в новинку, поскольку их детство прошло в миссиях и на военных базах, разбросанных по всему миру. Отцовская штаб-квартира находилась в Атланте, но с некоторого времени семья поселилась в городке Гринвич, откуда до Нью-Йорка было полчаса езды поездом.

Поездка Рауля из Энн-Арбора в Гринвич заняла куда больше времени, тем более что он решил ехать на автобусе.

Путешествие длилось 27 часов и обошлось всего в 14 долларов 85 центов туда и обратно, в то время как билет на поезд в одну сторону стоил бы 37 долларов, сообщил Рауль своему деду, намекая, что не разбазаривает его деньги.

Лусетта была на год моложе Рауля, поэтому при более ранних встречах особенного общения между ними не было. Но во время его приезда на Рождество 1931 года ей исполнилось 18 лет, она окончила гимназию в Вашингтоне, брала уроки у американского скульптора русского происхождения Глеба Дерюжинского, у нее были водительские права и собственный автомобиль. "Мне здесь очень приятно находиться, приемы и танцевальные вечера, которые я тут посещаю, — прекрасная перемена по сравнению с достаточно однообразной жизни в Энн-Арборе, — продолжал Рауль свой отчет деду. — На днях мы с кузиной Лусеттой ездили в Филадельфию, находящуюся в 300 км отсюда. Она довезла меня туда в собственном автомобиле. Мы жили в одной богатой семье, а вечером ходили танцевать в крикет-клуб, который якобы состоит из сливок американского общества. Меня поразило, что мальчики плохо одеты, и кажется, глупее их я никого до сих пор здесь не видел".

Лусетта, сообщал Рауль, — "из самой элегантной, богатой и снобистской среды на всем восточном побережье". Гринвич представлял собой один из самых модных городков на американском атлантическом побережье и был известен своим загородным клубом и светской жизнью. Когда в сентябре 1932 года Лусетта впервые "вышла в свет" на балу дебютантов, на котором присутствовало 600 гостей, это событие было специально отмечено *New York Times* под заголовком "Дебют Лусетты Кольвин".

Семья Кольвин на самом деле жила, по выражению Рауля, "очень светской жизнью" — вечера, танцы и другие празднества следовали одно за другим. В последующие годы Раулю предстояло посетить своих родственников еще несколько раз.

Светская жизнь Коннектикута была куда более регламентирована и подчинена правилам этикета, чем та жизнь высшего класса, к которой Рауль привык дома. "Вначале всегда прибывал багаж Рауля, полный белья в стирку", — вспоминала Лусетта. Сам он приезжал на автобусе или автостопом, "что маме не нравилось". Когда Рауль к тому же несколько раз нарушил строгий дресс-код, тетя Эльса пожаловалась своей сестре в Стокгольме, а та, в свою очередь, попросила сына объясниться. Рауль защищался, доказывая, что его посещение семейства Кольвин "в двух случаях из трех составляло лишь небольшое звено в длинном путешествии" и ему не хотелось "тащить с собой чересчур много одежды ради того, чтобы один раз предстать во всем блеске". В одном случае он, честное слово, взял с собой "очень симпатичный белый костюмчик". В двух других случаях его костюмы, фрак и смокинг потеряла транспортная фирма. Как бы то ни было, он считал, что "гораздо приятнее посидеть и поболтать с Кольвинами, чем ходить на большие балы, которые они дают".

Рауль и правда нашел общение со своими американскими родственниками интересным и вдохновляющим. Поскольку Кольвины "очень американизированы", он больше узнал о "настоящей Америке здесь, за эти две недели, чем в продолжение целого семестра в Энн-Арборе…". Выражение "американизированы" служило эвфемизмом для "националистического" и "милитаристского" настроя. Полковник, сообщает Рауль деду после одного из своих рождественских приездов в Гринвич, — настоящий "империалист и всерьез говорит, что Америка должна сохранять готовность расширить свою территорию". К тому же он всегда защищает "линчевание" и "автократию", что возмущает Рауля.

Неподалеку от семьи Кольвинов в Гринвиче жил генеральный консул Швеции в Нью-Йорке Улоф Ламм, знакомый Густава Валленберга, "ростом два с половиной метра и дико жирный", по описаниям Рауля. И пусть соотечественник и не произвел особого впечатления на Рауля, совсем по-другому обстояло дело с городом, в котором тот служил высшим дипломатическим представителем Швеции и в который после Гринвича отправился Рауль:

У меня появилась возможность составить представление о Нью-Йорке. Я бродил по нему несколько дней. Многие районы небоскребов, особенно тот, что окружает Центральный вокзал, то есть между 41-й и 52-й авеню, производят величественное впечатление. Там находятся, например, новые здания Эмпайр-Стейт-билдинг (107 этажей) и Крайслер (72 этажа) — это гораздо выше, чем здание Вулворт-билдинг. Также на Уолл-стрит есть отдельные 40-этажные здания. Новые небоскребы очень красивы и кажутся легкими и изящными. Ни горизонталь, ни вертикаль не подчеркиваются чрезмерно, и равным образом исчезли все орнаменты и колонны классического стиля. Обычно небоскребы облицованы мрамором самых светлых тонов, какие только можно вообразить. Архитекторы отказались от карнизов, от мудреной системы башенок. У меня исключительно благоприятное впечатление от этих зданий.

“Мне очень и очень по душе атмосфера этого большого города. Я думаю, как грустно будет возвращаться в мой крохотный Энн-Арбор”, — заканчивал Рауль свой отчет Густаву Валленбергу на Рождество 1931 года. Но он не мог не вернуться. Сразу после Нового года начинались занятия.

Великолепный учебный год

Во втором семестре занятия стали более интересными. Рауль начал изучать историю архитектуры, а это “очень приятный предмет”. “Весь последний месяц мы погружались в греческую

Официальная студенческая фотография Рауля.

цивилизацию, во-первых, потому что изучаем историю греческой архитектуры, а во-вторых, потому что проходим греческие мотивы и по черчению, и по свободному рисунку. Теперь я знаю Парфенон и все другие храмы и снаружи, и изнутри".

Однако, если не считать истории архитектуры, по которой Рауль получил высшую оценку на зачете и потому был

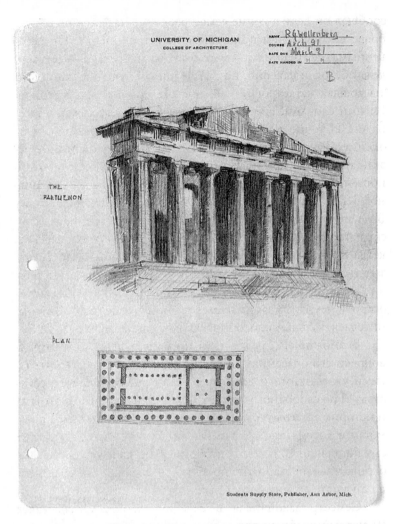

Рисунок Парфенона, сделанный Раулем.

освобожден от заключительного экзамена, дела с учебой у него во втором семестре шли не блестяще. По архитектурному черчению у него, как он сам считал, прогресс, однако, сообщал он деду в конце семестра, он не надеется получить более высокую, чем в прошлом семестре, оценку. По деревянным конструкциям — а это был новый предмет — вначале дела обстояли скверно, но потом пошли лучше. С чем была "настоящая катастрофа", так это с химией и математикой. Иными словами, ситуация была точно такая же, как в гимназии. И точно так же, как в сообщениях о гимназических оценках, Рауль очень старается подчеркнуть, что средние результаты учебы обусловлены не отсутствием у него способностей, а другими факторами. "Поскольку это все в основном из-за лени, я не переживаю", — успокаивал он Густава Валленберга. "Не знаю, нет ли здесь черты авантюриста, — спрашивал он себя. — Я испытываю особое удовольствие, когда выключаюсь на недельку или две, чтобы было время заняться тем, чем мне хочется, а потом могу резко взять себя в руки и трудиться всю ночь, что придает жизни бо́льшую остроту, чем когда занимаешься рутинными делами". В своих интеллектуальных способностях Рауль не сомневался.

Возможно, Рауль все-таки преодолел лень, потому что вопреки его опасениям оценки в результате оказались не такими уж низкими и даже превзошли оценки первого семестра: "*А по свободному рисунку*, РОТС (военная подготовка) *и истории архитектуры*, *В по еще двум архитектурным предметам и математике*". С химией было хуже всего, по химии ему поставили *С*. К концу второго семестра Рауль также сдал окончательный вариант проекта ресторана, завершенный в результате долгих бессонных ночей.

Семестр закончился в середине июня. Оглядываясь на первый учебный год в Энн-Арборе, Рауль находил, что все было "совершенно замечательно":

У меня масса товарищей, которые мне очень нравятся и с которыми я прекрасно себя чувствую. Люди по отношению ко мне очень добры и дружелюбны. Учеба в целом дала хорошие результаты, не только в смысле оценок, потому что они мало что значат, но и потому, что я чувствую, что в самом деле чему-то научился. Дедушка, Вы помните, что до моего отъезда сюда я говорил, что наши учебные заведения не уступают американским. Но теперь я вижу, что помимо предполагавшейся выгоды — что я поживу в Америке и приобщусь к ее духу — я получил удовольствие от самого учебного процесса, который, наверное, устроен не хуже шведского. По крайней мере лениться тут не приходится.

Ценные лица

Точно так же, как и раньше, весной 1932 года обсуждались планы Рауля на лето. Рауль всерьез размышляет над тем, чтобы летом поучиться, а затем съездить в Швецию и в конце сентября, к началу семестра, вернуться. Альтернативный вариант — поездить по США, может быть, подыскать работу на лето, а домой тогда возвращаться на следующий год. "Я хочу знать, как Вы относитесь к этому, потому что в результате пострадает Ваш кошелек, — писал он. — Я не ощущаю такой уж потребности ехать домой, но я обещал маме, что как-нибудь появлюсь у нее за время своей четырехлетней отлучки".

Дед, как и следовало ожидать, воспринял план поездки домой как "совершенно несвоевременный". Эта идея, писал он Раулю, "слишком отдает тягой к удовольствиям, что неправильно, особенно в нынешних экономических условиях, и показывает, что ты не воспринимаешь цель своего пребывания в Америке вполне *au sérieux**". Сам Густав Валленберг представил два альтернативных плана первого лета Рауля в Америке. Суть одного сводилась к тому, чтобы он "устро-

---

* Всерьез *(франц.)*.

Набросок, сделанный Раулем.

ился на работу, чтобы получить представление о том, что значит зарабатывать себе на хлеб". Из-за безработицы этот план, однако, пришлось отложить на следующий год. Другой вариант предполагал, что Рауль отправится в Калифорнию, чтобы там познакомиться с *personnes de valeur*, полезными людьми. "К этой идее меня привела мысль, что не повредит, я полагаю, дополнить книжное образование знанием людей, изучением характера, привычек и образа мышления людей опытных. Накопленные книжные знания легко приводят к сознанию собственной исключительности, к своего рода зазнайству". В длинном письме дед развивал свою мысль так:

Когда ты однажды вернешься в Швецию, ты должен отличаться от сверстников как раз в том, что касается знания людей и жизненного опыта. Уже сейчас, в процессе учебы в Энн-Арборе, у тебя есть возможность обмениваться мыслями с людьми, живущими и думающими не так, как мы. Я не хочу этим сказать, что таланты или образ представлений американцев благороднее наших. Но они другие. Уже одним тем, что ты соприкасаешься с молодежью в Энн-Арборе, ты заработал себе преимущество. Моя мысль состоит в том, что ты мог бы увеличить это преимущество во время своей поездки во время каникул в Калифорнию, завязав контакты с подходящими лицами именно ради того, чтобы впитывать в себя их опыт и их представления о жизни — при твердом условии, что в этом и будет цель поездки. [...] Едва ли не все двери открыты перед молодым человеком с твоей фамилией и твоими способностями. Американцы чрезвычайно гостеприимны и внимательны по отношению к европейцам, и особенно шведам. [...] Они со всей открытостью делятся своим опытом и любят встречаться с людьми, которые по крайней мере настолько способны дискутировать, что стоит убеждать их в том, что американское — значит лучшее. Для тебя это должно было бы стать своего рода спортом — вызвать обмен мнениями, в ходе которого ты выманиваешь то, что хочешь узнать: что они думают о будущем и как, по их мнению, должны разрешиться будущие великие проблемы человеческого существования. Начни расспрашивать их об американской ситуации, но никогда не теряй из виду задачи в конце концов выудить из собеседников, что они думают о перспективах для разных стран Европы. Это представляет интерес, потому что американцы более склонны к практике и лучше, чем мы, видят возможности. Если только ты сумеешь правильно зайти, выстроится целая очередь желающих тебя поприветствовать.

Во время поездки Рауль должен вести себя "просто и без претензий", останавливаться не в дорогих отелях, а в местах поскромнее. "Отличать тебя должны не по адресу отеля, а по твоему таланту", — пишет дед. Самое главное — все время стараться войти в контакт с "полезными людьми".

Рауль принял предложение деда о поездке в Калифорнию "с глубокой признательностью" не только в связи с его финансовыми пожертвованиями, но прежде всего потому, что чувствовал себя предметом его "постоянной заботы и любви". Поскольку занятия в летней школе должны были закончиться лишь в последних числах июля, это делало невозможной поездку в Швецию, так что он и сам стал проникаться подобными мыслями, сообщал он деду. "Кстати, если я и подумываю о путешествии домой, то это в основном ради мамы, и не думайте, что я испытываю непреодолимое желание тратить деньги". Но Густав Валленберг на всякий случай подбросил идею о Калифорнии и своей невестке, которая "одобряет план во всех отношениях и выражает радость по поводу него".

Прежде чем отправиться в Калифорнию, Рауль должен был пройти курс в летней школе, начавшийся 27 июня. А еще до этого он отправился в Чикаго, чтобы навестить Джона Вехаузена. Он поехал к нему 13 июня, как только кончился семестр. Это было путешествие автостопом — "очень приятный способ передвижения", сообщал он матери.

Рауль остановился в семействе Вехаузенов на две недели. Больше всего мальчики гуляли по городу или ездили на какой-нибудь из больших пляжей неподалеку. С каждым днем Рауль все больше влюблялся в Чикаго, особенно его поразило обилие городских парков. Как и следовало ожидать, наибольший интерес вызвали у него архитектура и градостроительные планы.

Однажды вечером Рауль посетил Шведский клуб, почетным гостем которого оказался знаменитый на весь мир шведский путешественник и первооткрыватель Свен Гедин. Услышав его выступление, Рауль понял, как тому удается убеждать американских миллионеров жертвовать деньги на его экспедиции даже в период экономической депрессии: "Он был прекрасным оратором и говорил почти два часа, не пользуясь никакими письменными шпаргалками и при этом ни в малейшей степени не теряя связности и концентрированности своей речи".

Среди слушателей сидел и федеральный обвинитель Джордж Э. Джонсон, засадивший в тюрьму Аль Капоне, "в окружении своих *bodyguards*, крепких мужчин с оттопыренными карманами". Кстати, "опасность бандитизма" в Чикаго не является такой уж "воображаемой", как можно было бы думать, пишет Рауль, приводя несколько примеров людей, подвергшихся ограблению и насилию. С ним самим, однако, все обошлось, и он вопреки ожиданиям был поражен приветливостью и чуткостью, свойственными людям в "этом Вавилоне", "известном своими аферистами".

После Чикаго Рауль вернулся в Энн-Арбор, в летнюю школу. Здесь он чувствовал себя очень комфортно. Система была такова, что выпускники или те, кому предстояло окончить университет в будущем году, то есть те, у кого оставались одни практические занятия, сами выступали в роли архитекторов, в то время как такие, как Рауль, "зеленые юнцы делали работу со всеми ее мелочами". Согласно Раулю, это куда интереснее, чем обычная школьная система, потому что у каждого своя определенная ответственность. "Сегодня я в хорошем настроении, — сообщал он деду, — потому что профессор вчера похвалил меня за довольно-таки трудную конструкцию ванной комнаты, которую я сделал".

Калифорния

Рауль покинул Энн-Арбор сразу после окончания занятий в летней школе — "на самом деле в ту минуту, когда школа завершилась", 23 июля в час дня. Он решил проделать весь путь до Калифорнии автостопом и пешком. Кольвины советовали ему так не поступать, ссылаясь на риск быть ограбленным и прочие ужасы, но Рауль не последовал их советам. "Это единственный эффективный способ повидать страну", — неделю спустя писал он матери в открытке из Колорадо.

Такой взгляд разделял и Густав Валленберг, полагавший, что способ путешествия, выбранный Раулем, есть "самый интересный из всех, какие можно себе представить, и позволяет увидеть страну, так сказать, изнутри". Рауль пояснил деду более подробно, почему он предпочитает "бесплатный проезд", а не путешествие автобусом и поездом, которые он терпеть не может из-за всех этих "опозданий и волынки с багажом":

> Когда едешь автостопом, дело обстоит совсем иначе. С самого начала предполагается, что все время надо держать ухо востро, и если потом окажется, что все кончилось сравнительно благополучно, то так ведь гораздо интереснее. По дороге ты каждый день близко общаешься с массой

Рауль на ступенях обсерватории Энджелл-холл в Энн-Арборе.

новых людей. Это вырабатывает дипломатичность и такт, потому что именно благодаря данным качествам удается находить желающих тебя подвезти. Это дешево, транспортные расходы на мою поездку составили 50 центов. Расстояние — 2 тыс. американских миль. Что касается рисков, то они, по всей видимости, преувеличены. В последние годы здесь, в Америке, — сильная реакция против *hitchhiking*, так здесь называется путешествие автостопом, и во многих штатах оно стало незаконным. Это из-за многочисленных случаев нападения, которые совершают путешествующие автостопом. Да и сами пользующиеся этим способом передвижения подвергались нападениям и лишались своих — обычно крайне незначительных — денежных ресурсов. Но здравый смысл подсказывает, что сам хитчхайкер подвергается куда меньшему риску, и я полагаю, что этот риск совершенно минимален. Во всяком случае, со мною лично не случилось ни одного неприятного происшествия такого рода. И даже если бы я подвергся вооруженному вымогательству, мои финансовые потери оказались бы невелики. В день выезда у меня было всего 25 долларов бумажками, и эта сумма день ото дня уменьшалась, а остальное я взял с собой в виде дорожных чеков и к тому же заранее отослал 100 долларов в один калифорнийский банк. Но, как я уже сказал, меры предосторожности оказались излишними, ничего не случилось. Так вообще бывает с неизвестными опасностями — мы их преувеличиваем. А если подумать, какому огромному риску мы подвергаемся каждый раз, когда переходим дорогу! Но ведь никому же не приходит в голову сомневаться, стоит переходить или нет.

Добравшись до Чикаго, Рауль нашел город таким же по-воскресному пустым, как Стокгольм. Он зашел в редакцию *Chicago Tribune* и спросил, не хочет ли газета приобрести пару его статей, которые он собирается написать в ходе путешествия. Однако редакция отнеслась к этой мысли довольно холодно. Рауль писал: "Хотя в конце концов мне удалось уговорить их принять и доброжелательно рассмотреть мои статьи, когда они в свое время их получат, я без больших надежд покинул их небоскреб, столь напоминающий готический собор". От семьи Вехаузенов Рауль получил рекомендательное письмо к "одной даме в Голливуде", после чего его путешествие продолжилось с помощью пожилой пары, совершавшей увеселительную поездку. Подобно героине "Тысячи и одной ночи", Рауль всяческими "историями и разговорами приковал их внимание к себе, особенно в тех местах, где они имели все шансы повернуть обратно". В результате они провезли его на 40 км дальше, чем собирались изначально. Оставшаяся часть поездки лучше всего описывается словами Рауля. Два длинных письма-отчета, составленные им по приезде в Лос-Анджелес после десятидневной поездки, свидетельствуют об остром взгляде и повествовательном таланте автора:

> Мое путешествие продолжалось до поздней ночи, несколько километров я даже прошел пешком. Мне повстречался несчастный голодный человек, бывший студент, направлявшийся в Денвер, где ему удалось найти себе работу. Он оказался человеком очень образованным, но совершеннейшим профаном в практических вещах. Я угостил его ужином. Никогда в жизни я не видал никого более счастливого, если не считать его же самого в тот момент, когда ему представилась возможность поговорить со мной о русских писателях. Естественно, я их в жизни не читал, однако для него чтение их произведений составляло, по всей видимости, любимое времяпрепровождение. И с подобным сталкиваешься тут сплошь и рядом. Хорошенько выспавшись ночью в комнатах для проезжающих, я на следующее утро продолжил путь пешком в направлении Сент-Луиса, который планировал посмотреть, хотя тот и находится в стороне от моего маршрута. Некоторое время спустя меня подобрала машина, и скоро я оказался в городе. Он производит впечатление большей неупорядоченности, чем северные города, к которым я привык. Все же меня поразило, что архитектура небоскребов здесь во многих отношениях более подлинная и менее театральная, чем в Чикаго и Детройте. Ближе к вечеру я добрался до Сент-Чарльза, расположенного у притока или рукава реки Миссисипи.

На первый взгляд, он напоминает французский Тур. Один молодой человек повозил меня на своей машине по городу. Из-за потери времени на Сент-Луис и из-за того, что мало продвинулся накануне, я решил продолжать путь в течение всей ночи, но выбрать грузовик, а не обычный легковой автомобиль, поскольку народ не так уж рвется подобрать на шоссе посреди ночи мужчину диковинного вида. [...] В Сент-Джозефе я познакомился с владельцем бензоколонки шведско-американского происхождения. С почти испанской галантностью он предоставил все, что имел, в мое распоряжение, и я побрился и основательно вымылся. Когда я закончил, то, к своему удивлению, узнал, что он договорился, что меня подвезут, так что я окажусь на 50 км южнее, то есть на полпути к Канзас-Сити. В этот город я прибыл после обеда и поспешил отправить свою одежду в стирку и на глажку, так как основательно промок, испачкался и помялся. По опыту я уже знал, что имеет смысл выглядеть приличным и чистым. [...] В Топеку я прибыл довольно поздним вечером после долгого пешего перехода. На этот раз я тоже решил двигаться дальше ночью, чтобы компенсировать потерянное время. Правда, становилось уже тяжеловато, но и это часть удовольствия. На местной базе грузового транспорта я отыскал мужчину, заявившего, что помочь мне будет для него радостью, ибо, мол, однажды сам служил в армии. (Я упоминал, что путешествовал в форме *R. O. T. C — Reserve Officer's Training Corps*?)* Он дал мне адрес бензоколонки в пригороде, где обычно останавливаются большие транзитные фуры, и в придачу написал таинственное слово *O. K.* ("одобрение") на бумажке, которую и вручил мне, слегка улыбаясь. Я уже понял, что народ здесь довольно приветлив, по крайней мере те, кто имеет дело с грузопере-

---

* Форма американского резервиста *(англ.)*.

возками. Я тут же выступил маршем по указанному адресу и дошел туда в 12 ночи: по дороге мне попался веселый негритянский праздник в парке, и я постоял и посмотрел на него. Благополучно добравшись до цели, я уселся на стул, чтобы поспать, но был разбужен через час, когда на базу с ревом въехал грузовик. К сожалению, в ту ночь у них не нашлось никого, кто бы следовал в Денвер, только до маленького городка Салина посреди степи. Я принял это предложение с благодарностью, особенно потому, что машина ехала почти без груза, и потому, что в большом крытом кузове у них была устроена фантастическая кровать из мешков. Там я проспал до утра и проснулся оттого, что машина стоит неподвижно. Мы встали у дома водителя грузовика, и он сам, очевидно, столь же сонный, как и я, пошел поспать. Я воспользовался возможностью побриться и навести марафет. Когда я завершил свой туалет, вышла жена водителя и спросила, не хочу ли я позавтракать. Добрая женщина, она наверняка думала, что я умираю с голоду. После этого мы продолжили путь в Салину, где меня тут же подобрал вооруженный револьвером коммивояжер в великолепном *Oldsmobile*. Здесь начинался настоящий Запад, и все чаще я видел диких ковбоев в больших шляпах с широкими опущенными полями, мелькающих среди равнин. Они пасли стада из тысяч животных. [...] На следующее утро мне повезло, меня согласились подвезти на скоростном автомобиле. На нем я проехал 500 км по раскаленному пеклу на запад, в сторону того относительного облегчения, которое предлагает большая, простирающаяся на юг долина, где расположены города Денвер, Колорадо-Спрингс и Пуэбло. Я въехал в эту долину чуть севернее Колорадо-Спрингс и сразу же засомневался, ехать ли дальше через Денвер и затем Солт-Лейк-Сити в Лос-Анджелес или отправиться по дороге на юг, через Пуэбло, Санта-Фе и потом на запад в Лос-Анджелес. Я предоставил решение судьбе, пытаясь остановить машины, движущиеся как в северном направлении, так и в южном, и отправился на той, которая остановилась первой. Как оказалось, в сторону Пуэбло. На большой скорости мы промчались по прекрасным дорогам через Колорадо-Спрингс, этот сад богов, как его называют, на юг в сторону Пуэбло. Народ в этих районах отличается предприимчивостью, территории еще не выработаны, и повсюду можно видеть завлекательные объявления, предлагающие тот или иной участок земли, с неизменным указанием, что под поверхностью песчаного куска земли, судя по всему, в изобилии сокрыты золото и нефть. […]

Обследовав все отели в поисках кого-нибудь, с кем можно было бы уехать, на следующее утро Рауль познакомился с молодым человеком из Миннесоты, направлявшимся в Лос-Анджелес. Он торопился, и путешествие продолжилось немедленно:

Санта-Фе оказался на вид почти европейским городом, с маленькими извилистыми улочками и старинным, при первом беглом осмотре довольно безобразным собором. Он, кстати, имеет славу самой древней церкви такого масштаба в США, а Санта-Фе — древнейшей столицы штата. Эта земля по-прежнему сохраняет испанский или американо-испанский характер, и скоро понимаешь, что эта испанскость подлинная, то есть прямо унаследованная от предков, а не фальшивая вывеска и каприз моды, как дальше к западу в Калифорнии. Есть что-то примитивно неамериканское в этих районах с их диковинными дорожными покрытиями и полудиким населением. Мы проехали неподалеку от Санта-Фе одну из крупных индейских резерваций и даже сделали большой крюк в сторону, чтобы ближе познакомиться с обитателями. Говорят, эти южные племена индейцев сохраняют свою цивилизацию в достаточно нетронутом внешними влияниями виде. […]

Наша поездка от Санта-Фе до Лос-Анджелеса заняла четыре полных дня, а не три или даже два, как мы рассчитывали. Во всем был на самом деле виноват я. С самого начала я с дьявольской хитростью стал описывать красоты тех мест, которые мы проезжали. Я рассказывал моему попутчику про окаменелые леса, которые можно увидеть, свернув с шоссе и проехав какие-нибудь 50 км, о расцвеченных всеми цветами бесконечных пустынях, протянувшихся по обе стороны дороги, всегда приберегающих самые прекрасные свои виды для того, кто устремляется по маленьким ухабистым проселочным дорогам, и наконец, про Гранд-Каньон, который означал для нас крюк в 250 км. Моему попутчику едва ли приходило в голову, что его маршрут, оказывается, пролегает через землю обетованную. Достаточно было всего лишь сообщить ему об этом, и он с энтузиазмом согласился увеличить время нашего путешествия ради того, чтобы получить возможность посетить эти края. […]

Переночевав в маленьком городке Флагстафф… мы отправились в Гранд-Каньон. Как и в случае с окаменевшей пустыней, его очарование в значительной мере происходит из внезапности, с которой это чудо возникает перед вами. Вы едете обширными хвойными лесами и болотами и вдруг оказываетесь на краю самого каньона. Это приходит как шок. Вдали, иногда четко очерченное, иногда окутанное голубой дымкой, вы видите ярко освещенное плато, распростершееся на дне долины, но в середине разрезанное теперешним руслом реки, черная зияющая пропасть которой производит впечатление врат ада. […] Здесь мы всего лишь в 150 км от Долины смерти, самого жаркого места на поверхности земли, расположенного в 270 м ниже уровня моря, покрытого горьким слоем соли и абсолютно безжизненного. Мы сами сидим раздетые и обливаясь потом, а машина раскалилась и мотор тяжело пыхтит. Какая температура в тени, я не знаю. Я не смог найти никакой тени и померить! Однако впоследствии обнаружил лопнувший медицинский градусник, который выполнял свой долг до последней капли ртути. Так мы продвигались час за часом, время от времени останавливаясь, чтобы не перегрелся мотор. Самый страшный ад — [когда] мы переправлялись через крутые горы, окружающие реку Колорадо, которая поворачивает на юг, поэтому ее и нужно было переехать. [...] Вечером мы легли спать всего лишь в 250 км от цели — Лос-Анджелеса. [...] Вскоре мы почувствовали дуновение соленого ветерка, и одновременно по сторонам дороги появились пальмы и цветочные клумбы. Дома приобрели вдруг абсолютно испанский вид, объявления — привкус светскости, и мы почувствовали, что приближаемся к этому земному раю — Южной Калифорнии. Мы быстро проехали немалое количество километров через снобского вида предместья и ровно в десять часов остановились у большого отеля в центре города. Таким образом я преодолел 5 тыс. км бесплатным автостопом и остался целым и невредимым.

Через два дня после приезда в Лос-Анджелес Раулю исполнилось 20 лет. "Мой день рождения прошел спокойно, поскольку я упросил власти не организовывать специальных мероприятий", — шутил он в письме к деду. Город ему понравился, не в последнюю очередь благодаря летним Олимпийским играм, проходившим там с 30 июля по 14 августа. Несколько раз он посетил шведских участников Олимпиады, в числе которых были два его родственника: двоюродный брат его отца Юхан Габриэль Оксеншерна и муж Эббы, дочери Маркуса Валленберга-старшего, Карл Бунде. Карл Бунде уже не занимался активным спортом, но был золотым медалистом по выездке (дрессуре) на Олимпиаде в Стокгольме-1912 и серебряным медалистом в командной выездке в Амстердаме 1928 года.

Во время игр в Лос-Анджелесе Оксеншерна выиграл золото по современному пятиборью.

Прожив с неделю в городе, Рауль отправился на грузовике в Сан-Франциско, в Боулдер-сити и на плотину Гувера. Дамба произвела на него впечатление, но поездку обратно он счел чересчур тяжелой: "В числе прочего я прошел почти 30 км по отвратительной пустыне, в которой нет ни капли воды и ни деревца, дающего тень. Ночь я провел на крыше грузовика, а когда мы переезжали горы к северу от Лос-Анджелеса, я чуть не замерз насмерть".

Поездка обратно в Энн-Арбор проходила через северные штаты Орегон и Вашингтон, также с помощью поднятой руки. Если будет время, он навестит семейство Кольвинов, писал Рауль матери из Ванкувера, однако неясно, состоялась ли эта встреча.

Архитектор

В первом семестре 1932 года Рауль выбрал в качестве учебной дисциплины теорию строительства, что предусматривало изучение физики и математики — двух предметов, с которыми у него всегда были сложности. Причиной выбора послужило его предположение, что после возвращения в Швецию ему скорее понадобится именно это, а не архитектурные дисциплины. Под Рождество Рауль писал своей тете Карин: "Мне здесь очень нравится. Я бы только хотел, чтобы нас побольше учили практической архитектуре и поменьше физике, математике и тому подобному. История архитектуры, на мой взгляд, — очень интересная вещь". В течение семестра он получает задание начертить проект музыкальной школы, но ему трудно выбрать, который из своих набросков представить: у него есть бумажка и на ней нечто, "напоминающее то ли муху, то ли летательный аппарат братьев Райт, и вот это мне очень нравится". Архитектура уже захватила его, "она доставляет удовольствие" ему, и он, единственный из учащихся, получил "отлично" за задачку на проектирование — фонтан в саду.

Как сообщил Рауль бабушке Анни, за весь семестр он ни разу не ходил на танцы. Зато пару раз посещал Крэнбрук Фаундейшн, построенный по проекту финского архитектора Элиэля Сааринена, в тот год ставшего первым президентом фонда. "Сааринен — великий человек маленького роста, он постоянно молчит, но вид у него хитрый, — таковы впечатления Рауля. — Это один из лучших здешних архитекторов".

Рауль едет в Крэнбрук в обществе подруги, Бернис Рингман, владелицы автомобиля. О Миллесе, у которого "невероятно добрые, не от мира сего глаза", он пишет, что тот "считает, что дома к нему относятся плохо" и "говорит, что там "он никогда не знает покоя". Американцы, как всегда, проявили "завидную щедрость", у Миллеса "три больших ателье, и они строят для него четвертое, еще больше". Во время визита Рауля Миллес работал над скульптурой для павильона *General Motors* на Всемирной выставке в Чикаго, которая должна была открыться летом 1933 года. По сведениям Рауля, скульптор отказался от полумиллиона долларов, предложенного Центром Рокфеллера, "поскольку они не соглашались оставить ему руки свободными", но эта скульптура, "Человек и единорог", позднее все же была завершена.

Президентские выборы

На настроения американского общества осенью 1932 года наложили свой отпечаток президентские выборы, происходившие через три года после биржевого краха на Уолл-стрит и в разгар наступившей с того момента глубокой экономической депрессии. Республиканскому президенту Герберту Гуверу не удалось переломить этих тенденций. В своих речах он объявлял, что самое страшное позади, но каждый раз был вынужден констатировать, что ошибся. На выборах 1932 года его соперником стал кандидат от демократов Франклин Д. Рузвельт, пообещавший американскому народу "новый курс", пакет реформ с упором на крупные государственные заказы, такие как строительство дорог и плотин. Крестьянам также была обещана экономическая помощь на закупку современных сельскохозяйственных машин и электрификацию жилищ. "Новый курс" включал в себя также расширение прав профсоюзов и новые законы социального страхования. Гувер назвал Рузвельта опасным радикалом, но это не помогло: на выборах 8 ноября Рузвельт одержал внушительную победу.

Рауль с большим интересом следил за президентской кампанией, "увлекательным и драматичным процессом", когда "все штаты сидят и напряженно ловят выпаливаемые заявления" во время "огромных *radio hook-ups*", то есть общенациональных программ.

На обоих основных кандидатов Рауль смотрит с той же острой наблюдательностью и юмором, что и на жизнь вообще. Гувер, известный своим занудством, отличается "странным способом говорить", писал Рауль своей тете: "Он совершенно игнорирует точки и запятые и делает вдох не чаще чем раз в десять минут, за исключением тех моментов, когда речь заходит о жирных и длинных колонках цифр, — тогда он и вовсе перестает дышать. Если вдруг в кои-то веки он приходит в волнение, это выглядит настолько необычно, что публика начинает плакать". Если Гувер — скучный зануда, то Рузвельт театрален, и в числе его риторических приемов — "с чарующей тихой улыбкой пожелать собравшимся на прощанье "доброй спокойной ночи". Временами он с большой силой взмахивает рукой, "как будто разбрасывая гнилые помидоры по "зеленым божьим лугам" и объясняя, что "время пришло — час пробил", а собравшиеся ликуют так, что только зубы золотые стучат!"

Энн-Арбор считался форпостом республиканцев и, утверждал Рауль, "был сильно возмущен" результатами выборов. Сам он был за Рузвельта. "Я обрадовался победе демократов на выборах, — объяснял он два года спустя, оглядываясь назад. — Нет сомнений в том, что теперешние времена гораздо лучше, чем когда я приехал, и в особенности лучше, чем в 1932 году: это был страшный год".

Прекрасная каникулярная философия

Осенью 1932 года первый снег выпал еще в конце ноября. На эти рождественские каникулы Рауль не поехал в гости к Кольвинам, а остался в городе. "Энн-Арбор живет практически своим университетом, и, когда тот закрывается в связи с каникулами, город совершенно пустеет, остаются только старики с больными, я и еще немногочисленные полицейские", — жаловался он тете Карин, которой послал шуточный экспромт:

Я ощущаю себя каким-нибудь Альфонсом[4] (забыл, под каким номером), то есть беженцем из своей страны. Дождь льет как из ведра. Филины и вороны свисают гроздьями, каркают и ухают. Оконное стекло не совсем целое, и в него задувает буря. Между балками крыши сочатся блики лунного света. Где мои брюки?

Этим, кажется, все испорчено. Я-то думал, что я новый Стриндберг, и вот с грохотом упал с высот искусства.

Сочельник Рауль проводит в одиночестве за написанием писем. "Пользуясь моментом, я прежде всего сплю до середины дня, что приятно после утомительного семестра, и еще пишу письма всей семье, что во время учебы было затруднительно, — пишет он деду. — Я также планировал в Рождество усиленно заняться учебой, но пока мне лень за нее взяться. Я, однако, включусь — завтра или, может быть, на следующей неделе. Никогда не откладывай на завтра то, что можно сделать послезавтра! Прекрасная каникулярная философия".

Учеба, за которую Раулю было "лень взяться", — это математика и физика, два предмета, дававшиеся ему, как и следовало ожидать, с трудом. Во втором семестре он посчитал, что хорошего понемногу, и решил на следующий год перевестись обратно с теории строительства на архитектуру. В письме матери, беспокоившейся по поводу его "усидчивости и плохих результатов по математике", он объяснял, что "лучше стать хорошим архитектором, чем плохим инженером, не говоря обо всех прочих соображениях". То, что он решил не перенапрягаться из-за физики и математики, не значит, что он живет по "закону наименьшего сопротивления". Скорее, он намерен "целенаправленно посвящать все больше и больше времени вещам, соответствующим моей натуре".

Как и раньше, посредственные оценки Рауля — результат не отсутствия таланта, а лени, о которой свидетельствовал один из его товарищей по учебе: "Рауль учился мало, но работал быстро и очень эффективно. Нередко бывало, что целый проект он готовил в течение одной ночи".

Рауля мучили не только математика с физикой, но и врожденный порок: он страдал серьезным дальтонизмом. Этот дефект обнаружил еще его сводный брат Ги, когда Рауль, выполняя школьное задание, раскрасил лошадь в зеленый цвет, а траву в красный. В ходе дальнейшего медицинского обследования было констатировано, что он "абсолютно не различает красный цвет", у него вообще отсутствует "нормальная способность к различению цветов". "Лишь в этом году я стал обнаруживать степень моего дальтонизма, — писал он матери в апреле 1933 года. — Я все время совершаю прямо-таки ужасные промахи". Однокурсник Рауля тем не менее заверяет, что тот, несмотря на свой дальтонизм, "накладывал краски очень точно, а его цветовые гаммы всегда оказывались крайне приятными".

То ли из-за плохих оценок, то ли из-за осознания этого своего дефекта, то ли из-за того и другого вместе Рауль стал сомневаться в целесообразности занятий архитектурой. В апреле 1933 года в письме матери он задался вопросом, насколько успешен он окажется в Швеции со своим американским образованием, которое не обязательно лучше шведского. "Хотя мне очень нравится архитектура, думаю, будет лучше, если я как можно скорее после завершения своей учебы займусь тем или иным бизнесом. Это не означает, что учеба была зря потраченным временем, ведь к деловой жизни, наверно, едва ли где-то готовят". Май фон Дардель сочла это тревожным сигналом и переслала письмо свекру со следующим комментарием: "Написанное в этом письме... Рауль наверняка более подробно разовьет для Вас, если только это не просто выражение временного настроения. Но я, во всяком случае, сочла своим долгом поделиться с Вами".

Рауль завершил свое образование, но его неуверенность в выборе профессии не уменьшилась, а, наоборот, с годами только возросла.

Международная выставка "Век прогресса"

Несмотря на свое негативное отношение к инженерной стороне архитекторского образования, Рауль по-прежнему с тем же энтузиазмом, что и раньше, интересовался архитектурой как видом искусства. Как раз в это лето он получил возможность ознакомиться с новейшими достижениями архитектуры, науки и дизайна. Как однажды он сразу же после выпускных экзаменов бросился на Стокгольмскую промышленную выставку, на этот раз он, как только 5 июня закончилась учеба, поехал в Чикаго на Всемирную выставку, открывшуюся несколькими днями ранее. Еще до открытия выставки он написал директору шведского павильона и предложил свои услуги — без оплаты. Но "с обычным своим шведским

Силуэт Рауля, сделанный во время пребывания в Чикаго.

тактом эти люди мне даже не ответили", жаловался он матери. В конце концов он получил ответ и предложение поработать на выставке в те сроки, которые и предлогал, то есть сразу после окончания занятий и в течение трех недель.

Цель Всемирной выставки заключалась в том, чтобы, согласно официальной брошюре, "постараться показать меж-

дунаро́дной публике качество и значение научных откры́тий, каким образом они были сделаны и к каким изменениям в экономике и условиях жизни привело их внедрение". Шведский павильон, двор которого был украшен скульптурами Карла Миллеса, специализировался на изделиях художественных промыслов, прежде всего текстиле и стекле. Другим "шведским" достижением был Золотой храм — китайский храм XVIII века, демонтированный Свеном Гедином и вновь собранный на территории выставки на деньги шведско-американского миллионера Винсента Бендикса. Храм, названный в честь спонсора реконструкции *The Bendix Lama Temple*, привлек к себе большое внимание, в том числе потому, что радикальным образом отличался от модернистского стиля архитектуры, доминировавшего на выставке.

На выставке Раулю пришлось исполнять разные мелкие работы, то есть "демонстрировать экспонаты, мыть окна, продавать стекло, фарфор, мебель, книги и т. д." В последнюю неделю он получал по три доллара в день от шведской страховой компании Тюле "за раздачу флаеров". Иными словами, он работал на подхвате, как и многие другие в павильоне. Но при его предприимчивости и находчивости у него были и собственные инициативы. Однажды он добился аудиенции у одного из организаторов выставки и уговорил его осветить скульптуры Миллеса с одной из 200-метровых башен, на которых держалась *The Sky Ride* — подвесная дорога, перевозившая посетителей от одной точки выставки к другой. "После того как я еще раз посетил представителя гигантской фирмы "Скай Райд", мне наконец удалось получить разрешение, и теперь у нас каждый вечер бесплатное мягкое освещение нашей территории", — с гордостью рапортовал он.

В Энн-Арборе Рауль любил кататься на велосипеде.

Четыре чрезвычайно неприятные личности

После почти трех недель в Чикаго пора было возвращаться в Энн-Арбор, в летнюю школу, занятия в которой начинались 26 июня. Поскольку Рауль немного заработал во время выставки, он вез домой деньги наличными, а не в дорожных чеках. Путешествовал он опять автостопом. Его подвез "господин в роскошном автомобиле", развлекавший его воспоминаниями молодости. Они ехали со скоростью километров 100 в час и слишком поздно увидели перед собой переезд и мчащийся поезд. Врезавшись в машину впереди, они полетели в кювет. Владелец автомобиля и Рауль не получили ни единой царапины, но сама машина пострадала, ее требовалось эвакуировать. Вторая машина оказалась неповрежденной, так что шофер Рауля уехал на ней вместе с ее владелицей — "теткой, находившейся в состоянии шока". На пустынной проселочной дороге Рауль остался один. Стало смеркаться. Через некоторое время его подобрали "четыре личности" лет 23–27, которые "выглядели достаточно неприятно". Оставшуюся часть истории лучше всего передает перо самого Рауля:

Вдруг мы услышали какой-то звук в задней части машины, и водитель остановился, чтобы выяснить причину. Меня удивило, что ради этого все они сочли необходимым выйти. Вдруг мимо проехал другой автомобиль, после чего все четверо вернулись. К тому моменту я уже испытывал некоторые подозрения в связи с их расспросами о деньгах, отсутствием у них багажа и внезапной остановкой. Поэтому я ввернул в разговор пару высказываний о своей бедности и т. д. Внезапно они круто свернули на небольшую боковую дорогу, так что мы едва не перевернулись. С самыми худшими предчувствиями я сохранял хорошую мину, пытаясь не усугублять ситуацию. Проехав несколько километров темным лесом, они остановились после довольно неуклюжего и театрального розыгрыша: "Джо, выйди-ка посмотри, что там с бензобаком". Один за другим они вылезли, после чего последовал призыв и мне тоже выйти, "чтобы им на меня взглянуть". У одного из них в руке был большой револьвер. Хотя, может быть, незаряженный.

Спросили про деньги, и я отдал им то, что лежало у меня в нагрудном кармане. Я им также сказал, что в чемодане у меня есть еще. Тогда они извлекли конверт, в котором лежали и деньги, и некоторые бумаги, и еще ключ от моего банковского сейфа. Ключ мне удалось получить обратно, я их обманул, сказав: "Мне он дорог по личным причинам, а вам ни к чему". Я не стал им говорить, что это ключ от сейфа. Возможно, с моей стороны было глупо добровольно сознаваться, где у меня деньги. Но столько ходит рассказов о том, как они обыскивают одежду и часто оставляют свою жертву вовсе без нее. Однако я забыл им рассказать, что еще 13 долларов лежат у меня в другом кармане. Когда они забрали мои деньги, я решил, что теперь их черед проявить любезность. И попросил отвезти меня назад до шоссе, поскольку час поздний и у меня тяжелые вещи. Они позволили мне сесть рядом с водителем, а затем загрузили сверху мой багаж, чтобы я не мог двинуться. К этому моменту они испугались, может быть, по причине моего спокойствия, ведь я на самом деле не чувствовал никакого страха. Я все время думал, что это довольно интересно. Может быть, они подумали, что я собираюсь их обмануть и заманить в засаду. В результате они внезапно вышвырнули меня в канаву, а сверху кинули мой багаж. Я тут же забился в кусты, боясь, что на прощание последует выстрел из револьвера. Чуть позже мне удалось остановить пригородный поезд, который довез меня до Саут-Бэнда, в 300 км от Энн-Арбора, где я сообщил о происшедшем в полицию.

Это происшествие свидетельствует об авантюризме и отваге — и о юношеской лихости. Может быть, поведение Рауля — проявление того же ощущения непобедимости, которым отмечено и его отношение к учебе? Чувства, что "я все смогу", укрепленного сознанием принадлежности к семье, исключительность которой не уставал подчеркивать дед? "Я не перестану из-за этого путешествовать автостопом, — сообщал Рауль матери, которая, надо думать, до смерти испугалась, прочитав его письмо. — Но я буду брать с собой чуть меньше денег — и буду хитрее".

Занятия в летней школе продолжались до конца августа. В тот год Рауль записался только на два курса, один по архитектуре и один по экономике — "Современное европейское общество", "очень интересный предмет о послевоенных переменах в Европе". Он получил оценки более высокие, чем ожидал, *A* по архитектуре и *B* по экономике. На курсе оказалось не так много студентов, и у них был "замечательный преподаватель", с которым они часто ходили по вечерам в город "выпить пива в каком-нибудь из вновь открывшихся местечек". Сухой закон, действовавший с января 1920 года, в апреле 1933-го частично был отменен, продажу и употребление вина и пива разрешили. Один из любимых Раулем ресторанчиков назывался "Претцель Белл", и он существовал вплоть до 1980-х годов.

После окончания летней школы Рауль отправился в гости к своему товарищу по учебе Лайману Уодарду, жившему в городе Овоссо. Сто двадцать километров до города он проехал на велосипеде, чем всех удивил. Семейство Уодардов "живет в приятном месте, у них красивая речка и дикий *racoon** (в словаре нет), недавно им подаренный", — сообщал Рауль. В свободное от игр с енотом время они катались по речке на каноэ.

---

* Енот *(англ.)*.

Побыв какое-то время в Овоссо, Рауль поехал дальше, в Миннеаполис, в 1200 км от Энн-Арбора (на этот раз, правда, не на велосипеде, подчеркнул он). Покатался на машине по штату Миннесота в компании "симпатичной девушки", а затем отправился через Чикаго, Толедо и Кливленд в Нью-Йорк, где погостил несколько дней у Кольвинов, а потом продолжил путь в Монреаль. Раулю нравилась Канада, и в бытность свою в Энн-Арборе он время от времени наезжал туда, чтобы "сравнить США и заграницу и не вполне забыть, как выглядят другие части света". В Монреале, помимо прочего, он смог воспользоваться своим знанием французского.

Рождество у родственников

В новом семестре Рауль продолжал изучать "технические и некоторые другие предметы", с которыми дела обстояли не так уж хорошо. Даже в области архитектуры "триумфов не было", сообщал он деду, но к Рождеству он сдал проект молочной фермы, получивший оценку "отлично".

Осенью Рауль начал подготовку выпускного проекта, темой которого должна была стать современная шведская архитектура. Поэтому он попросил мать возобновить его подписку на шведский архитектурный журнал "Строитель" и выяснить, каким учебным пособием по архитектуре пользуются в Высшем техническом училище в Стокгольме. "Пришли что-нибудь, чтобы там было побольше современной архитектуры", — просил он ее.

Рождество Рауль провел в гостях у Кольвинов. По дороге к ним он на пару дней остановился у семьи Берендтов в Эри, штат Пенсильвания. Эрнст Берендт был основателем и владельцем бумажной фабрики. Рауль познакомился с Берендтом, который был намного старше (он родился в 1869 году в Германии), на Всемирной выставке в Чикаго и пару раз

"Сразу же после окончания летней школы я поехал на велосипеде к Уодарду, чтобы поговорить с ним о наших планах на лето. Эта фотография сделана на речке возле их дома в одном из многочисленных принадлежащих им каноэ", — написал Рауль на обратной стороне похожей фотографии.

заезжал к нему осенью. Берендт также бывал в Стокгольме, где гостил у Маркуса Валленберга-младшего. Семья как раз строила новый дом, и, хотя архитектор был очень известным, Рауль во время своего приезда помог хозяевам разобраться в чертежах, "чтобы посмотреть, нельзя ли их улучшить".

Заехав на день в Джеймстаун, штат Нью-Йорк, к своему профессору по архитектуре Бейли, Рауль отправился дальше к родным в Гринвич. "Мои рождественские каникулы прошли превосходно", — писал он Густаву Валленбергу:

> Я впервые почувствовал вкус к светской жизни, об опасностях которой Вы всегда меня предупреждали. Наверное, дело в том, что моя двоюродная сестра Лусетта теперь повзрослела, так что по той или иной причине больше не было той диспропорции между количеством дам и количеством кавалеров, которую я всегда наблюдал в восточных штатах прежде.
> Балы теперь оказались очень приятным развлечением.
> У тебя есть время познакомиться, прежде чем твою даму у тебя заберут. На Востоке США принят обычай *cutting in*, а это означает, что кто угодно когда угодно имеет право подскочить к танцующей паре и попросить кавалера убираться куда подальше, оставив даму. На тех танцевальных вечерах, на которых я бывал прежде, с популярной девушкой можно было протанцевать не более нескольких секунд.

После полутора недель в гостях у родных Рауль поехал через Нью-Йорк в Вашингтон. В американской столице его принимали в лучших салонах. Ему исполнился всего 21 год, но перед юношей с его фамилией, как разъяснял ему ранее Густав Валленберг, "едва ли не все двери были открыты". Вначале Раулю помогла популярность, которой пользовался в свое время в Вашингтоне брат Густава Валленберга Аксель, шведский посланник в 1921–1926 годах. "Дядя Аксель

"Снято на мосту Бер Маунтен Бридж над Гудзоном в 40–50 милях
от Нью-Йорка. Я тогда ехал к Кольвинам в Нью-Йорк, побывав
до этого в Миннеаполисе и Чикаго. После этого я поехал в Монреаль,
откуда вернулся в Нью-Йорк, а затем отправился в Энн-Арбор к началу
осеннего семестра" (текст на обратной стороне фотографии).

и тетя Эльса оставили о себе невероятно хорошие воспоминания в Вашингтоне, и я без преувеличения могу сказать, что на обеде, когда меня представили как их родственника, не меньше сотни человек были охвачены пароксизмом восхищения", — с гордостью сообщал Рауль тете Амалии. "Госпожа Бристоль, супруга адмирала Бристоля, сказала, что "люди так преданы им", а госпожа Макдугал, супруга одного капитана военно-морского флота США, подтвердила, что "это были очаровательные люди, и мы все ими так восхищались". Как оказалось, некоторые знали и Густава Валленберга по Константинополю и Японии.

Адмирал Марк Бристоль, написавший одно из рекомендательных писем профессору Лорху в Энн-Арборе, принял Рауля с распростертыми объятиями. Он и его жена "были очень добры" к Раулю и очень ему понравились. Адмирал устроил для Рауля "экскурсию по городу, включавшую помимо осмотра многочисленных зданий еще и пять чаепитий и один бал". Рауля также пригласил на обед новый посланник Швеции в Вашингтоне, Вульмар Бустрём, раздобывший для него приглашение на новогодний бал, что дало ему "еще один случай увидеть изнутри один из старинных домов в красивом колониальном стиле, которых так много в Вашингтоне".

Будущее Рауля (I)

В то время как Рауль праздновал Рождество у родственников в Коннектикуте, по другую сторону Атлантики без его ведома велись разговоры о его будущем. Дедушка Густав, как обычно, проводивший Рождество в Ницце, получил приглашение от своего брата Маркуса заехать на два дня в Канны, где тот в это время находился. Они ели, пили, играли в карты и разговаривали. В беседах в "Гранд-отеле" принимал участие и третий брат, Аксель.

Рауль со своими американскими друзьями.

4 августа Раулю исполнился 21 год. С днем рождения его поздравили не только самые близкие родственники, но и другие Валленберги: Маркус с Амалией и Кнут с Алис. Телеграммы были лаконичны и однотипны: "Лучшие пожелания". То, что патриархи клана таким образом продемонстрировали свое внимание к дню рождения Рауля, не было случайностью: с этого момента он стал совершеннолетним, и его будущее внутри семейной империи следовало обсудить со всей серьезностью. "Мальчик смышленый, и для такого, как он, юноши, вне всяких сомнений, полезно собрать опыт разных стран мира, — писал Кнут Валленберг Май фон Дардель за неделю до дня рождения Рауля. — Как только Папа Густав окажется в пределах слышимости, я поговорю с ним о будущем мальчика".

Рауль и сам сознавал, что в его жизни наступил новый этап. Перед Рождеством он написал Маркусу-младшему, прося его "прислать парочку адресов", с тем чтобы он смог расширить круг своих американских знакомств. Додде это сделал, но только семь недель спустя, поскольку "был завален работой разного рода". Рекомендательные письма были написаны двум его нью-йоркским друзьям, Роберту Ловетту и Джеймсу Варбургу, представителям финансовых кругов, имеющим тесные контакты с *Enskilda Banken*. Письма идентичны, формальны и совершенно лишены личных чувств: "Если бы Вы были так любезны и предоставили ему информацию любого рода и все, что могло бы помочь ему достичь цели его визита в Вашу страну, я был бы чрезвычайно признателен. Заранее благодарю Вас за какую бы то ни было любезность, оказываемую ему".

Одним из вопросов, обсуждавшихся Маркусом-старшим и Густавом во время их встречи в Каннах, стали "перспективы Рауля на будущее". Вместе с сыновьями Якобом и Додде Маркус-старший уже несколько раз "обсуждал необходимость укрепления исполнительных сил" в руководстве банком и в как-то "предложил... подумать о том, чтобы со временем приобщить к банку Рауля". "При этом я подчеркнул, что, хотя он и учится в США на архитектора, кровь предпринимателя, текущая в его жилах, еще возьмет свое, и я полагал, что будет и уместно, и правильно, если ему дадут шанс в банке". На это сыновья отвечали, что Рауль "конечно же, талантлив", но они опасаются, что он "слишком болтлив".

Решения о будущем Рауля и работе в банке принято не было. Во время бесед в Каннах Маркус сослался на скептицизм своих сыновей и дал Густаву понять, что Раулю "было бы полезно до некоторой степени обуздывать свою красноречивость", которую он унаследовал от бабушки и прабабушки по отцовской линии. Согласно Маркусу, они были "известны неиссякаемой болтливостью" — чертой, характеризовавшей, впрочем, и отца Рауля. Так как Маркус был "заинтересован в Рауле", он намекнул Густаву, что было бы уместно при случае "сделать ему предупреждение". Поскольку Густав "решительно оспаривал, что Р. слишком красноречив", Маркус не увидел причины "педалировать этот вопрос", после чего разговор перешел на другие темы. (Что касается "красноречивости" Рауля, то ни один из братьев не был в курсе дела, поскольку они редко общались с ним; диагноз относительно болтливости Анни Валленберг они, однако, поставили правильно: эта черта была в ней так заметна, что, согласно единодушным свидетельствам, делала общение с нею затруднительным).

"Дрыгающиеся ноги и обнаженные груди"

В течение сессии, длившейся пять недель и предшествовавшей следующему семестру, Рауль работал над "очень интересной проблемой", касавшейся *housing*, то есть дешевого жилья для рабочих. В остальном, сообщает он бабушке Анни, со времени рождественских праздников он сделал не так уж много, только изучал шведскую архитектуру для выпускной работы.

Были планы, что Рауль закончит учебу в Энн-Арборе уже к концу лета 1934 года и после этого поедет в Южную Америку, чтобы приобрести знания о так называемых торговых фронтах. Идею подал, естественно, Густав Валленберг, желавший, чтобы Рауль поработал в небольшой "торговой фирме" на каком-нибудь из новых мировых рынков. Он считал, что "мальчик уже получил исчерпывающее теоретическое образование, но остается завоевать знание о жизни и практических вещах", ведь и архитектор должен знать, "как делаются дела".

Летом 1934 года Рауль стал учить испанский, "чтобы оказаться чуть лучше вооруженным для возможной поездки в Южную Америку", хотя и сомневался в целесообразности такого проекта до выпускных экзаменов. "Чем больше я думаю о поездке в Южную Америку, тем больше мне кажется, что лучше бы отложить ее до окончания университета, чтобы, завершив образование, использовать все преимущества от пребывания там", — писал он Густаву Валленбергу в письме, в котором впервые всерьез поставил под сомнение мудрость дедушкиных планов:

Нет никакого смысла поехать простым туристом, бросить беглый взгляд на окрестности и после этого отправляться домой. Мне бы следовало ехать туда с мыслью приобрести более детальное знание о тамошних особенностях и по возможности одновременно начать зарабатывать на жизнь.

Мне следовало бы также ехать не сразу, а пока задержаться здесь, чтобы разузнать о некоторых американских явлениях. Я составил себе следующий список того, что я должен изучить, потому что здесь все это устроено лучше, чем где бы то ни было еще.

Air-conditioning, рестораны, киоски с хот-догами, аптеки, отели, кухонное оборудование, маленькие кинотеатры с еженедельным показом кинохроники, химчистки и прачечные и техника рекламы и газетного дела.

Немного разбираясь в таких вещах, я бы скорее нашел себе место и в новых землях, и в Швеции, чем при наличии одних лишь школьных знаний. Поэтому я предлагаю, и на сей раз настойчиво, поскольку я это уже обдумал, чтобы моя поездка в Южную Америку состоялась не ранее начала 1935 года и чтобы мне до этого можно было один раз приехать в Швецию. Тогда после окончания университета я смогу воспользоваться предоставляемыми шансами, не думая о том, что сначала надо съездить домой. Кроме того, я думаю, что любовь моей мамы должна быть вознаграждена моим вниманием к ней. Она никогда не жалуется в письмах, что меня так долго нет, но от навещавших меня родственников я знаю, что она очень тоскует по своему первенцу.

Сам я тоже хочу, пока не превратился в совсем уж иностранца, повидать родителей и своего любимого дедушку.

Желание Рауля было исполнено во многом еще и потому, что некоторые курсы, которые Рауль думал прослушать, читались только в осеннем семестре следующего года. Дедушка Густав принял "модификацию" своего плана, тем более что они ведь "согласны в том, что изучение коммерции в новых землях принесет пользу".

Поскольку южноамериканское путешествие откладывалось, летом появилось время для поездки домой, чего так горячо жаждал Рауль и особенно его мать. "Для твоей матери это наверняка будет большой радостью, так что можешь предпринять соответствующие шаги для организации приезда домой", — объявил Густав Валленберг.

Дед хотел, чтобы Рауль приехал в Швецию летом, а не в "самый сезон", в период накала светской жизни. Он смертельно боялся, что мировоззрение Рауля как человека, повидавшего мир, пока еще "недостаточно твердо и четко

выражено, чтобы служить защитой от ветрености и удовольствий, царящих дома", — писал он Раулю 11 мая. Независимо
от содержания это письмо — блестящий образец сочной ри-
торики, присущей языку Густава Валленберга:

Разумеется, делать общие выводы будет неправильно, но,
когда видишь, как два наших принца и представитель
младшего поколения в нашем собственном роду до такой степени утратили контроль над собой, что, не думая
о последствиях, берут и связывают себя с лицами, при-
надлежащими к совершенно иной породе, — это говорит
о необходимости быть осторожными. Тем самым они
интеллектуально разрушают способность своей расы
и своего класса противостоять яростным нападениям
снизу на достижения культуры, стоившие многовекового
труда. Такое может случиться в результате мгновенного
заблуждения, под влиянием безудержных природных
инстинктов. Перед этой опасностью юноша оказывается
беззащитным, если только он заранее не вооружился,
если не приобрел настолько обширного знания жизни,
что не потеряет контроля над собой. Когда ты попадешь
в подобную ситуацию, мне было бы скорее по душе,
если б ты проявил цинизм, чем наивную доверчивость.
Увлекаемый шармом юной девушки, ты никогда не должен забывать, что женская красота есть не что иное, как
более или менее удачное расположение жира под ко-
жей. Внутренняя красота обусловлена расой, характером
и талантом. Эти качества не выставляются напоказ, в отличие от тех, что привлекают глаз и возбуждают чувства.
В наше время борьба за существование настолько тяжела,
что молодой человек, желающий обрести независимость,
не может ограничивать своей мобильности, вступая
в чересчур ранний брак. Шанс, полученный тобой в виде
интернационального образования, не должен быть по-

терян. Его необходимо использовать, чтобы приобрести независимость прежде, чем ты свяжешь себя такими обязательствами. Я наблюдал и наблюдаю, что недостаток мобильности у наших первопроходцев во многих случаях происходит из того, что их жены желают видеть их дома, чтобы муж был чем-то вроде церемониймейстера, обслуживающего их тягу к светской жизни, которая в основном сводится к демонстрированию туалетов и возбуждающих чувства форм. Так что, когда приедешь домой, с чем бы ты ни столкнулся на балах, не забывай изучать и пожилых дам и размышлять о том, как они будут выглядеть через 20 лет. Наши семьи могут служить образцом, которым мы гордимся. Ни одна из них не создавалась с помощью дрыгающихся ног и обнаженных грудей, и все презирают накрашенные губы и нарумяненные щеки.

Однако все вышло не так, как думал Густав Валленберг. Летняя поездка Рауля в Швецию не осуществилась. Возникла "замечательная возможность" съездить в Мексику, сообщила Май фон Дардель. Дед согласился и написал ей, сославшись на письмо Раулю, где уже выразил свое беспокойство, что "не стоит думать, что ты всегда прав, и может статься, даже к лучшему, что его посещение Швеции несколько откладывается".

Будущее Рауля (II)

Не приходится удивляться сговорчивости Густава Валленберга относительно летних планов Рауля. Дед вообще не вмешивался в жизнь внука всю зиму и весну, что было необычно: до этого он был усердным корреспондентом. Однако письмо Раулю от 11 мая — первое почти за пять месяцев. "Порой бывают периоды, когда теряешь желание писать, — объяснял он Раулю. — Так было со мной во время моего пребывания в Ницце. Слишком много было отвлекающих моментов. Извини, что не писал".

Отвлекающие моменты, которые имел в виду Густав Валленберг, — это не только игра в карты и другие способы времяпрепровождения. В конце апреля он написал письмо брату Маркусу, обвиняя его в том, что тот говорил третьим лицам, что Раулю "следовало бы искать способ зарабатывать на хлеб в кругах политиков — столь дискредитировавших себя у нас". Видимо, дело было в "красноречивости" Рауля. Своей критикой, писал Густав Валленберг, Маркус нанес ему, Густаву, удар в "самое чувствительное место" — затронул внука. Маркус не ответил на письмо, но попросил посредничества брата Акселя. И тот написал Густаву, объясняя, что Маркус на самом деле желал Раулю исключительно добра. Он напомнил, какую заботу проявил Маркус к отцу Рауля в период его болезни. Это напоминание успокоило вспыльчивого Густава, заставив его объяснить, почему он реагировал так бурно: "Я не отношусь к людям агрессивным, но сказанное возмутило мое отцовское сердце. Мой внук, который так прекрасно развивается, — самое дорогое, что у меня сейчас есть".

Чтобы понять раздражение и недоверие, возникшие между Маркусом, Густавом и отчасти Кнутом по поводу будущего Рауля, надо представлять ситуацию в поколении клана Валленбергов, которое готовилось взять в свои руки семейный банк и бизнес. Как считал дед, наиболее сильную конкуренцию Раулю составляла "молодежь в нашей собственной семье". Под "молодежью" подразумевались Якоб и Маркус, принадлежавшие к поколению его сына. В 1934 году Якобу исполнилось сорок два, а Додде — тридцать пять. Таким образом, они были значительно старше Рауля, но после смерти Рауля-старшего Густав Валленберг, скорее всего, видел своего внука почти их сверстником. Раулю предстояло осуществить то, что из-за безвременной кончины не смог сделать его отец, и в конкурентной борьбе за посты и влияние дед был полностью на стороне внука.

Мексика

Помимо учебы Рауль этой весной вел "чрезвычайно приятную жизнь". По воскресеньям они с друзьями совершали "длинные пешие прогулки в шведском стиле", он впервые стал играть в гольф и вошел во вкус. Он часто ходил в библиотеку, читая там книги об Англии и Германии, а также последнюю книгу Уинстона Черчилля "Размышления и приключения", "как обычно, очень хорошо написанную", "с таким прекрасным языком". Он также развлекался, делая рисунки пастелью и развешивая их по стенам комнаты, которую снимал. "На двух стенах у меня рай с Адамом и Евой, слон, свинья, жираф, коралл, павлин и масса деревьев и холмов. На двух других — ратуша, белый пароход, пересекающий Атлантику, и нью-йоркский порт в аллегорических образах". Сам Рауль думал, что все его картины — "не очень художественные", но его преподаватель Жан Поль Слуссер считал иначе и попросил сделать рисунок большого формата мелом и пастелью для стены в коридоре перед его рабочим кабинетом. Слуссер вспоминал: "Он работал над картиной несколько дней, а может быть и недель, и она вышла так хорошо, что провисела у меня год или больше. По размеру она была примерно 12 × 15 дюймов. Там были отличные большие фигуры в цвете, группами. Картина давала ощущение настоящей фрески, во всяком случае, так мне казалось".

Рауль покинул Энн-Арбор сразу после окончания учебного года. Под "замечательной возможностью", упомянутой в телеграмме от Май фон Дардель, подразумевалась тетя Рауля по отцовской линии, Нита, жившая в Мехико, где ее муж Карл Аксель Сёдерлунд работал в крупной шведской фирме АГА. Идея состояла в том, чтобы поехать туда вместе с Лайманом Уодардом, отец которого предоставил в их распоряжение грузовой "форд". Но, как это уже бывало прежде, когда они планировали поехать куда-то вместе, Лайман был

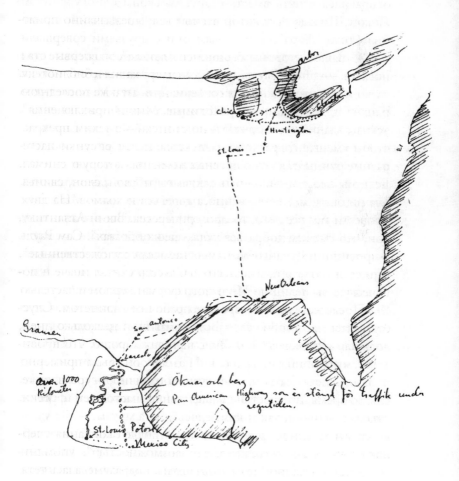

В письме к матери Рауль нарисовал эту карту своего путешествия
из Энн–Арбора в Мехико.

вынужден в последнюю секунду переменить планы, и Рауль отправился в путь вместе с другим своим однокурсником, Диком Шильдсом, у которого был старый легковой автомобиль, тоже "форд".

"С Вашей стороны было очень любезно позволить мне поехать, — писал Рауль. — Мы планируем взять с собой палатки и все, что нужно для готовки. Дороги в Мексике очень плохие и, возможно, непроходимые. Мы собираемся делать эскизы зданий и пейзажей и по возможности продавать их, чтобы уменьшить расходы. В Мексике мы надеемся посетить разные руины и остатки древних памятников майя и ацтеков. Если мы сможем выполнить какую-то работу, какого бы рода она ни была, мы, естественно, на нее согласимся. Мы хотим провести там все лето, то есть три месяца. Все это при условии, что сможем добраться туда, преодолев горы и пустыни. В провинции Дуранго мы намереваемся посетить лагерь, или, вернее сказать, пять маленьких одиночных стоянок — геологическую экспедицию Мичиганского университета".

После недели в Чикаго, где после неожиданного успеха открылась на второй сезон Всемирная выставка, друзья продолжили путь через Сент-Луис в Новый Орлеан и Хьюстон, Техас, куда прибыли 14 июля. "По дороге мы каждую ночь пользовались палаткой, и получалось отлично, — сообщал Рауль, во время путешествия нашедший применение как своим художественным, так и коммерческим талантам. — Каждый вечер мы делали по рисунку, а потом продавали. Это отличная практика для того, кто хочет заниматься торговлей". Он заработал 8 долларов 25 центов и теперь знает, что в крайнем случае сможет таким способом добыть средства к существованию. По дороге из Нового Орлеана в Техас они остановились в одной семье, сделали рисунок их дома, и их угостили "отличным ужином из крабов".

Пару дней спустя они пересекли границу с Мексикой у Ларедо. Там они взяли с собой мексиканского мальчика, высланного из США из-за недействительного паспорта, и в дальнейшем использовали его в качестве переводчика. Поскольку Панамериканское шоссе на сезон дождей оказалось закрытым для проезда, Рауль и Дик были вынуждены ехать более мелкими дорогами, по которым двигались быки и ослы. На всякий случай они познакомились и дальше ехали вместе с двумя парами молодоженов-евреев, также направлявшимися в Мехико.

На 1000 км, отделяющие Мехико от границы, потребовалось десять дней. По дороге Рауль заболел и по прибытии слег. "Он явился в отвратительной развалюхе под названием "форд", с недельной бородой, больной дизентерией", — рассказывала Нита Сёдерлунд. Причиной болезни послужила грязная колодезная вода. Рауля лечили лекарством, изготовленным из мексиканского растения под названием "эстафиате", и через десять дней он совершенно выздоровел. "Первое время у него, однако, была очень высокая температура, и часто в бреду он вспоминал что-то библейское", — рассказывала тетя.

Мексика со своей богатой культурой ацтеков произвела на студента-архитектора неизгладимое впечатление. В компании тети и дяди он ездил смотреть развалины городов Митла и Монте-Альбан в провинции Оаксака. Он посетил и другие ацтекские поселения и чувствовал себя в Мексике совершенно замечательно. Он нашел, что муж Ниты Карл Аксель "прекрасный человек", а вся шведская колония — симпатичные люди. Симпатия оказалась взаимной. "Я вправду могу порадовать Ваше материнское сердце. Мы думаем, у Вас смышленый, приятный и замечательный мальчик, и к тому же в нем есть стиль", — писал Юхан Лильехёк, знакомый семьи, в письме к матери Рауля.

Глубокое впечатление произвел Рауль и на младшее поколение. Восьмилетняя дочка Сёдерлундов, Биргитта, вспоминает, что он играл с ней и пытался научить ее шахматам:

Рауль играет с Биргиттой Сёдерлунд и собакой Паркманом.

"Он был не такой, как большинство взрослых, он относился ко мне, единственному и оттого одинокому ребенку в семье, по-настоящему всерьез". Рауль также забавлял ее тем, что подражал разным животным. "Он прекрасно имитировал и мог изобразить штук 25–30 разных животных, — вспоминает его двоюродная сестра. — Еще он потрясающе имитировал разные иностранные языки и диалекты, и мы хохотали до упаду. С Раулем было всегда весело".

Мексика оказалась очень красивой страной, обладающей, по мнению Рауля, большим потенциалом для развития туризма:

Климат здесь достаточно прохладный, в то время как в Штатах страшнейшая жара. Далее, в Мексике чрезвычайно живописные исторические памятники. Это романтично. Нет никакой причины, почему бы тому классу американских туристов, который до сих пор ездил в Европу, с таким же успехом не отправиться в Мексику. Это значительно дешевле и занимает меньше времени. Когда однажды страна создаст себе хорошую репутацию безопасной и прогрессивной, американский капитал в еще большем объеме, чем прежде, устремится в нее, и тогда настанет настоящий золотой век.

Во время всех путешествий Рауль делал заключения подобного типа, и не только потому, что этого ждал от него дед. Он был от природы предприимчив, и у него был чуткий коммерческий нюх. В Мексике этот его талант проявился в конкретном проекте: пока они с товарищем были там, они раздобыли "множество мексиканских штучек": "скатерти, салфетки, небольшие коврики, фарфор (достаточно плохой) и изделия из соломы" и взяли все это с собой в Энн-Арбор в надежде продать. Товары был пробными — найдя покупателя, они отправляли заказ изготовителям в Мексике. Прибыль оказалась небольшой, но настолько многообещающей, что Шильдс оставил учебу, чтобы полностью посвятить себя этому делу.

Последний семестр

Рауль и Дик Шильдс покинули Мексику 1 сентября, и в конце того же месяца у Рауля начался его последний семестр в Энн-Арборе. Рауль проходит заключительные курсы по архитектуре, курс "декоративный дизайн", изучает испанский язык и два курса по бетону (которые ему не нравятся). В течение семестра он работает над двумя проектами. Один из них связан с "дешевым жильем". "Задача — построить в черте города 16 многоквартирных домов упрощенного типа, чтобы хватило места на 4500 человек.

Весь район, во всяком случае в моем проекте, превращается в парк, внутри которого помещаются четырехэтажные дома из ламелей. Нам также потребуются две церкви, одна школа, одни ясли, один "социально-культурный центр", магазины, пожарная станция и т. д."

После проекта "дешевого жилья", удостоенного оценки "отлично", Рауль получил задание спроектировать Музей естествознания. Перед ним встали чисто эстетические проблемы, и это его обрадовало: "Здание, в проекте которого не учитывались бы никакие практические моменты, естественно, никто строить не будет, но было очень интересно чертить это после довольно-таки убогого проекта дешевого жилья".

В свободное от занятий время Рауль с удовольствием ходил в кино или на концерты. Профессор Жан Поль Слуссер помнит, что Рауль "встречался с несколькими девушками и в социальном смысле всегда был принят очень хорошо". Но такое впечатление, что речь не шла о каких-то близких или интимных отношениях. Как вспоминает один из однокурсников Рауля, Фред Грэхем, Рауль был "одиночкой", и его "дружбы, видимо, никогда не были долговременными". Другой однокашник, Ричард Робинсон, отмечал, что у Рауля "было много знакомых, и женщин, и мужчин, но ни одного близкого друга".

Непрочность отношений Рауля с противоположным полом наверняка отчасти была обусловлена тем, что он обещал деду, "что не будет вступать в серьезные личные отношения

Бал архитекторов. Рауль держится рукою за голову. Слева от него в шведском национальном костюме стоит Бернис Рингман. "Я прилагаю отчет президенту Университета, который содержит кое-что из того, что можно отразить в печатном виде. Этим я хочу сказать, что, возможно, самые яркие и человеческие моменты учебного процесса не находят отражения в таких документах, потому что как можно, например, передать впечатление от Бала архитекторов?" (из письма Эмиля Лорха Раулю).

до окончания учебы". На протяжении нескольких лет он встречался с американкой шведского происхождения Бернис Рингман (которая была немного старше его). Но их отношения, по всей видимости, не носили интимного характера. Бернис говорила по-шведски, была педагогом по лечебной гимнастике в Мичиганском государственном нормальном колледже (ныне Восточный университет Мичигана) и работала с детьми-инвалидами. Она вспоминает, что Рауль все время делал наброски в блокноте и пытался как можно больше посвятить ее в свою работу. В декабре 1934 года они поехали в Детройт смотреть мюзикл "Роберта", имевший большой успех в США и в следующем году экранизированный с Фредом Астером и Джинджер Роджерс в главных ролях. Вместе с Бернис они на Рождество слушали "Мессию" Генделя, ежегодно исполнявшегося в актовом зале университета.

После окончания семестра 25 января все свое время Рауль посвятил экзаменационному сочинению по современной шведской архитектуре. Однако работа шла медленно. Густаву Валленбергу он сообщал, что "довольно трудно и бесполезно писать о чем-то типа Швеции, когда тебе не с кем поговорить и помериться интеллектуальными силами", в результате чего работа продвигается "достаточно медленно и без большого энтузиазма".

Хотя оценки Рауля оказались "немного хуже обычного", он сдал экзамен с "отличиями" — получил медаль Американского института архитекторов, которой удостаивается студент, "по нашим оценкам, отличившийся в работе учебного заведения", как это формулировал Эмиль Лорх в письме Раулю. По мнению Жана Поля Слуссера, Рауль отличился и в более творческих сферах образования: "Он был одним из самых блестящих и лучших учеников за 30 лет моей работы профессором рисунка и живописи". Когда Слуссер как-то спросил Рауля, не думает ли он о карьере художника, тот "медленно и, пожалуй, чуть грустно" рассказал о своей семье и о том, какого типа образование должен, согласно общим ожиданиям, получить представитель семьи Валленбергов.

"Каждую ночь мне снится Швеция"

Прежде чем в конце февраля покинуть Энн-Арбор, Рауль посетил Овоссо. Мать Лаймана Уодарда попросила его сделать доклад о Швеции. Лайман вспоминал: "Хотя он приехал с рюкзаком, в котором были все его вещи, когда он появился на лекции в Женском клубе, на нем были полосатые брюки и роскошный пиджак, а воротничок был накрахмален. Разумеется, добрые тетушки Овоссо были очарованы".

На самом деле, чтобы прочесть эту лекцию, Рауль отложил свое возвращение домой. Но дело было не только в лекции. В связи с предполагаемой разлукой с Америкой его мучила острая тоска. "Перспектива отъезда из США вовсе не радует меня. [...] Это замечательное место, и, уверен, меня будет сюда тянуть", — писал он деду на Новый год, а три недели спустя сообщил: "Вчера у меня был последний день учебы. Очень странное ощущение, что приятные и интересные годы учебы в Америке заканчиваются. Это было потрясающее время, и расставание очень печально".

Рауля раздирали противоположные сильные чувства: тоска по Швеции и печаль от того, что приходится уезжать из США. Но чем ближе становилось время отъезда, тем более усиливалось первое чувство: "Моя память о Швеции три года находилась под замком, но теперь неожиданно вновь расцвела пышным цветом. Мне на самом деле каждую ночь снится Швеция. Я очень хочу поскорее оказаться дома, увидеть родителей и всех остальных".

Рауль покинул Нью-Йорк 26 февраля 1935 года. 5 марта пароход прибыл в Осло, и через день Рауль вновь оказался в Стокгольме — после трех с половиной лет отсутствия.

Южная Африка

В то время как Рауль заканчивал свой последний семестр в Энн-Арборе, между ним, его дедом и матерью продолжались дискуссии о его "коммерческом образовании".

Какую профессию изберет Рауль? По мнению Густава Валленберга, перед ним было два основных пути. Первый — встать "в ряд ищущих работу и самому зарабатывать себе на хлеб": "Это будет чертежная доска и конторский стул, и ты попадешь в среду более или менее старательных молодых людей, которые в тишине лелеют в сердце единственную мысль: обойдя своих товарищей, постараться пробиться. Немножко спорта, иногда сходить в кафе — это правда скрашивает существование, но, когда, устав, ложишься спать, тяжелые тучи борьбы за существование зачастую омрачают мысли". Конкуренция жесткая, слишком много людей, находящихся в сходном положении — "хорошо одетых, хорошо воспитанных и с университетским образованием". Второй — "постараться приобрести положение, не укладывающееся в обычный порядок вещей, стать равным лидерам, а не только своим товарищам". Тогда нужно, чтобы "людям, уже занимающим руководящие позиции, была внушена мысль о твоей полезности". Правда, в этом случае человек делается объектом зависти сверстников, но, подчеркивает Густав Валленберг, "исполнять более масштабные задачи, возвысившись над серой массой сверстников, есть долг талантливых людей". Именно такого пути Рауль должен искать для себя: "Рассчитывать на твою талантливость — не самонадеянность с моей стороны. Она дана тебе благодаря твоей крови, твоим способностям и счастливому дару холодного мышления. Я всегда говорил о значении самоконтроля. Вышеназванные предпосылки в большей степени, чем семейные связи, оправдывают мое мнение:

тебе нужно избрать путь лидера, а не просто старательного работника, одного из многих".

Однако такое продвижение не должно происходить через связи и контакты, потому что карьера, сделанная таким путем, не идет на пользу ни самому человеку, ни тем интересам, которым он поставлен служить, — карьеру следует делать с помощью таланта и знаний. Дед пишет:

> Я стремился вооружить тебя тем, к чему у нас в Швеции не привыкли, что упускают из виду, — знанием мира и привычкой иметь дело с другими народами, понимать их менталитет, обычаи и представления. Я рассчитывал, что это станет твоим преимуществом перед сверстниками. Я пришел к мысли, что господствующее у нас убеждение, будто мы лучше всех на свете, требует корректировки и замены на более заинтересованное отношение к другим. Соприкосновения с другими народами отныне не сможет избежать никакая страна. При этом необходимы понимание привычек и особенностей других. Всякий наблюдатель обнаруживает, что за границей многое не так, как дома. Первопроходец вскоре видит, что какие-то формы счастливого бытия встречаются повсюду. Очень познавательно наблюдать их, расширяя свои представления.

Как же воспитываться Раулю, чтобы стать лидером? С момента сдачи выпускных экзаменов в Энн-Арборе завершен первый этап его воспитания, теоретический. После этого начинается практический. Поскольку Густаву Валленбергу по-прежнему не нравится "жизнь молодежи в Стокгольме", он хочет, чтобы Рауль еще на какое-то время остался за границей. Его брат Кнут в 1870-е годы работал в *Crédit Lyonnais* в Париже, а Якоб и Додде — в разных местах в США, и во всех трех случаях это послужило плюсом в их карьере. Следует, однако, избегать крупных банков или компаний, где человека сажают в какой-то отдел и дают второстепенные рабочие задания. Вместо этого Раулю следует поискать стажировку в более мелкой компании, где все соприкасаются друг с другом, и поэтому там легче понять "весь механизм": "Стержневым моментом является установление связей с лидерами". Если Раулю по душе эта идея, Густав Валленберг воспользуется своими контактами в Боготе, столице Колумбии.

Этот этап в образовании Рауля должен был закончиться где-то в 1936 году. Возможный следующий этап, по мнению Густава Валленберга, состоял бы из стажировки в небольшом банке в одной из развивающихся стран. Дед уже много лет близко знаком с "самым великолепным банкиром" Стамбула Эрвином Фройндом, 42-летним чешским евреем. Фройнд, который в скором времени должен заступить на должность директора филиала Голландского банка в Хайфе, в Палестине, сам предложил устроить Рауля на практику. "Тогда ты, — пишет дед Раулю, — после работы в коммерческой фирме в Боготе получишь лучшую возможность увидеть изнутри деятельность банка в новых землях. […] На этом месте у тебя будет шанс понаблюдать за работой во многих сферах. Ты сможешь познакомиться с идеями, выдвигаемыми еврейскими переселенцами, людьми весьма одаренными и опытными".

Рауль в принципе согласился с этой программой на ближайшие годы, хотя полагал, что Мексика предпочтительнее Колумбии. Уговаривать пришлось не Рауля, а его мать, считавшую, что будущее сына — в *Enskilda Banken*. Однако и она уступила под влиянием того аргумента Густава Валленберга, что служба в банке в новых землях "в высшей степени полезна для общего образования при любом роде деятельности". К тому же Густав Валленберг финансировал образование Рауля лишь до того момента, пока тот оставался за границей, что было еще одним аргументом, позволившим ему добиться своего.

Будущее Рауля (III)

Центральным пунктом плана, по мнению Густава Валленберга, должна была стать Хайфа. Колумбия играла лишь
роль подготовительного этапа, чтобы Раулю не было стыдно
за свое "полное незнание конторской работы", когда он
приедет к Фройнду. Но ответы из Боготы были уклончи-
выми, и дед стал зондировать индийскую и, через своего зятя
Карла Акселя Сёдерлунда, мексиканскую почву. Когда Рауль
в самом начале марта 1935 года прибыл в Стокгольм, вопрос
о первом этапе его продолжающегося "коммерческого образования" все еще оставался открытым.

Как только Рауль вернулся домой, вопрос о его будущем
вновь был поставлен ребром. 24 февраля Густав сообщил
своему брату Маркусу, что Рауль едет в Стокгольм, и далее:
"Я намереваюсь отправить его на работу в Южную Америку,
Индию или Мексику, но пока не решил, в которую из этих
стран. […] Место в коммерческой фирме имеет целью дать
ему привыкнуть к конторской работе, поскольку без этого
я не хочу отпускать его к Фройнду". Густав просил Маркуса
сообщить свое мнение об этих планах относительно Рауля
и "замолвить словечко за мальчика" перед бизнесменом Ак-
селем Юнсоном.

Как только Маркус получил письмо — а он получил его
на следующий же день, поскольку находился в Каннах, а Густав в Ницце, — он написал в Стокгольм Додде и указал
на необходимость ему и брату Якобу "взвесить свое отношение к будущему пути Рауля":

> Я убежден, что в глубине души Рауль желает войти в дело
> и продвинуться в нашем банке как можно дальше. Ничего
> дурного в этом нет, если только он обладает соответствую-
> щей квалификацией.

Его дед придерживается другого мнения. Он хочет, чтобы тот продолжил образование за границей и стал директором одного из вновь образованных банков. Это сейчас его идея фикс. А Май Дардель, будучи куда хитрее, обрабатывает дядю Кнута на предмет того, чтобы Раулю внедриться в [наш] банк.

Я уже раз или два говорил дяде Кнуту, что не мы, а исключительно вы двое должны выбирать себе будущих компаньонов. Я полагаю, будет уместно, если Якоб переговорит с дядей Кнутом, чтобы тот в спешке не пообещал чего-то такого, с чем вы не согласны. Легко, подобно оракулу, давать обещания, но потом их придется выполнять, даже если не хочется.

Ответ Додде был выдержан в самых общих, ни к чему не обязывающих выражениях: "Благодарю за письма касательно Рулле-младшего. Я показал их Якобу, который переговорит с дядей Кнутом. Мы полагаем, что нам надо с ним повидаться и посмотреть, каким он стал после заграницы".

Опасный нимб

Помимо матери и брата с сестрой Рауль надеялся в Стокгольме повидаться с дедом. Тот на самом деле очень хотел встретиться с Раулем, но мешкал ехать домой. Причиной стал новый спор с братом Якобом, на этот раз по поводу шведской торговой политики. Однако дед преодолел сомнения и весной 1935-го, впервые за четыре года, встретился с внуком.

Перед приездом домой дед не только предупреждал Рауля об опасностях, связанных со "страстями", но и давал инструкции, как вести себя со старшим поколением. Наверняка, писал он, в различных семьях Валленбергов его примут очень хорошо, вначале, возможно, даже слишком хорошо, уж очень долго он отсутствовал. Он будет окружен ореолом. Но это значит, что к нему начнут предъявлять особые требования, а это "опасное положение, которое может, если не подумать о нем особо, легко привести к роковым последствиям". Пожилые господа, которых ему предстоит увидеть, — люди опытные, и "их не проведешь ни хорошей прической, ни потоком самоуверенных слов". Раулю нельзя забывать, что по сравнению с ними он ничего не умеет и его "знание мира и людей скудно". Он должен их слушать. Если вдруг он получит предложение о работе, нужно сказать, что его "практическое образование" еще не завершено, и поэтому он не созрел для работы на родине. Иначе он рискует стать одним из многих других юношей, которые "все соревнуются в борьбе за доступ к кормушке", и тогда его будущее окажется под вопросом. Если же он сначала познакомится с банковской деятельностью и бизнесом за рубежом, пишет Густав Валленберг, то тогда:

> Все преимущества на твоей стороне, потому что никто
> в Швеции не видел и не имел опыта, намеченного мною
> для тебя. Тогда тебя начнут ценить, и не только свои.
> С годами станет более понятно, что шведская экономика
> отстала во внешнем плане, и все отчетливее будет вставать
> вопрос, как преодолеть эту отсталость. Тогда всем понадо-
> бится человек, которого на настоящий момент нет, знако-
> мый с деловой жизнью за границей в крупном масштабе.
> Ты станешь уникумом, если удача будет тебе сопутствовать
> [...]

Чтобы не терять шанс, Раулю следует, по мнению деда, пробыть дома как можно меньше. Если он задержится надолго, риск "выставить на обозрение свои слабости" значительно возрастет. "Люди сегодня таковы, что стремятся к нивелировке. Твое нынешнее выгодное положение вызывает желание порвать в клочья и самый крохотный нимб..."

Купальня

Итак, к приезду в Стокгольм внук был основательно подготовлен дедом: Рауль должен избегать опасных удовольствий, хорошо себя вести в общении со старшим поколением, отклонять предложения о работе и не задерживаться надолго.

С этими предупреждениями в голове Рауль сделал все возможное, чтобы в течение трех с половиной месяцев пребывания в Стокгольме показать себя с наилучшей стороны. Он интересовался только временной работой и привлек к себе внимание и прессы, и специалистов своим архитектурным проектом новой открытой купальни в Стокгольме. Поводом послужило то, что старая купальня под открытым небом три года назад была закрыта из-за плохого качества воды. Поэтому ее запланировали воссоздать как бассейн.

По проекту Рауля купальня должна была располагаться на том месте в центре Стокгольма в районе Старого города, где в XVII веке находилась гавань. Если бы проект осуществился, он восстановил бы архитектурное пространство, когда-то характерное для этого места. Последним, что сделал Рауль перед своим отъездом, стала напечатанная за его собственный счет брошюра, в которой он представлял свой проект.

В личном плане о пребывании Рауля в Стокгольме неизвестно ничего. Разумеется, он и его семья радовались возможности вновь увидеться, ведь разлука длилась почти четыре года. Наверняка он общался со старыми друзьями, прежде всего с братьями Хагстрёмер. Ясно также, что его будущее обсуждалось в семейном кругу. Однако не сохранилось никаких документов, освещающих эти обсуждения, что указывает на то, что никаких формальных решений принято не было. Но результат, по мнению Густава Валленберга, был весьма положительным: "В конечном итоге я весьма доволен твоей поездкой в Стокгольм. Ты порадовал своих родителей,

SVENSKA DAGBLADET

Onsdagen den 24 April 1935

**GAS, V
VÄRME**

**Kungshuset
hade bassäng
från början.**

Raoul Wallenberg
visar första skissen
till nya badet.

Первая страница газеты "Свенска Дагбладет" за 24 апреля 1935 года.

меня и наших близких". Когда Рауль уезжал из Стокгольма,
его снабдили рекомендательным письмом от Маркуса Валленберга-старшего. Оно было адресовано в "Стандард банк"
Южной Африки в Кейптауне. Иными словами, планы относительно Колумбии, Индии и Мексики были оставлены.

Следующий разворот: Рауль сделал несколько рисунков купальни
Риддархольм, иллюстрирующих, какой он хотел ее видеть.

Хотя Густав Валленберг назвал свое пребывание в Стокгольме "шабашем ведьм" и уехал из города раньше Рауля, он с удовлетворением констатировал: его беспокойство по поводу того, что внук застрянет в Стокгольме, погрузившись в веселую городскую жизнь, оказалось безосновательным. "Для меня стало настоящим праздником, когда один мой друг сообщил, что после недели пребывания дома ты носишься по городу в поисках работы. И работа нашлась в нескольких формах, что говорит о твоей энергичности и жажде деятельности".

Если дед в конце концов все же настоял на том, чтобы Рауль уезжал из Стокгольма, то не потому, что внук много развлекался, а потому, что он не хотел, чтобы Рауль "слишком сильно погрузился в художественно-архитектурную деятельность": "Я хочу, чтобы ты учился скорее деловой технике (вот хорошее выражение), чтобы ты получил шанс узнать, как зарабатываются деньги — чисто практически. Но достаточной самостоятельности никогда не достичь без финансовой независимости". Профессиональные успехи Рауля обеспокоили Густава Валленберга: не архитектором же ему быть, ведь это образование было лишь этапом на пути к иным целям! И все же на него не могли не произвести впечатление инициативность Рауля и его умение общаться с людьми, как и то, как он вел переговоры со стокгольмскими чиновниками по поводу своего архитектурного проекта. "Все мы очень порадовались твоему приезду в Стокгольм, — писал он Раулю. — Ты вел себя хорошо, и это пошло тебе на пользу. Ты приобрел известность, что для молодого человека бесценно. Ты приобрел ее не благодаря тому, что побывал в Америке, Калифорнии, Канаде или Мексике, а благодаря собственным внутренним качествам".

Если учесть, что до этого Рауль был абсолютно неизвестен в профессиональных кругах, его проект привлек к себе неожиданно большое внимание. Он был представлен на первой странице крупнейшей ежедневной газеты "Свенска Дагбладет" и рецензировался в журнале "Строитель".

Статья в журнале, правда, содержала критику, но Рауль все равно был "очень удовлетворен позицией журнала", разъяснял он деду, тут же получившему копию статьи. Для Рауля куда важнее критики стал сам факт того, что его проект вообще был замечен серьезным профессиональным журналом, к тому же "органом функционалистского стиля" в архитектуре, к тому же, как считал Рауль, "довольно-таки крайнего типа". Для молодого неизвестного архитектора это было не так уж мало.

Кейптаун

14 июня Рауль сел в поезд, направлявшийся в Осло. На следующий день Валленберг взошел на борт парохода "Хаммарен", совершавшего рейсы в Южную Африку. Местом назначения был Кейптаун. Судно имело на борту груз шведских товаров, предназначенных для южноафриканского покупателя: древесину, бумагу, картон, коробки, машинное оборудование, изделия из стали, инструменты.

Три недели, которые заняло путешествие, Рауль в основном заполнил работой. Он решил принять участие в конкурсе архитекторов на проект новой пожарной станции и полицейского участка в Умео, городе на севере Швеции, и торопился закончить свой проект. "Хаммарен", особенно под конец плавания, качало так сильно, что было "трудновато чертить", но все-таки к прибытию первый набросок был готов.

На пароходе Рауль нашел себе компанию из двух шведских парней: Бьёрна Буркардта, на год старше его самого, сына владельца металлургического завода на севере Швеции, и его друга Йёте Спетса. Буркардт уже бывал в Южной Африке и плавал на норвежском китобойном судне. На этот раз он плыл туда, чтобы попробовать продавать бумагу. По мнению Рауля, у него обязательно должно было получиться, по-

Один из пробных эскизов Валленберга пожарной станции
и полицейского участка в Умео.

скольку он "очень энергичный и умный". Спетс, тоже из богатой семьи, был одним из лучших мотоциклистов Швеции.

"Кейптаун неожиданно красив", — писал Рауль деду 8 июля, на следующий день после прибытия. Хотя в это время года в тамошних широтах зима, во время приезда их встретила настоящая летняя жара. Первый день оказался напряженным — "вхождение в новые условия, таможенники и прочие неудобства". По совету шведского консула в Кейптауне Нильса Хегардта, "кажется, человека очень приятного и всеми любимого", ребята поселились в маленьком пригородном отеле на берегу моря.

Первые дни в Кейптауне Рауль занят доработкой проекта пожарной станции и полицейского участка[5]. Нежданное летнее тепло очень быстро кончилось, установилась обычная зимняя погода. "Разочаровался я в Кейптауне", — пишет он после двухнедельного пребывания в городе:

> В прошлом письме, помнится, я был еще под влиянием благоприятного впечатления, которое произвел на меня город, когда "Хаммарен" вошел в гавань, и впечатление от города было почти итальянское. Тогда погода стояла прекрасная и теплая. Но не успел я заклеить конверт, как температура резко упала. Если здесь холодно, так уж холодно по-настоящему. Я в жизни никогда так не мерз, как здесь в течение последней недели. Из каждого угла дует, а единственный источник тепла в отеле, камин в гостиной, дымит так, что едва различаешь собственную ладонь, поднесенную к глазам.

Фирма, в которой стал работать Рауль, "Ардерне, Скотт & Тисен", торговала лесом и строительным оборудованием. Консул Хегардт представил Рауля боссам, однако они, кажется, не слишком заинтересовались. Не чувствует никакой заинтересованности и он сам: "Пока что я сижу и сверяю их счета и квитанции. Контора, кажется, большая, может быть, слишком большая, и работа не может быть особенно просвещающей. Я, естественно, попрошу их дать мне возможность походить по разным отделам, а там посмотрим".

"Еще раз, как всегда, выражаю глубочайшую благодарность за любовь и доброту, которые Вы расточаете на меня, дорогой дедушка, и которым я, находясь здесь, вижу еще одно подтверждение", — писал Рауль Густаву Валленбергу в первый свой день в Кейптауне. Однако прошло совсем немного времени, и он стал тяготиться и городом, и собственными ра-

Рауль на борту парохода "Хаммарен" — второй справа.

бочими обязанностями. Такое впечатление, что он не вполне понимает, что ему тут делать, — больше всего ему хотелось бы остаться в Стокгольме. Через месяц после приезда он писал Лайману Уодарду: "Должен признаться, мне здесь не особо нравится. Не то чтобы это место было лишено романтики и все такое, но я стал тосковать по дому. Мне так радостно было побыть в Стокгольме, это на самом деле замечательный город, и оторвать себя от него — настоящее испытание".

Одно дело Мексика или Южная Америка, но Южная Африка? Эта страна ни разу не упоминалась в качестве варианта в планах Густава Валленберга относительно будущего Рауля. Решение отправить его туда, должно быть, было принято позже, во время его визита в Стокгольм. Судя по всему, тут вновь был задействован один из знакомых Густава Валленберга — Теодор (Туре) Феврел, работавший у него секретарем миссии в Токио в годы войны, ныне шведский консул в Претории.

О том, что Раулю не нравилось в Кейптауне, свидетельствует тот факт, что уже через неделю он разыскал американского консула с целью выяснить возможность получения американской визы. "Я ведь скучаю и хочу время от времени туда наезжать", — признавался он деду.

Решению отправить Рауля в качестве практиканта именно в фирму "Тисен", видимо, не предшествовала основательная подготовительная работа. "У меня нет никаких предписаний относительно твоей работы у Тисена, — писал Густав Валленберг в своем первом письме Раулю в Кейптаун. — Ты сам лучше это определишь". Однако он хотел, чтобы внук тут же прошел курс бухгалтерии, "чтобы осуществлять необходимый контроль за работой подчиненных". Для деда не играло большой роли, что делает Рауль и где — важно лишь, чтобы он покинул Стокгольм. К тому же конторская работа в "коммерческом образовании" Рауля рассматривалась всего лишь как подготовка к более важной работе в банке в Хайфе. Уже 2 августа Густав Валленберг послал Раулю расписание пароходных сообщений между Кейптауном и Хайфой — для путешествия, запланированного на зиму 1936 года!

В "Тисен и Ко" Раулю пришлось заниматься всем понемногу. Для архитекторского отдела фирмы он чувствовал себя чересчур квалифицированным. Самое большое удовольствие он получал, сопровождая коммивояжеров и наблюдая, как те обращаются с покупателями. Тем не менее в целом он мало чему научился в фирме, где был "ниже внештатного заклейщика конвертов". Прошел всего месяц, и он решил оттуда уйти.

Новым местом работы Рауля стала шведская фирма *The Swedish African Company*, возглавляемая Карлом Фрюкбергом. Здесь работал Бьёрн Буркардт, который и помог установить контакт с директором. Компания занималась продажей бумаги, изделий из дерева, искусственной кожи и т. д. Это как раз была контора того типа, какого желал дед, — маленькая компания, где помимо Фрюкберга, Буркардта и Рауля на постоянной работе числилась только секретарша. Почти одновременно Рауль получил работу в качестве коммивояжера еще в одной шведской фирме, *Albert Florén*. Эта фирма была агентом по продаже строительных материалов и оборудования (паркет, сантехника, водонагреватели и т. д.).

Первым заданием Рауля в Шведской африканской компании стало распространение изобретения, продлевающего жизнь кинопленке. Подходящая задача для любителя кино! Изобретение было шведское, цель — либо продать его самой крупной в Южной Африке кинокомпании, либо устроить собственную лабораторию. В любом случае Раулю было по душе, что он "может все делать более или менее в одиночку". Кроме того, ему предстояло заняться продажей строевого леса.

После пары недель работы у Фрюкберга настроение Рауля круто меняется. Фирма ему очень нравится, он может работать в ней самостоятельно и одновременно в тесном контакте с шефом. Кроме того, Фрюкберг постоянно получает предложения открыть новые направления. Он передает их Раулю, и тот продает спортивные и дорожные товары и палатки одной гетеборгской фирме и химические продукты другой. "Таким образом я получаю опыт как конторской практики, так и бизнеса, потому что веду корреспонденцию, — сообщает он деду. — Я учусь тому, как покупать товары и как их продавать".

Очевидно, что к этому времени Рауль понял, к какому типу бизнеса у него наибольший интерес и способности — к торговле. В этом деле он новичок, но многому учится у Бьёрна Буркардта, первого "молодого бизнесмена-шведа",

Рауль всегда начинал утро с газеты.

встреченного им в жизни. "Я полагаю, — пишет он Густаву Валленбергу, — это хорошо, когда знаешь кого-то твоего же возраста, кому действительно веришь и с кем дружишь". Буркардт, в свою очередь, находится под большим впечатлением от талантов Рауля-бизнесмена. Впоследствии он вспоминал: "Стиль работы у Рауля был необычный. Он мыслил нелинейно и сложно. Но его интеллект производил впечатление на всех. Он мог переубедить любого. Самым большим его преимуществом был шарм, который заставлял людей уважать его. В результате Рауль, по всей видимости, всегда достигал своих целей быстрее прочих".

Бернис

Кейптаун развлечениями "не слишком богат", считал Рауль. Иногда он ходил выпить пива или виски в "один из бесчисленных старомодных баров города" и, как всегда, частенько наведывался в кино, хотя до ближайшего кинотеатра было далеко. Фильмы, однако, были "совершенно замечательные, с массой предваряющих номеров". "Кажется, я унаследовал, — констатирует он, — феноменальную способность бабушки смеяться долго и от всего сердца над глупейшими вещами".

Девушки в Кейптауне Рауля разочаровали, поскольку они "так плохо накрашены" и к тому же ходят в деревянных башмаках. При этом он начинает беспокоиться о собственной внешности. У него стали выпадать волосы, "этого не видно, но волосы редеют с каждым днем", и по совету доктора он побрился наголо. "У меня теперь такой смешной вид", признается он деду, но "думаю, это уже помогает".

Но огорчения Рауля по поводу девушек в деревянных башмаках и собственного облысения померкли в свете драмы страстей, в которую он в этот момент оказался вовлечен. В двадцать третью годовщину своего рождения он получил поздравление не только от дедушки, но и от Бернис Ринг-ман, молодой женщины, с которой встречался в Энн-Арборе. Если Густав Валленберг в своем поздравительном письме выражал надежду, что Рауль "станет способным человеком и не посрамит честь нашей семьи", то Бернис в телеграмме спрашивала, любит ли он ее.

Плохое настроение и вялость Рауля в первый период его пребывания в Кейптауне на самом деле были обусловлены не только тем, что ему не нравилось на работе и хотелось домой. С того самого момента, как он покинул США, Бернис преследовала его своими письмами, а в прощальной телеграмме, полученной Раулем уже на пароходе, называла его "мой ангел".

"В душевном отношении в последние месяцы мне было довольно грустно, даже в Стокгольме, — писал Рауль деду. — Девушка, с которой мы были постоянно вместе в Соединенных Штатах и которая мне очень нравилась, к несчастью, влюбилась в меня, и у меня был очень тяжелый период, когда фактически все, что бы я ни писал или ни делал, ранило ее. На самом деле я был достаточно подавлен тем, что стал причиной трагедии. Недели две назад я решил предложить прекратить переписку, но это было тяжело. Думаю, так лучше". Поскольку Бернис была старше Рауля, он опасался, что "ей будет намного труднее прийти в себя".

Раулю нравилась Бернис, а она влюбилась — примечателен выбор слов в письме. Отношения были неравными, поэтому разрыв оказался более тяжелым для нее. Рауль больше переживал за Бернис, чем за себя самого. Это подтверждает одна из его однокурсниц. Она помнит его незадолго до отъезда из Энн-Арбора сидящим в кабинете рисования: "Ему предстоял отъезд, и он был опечален не только от мысли, что будет тосковать о своем друге, но еще больше из-за того, что это нанесет удар ее чувствам".

Поскольку Рауль обещал деду в течение учебы воздерживаться от каких-либо романтических отношений, было бы, вероятно, умнее вообще умолчать об истории с Бернис. Густав Валленберг в самом деле был сильно "взволнован и опечален, так как, может быть, утратил то, что было предметом мечтаний" для него, то есть Рауля с его карьерой. Поэтому он потребовал от Рауля честного ответа: если отношения оставались "вполне добродетельными", это одно дело, если же Рауль соблазнил девушку, это очень серьезно. "Если соблазнил американку — все", будущее покрыто мраком, и все планы придется менять. Швеция слишком мала, чтобы жить с женой, "запятнанной нелегитимной связью". Тогда Раулю придется остаться в Америке. Густав Валленберг не винит Рауля в том, что он поддался влечению половых инстинктов и вступил в "общение с молодой женщиной", но ужасается последствиям в случае, если она окажется беременной. Письмо представляет собой еще один вариант ранее присланных предупреждений о женской коварности и об опасности заключения союза с девушкой вне своего класса. К тому же юноша с такими перспективами, как у Рауля, не должен связывать себя прежде, чем успеет "организовать свою жизнь и деятельность":

Молодая жена хочет, чтобы все было посвящено ей. Ее должны развлекать и веселить. Она желает путешествовать. Она желает, в случае если в ней что-то есть, сиять среди других женщин. [...] Из-за присущей нашему времени тяги к соревновательности (в основном за счет других) не обретается тот покой, который необходим для супружеской жизни. Но все подобные размышления не заботят юношу, снедаемого половыми инстинктами. Он жаждет ее тела. Он хочет минутного наслаждения, что она и предлагает ему. [...] В твоем случае, я думаю, виноват ты. Тебе не хватило осторожности и предусмотрительности.

Бернис Рингман. Фотография сделана 17 марта 1936 года, в день ее отъезда в Лондон.

Тем трагичнее ситуация. Но ты не имеешь права жертвовать своей жизнью. Не имеешь права отнимать у своей матери и у меня наших надежд на тебя.

"Ничто не сможет меня утешить, кроме известия, что тебе удалось вполне выпутаться из этой неприятной истории", — писал Густав Валленберг в конце своего длинного письма, помеченного 23 сентября 1935 года. "Никакого повода беспокойства. Никаких осложнений. Чувства лишь с ее стороны. Переписка прекращена", — телеграфировал Рауль 11 октября, стараясь успокоить деда. И это ему удается. "Я вертел ее [телеграмму] и так и эдак, пытаясь обнаружить, нет ли тут чего-то скрытого или недосказанного, но не обнаружил, — писал тот в ответ. — Я нашел, что все сказано ясно и прямо, и это успокоило меня. Спасибо тебе за присланную телеграмму!" В письме, отосланном несколькими днями позже, Рауль выразил сожаление, что своими неясными выражениями причинил дедушке беспокойство. Однако он рад, что затронул этот вопрос и увидел в письмах дедушки доказательство его любви и заботы.

Густав Валленберг мог вздохнуть с облегчением, а коммерческое образование Рауля — продолжиться.

Программа под вопросом

В октябре в Южную Африку прибыла шведская торговая делегация. Среди ее участников был глава АГА Густав Дален, нобелевский лауреат по физике, который пробыл в Кейптауне семь недель и иногда заходил в гости к Раулю и Буркардту выпить простокваши, которую любил. В середине ноября Фрюкберг, Рауль и Буркардт отправились в пятинедельную деловую поездку по Южно-Африканскому союзу.

Их первая остановка — Йоханнесбург, "самый бурно растущий город мира". Он напоминает Раулю Америку. Тут "аптеки, бары и небоскребы, бесконечные потоки людей, строительство, звук молотков и отделочных работ, отдававшиеся у нас в ушах с утра до вечера все время, пока мы там были, — писал он. — Такое впечатление, что все дома, которые не строятся, находятся в процессе сноса. Воздух заряжен интенсивностью, напряжением и желанием трудиться".

В Йоханнесбурге Рауль с утра до ночи был занят продажей сантехники и спорттоваров. Ему нравится его работа — продажа, он осмеливается предложить деду идею, что пока останется в Южной Африке "под прекрасной опекой, которую я имею сейчас", а в Хайфу поедет только после прохождения военной службы в Швеции в сентябре. Тогда у него были бы "шесть полных месяцев ценного опыта, которые могли бы обеспечить мне возможность лучше, чем раньше, узнать и понять, что происходит в этом банке".

После нескольких лет учебы в США Рауль вкусил более свободной и независимой жизни. К тому же работа над проектом купальни в Стокгольме усилила его веру в себя. В Южной Африке он обнаружил в себе способности к продажам — талант, который ему хотелось развивать. Поэтому он впервые решился всерьез бросить вызов авторитету деда. Но, несмотря на то что Рауль "очень рекомендовал" деду не настаивать на поездке в Палестину сразу после Южной Африки, Густав Валленберг именно так и сделал.

Правда, дед оценил "энергию и верность долгу" Рауля — те же качества, из-за которых ему было трудно вырваться из Стокгольма. Но архитектурный проект и работа по продажам в Южной Африке были всего лишь "образованием в подробностях". Каких-либо причин менять первоначальные планы Густав Валленберг не знает, особенно потому, что стареет и желал бы видеть образование Рауля завершенным. В банке у Фройнда Рауль получит опыт, какого его сверстникам никогда не добыть. Если Рауль, как планировалось, поедет в Хайфу сразу из Южной Африки, в его распоряжении будет шесть месяцев практики там еще до военной службы. А когда Рауль приедет в сентябре в Стокгольм, дед тоже приедет туда, чтобы помочь ему "войти в контакт с лицами, занимающими руководящие позиции", которые, возможно, смогут взять его на работу. Далее Густав Валленберг писал:

> Я собираюсь искать их преимущественно вне валленберговской сферы. Не потому что я был бы против, если бы тебя задействовали в ней, но, по моему мнению, следует стараться расширить спектр возможностей, которые могли бы оказаться в твоем распоряжении. Я хочу исключить подозрения в том, что тебя взяли "потому, что ты принадлежишь к семье". [...] Конечно, я не намерен, как попрошайка, вымаливать для тебя место, хочу только заронить семя размышления в тех, с кем мы встретимся, чтобы они задумались, что для их компании получить молодого человека с таким большим опытом было бы, конечно, полезно.

Южноафриканские впечатления

Официальное название Южной Африки — Южно-Африканский Союз. Это было федеративное государство в составе Британского доминиона, созданное в 1910 году и состоявшее из четырех провинций: Капская провинция, Наталь, Трансвааль и Оранжевое Свободное Государство. Столицей была Претория. Из примерно 10 млн населения до 75% составляли черные и "цветные" (индийцы, китайцы, малайцы и потомки смешанных браков) и 25% — белые европейцы. Около половины белого населения жило в городах, в то время как большинство черных — в деревнях в сельской местности.

С этим сегрегированным обществом и столкнулся Рауль, когда в 1935 году прибыл в Южную Африку. На реальность невозможно было закрыть глаза, особенно Раулю, хорошо знакомому с расовой проблематикой по годам в США. Свое мнение по данному вопросу он высказал в путевом очерке "Южноафриканские впечатления", опубликованном в Стокгольме осенью 1936 года. В этом репортаже, отчасти иллюстрированном собственными фотографиями, Рауль сообщил и впечатления об экономическом развитии страны, и мысли о том, что он называет "великой проблемой Южной Африки", то есть о расовом вопросе.

Равноправие между расами, пишет Рауль, наверняка возможно в странах с небольшой долей белого населения, но в странах, где живет много белых (таких как США, Австралия и Южная Африка), оно ведет к нежелательным последствиям. Он пишет: "Следует не только подарить неграм радость чувствовать себя равными белым, нужно еще противостоять смешению рас, которое возникло бы тогда между белыми и черными". Пример тому — цветные в Южной Африке. Поскольку, считает Рауль, "к несчастью, большое" общение между расами в Южной Африке не встречало до сих пор достаточного сопротивления, и "создалась смешанная раса, составляющая очень серьезную проблему".

Мысли о смешении рас сегодня кажутся устаревшими, но они отражали представления, повсеместно господствовавшие среди белых европейцев в 1930-е годы. Однако взгляд Рауля на корни проблем Южной Африки лишен иллюзий:

Теперь [белому европейцу] приходится мириться с плохо скрытой неприязнью, которую испытывает к нему мир. У него есть лишь две возможности: либо думать о себе и продолжать логику империалистической политики, либо думать об интересах цветных, и тогда он должен отказаться от колониальных богатств и власти, что для него равносильно концу. Политика, проводимая в реальности, представляет из себя хитрый компромисс между обеими этими возможностями: говорят в идеалистическом ключе, но упрямо держатся за кошелек и скипетр власти.

С друзьями на пляже.

Палестина

Густав Валленберг предложил Раулю плыть в Палестину вдоль восточного побережья Африки, из Кейптауна в Порт-Саид. Но 3 октября войска Муссолини начали оккупацию Абиссинии, и Лига Наций ввела санкции против Италии. Это осложнило ситуацию. Однако то, что Рауль в конце концов решил путешествовать не вдоль восточного, а вдоль западного побережья, имело не политические причины. Просто на немецком пароходе, на котором он собирался плыть, уже не было мест, а другое судно, американское, заходило по пути в гораздо меньшее число портов. А Рауль намеревался по дороге заняться небольшим бизнесом.

7 февраля он взошел на борт итальянского судна "Дуильо", совершавшего рейс с остановками в Монровии, Дакаре, на Гибралтаре, в Марселе, Генуе и Александрии. Путешествие обошлось всего в 32 фунта. За эти деньги, сообщал Рауль деду, он получил в свое распоряжение "одноместную каюту первого класса с ванной, окном, диваном и двумя кроватями". Тем же пароходом на сионистский конгресс в Палестине плыли несколько сотен евреев — из-за санкций Лиги

Наций на нем практически не оказалось других пассажиров. "Зная южноафриканских евреев, я настроен достаточно пессимистично, но, может статься, поездка несмотря ни на что окажется приятной!" — писал Рауль деду перед началом путешествия. После двухнедельного общения с пассажирами его отношение стало более позитивным: эти "евреи-сионисты", сообщал он матери с Гибралтара, оказались "неожиданно интересными и приятными".

Приехав в Геную, Рауль узнал, что получить визу в Палестину, территорию британского мандата, он должен был еще в Кейптауне. Визит в британское генеральное консульство в Генуе оказался безрезультатным. "По всей видимости, ограничения на въезд Палестину куда более жесткие, чем можно было подумать, и в тот момент, когда в консульстве услышали, что я планирую задержаться там месяцев на шесть, они навострили уши и решительно отказались выдать визу", — писал он деду.

В ожидании решения вопроса о визе Рауль отправился навестить бабушку с дедушкой, находившихся в Ницце. Между ним и дедом велись открытые, чтобы не сказать горячие, по крайней мере со стороны Рауля, дискуссии. Речь шла о возможной корректировке разработанной дедом программы. Предложение Рауля состояло в том, чтобы в связи с прохождением военной службы в сентябре задержаться в Швеции перед возвращением в Хайфу. Он хотел изучить экспортную промышленность Швеции "не только теоретически, но и посмотрев на нее, так сказать, изнутри". Как он обяснил, о Швеции у него "какое-то смутное" представление, ведь он "знаком только со школьной учебой в Швеции, а не с работой".

Густава Валленберга аргументы Рауля не смутили. Он объяснил внуку, что "опасается мыслей о поездке домой" раньше "полного завершения коммерческого образования". Составленный им план — это "единое целое, которое не следует разрушать". Он бы даже предпочел, чтобы Рауль и вовсе не приезжал домой на военные сборы, тем более что их можно было отложить.

Таким образом, Рауль вновь поставил под вопрос мудрость дедовских планов, но и на этот раз был вынужден и устно, и письменно просить извинения за свою "вспышку". "Я слишком хорошо сознаю свой долг благодарности Вам и всегда уступаю Вашим решениям, — писал он по возвращении из Ниццы. — Но меня огорчило, что в моих возражениях Вы усмотрели мотивы, которых у меня вовсе не было. Моею целью было всего лишь внести вклад в планирование программы обучения. [...] Ведь каких-либо прямых возражений против жизни за границей у меня нет, как нет и никакого выраженного стремления вернуться домой сейчас, пока я еще не заработал денег".

Хайфа

Когда Рауль вернулся в Геную, вопрос с визой вскоре разрешился. И 29 февраля он отплыл в Палестину. По прибытии в Хайфу Рауль написал письмо-отчет, свидетельствующее о тревожном времени, которое переживал мир:

Кормили отвратительно, а к концу я заболел морской болезнью. Одно было замечательно — мы сделали остановку в Пирее, и поэтому я смог увидеть Афины. Город меня ни в малейшей степени не разочаровал, наоборот, оказался намного прекраснее, чем я ожидал, и очень наполнен драматизмом и воздухом. Здесь мы простояли целый день. В Александрии мы тоже пробыли почти весь день, но в Каир я не поехал. Там на рейде стояла чуть ли не сотня английских военных кораблей, в том числе три линейных корабля и один авианосец. Пройти через их цепь заняло у нас минут десять, а когда мы вечером выходили из порта, все корабли были освещены, прямо как парк с аттракционами, и это было удивительное зрелище. В Порт-Саиде, живописном и спокойном городе, если не считать его нехороших кварталов — и в самом деле нехороших, — стоял еще один английский линейный корабль. Когда мы отправлялись в путь, в устье канала, выпуская столбы пара, входило итальянское военно-транспортное судно, переполненное солдатами и рабочими. Наш экипаж, включая меня, и две тысячи человек на транспортном судне изо всех сил замахали друг другу руками под дикий рев и крики "дуче, дуче, дуче". Потом мы пели очень приятную новую песню итальянцев *Faccetta nera, bella Abessinia*[6]. После этого другое судно исчезло во тьме, но рядом с нами еще немного плыла моторка с итальянскими девушками, нанятая итальянским консулом в Порт-Саиде: они ездят встречать каждый новый транспортный корабль с войсками, входящий в порт. Одна из девушек потом села на велосипед и вдоль берега провожала корабль, пока он проходил через канал, по-прежнему распевая *Faccetta nera*.

Раулю понравился путь от Генуи до Хайфы. Поскольку пассажиры представляли собой смешанную публику, на борту постоянно завязывались оживленные дискуссии. Когда однажды распространился слух, что немецкая армия заняла Рейнскую зону (что на самом деле произошло после 5 марта), французы объявили мобилизацию, а англичане направили свой флот в Киль, атмосфера, сообщает Рауль в том же письме, стала "особенно взволнованной". В то время как настроение у немецких пассажиров было превосходным, все прочие смотрели на будущее Европы пессимистично, особенно еврейская часть пассажиров. "Но у них на то были свои причины", — отметил Рауль.

В первое же утро после своего приезда в Хайфу Рауль поспешил в Голландский банк, где его "дружелюбно, но удив-

Дом в Хайфе на улице Арлозоров, 17, в котором был пансионат,
где жил Рауль.

ленно” встретил Эрвин Фройнд. Как оказалось, он не получил письма от Густава Валленберга о скором прибытии Рауля,
которое тот ему отправил в начале февраля. Он думал, что
Рауль появится только через год.

Стажировка у Эрвина Фройнда, на которую делал ставку
Густав Валленберг, несомненно, могла бы начаться лучше.
Но скоро Рауль включился в дело. Он поселился в комнате
в пансионе на улице Арлозоров, 17, где также проживал молодой голландский еврей Герсон, секретарь Фройнда. Там вообще жили в основном немецкие евреи. В пансионе подавали
только кошерную пищу, Валленбергу пришлось носить головной убор, во время шабата в меню были лишь овощи и молоко.

В банке работало 30 штатных сотрудников, из которых
только два-три не были евреями. Евреи были родом из Рос-

сии, Румынии, Германии и Голландии. Говорили главным образом по-немецки и по-французски, и после короткого периода работы в банке знание этих языков у Рауля стало "быстро восстанавливаться". Все вокруг советовали ему учить еврейский — язык, который до великого еврейского переселения в Палестину в 1920–1930-е годы находился в состоянии вымирания, но теперь "возродился, как феникс из пепла". Сам же Рауль подумывал о том, чтобы вместо этого заняться арабским.

Банк работал семь дней в неделю, и работники могли выбрать себе выходной когда захотят — в субботу или воскресенье. Рауль, как и большинство других, выбрал воскресенье. Никакой формальной должности он не занимал и считался неоплачиваемым волонтером, так же как в Южной Африке. Ему не нравился этот статус, поскольку характеристики работодателя "имеют цену только в том случае, если написавший их сам был готов платить за твой труд". Но дед считал неуместным просить оплачиваемую должность, поскольку Фройнд не знает Рауля, а кроме того, он не хотел рисковать: вдруг тот откажет?

Банк Фройнда

Рауля направляют в отдел корреспонденции, где он выполняет рутинные задания, не имеющие отношения к собственно банковской деятельности: снимает копии с писем, просматривает документы, "чтобы узнать, как они выглядят", собирает статистику колебаний курса на Нью-Йоркской бирже. Он видится с Фройндом ежедневно, но пока не очень тесно с ним общается, отчитывается он после первой недели в банке. Персонал любит своего директора, но тот "довольно нервный тип", ему "нравится время от времени устраивать эмоциональные взрывы, когда что-то идет не так". Через какое-то время Рауля перемещают в бухгалтерский отдел, где он скорее может научиться чисто банковской работе. Однако ее он находит "сложной и малопонятной". Через месяц он все еще понимает "достаточно мало из того, что происходит".

За исключением банковской работы, все остальное в Палестине Раулю нравится: "Что здесь хорошо, так это климат, день за днем солнце и тепло, так хорошо, иногда почти перебор, но, во всяком случае, это лучше снега с дождем". Рядом с Хайфой находится прекрасный пляж, Бат-Галим, куда Рауль отправляется почти каждую субботу после обеда в компании нескольких друзей и молодых дам. Девушку, с которой он общается чаще, чем с остальными, зовут Дора Ароновски. По субботам, когда его "еврейские друзья празднуют шабат", он работает, но, поскольку банк закрывается рано, он все же успевает на пляж.

Во время пасхальных каникул Рауль с двумя товарищами из банка едет автобусом марки "Вольво" в Тиберию недалеко от озера Кинерет, "по водам которого ходил Иисус". Они посещают также города с преобладанием арабского населения, такие как Ош, Мина, Цфат и Акко, этот последний — "совершенно арабский город... один из самых живописных, какие я когда-либо видел, с чрезвычайно узкими дивными улочками, окруженный величественными стенами". Здесь они столкнулись с арабской частью населения Палестины. Когда во время ночной прогулки они спросили у двух арабских женщин дорогу, ответом были "самые отборные ругательства". "Мы бросились бежать со всех ног, потому что вдруг подумали, что совершили тяжелый грех, заговорив с женщинами в чадрах, и что арабы, похоже, легко хватаются за нож".

Во время поездки Рауль заболел и слег с высокой температурой. Десять дней он пролежал в постели, во время болезни развлекаясь чтением романов и придумыванием возможных архитектурных решений для виллы в стиле функционализма, которую его родные как раз строили в Стокгольме.

Дом, в котором находился Голландский банк.

Прошло шесть недель, а Фройнд так и не озаботился положением Рауля, и это стало того раздражать. Как и следовало ожидать, Густав Валленберг смотрел на вещи по-другому. Его воодушевило письмо Фройнда, которое, на его взгляд, показывало, что Рауль заблуждается относительно шефа. В письме глава банка сообщал свои впечатления о Рауле: он "очень умный и культурный", его поведение вызывает "симпатию и доброжелательность", он проявляет "живой интерес ко всем сферам культуры, экономики и политики" и отличается "выгодным образом от большинства своих сверстников". Радость и гордость деда не знали границ. "Лучшей и более убедительной характеристики, чем эта, ты никогда не мог бы получить, — писал он Раулю, посылая тому копию письма Фройнда. — Она будет иметь особую ценность, когда однажды ты приедешь домой и, вероятно, станешь искать себе место".

Если Густав Валленберг надеялся, что эти слова Фройнда заставят Рауля изменить мнение, он ошибся. Напротив, Рауль выразил сожаление, что письмо произвело такое впечатление на деда. Сам он находит его "достаточно неискренним". Они с Фройндом в сумме провели вместе часа четыре, и Рауль "не слишком доволен" тем, чему выучился в банке. Вопрос, вернется ли он туда после прохождения военной службы, оставался открытым.

"Еврейский национальный дом"

В письме Густаву Валленбергу Фройнд писал, что Рауль, кажется, уже вполне обжился в Палестине и у него, Фройнда, такое впечатление, что "его очень интересует эта страна со всеми ее разнообразными проблемами".

В пансионе, где жил Рауль, он общался с прибывшими евреями, которых он описывал как "очень приятных людей с большим чувством юмора". В какой-то момент одна девушка рассказала Раулю, что ее брата убили нацисты. Об этом случае она упомянула, как пишет Рауль, "мимоходом". "Вообще-то здесь очень мало говорят о прошлом, но почти исключительно — о будущем Палестины, в которое все твердо верят. И было бы жаль, если бы не верили, потому что Палестина — их дом и исполнение давней мечты", — сообщал Рауль деду, который в письме внуку еще раньше выразил восхищение энергией еврейских переселенцев. Рауль продолжал:

Здесь все время своего рода бум, сам себя вызывающий. Он выражается в том, что новые иммигранты все время привозят с собой растущие потребности, а для их удовлетворения необходимо постоянное возникновение и расширение фирм и компаний. До тех пор пока народ смотрит вперед с оптимизмом и верит в будущее страны, она стремительно разрастается, привлекая денежные потоки. Но, думаю, стоит только вере на мгновение ослабнуть, здесь разразится кризис, и он будет ужасен. Надежда Палестины в том, чтобы стать промышленным центром Ближнего Востока. И многие отрасли у них уже есть, но они служат в основном тому, чтобы всеми возможными способами удовлетворять спрос на внутреннем рынке, а экспорт еще не начался. Правда, они всегда могут рассчитывать на экспорт фруктов. Экономика покоится на довольно шатких основаниях, но евреи твердо убеждены, что все будет хорошо. Они ведь привыкли к страданиям куда худшим, чем экономический кризис, так что не заботятся и не думают о рисках, а к тому же у них нет выбора — селиться здесь или где-либо еще. Я никогда не знал, что так много евреев настолько глубоко и фанатично религиозны, как многие здесь. Палестина для них — нечто гораздо большее, чем просто убежище, она для них Земля обетованная, указанная Богом страна. Ведется колоссальная работа, чтобы сделать страну пригодной для земледелия, потому что воды слишком мало, а камня слишком много. До того как они пришли сюда, здесь было всего 800 тыс. арабов, а может, и того меньше, а они хотят довести здешнее еврейское население до 4 млн. Когда иностранец удивляется, как эта страна сможет прокормить такое количество народу, они рассказывают красивую притчу. Они говорят, что Палестина похожа на шкуру антилопы. Если шкуру снять с животного, она съеживается, уменьшается в размере, и удивляешься, как антилопа могла в ней помещаться. С Палестиной дело обстоит точно так же: пока Палестина заключает в себе еврейское население, она течет молоком и медом и может вмещать много народу, но, когда евреев в ней нет, ее ценность резко уменьшается, и даже малое арабское население с его малыми запросами не в состоянии в этой стране просуществовать.

Свои знания об экономических реалиях Палестины Рауль мог почерпнуть не только за обеденным столом в пансионе, но также и во время поездок по стране. Он посетил *The Levant Fair* в Тель-Авиве — международную торговую ярмарку, проходившую уже в четвертый раз начиная с 1929 года. Выставка "так, ничего особенного, но город приятный, архитектура получше, чем в Хайфе, а некоторые улицы обсажены деревьями", — сообщал он деду. Раулю очень хотелось съездить и в Иерусалим, но он откладывал поездку насколько возможно, так как интересные для него районы города были закрыты из-за беспорядков. К тому же в городе после семи вечера действовал комендантский час, который "должно быть, делает жизнь жутко скучной для всех, особенно для молодых, которые работают до семи и потом вынуждены идти домой и сидеть в своей комнате, не имея возможности сходить в кино или прогуляться. Своего рода трехмесячное пребывание в исправительном доме. Бедные евреи!" Когда Рауль наконец собрался поехать, повсюду на дороге из Тель-Авива он встречал военных, а такси мчалось с сумасшедшей скоростью — "видимо, для того, чтобы уменьшить риск попасть под обстрел". "Это было замечательно, — подытожил Рауль свои впечатления от Иерусалима, — но из-за плохой ситуации почти ничего не увидел".

До древнейших памятников еврейской культуры Рауль добраться не смог, но зато получил возможность ознакомиться с новейшими достижениями еврейских поселенцев в Палестине. Во время пасхальной поездки на Кинерет он с товарищами посетил "одну из новых социалистических еврейских колоний, расположенную там, где Иордан вытекает из озера" — кибуц. Во время турецкого владычества земледелие в Палестине неуклонно приходило в упадок, и большие земледельческие районы оказались заброшены. Эти земли скупали евреи, которых приезжали в Палестину по религиозным убеждениям или потому что надеялись превратить Ешув в идеальное социалистическое общество. Важным элементом такого общества были сельскохозяйственные объединения, в которых все работники получали одинаковое вознаграждение независимо от вклада в общий труд. Первый такой кибуц был создан в 1909 году. Одно из подобных социалистических хозяйств, на берегу Иордана, и посетил Рауль. То, что он увидел, произвело на него впечатление:

> Это заслуживает настоящего восхищения. Арабы редко продают свою необработанную и плохо возделанную землю евреям и, если уж такое случается, дерут с них как можно больше. Поэтому евреи прилагают все усилия, чтобы как можно эффективнее использовать хозяйство, чтобы урожаи были как можно лучше. Форма организации, как я уже сказал, — социалистическое, коллективное хозяйство. В основном там живет молодежь, они трудятся с неслыханной энергией в самых отвратительных климатических условиях, сотни жизней погубила малярия. Всевозможные фрукты и овощи растут хорошо, но с зерновыми, конечно, получается так себе.

Проблемы евреев были обусловлены далеко не только экономическими причинами. Переселение евреев в Палестину с самого начала натолкнулось на сильное противодействие с арабской стороны. "Здешние евреи боятся арабов, которые начинают просыпаться и мечтать об империи, — отмечал Рауль. — Бедные, им, видимо, надо навсегда смириться с положением меньшинства, куда бы они ни поехали". На самом деле пребывание Рауля в Палестине совпало с первым крупным арабским восстанием, возглавляемым настроенным резко антиеврейски Амином аль-Хусейни, великим муфтием Иерусалима и председателем Верховного арабского комитета. Восстание вспыхнуло в начале апреля 1936 года и было направлено как против британской власти, так и против еврейского населения. С 19 по 22 апреля в Яффе и Тель-Авиве было убито 16 евреев и 5 арабов.

Согласно письму Фройнда, восстание вскоре должно было закончиться, но из хорошо осведомленных источников Густаву Валленебргу стало известно, что "ситуация более рискованная, чем это представляется из газет, и можно опасаться взрыва". Уезжать ли Раулю из Палестины или нет, он, однако, оставляет на усмотрение внука. "Если ты чувствуешь, что будущее чревато риском, мой совет — уезжать. Но решай сам, естественно, принимая во внимание, какую ты теряешь выгоду от своего там пребывания". Если Рауль пожелал бы покинуть Палестину, важно, чтобы это не выглядело так, будто он "испугался и хочет покинуть поле боя".

План сообразуется с обстоятельствами

Рауль отвечает деду, сидя в кафе в Хайфе, в которой все еще "довольно мирно". ("Время от времени слышались взрывы, по крайней мере их слышали мои еврейские друзья — думаю, у них, бедных, нервы никуда не годятся", — вспоминал он об этом времени через пару лет). Однако, если избегать арабских кварталов, ходить по улицам не опасно: "Было несколько попыток бросить бомбу, но результат ничтожный. Обычно бомбы взрываются слишком рано, убивая того, кто пытался совершить покушение". Поскольку между строк дедушкиного письма он заметил беспокойство, он заверяет, что, как только восстание началось, принял решение немедленно уезжать "если того потребует ситуация, то есть не спрашивая предварительного разрешения".

Оттенок строптивости в интонации второй части предложения — "то есть не спрашивая предварительного разрешения" — отражал растущее сопротивление авторитету Густава Валленберга, проявляемому Раулем за последний год. Различия во мнениях, приведшие к "вспышке" со стороны Рауля во время его приезда в Ниццу в феврале, еще более резко проявились в июне — июле. Рауль недоволен планом обучения, составленным дедом, находя его чересчур негибким. Ему надоело работать практикантом без жалованья, он хочет найти настоящую работу.

Вы едва ли могли не обратить внимание на некоторые опасения, высказывавшиеся в моих письмах в течение этого года и обоснованные тем, что, хотя я полагал, что теперешний план моего обучения, полностью разработанный Вами, действительно умело и логично ведет к той цели, которую Вы поставили, к заграничному банку, он при этом недостаточно служит цели дать мне возможность в скором будущем зарабатывать деньги. Работа в течение нескольких лет в в торговом агентстве и банковских филиалах за границей действительно дает полезный навык, отвечающий поставленной Вами цели, но не обеспечивает соответствующих квалификаций для того, чтобы сразу же занять хорошо оплачиваемый пост.

Из-за постоянных жалоб Рауля на недостаточную гибкость плана Густав Валленберг идет на частичные уступки. Он, правда, полагает, что лучше было бы "остаться за границей" и после прохождения военных сборов. Но, если Рауль решит перебраться в Швецию, дед поможет ему завязать кон-

Рауль со своими друзьями в Хайфе.

такты с высококвалифицированными людьми. Однако это, уточняет он, еще не "окончательная программа", и, если у Рауля есть лучшее предложение, дед открыт для него. Одновременно он поясняет: если Рауль выберет Швецию, Густав считает свою "миссию" в отношении его образования оконченной, если же Рауль останется за границей, дед будет продолжать оплачивать его расходы.

Сознавая, что Рауль уже не готов слепо следовать его инструкциям и более всего хочет навсегда вернуться в Швецию, Густав Валленберг имел на вооружении лишь один последний аргумент: девушки и проблемы, связанные с ними.

Единственное, чего я боюсь в связи с твоим приездом домой, — это девушки, не девушки на улице, а девушки в салонах. Связывать себя неразумно. […] Ничто так не связывает молодого человека по рукам и ногам, как работа, пока он беден. Нужно прежде всего обрести независимое положение, годовой доход в 20 тыс. и возможность содержать двух служанок. Иначе тебе нечего будет предложить своей супруге, кроме как самой превратиться в служанку, а это в конце концов неудовлетворительно.

Желание Густава Валленберга "сообразовывать план с обстоятельствами" обрадовало Рауля. Он объявляет, что на этих условиях "готов сотрудничать" и пойти навстречу пожеланиям дедушки в большей степени, чем собирался. "Не хочу скрывать, — пишет он, — в последние месяцы я стал думать, что ради того, чтобы меня услышали, нужно кричать "волки!" громче, чем вынуждают реальные волки". Что касается беспокойства дедушки по поводу желания Рауля найти оплачиваемую работу "лишь для того, чтобы была возможность тут же" жениться, он сообщает, что прежде всего им движет сильное желание заработать деньги, "желательно много денег": "Супругу, конечно, я тоже хочу, но, думаю, пока на первое место я ставлю деньги".

Не нахожу в себе особой склонности к банку

Рауль прежде всего хотел оплачиваемой работы на длительный срок, а не "лишь ради получения знаний". Кроме того, к этому моменту он пришел к мысли, что работа в банке, по всей видимости, не его конек. После Хайфы он увидел банк как "своего рода идеализированный ломбард", требующий механической рутинной работы. В банке не требуется такого ума или самостоятельности мышления, как в архитектурной фирме или торговом агентстве. Склонность Рауля к архитектуре, которая интересовала его всю жизнь, была очевидна, но вполне возможно, что он "вовсе не так уж и подходит для банковской деятельности", признавался он деду. Как по образованию, так и по характеру он сильно отличается от своих родственников:

Сказать по правде, я не нахожу в себе особой склонности к работе в банке. В директоре банка должно быть что-то от судьи, какая-то невозмутимость, и к тому же он должен быть холодным и циничным. Типичные примеры — Фройнд и Якоб В[алленберг], а я чувствую, что до такой степени не похож на них, что дальше некуда. Думаю, по характеру я более склонен действовать позитивно, чем сидеть за столом и отказывать людям.

Домой!

После пяти с половиной месяцев в Хайфе Рауль собрался домой, в Швецию. "Моя мать уже много раз писала мне, что жаждет видеть меня дома", — сообщал он деду. И далее:

Я склоняюсь к тому, чтобы оставаться за границей до тех пор, пока так определенно лучше и пока это в самом деле дает мне дополнительные знания, которые невозможно приобрести дома, то есть пока это способствует реализации наших планов. Но я настаиваю, что мне нужно больше знать о том, что происходит дома. С другой стороны, я признаю, что Вы правы: хорошо, что скрываешь свои ошибки и недостатки за границей. Но скрытыми остаются и потенциальные способности, и, когда человек наконец приедет домой, его могут встретить скептически.

Польское судно "Полония" покинуло Хайфу 18 августа и через пять дней вошло в гавань Стамбула. В течение полусуток, которые Рауль провел с дедом, дискуссии о его будущем продолжались в том же духе, что и прежде. К этому моменту Густав Валленберг смирился с мыслью, что после своей военной переподготовки Рауль хочет остаться в Швеции, и его пожелание теперь сводилось к тому, что Раулю не следует рассматривать работу в Хайфе как окончательно завершенную. "Пусть это, — считал Густав Валленберг, — будет резервным вариантом, к которому можно вернуться в случае, если будущие попытки немедленно найти место окажутся неудачными". Продолжение практики в банке у Фройнда, таким образом, переставало быть частью плана, становясь "резервным планом", дорогой к бегству, если в Швеции дела Рауля пойдут плохо.

Вечером того же дня, 23 августа, "Полония" с Раулем на борту вышла в путь вдоль побережья Черного моря в направлении румынского порта Констанца. Оттуда Рауль поехал дальше на "ужасно переполненном иммигрантами поезде" через Львов в Варшаву. Польша произвела на него смешанное впечатление. Страна выглядит "изобильной и красивой", но из окна купе видно, что в ней "очень мало дорог или других доказательств прогресса и богатства в провинции". После Варшавы был Берлин. Во время остановки там Рауль использовал момент, чтобы заехать к "любимой кузине" Май Ниссер, годом раньше вышедшей замуж за графа Энцо фон Плауэна и жившей в замке Визенбург, в 80 км от столицы. Поездка по Германии происходила через несколько недель после летней Олимпиады в Берлине. Увиденное произвело на Рауля впечатление: "Сама по себе нацистская Германия тоже произвела хорошее впечатление, и те, с кем довелось поговорить, кроме евреев, утверждали, что вполне довольны".

Конец эпохи

Рауль прибыл в Стокгольм в первых числах сентября. Он не был дома около года, и встреча была радостной. Мать за это время купила машину и научилась водить, поскольку родители собирались переезжать во вновь построенную виллу, а с транспортом там было плохо. Ги и Нина так выросли, что по росту почти догнали его самого[7].

Через неделю после возвращения Рауль выехал на 25-дневные военные сборы в составе королевской лейб-гвардии. Он был в распоряжении командира роты, что, как он предполагал, было "неплохо, поскольку, наверное, менее тяжело, чем в войсках". Сборы закончились 6 октября. Как писала мать Рауля, служба ему нравилась, и отзывы о нем были прекрасные.

Решение Рауля не возвращаться в Хайфу была санкционировано Густавом Валленбергом как раз в день отъезда внука на сборы, 10 сентября. Политические волнения в Палестине "внесли корректировку" в его точку зрения, и он уже не "испытывал горячего желания" отправить Рауля обратно.

Теперь Рауль был озабочен тем, чтобы как можно скорее начать новую жизнь. В первую же неделю в Стокгольме, еще до сборов, он успел повидаться с "большинством членов семейства" Валленбергов, и они оказались "очень любезными". Из родственников чаще всех в письмах дедушке он упоминает "дядю Кнута", который "спросил без обиняков", нет ли у него "намерения прийти работать в банк". Как подчеркивал Рауль, вопрос был поднят не им самим, и, когда он отвечал уклончиво, Кнут Валленберг дал понять, что Рауль со временем займет место "на самом верху".

Густав Валленберг горячо советовал Раулю посетить в Стокгольме еще одного родственника, Фредрика. Его покойная жена Ингеборг была сестрой Густава. Фредрик Валленберг большую часть жизни провел за границей, в том числе как журналист лондонской газеты "Дейли Мейл", и теперь, по возвращении в Швецию, служил для Густава Валленберга главным источником информации о жизни семейства. Хотя Фредрик почти ослеп, он был отлично информирован и писал длинные и подробные — но никогда не злые — отчеты об обстоятельствах того или иного члена семьи. Он человек "одаренный, в высшей степени знающий и с удовольствием обо всем расскажет", писал дед, и поэтому для Рауля "должна быть особенно привлекательна возможность встречи с ним".

Рауль это охотно сделал, и впечатление, произведенное им на Фредрика Валленберга, было исключительно благоприятным, о чем говорят следующие слова в письме Фредерика Густаву Валленбергу: "В прошлое воскресенье они с матерью приезжали сюда, и неудивительно, что ты доволен своим внуком. Будет очень интересно познакомиться с ним еще ближе, потому что даже от совершенно посторонних людей из Америки и Южной Африки я довольно много слышал о нем…"

Другая родственница, на которую Рауль произвел хорошее впечатление, — Анна Рютцель, внебрачная, но признанная официально дочь Андре Оскара, то есть сводная сестра Густава Валленберга. В письме брату она отметила разницу в характере между Раулем и его родственниками, которую и сам он ясно сознавал, чувствуя себя "до такой степени непохожим на них":

> Рауль сразу же приехал меня навестить. Я и всегда думала,
> что он очень приятный, веселый и интересный. В противоположность другим Валленбергам, он человек открытый
> и прямодушный и нисколько не стесняется и не робеет. Он
> прямо высказывает свое мнение и беседует с необыкновенной легкостью. [...] Надеюсь, у меня будет возможность
> видеться с Раулем как можно чаще. Я немедленно позвонила Май по телефону и сказала ей, что Рауль для меня
> всегда желанный гость, и на обеде, и на ужине, когда у него
> есть время. У Рауля сейчас военные сборы, так что пока он
> крайне занят, но через недельку служба закончится, и тогда посмотрим, чем он займется. Что касается меня, я бы
> очень желала, чтобы он остался в Стокгольме, и этого ведь
> очень хочет и Май, что совершенно естественно. Тогда
> он будет много времени проводить со своими кузенами,
> а они все приятные люди, и немножко семейной жизни
> пойдет Раулю на пользу. Думаю, он сам сейчас хочет какое-то время побыть дома.

В ожидании деда

Дедушка Густав должен был приехать в Стокгольм сразу после
окончания военной службы Рауля, чтобы, как он выразился,
послужить "режиссером" карьеры внука в Стокгольме. Рауль
"очень интересуется, когда Вы приедете домой, он звонил
и спрашивал об этом много раз", в середине октября писала
Густаву Валленбергу его секретарь в Стокгольме Ханна Вернбергер. Но дед плохо себя чувствовал и вместо того, чтобы
ехать в Стокгольм, в конце октября отправился в Ниццу для
поправки здоровья.

Рауль жаждал встретиться с дедом, обещавшим помочь завязать контакты с "высококвалифицированными людьми" в Стокгольме. Однако возможный успех зависел целиком и полностью от самого Рауля, Густав Валленберг мог бы лишь "открыть нужные двери".

До прибытия деда Рауль опасался предпринимать самостоятельные шаги. Правда, он "чуть-чуть" поговорил со своим бывшим шефом Карлом Фрюкбергом, приезжавшим в Стокгольм, — тот хотел его возвращения в Южную Африку. Но первое время после окончания военных сборов он, по его словам, "разгуливал, ничего особо не делая, чтобы не опережать дедушку". Однако, так как Густав Валленберг все еще находился в Ницце, Рауль был вынужден начать продумывать альтернативную стратегию: "Поскольку мне представляется невозможным висеть на шее у отчима и я не хочу жить за счет своего капитала, а также, в согласии с дедушкиным письмом из Стамбула, принимаю помощь от него только в том случае, если остаюсь за границей, возникает необходимость найти работу", — писал он 22 октября.

Рауль стал искать работу и получил ряд предложений, но ничего, что бы он счел привлекательным. "С большим нетерпением ожидаю инструкций от Вас и очень надеюсь на Ваше скорейшее выздоровление", — писал он 10 октября. Но дед чувствовал себя плохо. Он оставался в Ницце и никаких инструкций не слал.

Подходящей работы Рауль не нашел, но в октябре состоялся его литературный дебют: в журнале о путешествиях был напечатан его репортаж "Южноафриканские впечатления". Сначала, когда Туре Феврель предложил Раулю "написать статью о Южной Африке", тот засомневался. "Не понимаю людей, которые приезжают в какую-то страну и после недельного там пребывания пишут о ней самые удивительные истории, нашпигованные самыми проницательными наблюдениями и выводами, — иронизировал он в письме к тете Карин. — Сесть и наваять "Некоторые впечатления из Южной Африки" — это, мне кажется, вряд ли возможно". Но оказалось, что возможно, и публикация, надо думать, очень кстати усилила веру Рауля в себя.

Будущее Рауля (IV)

Бездействие и затянувшееся ожидание дедушки, состояние здоровья которого продолжало беспокоить и его самого, и всех родных, мучили Рауля. Поэтому в середине ноября было принято решение, что сестра Густава Валленберга Лилли Крафорд съездит в Ниццу. В сопровождающие она взяла Рауля. 18 ноября они отправились во Французскую Ривьеру.

"С дедушкой, насколько я вижу, все обстоит очень хорошо, и я думаю, что у нас нет причин для беспокойства", — сообщал Рауль тете Карин после приезда в Ниццу:

> Когда мы прибыли, он был на вокзале. Конечно, он выглядел более худым, чем обычно, но никак не скажешь, что он похудел на 13 кг. […] В остальном он ведет себя нормально, и непохоже, чтобы он находился в угнетенном состоянии духа. Он не просиживает до четырех утра и выглядит активнее, чем можно было бы ожидать после столь долгой диеты.

Хорошему самочувствию Густава Валленберга способствовало и то, что к нему приехала Лилли, а не его разговорчивая супруга. "Она такая нервная, а это мне совершенно некстати", — говорил он своей секретарше в Стамбуле Фине Юхансон.

В Ницце в это время находились и супруги Кнут и Алис Валленберги, вот уже 30 лет проводившие там осень. Они взяли с собой дочь Маркуса-старшего Гертруду, которая была замужем за австрийским графом Фердинандом Арко ауф

Директор семейного банка Маркус Валленберг.
Фотография публикуется впервые.

Валлей и проживала в Сан-Мартине в австрийском Тироле.
Они остановились в "Ривьера-Палас", а Лилли и Рауль —
в "Гранд-отеле".

Для Маркуса и его сыновей не было секретом, что Кнут
настроен к Раулю благожелательно и полагает, что тот со временем займет место "на самом верху", если решит делать карьеру в банке. Так что поездка Рауля на Ривьеру вызвала у них
немедленную лихорадочную активность. Чтобы быть в курсе
тамошних разговоров, Маркус попросил свою дочь Гертруду
принять на себя роль осведомителя. Он писал ей: "Было бы
интересно узнать *sans bruit* [без шума], выдавил ли дядя Густав

у дяди Кнута какое-нибудь полуобещание, что Рауль получит место в банке. Я знаю, что мама Рауля ранее обращалась к дяде Кнута с этой целью". Маркус и его сыновья не хотели видеть Рауля в *Enskilda Banken* и опасались, что Густав уговорит Кнута и тот тайком, у них за спиной, возьмет Рауля в банк. Тема, начатая еще в 1935 году, по-прежнему была актуальна.

Гертруда согласилась. Она никогда раньше не видела Рауля, и, когда представился случай с ним познакомиться, Рауль произвел на нее "очень еврейское впечатление", сообщала она отцу. Ее вывод носил отчетливо антисемитский характер:

> Я полагаю, что тогда уж нужно сразу отдать ему и Нахман-сонам управление банком. К тому же не знала, что дядя Кнут уполномочен решать такие вопросы в банке, и также не знала, что банк у нас семейное благотворительное учреждение!!

Если учесть, что на руководящих постах в банке у Маркуса-старшего работало несколько евреев, в том числе братья Аугуст и Юсеф Нахмансоны, такие формулировки, должно быть, показались ему неудобоваримыми.

Следующее донесение последовало через неделю, уже после отъезда Рауля из Ниццы. Как-то во время ланча с Лилли Крафорд Гертруда поинтересовалась "этим Раулем — уехал ли он и чем занимается". Ответ Лилли, который Гертруда тут же передала отцу, должно быть, успокоил его: "В присутствии Кнута и Алис тетя Лилли тогда ответила, что Рауль хочет стать только архитектором, но около года назад дядя Густав устроил его на работу в один банк, однако там он чувствовал себя несчастным и сам говорит, что ни за что не хочет быть банкиром"[8].

Рауль тем самым подтвердил, что не стремится получить место в семейном банке. Маркус и его сыновья могли вздохнуть с облегчением. О том, что в течение этих недель

Якоб и Маркус Валленберг-младший (Додде) в конторе
Enskilda Banken, 1936 год.

они очень нервничали, свидетельствует не только шпионское задание Гертруды. Одновременно Маркус написал письмо Раулю с предложением заняться "небольшой шведской компанией", которую он, Маркус, думает создать для изготовления застежек-молний по новому немецкому патенту. Если Рауля интересует это предложение, пусть он по дороге из Ниццы домой встретится с директором Аугустом Нахмансоном (!) в Нойштадте в Бадене, где есть фабрика по изготовлению таких молний. Письмо было отправлено из Стокгольма 23 ноября и пришло в Ниццу через несколько дней после приезда туда Рауля. То, что предложение последовало именно в этот момент, естественно, не было случайностью. Это была сознательная попытка со стороны Маркуса отвлечь мысли Рауля от возможной карьеры в семейном банке.

Между архитектурой и бизнесом

Весь следующий месяц после возвращения домой Рауль был занят тем, что выяснял возможности создания предприятия по изготовлению молний. Рынком сбыта должна была послужить Скандинавия. Ему нравилось работать, нравилось быть в деятельном состоянии. "Рауль сейчас так счастлив, у него полно работы, для него интересной", — сообщала мать своим свекру и свекрови на Рождество 1936 года. Он "рассылает письма по всему миру" и опрашивает разных потребителей на предмет их возможного интереса к предлагаемым застежкам-молниям.

"Если бы запустить это производство, я нашел бы себе хорошо оплачиваемое место, но минус в том, что я связал бы себя с компанией, которая, возможно, не оказалась бы успешной, — писал он деду. — Поэтому я взвешу все с исключительной осторожностью, прежде чем принять решение". Хотя проект с молниями мог бы обеспечить хорошо оплачиваемую должность, похоже, Рауль так и не смог действительно заинтересовать им потенциальных участников: судя по всему, усилия пропали даром.

Как же тогда он представлял свое будущее? Мысли о банковской карьере он оставил раз и навсегда. Архитектор? Раулю хватало ума, чтобы понять, что у 24-летнего мальчишки с иностранным дипломом шансы найти работу архитектора в Швеции периода экономической депрессии минимальны. К тому же его американский диплом не признавался автоматически в Швеции. Но сердце его склонялось именно к архитектуре, и идеалом он видел совмещение этой его страсти с каким-то бизнесом. Во время пребывания в Ницце, прежде чем принять решение о будущем, Рауль написал своему старому учителю Эмилю Лорху в Энн-Арборе, прося совета. Он, правда, получил несколько "очень неплохих предложений о работе", но все эти вакансии находятся в "самых отдаленных местах" вроде Южной Америки, Южной Африки и Ирана. Ему же самому хочется в Америку, и больше всего он желает найти применение своему архитектурному образованию:

Мне жаль отвернуться от архитектуры после всего доброго, что она мне давала. Я верю, что строительству в Америке в перспективе суждено бурное развитие в ближайшие годы, и мне бы хотелось внести свой вклад в предстоящие великие дела. Пожалуйста, скажите мне, думаете ли Вы, что теперешняя ситуация такова, что у меня был бы шанс найти оплачиваемую работу проектировщика в Нью-Йорке или Детройте. Помимо образования в вашем университете у меня был небольшой опыт архитектурной работы — всего лишь проект купальни, некоторые иллюстрации к которому я Вам послал. Но у меня была хорошая практика в сфере бизнеса, и она могла бы быть полезной кому-то, кто взял бы меня в свою фирму. В Южной Африке я достаточно успешно занимался продажами и организационными вопросами. Мы внедрили там много новых шведских товаров, и при этом было чрезвычайно важно, что переговоры велись дипломатично, убедительно и быстро. Ответственность за них возложили на меня, и это была хорошая школа. Может быть, Вы знаете кого-то, кому нужен человек с образованием между архитектурой и бизнесом? Мне так хочется снова приехать в Америку, что я бы приехал и на худших условиях, чем твердое предложение работы.

К осени 1936 года Рауль, видимо, уже осознал, в чем его сила как профессионала и чему он хочет себя посвятить. Он хороший бизнесмен и организатор, а также умеет дипломатично, убедительно и быстро вести переговоры. Эти качества Рауль хотел совместить со своими знаниями в области архитектуры. То, что формулировки в письме к Лорху были неслучайны, подтверждается тем, что они слово в слово повторяются в написанном тогда же письме деду. В нем Рауль тоже говорит об "области возможной работы... между архитектурой и бизнесом".

В благодарной памяти

Густав Валленберг по-прежнему был болен и оставался в Ницце. Перед самым Рождеством его сестра Лилли сообщила, что с помощью Рауля собирается построить лифт, чтобы Густав мог навестить ее по приезде в Стокгольм. У него были проблемы с почками и печенью, он весь пожелтел, похудел, потерял аппетит, но, по советам доктора, заставлял себя есть как можно больше. "Вы, Фина, можете себе представить, до какой степени я болен, — писал он секретарше, — если я, заядлый курильщик — вообще-то я выкуриваю по пять сигар в день, — целый месяц не мог заставить себя выкурить ни одной".

Густав Валленберг не доверял французским врачам. Когда в Ниццу 8 февраля прибыл король Густав V, он попросил у того разрешения получить консультацию у его личного врача Яльмара Кассермана. После тщательного осмотра доктор посоветовал ему немедленно ехать домой и пройти обследование. "Я ведь не хотел ехать домой, пока хоть в какой-то степени не восстановлюсь, потому что стеснялся появиться дома среди братьев и сестер совсем исхудавшим и больным, но в связи с предписанием Кассермана делать было нечего", — писал он Фине Юхансон 13 февраля. На следующий день они с супругой, которая несмотря ни на что все же к Рождеству приехала к нему, сели на берлинский поезд, намереваясь из Берлина ехать далее в Стокгольм.

Дом в Кевинге, настоящее время.

Пребывание Густава Валленберга на родине оказалось непродолжительным. 21 марта он умер в больнице Красного Креста в Стокгольме. Болезнью, оборвавшей жизнь дедушки Рауля в возрасте 74 лет, оказался рак почек. В качестве причин, ускоривших кончину, свидетельство о смерти называет воспаление легких и хронический миокардит.

Единственными скорбящими, кого некролог называл по имени, оказались супруга Анни и дочери Карин и Нита с супругами. Рауль, может быть, скорбевший более всех, упомянут не был, лишь подразумевался под словом "внуки".

Погребение Густава Валленберга состоялось в Чистый четверг, 25 марта, в церкви, где его крестили 74 года назад. Среди пришедших на похороны были помимо родных представители дипкорпуса и шведского Министерства иностранных дел, в том числе Иван Даниэльсон, чьей судьбе несколькими годами позже предстояло переплестись с судьбой Рауля. Присутствовал также Свен Гедин. Соболезнования пришли от короля и нескольких других представителей королевского дома. Оркестр военно-морского флота играл траурный марш Шопена, пастор Густав Брандт произнес речь, в которой подчеркнул "ясный, верный долгу и любви к родине образ мыслей" покойного, который надолго сохранится в благодарной памяти как в Швеции, так и за ее пределами.

Прах Густава Валленберга был препровожден в Мальмвик, на остров Лувён — в семейную усыпальницу Валленбергов, где с 1912 года покоился его сын.

Желание узнать об отце

Густава Валленберга уже не было в живых, и Рауль остался и без отца, и без деда — без двух мужчин, служивших для него образцами. С одним из них он в общей сложности виделся всего несколько месяцев, с другим — никогда.

Что знал Рауль о своем отце, сыне Густава Валленберга? Основную информацию он почерпнул от матери, которая в ранних письмах свекру рассказывает о детском любопытстве Рауля в отношении отца. Неизвестно, что и сколько она рассказала ему, когда он вырос. Ведь она сама знала Рауля-старшего недолго, всего пару лет. Однако очевидно, что умерший отец виделся Раулю почти недостижимым идеалом.

Отец совершенно отсутствует в обширной переписке Густава Валленберга и Рауля, и тому есть естественное объяснение: дед просто-напросто не очень хорошо знал своего сына. "Благодарю за письмо от 13-го, — писал Рауль Густаву Валленбергу из Хайфы в июле 1936 года, ссылаясь на несохранившееся письмо. — Когда я прочитал первую фразу, мне сразу захотелось узнать у Вас что-то о моем папе. Лучше

всего в виде письма, чтобы я мог всегда иметь его при себе. Наполовину бессознательно я всегда ощущал себя намного ниже его. На фотографиях он выглядит таким прекрасным и честным и готовым жертвовать собой; я чувствую себя негодной заменой ему".

То, что в переписке деда и внука именно в тот момент возникла ранее избегавшаяся тема отца, вероятно, объясняется тем, что Густав Валленберг уже понял, что жить ему осталось недолго. Когда Рауль попросил сообщить ему побольше об отце, дед ухватился за его слова, но переадресовал задачу своей родственнице. 14 сентября в длинном письме сводной сестре Анне Рютцель он попросил ее "рассказать [Раулю] как можно больше о его отце" и о семействе в целом. Это примечательное письмо, написанное отцом и дедом, посвятившим полстолетия своей жизни воспитанию двух мальчиков, с которыми он был знаком почти исключительно по переписке:

Ты знала его лучше остальных. Намного лучше, чем я сам, проведший основную часть периода его взросления в Восточной Азии. А когда мальчики — курсанты военно-морского училища, их ведь вообще видишь не так уж много. Как раз в те годы, когда он был юным офицером в Стокгольме, у тебя было так много возможностей встречаться с ним, а у меня — лишь совсем ненадолго, во время моих редких приездов в Стокгольм. Поэтому ты, должно быть, можешь рассказать много такого, что будет в высшей степени интересно его сыну. У того совсем другой склад характера. Отец был натурой артистической. Младший Рауль — практик и с большой легкостью общается с людьми. Его очень хвалят за способность вести переговоры. Рауль

Густав Валленберг в Ницце зимой 1936–1937 годов.

Анну Рютцель (1858–1944) ее братья и родные одного с ней возраста
называли Зеллан или Сэллан, а младшее поколение — тетей Зэлен.
Она часто подписывала свои письма рисунком тюленя, по-шведски
"сэл". Она и ее брат Нильс (1860–1902) появились на свет
в результате связи Андре Оскара Валленберга с Марией Лувисой
Андерссон, старшей сестрой его покойной первой жены Вильхельмины
(Мины). Анна и Нильс носили фамилию матери — Рютцель, но считались
членами семьи и воспитывались в доме клана Валленбергов.

восхищается матерью и имеет для этого все основания, ибо Май — прекрасная женщина. Я желаю, чтобы ты предоставила [Раулю] все возможные сведения о нашей семье и, конечно, в первую очередь о его отце. […] Я хочу, чтобы Рауль понял всю ценность принадлежности к семейству Валленбергов. Опиши его [Рауля-старшего] всесторонний интерес к своей стране, гораздо более заметный, чем зарабатывание денег, которое в целом было для него чем-то второстепенным.

В письме есть также портрет внука, как дед его видел:

Ты получишь удовольствие от общения с Раулем. Его искрящиеся глаза и живой характер в сочетании с неплохим слогом и довольно глубокой начитанностью делают его хорошим собеседником. И если ты будешь говорить четко на данную тему, то есть о деятельности нашей семьи и о чертах характера ее членов, увидишь, вопросы посыплются градом. Рауль восхищается семьей своей матери. Но его отношение вызвано скорее очарованием этих людей, чем достигнутым ими. Мы, Валленберги, конечно, люди совсем другого сорта. […]

Анна с радостью согласилась исполнить поручение: Рауль такой "открытый и прямодушный и нисколько не стесняется и не робеет… и он беседует с необыкновенной легкостью… так что мне не будет сколько-нибудь трудно говорить о его отце, которого я знала так хорошо…".

В письме Густава Валленберга сын характеризуется как "артистическая натура", в то время как внук назван "практиком". Анализ кажется неожиданно однобоким, особенно в устах человека, вполне осознававшего страстный интерес Рауля к архитектуре и изобразительному искусству. На самом деле Рауль обладал и талантом художника, и талантом бизнесмена. Вопрос был только в том, как наилучшим образом их совместить. Ведь он хотел работать, и он хотел зарабатывать деньги. Одну такую возможность, как мы видели, он представил себе в пограничной зоне между архитектурой и бизнесом. Мечте о деятельности, сочетающей его творческий талант с практическим, суждено было осуществиться. Но лишь годы спустя и совсем в другой области.

Интерлюдия

Густав Валленберг оставил после своей смерти большое и практически не отягощенное долгами наследство примерно в один миллион крон — на сегодняшние деньги почти в 30 раз больше. Основная часть капитала была помещена в акциях *Enskilda Banken*, а также в разных компаниях, контролируемых семейством Валленбергов. Супруга Анни унаследовала 75% наследства, а дочери Нита и Карин и внук Рауль разделили между собою оставшееся. Ните компенсировалось, кроме того, 40 тыс. крон — деньги, которые ее отец вложил в образование Рауля[9].

Доля Рауля в наследстве должна была, таким образом, составить минимум 70 тыс. крон, что сегодня соответствует примерно 2 млн. Он унаследовал также мебель и часть винного погреба дедушки, который оценивался в 2 тыс. крон. (Дед в течение всех лет, проведенных за границей, заботился о пополнении своей стокгольмской винной коллекции.)

Хотя наследство дало Раулю определенную экономическую свободу, из-за кончины деда он оказался в ситуации, справиться с которой было не так легко. Если раньше он чувствовал себя обязанным действовать в соответствии с инструкциями Густава Валленберга, теперь он был полностью свободен — и вынужден — принимать собственные решения. Совершенно естественно, что за советом и руководством он в первую очередь обратился к членам семьи, которая не только владела *Enskilda Banken* и контролировала многие крупные шведские компании, но и располагала широкой сетью контактов в мире бизнеса.

Рауль мечтал о приличной работе и хороших доходах, и в голове у него было полно идей и планов. Рольф аф Клинтберг, лишь время от времени видевшийся с Раулем после его возвращения домой из-за границы, вспоминает, что "когда тот появлялся, это было как если бы через комнату пролетел вихрь новых идей и дерзких, иногда ошеломляющих инициатив". Поскольку Рауль пять лет провел за границей, он оказался как бы в противофазе со своим поколением, и в Швеции среди его сверстников не было товарищей по учебе и работе. Эта отчужденность в сочетании с экономической депрессией 1930-х также объясняет его зависимость от семьи при поиске интересного и приносящего доход занятия.

Уже через неделю после кончины деда Рауль посетил Маркуса-старшего, но о чем они говорили — неизвестно. В сентябре и октябре он несколько раз приходил к Якобу Валленбергу. С ним у Рауля был налажен самый тесный контакт. К нему, согласно одному свидетельству, Рауль относился почти как к "идолу"[10]. На то было несколько причин. Во-первых, из двух братьев именно с Якобом состоял в близких отношениях отец Рауля (разница в возрасте между ними была всего лишь четыре года, и оба были морскими офицерами). Во-вторых, Якоб был крестным отцом Рауля. В-третьих, он не был женат и не имел детей (по крайней мере официально). К тому же именно Якоб сразу после выпускных экзаменов в гимназии в первый раз устроил Рауля в банк.

Во время встреч с Якобом они, в частности, обсуждали возможную работу Рауля по поручению Международной спичечной корпорации, заинтересованной в деловых контактах с Турцией. Рауль предложил свои услуги и заявил о желании предоставить собственные и дедовские связи в распоряжение компании. Дело представляет для него большой интерес, писал он: "Я знаком со странами Леванта по своим поездкам в Турцию и по работе в Хайфе в *Holland Bank Union*. Конечно, утверждение Рауля о его знакомстве со страной — легкое (хотя и объяснимое) преувеличение: он всего несколько раз недолго бывал в Турции, причем во время первого визита ему было 14 лет. Но это показывает, как важно для него было получить работу, пусть и незначительную. Однако его услугами так и не воспользовались.

Затем Раулю, как и в случае с патентом на застежки-молнии, вновь предложили заняться изучением рынка. На этот раз речь шла о новом методе изготовления стали по так называемой технике Соро, предложенной швейцарской фирмой "Эдерлин". Рауль поехал в Швейцарию для изучения предпосылок сотрудничества этой компании с *Enskilda Banken* и затем представил положительный отчет, но банк отказался от сотрудничества. Позже Рауль занимался изучением рынка для одной кофейной фирмы. Эта работа вызвала у него оптимизм, тем более что Якоб посулил новые поручения в будущем.

Какие поручения имел в виду Якоб, неизвестно, но в дальнейшем он ничего конкретного не предложил. В начале февраля 1939 года Якоб повторил обещание и призвал Рауля проявлять терпение. В ожидании поручений шли дискуссии о возможном назначении в Индию для Шведской спичечной компании. Но Рауль в конце концов сам отказался, так как "предпочел бы работу в Европе или Америке, чем в колониях, независимо от типа работы".

Вышеприведенная цитата взята из письма, написанного Раулем Якобу Валленбергу 27 апреля. В этом письме ясно проступают признаки начинающегося уныния по поводу отсутствия осмысленного занятия:

Слоняться вот так в ожидании довольно-таки тоскливо. Я был бы тебе благодарен, если бы ты пожелал сообщить мне, советуешь ли ты, как в начале февраля, продолжать ожидать ту работу, которую ты имеешь в виду, или условия таковы, что ты скорее советовал бы мне попытаться найти работу самостоятельно. В первом случае мне бы хотелось знать, не можешь ли ты что-то предложить на это время.

"На это время" Якоб засадил Рауля за еще одно задание по изучению рынка. Теперь дело было связано с его профессией архитектора. У Валленбергов были земельные интересы в отношении земли Хювудста под Стокгольмом, которую предполагалось пустить под жилищную застройку. Рауль работал над проектом два с половиной месяца, но ничего не вышло: в сентябре 1939 года началась война, и проект отложили на будущее. Действительно, политическая ситуация и положение на рынке труда изменились в мгновение ока. Вместе с тем, пояснял Якоб, война может принести с собой "ряд проблем", для решения которых ему могли бы понадобиться услуги Рауля. Однако Рауль отнесся скептически к новым заданиям вроде тех, что ему давались до сих пор, и спросил Якоба без обиняков, нельзя ли ему получить постоянную работу. Якоб пообещал это обдумать. Поскольку он так ничего и не предложил, Рауль стал настаивать на ответе: "Я был бы благодарен, если бы ты сообщил мне, что решил".

Предложения о постоянной работе так и не последовало. Почему? Действительно ли так уж невозможно было подыскать Раулю приличную работу в рамках империи Валленбергов? Конечно, возможности были. Сомневались ли в его способностях? Или на его шансах отрицательно сказалась его пресловутая слабость — "красноречивость"? Как мы помним, во время разговора в Каннах в декабре 1933 года Маркус-старший сказал Густаву, что было бы хорошо, если бы Рауль "обуздал свою красноречивость", и что брату стоит при случае "сделать ему

предупреждение". Или "новые идеи и дерзкие, иногда оше-
ломляющие инициативы" Рауля (пользуясь формулировкой
Рольфа аф Клинтберга) пугали Якоба — человека, имевшего
в своем характере, как писал Рауль, "что-то от судьи", "холодного и циничного" и очень непохожего на Рауля? Может быть,
Рауль с его фантазиями и нестандартными идеями казался
белой вороной в мире Якоба и Додде? Рольф аф Клинтберг
называл его "мечтателем", и то же слово употреблял другой
человек, вращавшийся в тех же кругах, — Густав фон Платен.
Короче говоря, не был ли Рауль слишком чуждой фигурой для
представлений о бизнесе, царивших в семье?

А может быть, Раулю помешала его близость к деду?
Нельзя не провести параллель между, с одной стороны, уси-
лиями Маркуса-старшего держать брата Густава подальше
от руководства банком, а с другой — беспокойством того же
Маркуса и его сыновей, как бы Рауль не внедрился в банк,
и их очевидным нежеланием дать ему какую-то должность
в сфере влияния семейного бизнеса. Может быть, они опасались, что свойственная деду авантюрность передалась по наследству внуку? Или "дядя Маркус" желал продвижения собственных родственников, а не отпрыска брата?

Каким бы ни был ответ на эти вопросы, ясно одно: Рауль
оказался в полной зависимости от родных. Его главная опора
в семействе, дед, уже два года как умер, а летом 1938 года скончался и Кнут Валленберг. До этого, хотя их и не связывали особо
близкие отношения, Рауль всегда мог рассчитывать на благоже-
лательность "дяди Кнута". Бертиль аф Клеркер, тесно общав-
шийся с Раулем в те годы, отмечает, что у него "было такое
чувство, будто ему хочется, чтобы его жизнь была более осмыс-
ленной" и вспоминает, что Рауль был "в некоторой депрессии". Неудивительно, что молодой, активный, переполненный
идеями человек, такой как Рауль, чувствовал уныние от продолжающегося бездействия — тем более при его высоком мне-
нии о собственных способностях бизнесмена и организатора.

При отсутствии поддержки со стороны семьи Рауль был вынужден собственными силами выстраивать свое будущее. Хотя проект с немецкими молниями не привел ни к чему, Рауль продолжал следить за этим товаром. Весной 1937 года он вынашивал планы организовать импорт японских молний. Он также раздумывал об импорте кофе и пытался продвигать на шведском рынке португальские сардины. Ни один из этих проектов не увенчался особым успехом.

Примерно в то же время Рауль с партнером основали небольшую экспортно-импортную фирму, Шведско-швейцарский промышленный синдикат. Этот синдикат, в частности, предлагал патент на пробку, которая выскакивала сама, без штопора: в 1938 году этот патент удалось продать французскому заводу стеклянных изделий Сен-Гобен. Но в целом проект "пробки "Квик" успеха не имел, а синдикат впоследствии распался.

Через год Рауль включился в работу еще одной компании, *Special-Metall Förening*, занимавшейся торговлей, промышленным производством, а также продажей прав интеллектуальной собственности. Когда через год Рауль покинул эту фирму, он передал свои акции за символическую цену в одну крону Эриху Филиппи, немецкому еврею, эмигрировавшему в Швецию.

В связи со своим бизнесом Рауль совершил несколько поездок в Европу. Он ездил в Париж (где в числе прочего посетил Всемирную выставку), а в конце осени 1938 года побывал в Берлине[11]. Согласно одному источнику, летом он ездил еще и в Будапешт. Хотя он приехал как бизнесмен, "все дворцы были перед ним открыты", вспоминал Ласло Хертеленди, впервые разговорившийся с Раулем во время приема, организованного регентом Венгрии Миклошем Хорти. И далее: "Валленберг очень легко сходился с людьми, через пять минут все вокруг уже были его друзьями". По его словам, Рауль "принимал все приглашения, какие только получал", — на официальные приемы, церковные мессы и скаутские слеты[12].

Рождественский вечер в гостях у старшего поколения фон Дардель
на улице Хумлегорд. Слева направо: Матильда (тетя Фредрика
на отцовской линии), Май, Эльса (сестра Фредрика), Рауль, Фредрик,
Нильс (дядя Фредрика по отцовской линии) и Ги.

Люди, с которыми Рауль общался в Будапеште, принадлежали к высшим слоям общества и аристократии. В числе прочих он встречался с сыном регента Миклошем Хорти-младшим. Он общался также с беспечным бароном Теодором Зичи, профессиональным гонщиком, который брал Рауля с собой, разъезжая на своем "бугатти". Рауль, очень интересовавшийся автомобилями, имел хорошие отношения и с Видором Петровичем, генеральным секретарем венгер-

ского Автомобильного клуба, с которым ходил по разным ночным барам, в том числе в известный клуб *Szatyor* в Пеште. Хертеленди рассказывает:

> Однажды мы вместе с ними пошли в парк с аттракционами. В это время как раз стала рекламироваться продукция "Пальмолив". Один из аттракционов заключался в том, что над бассейном с мыльной пеной фирмы "Пальмолив" раскачивалась на качелях дама. В случае попадания в цель дама падала в воду. Валленберг и Зичи — ни тот ни другой о деньгах не заботились — договорились с владельцем, что, компенсировав ему двойную дневную выручку, заберут даму с собой.

Дамы Рауля не ограничивались девочками фирмы "Пальмолив". По воспоминаниям Хертеленди, он с удовольствием появлялся в обществе в сопровождении красивых женщин, включая баронессу Дору Грёдли, хотя их отношения "были исключительно социального характера".

Ужины, лодки и бридж

Вернувшись из Хайфы, Рауль поселился у родных на вилле, переехав туда в октябре 1936 года. Но вскоре мать почувствовала себя словно в изоляции, и всего через два года семья вновь перебралась в город.

О личной жизни Рауля этих лет мало что известно. Несколько раз его навещали товарищи по учебе из Энн-Арбора, например Кларенс Роза с женой, прибывшие в Стокгольм как раз в тот самый день 1939 года, когда началась война. Однажды Рауля посетила и Бернис Рингман, о которой он раньше

Бернис Рингман и Рауль на прогулке на улице Страндвэген.
На оборотной стороне кто-то, видимо Бернис, написал:
"Как глупо мы смотримся, правда?"

писал дедушке: "Я могу только надеяться, что время излечит ее рану". Как шел процесс излечения, неясно, но одно мы знаем: осенью 1935 года связь между нею и Раулем не прекратилась, как он уверял деда. Фотопортрет, подаренный ею Раулю, помечен мартом 1936 года и сделан в Нью-Йорке перед ее поездкой в Европу, а фотография, на которой они оба идут по улице Страндвэген, свидетельствует, что она в какой-то момент посещала Стокгольм. В остальном мало что известно о женщинах, которые, по выражению одного биографа, "мотыльками влетали в его жизнь и с такой же легкостью вылетали". Он ухаживал за многими молодыми

Рауль во время лодочной прогулки с Гуннель — супругой Леннарта Хагстрёмера.

дамами, но их отношения оставались поверхностными и ни к чему не обязывающими. Осенью 1938 года он несколько раз встречался с бывшей одноклассницей сестры Нины, будущей знаменитой актрисой Вивекой Линдфорс, которая тогда училась в театральном училище. Они обедали в ночном клубе, потом отправились потанцевать. Она вспоминает его как "очень застенчивого и серьезного": во время танца он держал ее на таком расстоянии от себя, что между ними легко могла бы поместиться другая пара. То, что Рауль не подпускал женщин к себе близко, подтверждается Рольфом аф Клинтбергом, которого Рауль приглашал на свои вечеринки с заданием занять как можно больше девушек, чтобы этого не пришлось делать Раулю[13].

В отсутствие настоящей работы Рауль жил беспечной жизнью, обедая и ужиная в лучших стокгольмских ресторанах. "Слоняться вот так в ожидании довольно-таки тоскливо", — жаловался он Якобу Валленбергу. До такой степени, что в ноябре 1938 года он сообщил Нине, что нашел себе новое хобби, помогающее убить время: "Сдаюсь. И начинаю по пятницам учиться игре в бридж у фру Фагерберг. Тем самым надеюсь обеспечить себе два лишних часа сна в сутки, в чем нуждаюсь". Двадцатишестилетний молодой человек, решивший учиться игре в бридж... Что-то во всем этом есть трагическое.

Сержант Валленберг

Нападение Советского Союза и Германии на Польшу и Советского Союза на Финляндию осенью 1939 года вызвало в Швеции глубокую обеспокоенность. В армию было призвано 50 тыс. человек. Рауль был мобилизован 17 ноября и демобилизован через шесть недель. Он служил командиром взвода и сержантом пехотной роты полка лейб-гвардии в Стокгольме. Осенью 1940 года пришло время новых сборов,

I övervåningen ligger den ståtliga kungssalen, som kallas så efter de många porträtt av Sveriges regenter, som pryda väggarna. Själva taket gör skäl för namnet, gyllene kronor på blått fält. Här samlades de inbjudna, idel ungdom från Stockholm och granngårdarna för att hälsa på värdfolket och framföra sina lyckönskningar till födelsedagsbarnet Ingrid, som själv såg ut som en sagans prinsessa i vid krinolin av ljus organdi och en knippa gullvivor i håret.

Som det brukas på riktiga landet, där ännu gästfriheten är lycklig lag, blev förplägnaden lika riklig som god. Ett s. k. gående smörgåsbord, fyllt med läckerheter, stod dukat uppe i slottstrappans stenhall. Därefter serverades middagen i den långa matsalen, där fyra stora runda bord bildade en fil. Vackert dukade bord, upplysta av levande lågor i stora silverkandelabrar och rikt dekorerade med blommor, tydligen parkens första skördar. Det verkade nästan som om hela försommarnaturen därute flyttat in i slottets salar, så överflödande var blomsterfägringen. Gullvivor, förgät-mig-ej, tulpaner, narcisser och liljekonvaljer fyllde vaser och skålar överallt och friska björklövskvistar doftade av pingst och maj. Samma blomsterprakt kom igen i damernas lockar och ljusa, skira klänningar, blommigt siden eller voile på ljus eller mörk botten, överallt glada färger.

Det gick underbart att dansa däruppe i den rymliga kungssalen och det var lustigt att se all denna moderna ungdom i en ultramodern "swing" mitt ibland kungaporträtt, gamla familjeporträtt och andra historiska minnen. Stafsund rymmer dock så mycket av verkligt intresse att även den mest danslystne lockas att stanna en stund i stilla betraktan och beundran framför ett eller annat konstföremål, såsom till exempel ett fascinerande porträtt av Axel von Fersen d. y., "le beau Fersen", befryndad med ätten Klinckowström.

"Inga timmar rinna så fort som dem man söker hålla kvar", säger ett ordspråk och det gäller även festen på Stafsund. Det var faktiskt ingen som ville tro att tiden för uppbrott verkligen var inne, fastän himmelen började ljusna och ljudet av fåglarnas gryningskvitter nådde in genom de öppna fönstren. Och nästan i samma ögonblick som gästerna satte sig i bilarna och tackade och hälsade och önskade god natt stack solen fram och önskade "god morgon".

Nedan t. v.: *Fröknarna Märtha Gyldenstolpe och Barbro H:son-Ericson vid smörgåsbordet.* — Nedan t. h.: *En av salongerna.*

Gästerna samlas i Kungssalen. — Nedan värdinnan och hennes dotter-dotter (t. h. på samlades många unga, sköna damer i ljusa опять-таки в лейб-гвардейском полку. На этот раз его моби-лизовали на пять месяцев, с 16 апреля по 30 сентября.

После окончания военной службы Рауль участвовал в создании отрядов ополчения. Армия, составленная по призывному принципу, располагала ограниченными ресурсами, и возникла необходимость создания сил обороны иного типа. 29 мая 1940 года риксдаг принял решение о создании отрядов ополчения. К тому времени Дания и Норвегия уже были оккупированы немецкими войсками. Ополчение должно было состоять частью из молодежи, еще не проходившей воинской службы, частью из лиц старше призывного возраста.

Рауль с детства страстно увлекался военной темой и знал все о боевых самолетах, линейных кораблях и т.д. — не такой уж необычный интерес для мальчика, в случае Рауля подогретый еще и тем, что его отец был морским офицером. Рауль-старший оставил после себя множество акварелей, изображавших военные корабли и будивших фантазию сына. Еще одно свидетельство интереса Рауля к военной тематике — прохождение им курса для офицеров-резервистов *R. O. T. C* в университете в Энн-Арборе.

Осенью 1940 года Рауль прошел курс для командиров отрядов ополчения. После этого он стал инструктором по подготовке новых ополченцев. Его специальностью была физическая подготовка. Сам он каждое утро перед началом работы совершал длительную пробежку и был в хорошей физической форме. Часто он брал с собой сестру Нину. Если дистанция была десятикилометровой, что случалось нередко, он позволял ей ехать за ним на велосипеде.

В 1939 году "Свенск Дамтиднинг" опубликовала репортаж с весеннего бала в поместье Стафсунд семейства Клинковстрём, на котором главной героиней стала 19-летняя дочь Туры и Нильса Дардель — Ингрид. Рауля видно на верхней фотографии справа.

Инструктор ополчения Рауль Валленберг.

Ополченцы были разного возраста и происхождения, и физически они тоже были развиты по-разному. Рауль организовал форсированные марши разной длины и в разном темпе, чтобы участвовать могли все. Он взялся за обязанности инструктора с напором и энтузиазмом. "Одним из самых умелых инструкторов был сержант срочной службы Рауль Валленберг, проникшийся таким интересом к ополчению, что сам добровольно надолго остался в службе подготовки, чтобы иметь возможность посвятить себя обучению ополченцев", — вспоминал командовавший отрядом ополчения Густав Петри.

Поворотный момент: Коломан Лауэр

Имя Рауля часто упоминалось в газетных репортажах об учениях ополченцев, и всегда в положительном смысле. Во всех без исключения случаях о нем писали как о хорошем командире. Но он оставался по-прежнему всего лишь сержантом, то есть военнослужащим некомандного состава. Когда 9 июня 1941 года он обратился к начальнику штаба ополчения с просьбой о присвоении ему офицерского звания, он аргументировал это тем, что "полагают, будто неудобно, чтобы сержант исполнял функции, которые в силу обстоятельств стал исполнять я". Более высокое звание, например лейтенанта, по мнению Рауля, дало бы ему возможность "в полной мере делать дело, как я считаю, ценное, и так, чтобы подобных возражений возникнуть не могло".

На свое заявление Рауль не получил никакого ответа, по крайней мере ничего подобного не сохранилось, и остался сержантом. Мотивы, двигавшие им при написании заявления, неясны, но они, видимо, были скорее психологическими, чем карьерными. Он делал хорошее и всеми ценимое дело, он трудился рядом с офицерами ополчения, но, например, есть за одним столом с ними не мог. Это могло быть непросто для человека такого социального происхождения, как Рауль. В работе с ополченцами он обрел для себя поле деятельности, где мог проявить свои таланты организатора и лидера — возможно, он видел в офицерском звании публичное признание успешности своих трудов, тем более что его карьера бизнесмена до сих пор продвигалась вперед с постоянными заминками и все время служила источником неудовлетворенности.

Однако ситуации вскоре предстояло измениться. Весной 1941 года Рауль познакомился с венгерским бизнесменом Коломаном (по-венгерски — Кальманом) Лауэром, с недавнего

Коломан и Мария Лауэр. Фотографии с заявлений на получение шведского паспорта в 1944 году.

времени переселившимся в Швецию. Этой встрече суждено было иметь далеко идущие последствия.

Коломан Лауэр, родившийся в 1899 году в тогдашней Австро-Венгрии, был юристом. Уже в возрасте 24 лет он защитил диссертацию по уголовному праву в университете Дебрецена, однако юридической карьеры так и не сделал. В результате Трианонского мирного договора 1920 года Венгрия потеряла три четверти своей территории, отошедшие к соседям по бывшей Австро-Венгрии: Австрии, Югославии, Чехословакии, Украине и Румынии. Это привело к тому, что большинство высокообразованных людей, ранее проживавших на отошедших к другим государствам территориях, сосредоточились на небольшом пространстве, отныне составлявшем Венгрию. Для молодого юриста возможностей пробиться в условиях такой конкуренции было мало, и Лауэр решил вместо этого делать карьеру в торговле.

В 1930-е он работал в Нидерландской Ост-Индии, Германии и Голландии в фирмах, занимавшихся продуктами питания, и основал экспортное торговое агентство, занимавшееся транзитной торговлей, в частности между Европой и Китаем. Дела в фирме шли хорошо, но, когда в мае 1940 года Германия оккупировала Голландию, Лауэр лишился всего, что имел.

Со шведским рынком Лауэр установил контакты в апреле 1939 года. В то время он представлял в Швеции венгерский Кооперативный союз и находился там для изучения рынка для продвижения венгерских товаров. В результате он добился продажи больших партий венгерских гусей в Швеции. Ему удалось также организовать экспорт 500 ездовых лошадей из Венгрии для шведской армии.

В Швеции Лауэр обзавелся тесными связями с Кооперативным союзом и с известным судовладельцем Свеном Саленом, что помогло ему получить шведский вид на жительство. В марте 1941 года Лауэр с супругой Марией перебрались в Швецию. В июле того же года была создана Центральноевропейская торговая акционерная компания. Свен Сален внес половину акционерного капитала — 15 тыс. крон, а Лауэр получил акций на такую же сумму — за экспертные знания, привнесенные им в работу фирмы. Цель компании состояла в осуществлении экспортно-импортных операций между Швецией и странами Центральной Европы, особенно с Венгрией, "равно как и сопутствующая этому деятельность".

Это Свен познакомил Лауэра с Раулем, которого взяли на работу в компанию в августе 1941 года, сразу же после ее образования. Как вспоминал Лауэр, он "знал языки, имел деловой ум и организаторские способности и приятную манеру вести переговоры, что было решающим в то время, когда исключительно важно было добыть продовольствие для Швеции".

Центральноевропейская компания торговала главным образом продовольствием и с октября 1941 по лето 1944 года импортировала товаров примерно на 10 млн крон. Важными импортными товарами были свежие яйца и яичный порошок, овощи, сушеный лук и томатная паста для шведской армии. К более эксклюзивным предметам импорта относилась гусиная печень и другие деликатесы. Венгрия, богатая и плодородная сельскохозяйственная страна, была союзницей Германии в войне, но оккупирована не была, и производство продуктов питания продолжалось примерно так же, как в мирное время.

Поскольку Лауэр был евреем и не мог свободно разъезжать по Европе, ответственность за зарубежную деятельность компании легла на Рауля. Вскоре его назначили директором по иностранным связям, а в марте 1942 года, всего через полгода после начала его работы, он стал членом правления.

В 1941–1943 годы Рауль совершил немало служебных поездок по Европе, что в условиях войны было довольно сложным делом. Как и все шведы призывного возраста, он через равные промежутки времени призывался на военные сборы. Поэтому в конце сентября он обратился в армию за разрешением находиться за границей в октябре — ноябре 1941 года. Заявление было удовлетворено 8 октября "кроме времени, когда заявитель может оказаться подлежащим военной службе", а 10 октября Министерство иностранных дел выдало ему "кабинетный паспорт". Это был своего рода дипломатический паспорт для лиц, прямо не связанных с МИДом, но совершающих зарубежные поездки с официальной командировкой. С таким паспортом можно было получить транзитную визу через Германию, что в других случаях было трудно.

Основанием для зарубежной поездки послужило то, что Государственная комиссия по экспорту лошадей попросила их компанию провести от ее имени переговоры о продаже Франции шведских арденнских лошадей. Коломан Лауэр обладал, как мы видели, определенным опытом в этом вопросе и полагал, что сможет получить во Франции более выгодные цены на лошадей, чем в Германии и в оккупированной зоне. Однако поездка отложилась, осуществившись только между Рождеством и Новым, 1941 годом, когда Рауль отправился в Париж через Цюрих и Виши (что после установления летом 1940 года режима Виши стало единственным способом добраться до Парижа из Швеции). Переговоры увенчались успехом, и поставки состоялись, как писал Лауэр, "по гораздо более высоким ценам, чем прежние, с Германией". Соглашение привело также к возможности для Швеции импортировать товары, в которых нуждалась страна.

Рауль пробыл в Париже целый месяц и вернулся в Стокгольм в конце января, что говорит о том, что продажа лошадей была не единственной его задачей во Франции. Прожив в Стокгольме около недели, он опять уехал за границу, на этот раз в Будапешт, где провел три недели.

Между своими зарубежными командировками, с 25 июля по 30 сентября, Рауль побывал на военных сборах. Вскоре после этого, в середине октября 1942 года, он вновь на три недели отправился в Виши и Париж. Домой он вернулся через Женеву и Берлин. В 1942 году он посетил и Бухарест.

Зимой 1943 года Рауля вновь призвали на военные сборы. После этого он обратился за разрешением на зарубежную командировку почти на девять месяцев, с 15 июня 1943 года по 1 марта 1944 года, и получил такое разрешение. 4 сентября 1943 года он вновь поехал в Будапешт, где его знакомый Пер Ангер в июне 1942 года заступил на должность второго секретаря миссии. Поездка в Будапешт стала последней из предпринятых Раулем по поручения Центральноевропейской компании[14]. Когда он в мае 1943 года обратился в МИД за продлением своего паспорта, поскольку планировал две поездки, одну в Венгрию, Болгарию и Турцию, а вторую в Аргентину, "в обоих случаях для закупки продовольствия", целесообразность этих поездок была поставлена под вопрос, и он получил отказ.

Приятные ужины
и симпатичные девушки

В январе 1944 года сестра Рауля Нина и ее муж Гуннар Лагергрен переехали в Берлин, где Гуннар был назначен секретарем шведской миссии. Вечером накануне их отъезда Рауль, как обычно, развлекал их имитацией разных языков. "Без тебя здесь ужасно печально, и наш домашний ужин как будто взят из какой-нибудь стриндберговской пьесы", — писал Рауль сестре 28 февраля. Письмо разномастное, извиняется он, написано на разных пишущих машинках, так как у него очень много работы в фирме. "Вагоны с апельсинами приходят один за другим, пока без особого недовеса или порчи. На прошедшей неделе рынок оказался переполнен апельсинами из-за больших партий, пришедших одновременно с разных сторон, так что цены резко упали. Слава Богу, мы все свое продали заранее".

Но жизнь состояла не из одного только бизнеса. Случайная выборка из писем и карманного календаря Рауля за январь — февраль свидетельствует о интенсивной светской жизни: обеды и ужины с друзьями и семьей, свидания с девушками. Девятнадцатого февраля, например, у него ужин в смокингах, на котором присутствуют Май и Энцо фон Плауэны, румынский посланник и его жена и другие. Спор зашел о преступлениях, причем Рауль утверждал, что у каждого человека есть "так сказать, своя цена" и, если искушение окажется достаточно большим, а риск разоблачения малым, кто угодно может стать преступником. На следующей неделе — "совершенно прекрасная вечеринка (смокинги) с принцем Колонной и его симпатичной супругой и принцем Карлом Юханом, и притом все обычные, прежние".

Несмотря на войну и нехватку продовольствия, жизнь стокгольмского высшего класса продолжалась, как видно, более или менее как обычно. Рауль уже несколько лет снимал

В годы войны Рауль основал Клуб походников. Они совершали длинные пешие прогулки в пригородах Стокгольма и в Грёдинге неподалеку от Сёдертэлье, где у семьи фон Дардель был домик для занятий спортом. В годы учебы в Энн-Арборе, как явствует из писем, Рауль со своими друзьями также предпринимал "длинные прогулки в шведском стиле" по воскресеньям. Примером ему мог служить отец, который тоже посвящал себя этой форме общения и моциона. На фотографии, слева направо: Рауль, Луиза Лагерфельт, сестра Рауля Нина, Эва Кронстедт и Густав Лильехёк.

жилье рядом с родительским — красивую двухкомнатную квартиру с балконом. Собственные его приемы пользовались популярностью благодаря его доступу к деликатесам (через Центральноевропейскую компанию) и винам (унаследованным от Густава Валленберга). "Помню, мы обычно говорили об искусстве и архитектуре, которыми оба интересовались, и его небольшие ужины были приятными, а вина, которыми

Рауль с сестрой Ниной.

он угощал, были лучшими из всех, что я когда-либо пил, — вспоминал Густав фон Платен. — Он был очаровательным хозяином с совершенно фантастическим винным погребком". Многие вина, унаследованные Раулем от деда, были уже такими старыми, что требовали немедленного распития. "Некоторые бутылки, — рассказывал фон Платен, — были незабываемы".

Назначение

В то время как жизнь в Стокгольме шла более или менее своим чередом, на континенте продолжалась война. Зимой и весной 1944 года в новостях преобладали сообщения из Венгрии. Эта страна утратила бóльшую часть территории в результате Трианонского мирного договора 1920 года. К концу 1930-х Венгрия все более сближается с Германией и по Мюнхенскому соглашению 1938 года, при немецком и итальянском посредничестве получает обратно большие территории с преобладанием венгерского населения в южной Словакии и северной Трансильвании. В надежде вернуть и некоторые другие из утраченных территорий Венгрия осенью 1940 года становится официальной союзницей Германии. Надежды частично оправдываются: когда немецкие и венгерские войска весной 1941 года оккупировали Югославию, южные области, когда-то принадлежавшие Венгрии, были возвращены.

Как и во всех странах, захваченных Германией или подпавших под ее влияние, "еврейский вопрос" в Венгрии стал одним из главных пунктов повестки дня. В стране проживало около 825 тыс. евреев, из них четверть миллиона — в Будапеште. Многие из них были людьми интеллектуальных профессий. Например, около половины всех врачей и юристов страны были евреями. Еще в 1920 году был принят акт *numerus clausus* — закон, ограничивший доступ евреев к высшему образованию, а в 1938–1939 годах было введено два радикальных "еврейских закона", которые в большой мере урезали права евреев и возможности получения ими работы. В отношении ряда профессий был введен полный запрет для евреев, для других устанавливалась процентная норма. Третий закон о евреях, принятый в 1941 году, был совсем расистским: он запрещал браки и сексуальные отношения между венграми-христианами и евреями. Тем самым было на практике утверждено, что евреи — низшая раса.

Регент нации адмирал Миклош Хорти поддержал Германию, так как, во-первых, был ярым антикоммунистом, а во-вторых, желал вернуть территориальное величие Венгрии. Однако его поддержка германской политики была небезусловной ни по военному, ни по еврейскому вопросу. Будучи антисемитом, Хорти все же признавал большое значение евреев для экономики Венгрии. "Невозможно, — объяснял он, — избавиться от евреев за год или два, поскольку они все держат в своих руках". И далее: "Я, может быть, первым открыто высказал свой антисемитизм, но не могу равнодушно видеть, что к евреям относятся бесчеловечно и подвергают их бессмысленным оскорблениям, когда мы все еще в них нуждаемся". Несмотря на антисемитские взгляды Хорти, в его личном окружении было много евреев. Так, например, он любил играть в бридж с владельцем ликерного завода Яношем Цваком и предпринимателем Шамой Штерном, главой самой большой еврейской общины в Пеште. Хорти считал, что угроза со стороны ультраправых, и прежде всего Партии скрещенных стрел (речь о которой пойдет далее), гораздо опаснее.

В отличие, например, от польских евреев венгерские были хорошо интегрированы в венгерское общество и в большинстве своем видели себя скорее венграми, чем евреями. Многие из тех, кто принадлежал к высшим слоям общества, перешли в христианство. Период между 1867 годом, когда были утверждены права евреев в Австро-Венгрии, до Первой мировой войны был золотым веком венгерского еврейства. Учитывая особое положение евреев в Венгрии, Хорти и премьер-министр Миклош Каллаи пытались ограничить применение антиеврейских законов. Премьер-министр дошел даже до того, что публично заявил, что "правительство будет противодействовать не только искоренению евреев, но также и всем тем, кто рассматривает еврейский вопрос как единственную проблему этой страны".

Когда в 1943 году Венгрия стала зондировать почву на предмет сепаратного мира с западными союзниками, германское правительство начало планировать оккупацию страны. Однако тут требовалась тщательная подготовка, и Германия оттягивала оккупацию одного из своих последних верных союзников. Однако весной 1944 года Советская армия подошла так близко к венгерской границе, что вторжение стало более или менее неизбежным. Поскольку Гитлер не верил ни в лояльность венгерского правительства, ни в боеспособность венгерской армии, он потребовал от Хорти отправить в отставку Каллаи, заменив его прогерманским премьер-министром. Когда регент отказался, Германия оккупировала Венгрию и создала марионеточный режим во главе с генералом Дёме Стояи, бывшим венгерским послом в Берлине, человеком, на которого Гитлер полагался.

Оккупация произошла 19 марта, и преследования венгерских евреев начались в тот же день. "Сам город Будапешт не занят германскими войсками, они расположились лагерем вокруг столицы, — сообщал посланник Швеции в Будапеште Иван Даниэльсон министру иностранных дел Кристиану Гюнтеру 23 марта. — Зато Будапешт наводнен частями СС и агентами гестапо и начата беззастенчивая охота за евреями, занимающими высокие посты".

31 марта были опубликованы новые распоряжения о еврейском населении Венгрии, включая лиц "рассматриваемых как евреи". В частности, запрещалась деятельность евреев на государственных и муниципальных должностях, евреев-журналистов, адвокатов и актеров. Евреям не разрешалось заниматься бизнесом, иметь телефон, пользоваться такси, водить машину или мотоцикл, им нужно было заявить об имеющихся у них наличных средствах, ценностях, сбережениях и радиоприемниках. Резко ограничивалось их право появляться в публичных местах, всем евреям старше шестилетнего возраста предписывалось носить на верхней одежде желтую шестиконечную звезду.

Об этом Даниэльсон подробно сообщил Гюнтеру 1 апреля. В тот же день "Дагенс нюхетер" в передовой статье следующим образом прокомментировала новые законы о евреях:

Подобное обращение нацистского режима с евреями имеет одну цель: их физическое уничтожение — в той степени, в какой это удастся. Эти меры не поддаются никакому рациональному объяснению. Широкомасштабный геноцид не служит никаким политическим целям, его осуществление требует массы времени, денег и рабочей силы, он никоим образом не усиливает военного потенциала, он противоречит всем мыслимым разумным целям, какие могла когда-либо иметь германская внешняя политика. Но ведь геноцид не есть политика. Это кровавый ритуал. [...] Перед решением такого рода мир стоит как перед осажденной крепостью, в бессилии. Очень возможно, что приказ успеют выполнить прежде, чем придет освобождение. Для этой цели была тщательно подготовлена армия палачей, огромный, бесперебойно работающий палаческий аппарат, машина, винтики которой когда-то вроде бы имели человеческие признаки.

Подобную же информацию можно было прочесть и в других газетах весной 1944 года. Таким образом, шведы были хорошо информированы о готовящемся массовом истреблении и о числе потенциальных жертв. Евреи Венгрии были последней сравнительно нетронутой частью еврейского населения Европы. Передовица "Дагенс нюхетер" называлась "Последний миллион".

Холокост в Венгрии отличался от соответствующих событий в Польше и других странах. Во-первых, операция осуществлялась значительно быстрее и эффективнее. Во-вторых, венгерский холокост происходил при поднятом занавесе. Менее чем за два месяца, с 15 мая по 9 июля, согласно официальным немецким цифрам, было депортировано 437 402 человека, главным образом из венгерской провинции. Это была самая крупная депортация за всю войну, включая депортациии из варшавского гетто в июле — сентябре 1942 года. Как писал Уинстон Черчилль, уничтожение венгерских евреев было "по всей вероятности, самым большим и ужасным преступлением, совершенным в мировой истории".

"Личность, человек сообразительный, с хорошей репутацией..."

В еврейских кругах Стокгольма за развитием событий в Венгрии наблюдали внимательно и с растущей тревогой. 18 апреля Норберт Мазур, директор компании "Балтийская кожа" (уже полвека имевшей деловые связи с Венгрией) и представитель Всемирного еврейского конгресса (который существовал в Стокгольме с 1942 года), написал главному раввину Стокгольма Маркусу Эренпрайсу:

Нам следует найти личность, человека сообразительного, с хорошей репутацией, нееврея, готового поехать в Румынию/Венгрию, чтобы возглавить там операцию по спасению евреев. Указанное лицо должно пользоваться доверием МИДа, иметь дипломатический паспорт, и МИД должен попросить свои миссии в Бухаресте и Будапеште оказывать ему любую, какую только возможно, помощь. В его

Маркус Эренпрайс.

распоряжение мы должны предоставить крупную сумму, допустим 500 тыс. крон.

Его задача — помочь евреям выехать из Румынии/Венгрии. В Румынии можно наверняка устроить побег для многих (в том числе морским путем) в Турцию путем подкупа. [...] Думаю, что с помощью этого плана удалось бы спасти несколько сотен людей. Условия следующие: подходящий человек, поддержка МИДа, деньги. О последнем, возможно, следует беспокоиться меньше всего, потому что мы наверняка можем получить бóльшую часть суммы из США. Поддержки МИДа также можно добиться, учитывая желание помочь, в настоящий момент характеризующее наши власти.

Эренпрайс поддержал идею Мазура и попросил Коломана Лауэра предложить человека, соответствующего требованиям, выдвинутым в письме. Лауэр назвал фамилию Рауля. Главный раввин и Рауль встретились, но встреча оказалась неудачной. Согласно одному источнику, Рауль произвел на Эренпрайса впечатление незрелости, и тот отставил его имя в сторону "в ожидании более подходящего кандидата"[15].

Помощь евреям Венгрии

Инициатива Норберта Мазура спровоцировала интенсивную деятельность в еврейских кругах Стокгольма, в которых Коломан Лауэр играл центральную роль. Весной 1944 года в Венгрии было схвачено несколько его родственников и родственников его жены. Лауэр и его жена Мария были евреями по происхождению, но перешли в христианство, а именно в кальвинизм. (Кальвинизм был основной протестантской конфессией в преимущественно католической Венгрии, сам регент страны Хорти принадлежал к кальвинистам.) То, что Лауэр назвал Эренпрайсу имя Рауля, объясняется не только тем, что они были компаньонами и Рауль неплохо знал Венгрию, но и тем, что они с Раулем уже обсуждали возможность отправить того в Будапешт для частной акции спасения, чтобы попытаться вызволить родственников Лауэров. Таким образом, интересы Лауэра и Стокгольмской еврейской общины совпали.

24 апреля Лауэр обратился в МИД, прося помочь своим родственникам, а также некоторым другим подвергнувшимся преследованиям и депортации лицам. В то же время он решил просить для себя и своей супруги шведское гражданство. Поводом послужило то, что шведское Министерство иностранных дел разрешило своему дипломатическому представительству в Будапеште выдавать въездные визы венгерским евреям, которые "в какой-то форме связаны со Швецией и находятся в опасности". Таким образом, если бы Лауэры стали шведскими гражданами, их родственники могли бы обратиться за такой визой.

Среди тех, кто рекомендовал Лауэра властям, был Якоб Валленберг, к которому Лауэр и Рауль обратились за помощью. "Я исхожу из того, что Вам известно положение евреев в Венгрии, — писал Лауэр. — Мои родственники и родственники моей жены в течение последних недель депортированы в неизвестном направлении. Мои 79-летний тесть и 74-летняя теща потеряли двоих сыновей в прошлой мировой войне, их третий сын, врач, был депортирован еще шесть недель назад". Валленберг с обратной почтой послал рекомендательное письмо, и 14 июля Коломан и Мария Лауэр стали шведскими гражданами, несмотря на то что на тот момент проживали в Швеции всего лишь три года, а не пять, как требовалось по закону. Мотивировкой послужило то, что "проявленные [Лауэром] выдающийся профессионализм и его деловые связи с заграницей должны пойти на благо шведским интересам".

Одновременно с ходатайством Лауэра о получении гражданства шла работа по созданию Шведского комитета помощи евреям Венгрии. Помимо руководства еврейской общины к этому делу подключился промышленник Хайнрих фон Валь, прибывший в Стокгольм 13 марта с двойной целью — поправить свое здоровье и жениться на шведке. Венгерский еврей, фон Валь был директором *Weiss Manfred*, одного из крупнейших промышленных концернов Европы, венгерского аналога *Krupp*, в числе основателей которого были его дядя и отец. С учетом его положения он был важным источником информации о ситуации на родине. Точно так же, как и Лауэр, фон Валь очень хотел послать кого-то в Венгрию, чтобы спасти родных и друзей, а также для обеспечения своих экономических интересов.

К кругу общения Лауэра и Рауля в Стокгольме принадлежал и Антал Уллейн-Ревицки, направленный в сентябре 1943 года в Швецию в качестве венгерского посланника для завершения переговоров с союзниками о сепаратном мире, который позволил бы Венгрии выйти из войны. Поскольку США, Англия и Советский Союз потребовали, чтобы Венгрия капитулировала перед всеми тремя странами-союзницами, переговоры оказались безрезультатны: перед большевистским Советским Союзом Хорти сложить оружие отказался.

После мартовской оккупации Уллейн-Ревицки, женатый на англичанке и настроенный резко антинацистски, был отозван назад в Будапешт. Однако возвращаться он отказался, и шведское правительство позволило ему остаться в качестве частного лица с сохранением дипломатического статуса. В ситуации "ужасных преследований", которым подверглись венгерские евреи, Уллейн-Ревицки как посланник "свободной Венгрии" обратился к шведскому министру иностранных дел Гюнтеру и просил правительство Швеции высказаться "в защиту преследуемых и предпринять такие шаги и демарши, какие оно сочтет уместными для улучшения положения моих еврейских соотечественников".

Когда Рауль 2 декабря 1943 года устроил коктейльную вечеринку у себя дома, в списке гостей числились Уллейн-Ревицки с женой, с которыми он был знаком по Будапешту. Рауль был в контакте еще с одним венгром, тоже дипломатом в отставке, бывшим пресс-атташе и журналистом Андором Геллертом (это он в 1942 году начал переговоры о сепаратном мире с американской миссией в Стокгольме, закончить которые был послан Уллейн-Ревицки). Геллерт также играл роль контактного лица между Венгерской социал-демократической партией, шведскими социал-демократами и британскими лейбористами.

Отчетов о преследовании венгерских евреев в апреле — мае становилось все больше, поэтому было решено, что Рауль постарается отправиться в Венгрию как можно скорее. Проблема состояла в том, что он подлежал призыву на военные сборы и не мог освободиться и уехать ранее 31 мая. Кроме того, он, как и раньше, чтобы выехать из страны, нуждался в разрешении даже на тот период, когда военных сборов не было.

14 мая Рауль обратился с рапортом с просьбой разрешить его пребывание за границей с 1 июня по 31 декабря 1944 года. Целью поездки в Венгрию была "закупка продовольствия, частью для экспорта в Швецию, частью для распределения среди венгерских евреев через комитет, который будет для этого образован". Речь идет, уточнил он, "о деле, в высшей степени достойном внимания, в буквальном смысле о жизни и смерти".

На следующий день, 15 мая, Коломан Лауэр направил письмо раввину Эренпрайсу, к тому моменту, видимо, согласившемуся на кандидатуру Рауля в качестве эмиссара для планируемой спасательной акции. Как сообщил ему Лауэр, они с Раулем пришли к выводу, что лучше всего было бы образовать шведское "общество поддержки" в Будапеште, например, отделение организации "Спасите детей", которое бы находилось под эгидой шведской миссии.

> Господин Валленберг тогда отправится в Будапешт для создания комитета, членов которого он подберет на месте в меру своих возможностей. Мы хотели бы, чтобы руководителем-администратором стал швед, живущий в Будапеште. Кроме того, в комитет должно войти несколько благонамеренных арийцев и несколько евреев. Мы уже установили связи с ними.
>
> Когда эти условия будут созданы, у господина Валленберга появится много возможностей для помощи, хотя сейчас, естественно, невозможно сказать, как далеко может простираться подобная помощь.
>
> Господин Валленберг по моей просьбе заявил о своей готовности пробыть в Будапеште два месяца, пока эта акция помощи не начнет работать самостоятельно.

Как видно, работа по организации спасательной акции в Венгрии велась в тесном сотрудничестве Лауэра, Рауля и еврейской общины. Одним из членов рабочей группы

MELLANEUROPEISKA HANDELS A.-B.

3/6 1944 L/hmm

TELEGRAM
MEROPA

TEL- 67 22 53
67 22 54

STRANDVÄGEN 7 A
STOCKHOLM

Herr Professor M. Ehrenpreis
Karlavägen 94
Stockholm

Grevinnan Bonde har under tiden haft tillfälle att tala
med excellens Günther, och på hennes uppdrag få vi samman-
fatta resultatet av samtalet som följer:

1) Excellens Günther är helt inställd på att hjälpa. Han
   har lovat att skriva till minister Danielsson óm under-
   sökning av eventuella transportmöjligheter till ghetton.
   Vidare skall minister Danielsson anmodas om att ordna
   med fördelning av eventuella sändningar genom svenska
   legationen i Budapest.

2) Grevinnan Bonde har talat med landshövding Hammarskjöld
   om eventuell export av svenska varor - livsmedel - och
   utsikten att få tillstånd härför. Landshövding Hammarskjöld bad om uppgift på vilka livsmedel man avsåg, så
   att han kunde undersöka saken.

3) De varor, som kunna köpas i Schweiz eller annat neutralt
   land, skola sändas till svenska legationen i Budapest
   genom Internationella Röda Korset. Grevinnan Bonde
   kommer att ordna detta direkt med Dr. Burckhardt, Internationella Röda Korset, Genève.

Når alla dessa frågor ordnats, skall rapport framläggas
för excellens Günther.

Högaktningsfullt
MELLANEUROPEISKA HANDELS AB

VÅRA OFFERTER ÄRO ALLTID FRIBLIVANDE, SÅVIDA EJ ANNORLUNDA UTTRYCKLIGEN ANGIVES.
VI TAGA INTET ANSVAR FÖR INSTÄLLD ELLER FÖRSENAD LEVERANS PÅ GRUND AV FÖRSTÖRD SKIOKELSE, FORCE MAJEURE, STREJK,
LOCKOUT ELLER ÅTGÄRDER AV MYNDIGHET SAMT TRANSPORTHINDER SÅVIDA EJ ANNAT ANGIVES.

Письмо Рауля Валленберга главному раввину Эренпрайсу
от 3 июня 1944 года.

была тетя Рауля, Эбба Бунде, которая посетила министра иностранных дел, чтобы обяснить ему суть акции. После аудиенции она отчиталась перед Раулем, который письмом передал информацию Эренпрайсу. Министр иностранных дел, писал Рауль, заявил, что "всецело настроен на то, чтобы помочь". Он "обещал написать посланнику [в Будапеште] Даниэльсону и выяснить возможности поставок в гетто". Даниэльсону также будет "предложено организовать распределение того, что будет присылаться в будущем, через шведскую миссию в Будапеште". Идея состояла в том, чтобы закупленные в нейтральных странах товары посылать в миссию через Красный Крест.

Рауль был готов ехать в Будапешт немедленно, но был вынужден дожидаться ответа от своего армейского командования. Хотя он просил решить вопрос безотлагательно, ответ задерживался. 6 июня Рауль получил разрешение "пребывать в Венгрии" с теми же оговорками, что и при предыдущем обращении, — "за исключением периодов, когда заявитель может оказаться подлежащим военной службе".

На следующий день Коломан Лауэр написал письмо сотруднику Красного Креста Вальдемару Лангле — тому самому "проживающему в Будапеште шведу", который имелся в виду в письме к Эренпрайсу:

Великое несчастье, постигшее нас всех, особенно тяжело ударило по моим родным, которые, как Вы знаете, более не находятся на свободе. Прошу Вас помочь господину Валленбергу, чтобы мои тесть и теща Лайош и Ирене Штейн и маленькая Сусанна Михай смогли приехать в Швецию.

Как господин Сален, так и я предоставляем в распоряжение необходимые средства. Рауль Валленберг, которого я знаю уже три года как честного и добросердечного человека, наверняка сделает все, что в его силах, чтобы помочь[16].

14 июня Рауль расписался в получении обыкновенного шведского загранпаспорта. Но он так им и не воспользовался: когда три недели спустя он выехал в Будапешт, его личность была удостоверена другим, более внушительным документом.

УВБ

Рауль должен был поехать в Будапешт как представитель Центрально-европейской компании, причем как можно скорее. С этим планом, однако, пересекся сходный проект, возникший вдали от шведской столицы.

Зимой на "еврейский вопрос" обратило внимание американское правительство. Однако мнение о том, как следует действовать США, было неоднозначным. Министерство иностранных дел противодействовало попыткам принять еврейских беженцев. Но Министерство финансов, во главе которого стоял еврей Генри Моргентау, заняло совсем другую позицию. В начале января 1944 года Моргентау получил отчет о позиции американского МИДа по вопросу беженцев и переслал его президенту Рузвельту. На основании этого президент издал не требующее одобрения конгресса президентское распоряжение о создании Управления по делам военных беженцев (УВБ) с задачей "спасения… жертв преследований противником" и создания временных пристанищ для таких жертв. Управление имело широкие полномочия, в том числе право заключать финансовые сделки со стороной противника, что было запрещено согласно Акту о торговле с противником от 1917 года.

Государственное финансовое участие было небольшим: деятельность Управления главным образом финансировалась за счет американских еврейских организаций. В Швеции представителем УВБ был Айвер С. Олсен, американец норвежского происхождения. С декабря 1943 года Олсен служил атташе по финансам при американском посольстве в Стокгольме, а в апреле 1944 года стал атташе по вопросам беженцев. При этом лишь очень немногие знали, что Олсен также работал на американскую разведку *OSS* (Управление стратегических служб, предшественник ЦРУ).

25 мая 1944 года госсекретарь США Корделл Халл информировал американского посла в Швеции Хершеля Джонсона, что в Венгрии началось "систематическое массовое уничтожение евреев". Поскольку присутствие иностранных наблюдателей в Будапеште могло иметь смягчающее влияние на нацистов и тем самым спасти кому-то жизнь, Халл проинструктировал Джонсона просить шведский МИД усилить дипломатическое представительство в Венгрии. "Прошу призвать соответствующие инстанции, руководствуясь побуждениями гуманности, предпринять немедленные меры для максимального увеличения числа лиц на шведской дипломатической и консульской службе в Венгрии и как можно более широкого распределения их по стране". Подобные призывы были направлены и другим нейтральным государствам, в том числе Турции, Испании, Швейцарии и Ватикану.

Первым, кто отреагировал на призыв, был не посол Джонсон, а Айвер Олсен. Американская миссия находилась в том же доме, что и контора Центрально-европейской компании. Когда Олсен однажды спросил Лауэра, не могли бы тот порекомендовать "какого-то надежного, энергичного и умного человека", которого можно было бы послать в Будапешт, тот предложил Рауля, точно так же, как сделал это ранее, отвечая Эренпрайсу. Лауэр телеграфировал Раулю по месту его прохождения военной службы и попросил его обратиться за увольнительной, чтобы встретиться с Олсеном. Увольнительную дали. Встреча, проходившая в "Гранд-отель" в Сальтшёбадене, началась в семь часов вечера и длилась всю ночь, до пяти утра следующего дня. "Всем было ясно, что миссия предстоит опасная, — вспоминал Лауэр. —

Когда м-р Олсен спросил Рауля, сможет ли МИД послать его в Венгрию, Рауль без проволочек ответил, что берется за это задание"[17].

Во время встречи Рауль, должно быть, проинформировал Олсена, что взяться за дело не сможет до тех пор, пока не получит от командования разрешение на пребывание за границей, что, в свою очередь, объясняет, почему Джонсон ждал целых две недели, прежде чем посетить шведский МИД по этому вопросу. Как мы видели, разрешение Рауль получил 6 июня. Три дня спустя, 9 июня, Джонсон нанес визит Эрику Буэману, первому заместителю министра иностранных дел Швеции.

После встречи посол сообщил в Госдепартамент, что Буэман "позитивно отреагировал на предложение увеличить шведское представительство в Будапеште". (На самом деле Швеция оказалась единственной страной, ответившей согласием на американский призыв от 25 мая.) Положительная реакция Буэмана отчасти была обусловлена тем, что по политическим и дипломатическим причинам Швеция стремилась позитивно реагировать на просьбы США: 3 марта Джонсон передал министру иностранных дел Гюнтеру "крайне неприязненную ноту", поводом для чего послужил шведский экспорт в Германию шарикоподшипников, которые могли быть использованы в военных целях. Возможно, позитивная реакция Буэмана была следствием стремления Швеции улучшить отношения с США. Была, однако, и еще одна причина стремления МИДа пойти навстречу американцам. Американская инициатива совпала с просьбой шведской миссии в Будапеште об усилении ее персонала. Эта просьба поступила неделей раньше. "Ситуация с еврейским вопросом обостряется ежедневно", — писал посланник Иван Даниэльсон 2 июня. С разных сторон миссия получила просьбы о "шведском участии в возможной инициативе по спасению детей, женщин и стариков". Так, к шведам обратился венгерский

Красный Крест, который очень желал приезда представителей сестринской шведской организации.

После первой встречи Олсена, Рауля и Лауэра последний информировал о состоявшихся дискуссиях Свена Салена, а Олсен — Джонсона. "Когда судовладелец Сален позвонил послу, тот был уже вполне в курсе, и они решили встретиться с Раулем за обедом", — вспоминал Лауэр. 12 июня Джонсон телеграфировал министру иностранных дел Халлу: "Нашли шведа, который очень скоро отправится в Венгрию в деловую поездку и, как представляется, готов всемерно заняться венгерским вопросом". В той же телеграмме посол просил инструкций по поводу координации шведских и американских усилий. Четырнадцатого июня Рауль встретился с Якобом Валленбергом для обсуждения своего будущего поручения, а 15-го устроил ужин у себя дома для Лауэра и Олсена.

Таким образом, американские интересы совпали с интересами Рауля, Лауэра, еврейской общины и Министерства иностранных дел. Когда и как были установлены контакты между Раулем и МИДом, неясно, но это должно было произойти в связи с его ужином 12 июня с Джонсоном и Олсеном. При встрече Буэман спросил Рауля, хочет ли он взять на себя исполнение этих задач в Венгрии, и тот, по свидетельству Лауэра, согласился "после нескольких дней раздумий". Ему давалась заработная плата в размере 2 тыс. крон, и он должен был одновременно обещать не заниматься бизнесом, в том числе и по поручениям Центральноевропейской компании. Девятнадцатого июня Рауль написал Буэману и поблагодарил за оказанное ему доверие, и 21 июня МИД телеграфировал шведской миссии в Будапеште:

…Желательно следить еврейским вопросом особым вниманием и обеспечивать специальную отчетность, выдвигать предложения и подходящие и реализуемые гуманитарные инициативы, также необходимые меры помощи послевоенное время. Здешняя американская миссия также уделяет вопросу большое внимание. Понимая, что нынешнего персонала недостаточно для этого специального поручения, обдумываем направить миссию Рауля Валленберга, который хорошими связями и знанием Венгрии имеет предпосылки для этого. Телеграфируйте как можно скорее каких-либо возражениях.

Никаких возражений не последовало, о чем посланник Даниэльсон 23-го сообщил в МИД. На самом деле в миссии с некоторых пор уже знали, что к ним едет Рауль. Свен Сален еще раньше просил атташе по торговле Пера Ангера выяснить возможности помощи родным Лауэра, и за день до того, как была послана телеграмма МИДа, Ангер ответил Салену: "К сожалению, оказалось, что в подобных вопросах очень мало перспектив официальным путем помочь кому бы то ни было. [...] В настоящий момент ситуация здесь хуже некуда. Новые предписания относительно евреев появляются каждый день, и не приходится строить каких-то иллюзий о судьбе, ожидающей большинство из них. С огромным удовлетворением приветствую сообщение, что сюда едет Рауль В. Ему, однако, следует поторопиться".

Рауль произвел большое впечатление на посла Джонсона, который 28 июня после совместного обеда телеграфировал исполнительному директору Управления по делам военных беженцев Джону В. Пеле: "У нас сложилось очень позитивное впечатление о способности Валленберга действовать умно и тактично при выполнении всех обязанностей, которые УВБ может ему доверить". Несколько дней спустя Джонсон сообщил Халлу, что Рауля "очень хвалит Буэман". "В искренности намерений Валленберга нет никаких сомнений, я лично с ним разговаривал, — писал он в телеграмме. — Валленберг сообщил мне, что он хотел помогать людям делом и спасать жизни, он не собирается ехать в Будапешт ради того, чтобы посылать оттуда МИДу отчеты".

Рауль хотел не "посылать отчеты", а "спасать жизни". Речь, таким образом, шла не об обычном дипломатическом задании. Он не признавал условностей и бюрократии, и переговоры с МИДом, согласно некоторым свидетельствам, затянулись на несколько дней. Согласие УВБ на эффективное, без бюрократических проволочек действие, конечно же, уже обсуждалась в разговорах Рауля с Олсеном. Раулю это подходило как нельзя лучше, и именно в таком духе он перед своим официальным назначением разговаривал с заместителем министра иностранных дел Вильхельмом Ассарсоном. Содержание беседы сохранилось в виде памятной записки, составленной Раулем перед встречей:

1. Я подтверждаю, что при прошлом разговоре было достигнуто согласие, что у меня будет свобода в ведении переговоров и я не могу стать предметом критики с шведской стороны за дачу взяток.

2. Я считаю само собой разумеющимся, что, если мне понадобится поехать домой для отчета, я смогу сделать это немедленно, и расходы на поездку будут оплачены МИДом.

3. В связи с очевидной невозможностью найти деньги в Швеции я могу предложить начать пропагандистскую кампанию в шведских газетах и спрашиваю, нет ли возражений против того, что мы начнем такую работу.

4. Я прошу информировать меня, каким будет мое положение и ранг при миссии.

5. Я хочу сообщить, что от экспертов при американской и британской миссиях я получил совет встретиться с рядом лиц. Некоторые из них находятся в оппозиции к нынешнему правительству.

6. М-р Бём в английской миссии посоветовал мне в любом случае обратиться к премьер-министру Стояи. Это возможно?

7. Как часто можно рассчитывать на курьерскую оказию?

8. Политическое убежище?

9. Аудиенция?

Вильмош Бём, упоминаемый в пункте 6, был венгерским политиком, проживавшим в Швеции на правах беженца. После Первой мировой войны он был народным комиссаром по военным делам и главкомом венгерской Красной армии в коммунистическом правительстве Белы Куна (которое находилось у власти в течение четырых с половиной месяцев в 1919 году), но в 1920-е примкнул к социал-демократам. В 1942–1945 годах он работал в Бюро печати при британской миссии в Стокгольме, и его задачей было информировать британский МИД о том, что пишут в немецкой и европейской прессе, и предоставлять аналитику о ситуации в Восточной Европе. Именно Бём снабдил Олсена необходимой информацией перед началом операции УВБ в Венгрии. В конце июня Рауль связался с Бёмом, чтобы проинформировать его о поставленной перед ним задаче и попросить совета перед поездкой. Он открыто рассказал, что американцы, "особенно м-р Олсен, приложили руку к этому делу" и что и он сам, и Лауэр читали отчет о преследовании евреев в Венгрии, составленный Бёмом.

Пункты 8 и 9 приписаны к машинописному документу памятной записки от руки. В пункте 8, по всей вероятности, имеется в виду возможность для Рауля или миссии давать политическое убежище преследуемым лицам, а в пункте 9 — просить, если потребуется, аудиенции у регента Венгрии Хорти.

Американская программа

Рауль не преувеличивал, говоря, что американцы приложили руку к этому делу. Он отправлялся в Будапешт как служащий шведского МИДа, но проект был в высшей степени американским. "Здешний предприниматель… выезжает сейчас, имея дипломатический ранг, и посвятит все свое время гуманитарной работе", — телеграфировал Джонсон Халлу

27 июня. Для американцев Валленберг был предпринимателем и только им. В разговоре с Бёмом Рауль, кстати, и сам подчеркнул, что он "вовсе не политик и мало что понимает в политике". Это заявление, с учетом его страстного интереса к политическим вопросам, не соответствовало действительности, а скорее всего, было сделано с целью подчеркнуть, что для поставленной задачи он подходит. Возможно, он подозревал — и справедливо! — что причастность к политике могла быть воспринята отрицательно.

Также Джонсон сообщил своему шефу в Вашингтоне, что Валленберг "был бы крайне признателен за дальнейшие инструкции от УВБ по поводу выполнения этого поручения". Значит, директивы Рауль надеялся получить от Управления по делам военных беженцев, а не от шведского Министерства иностранных дел. Тот факт, что задание было прежде всего американским, а не шведским, подтверждается еще и телеграммой от Джонсона Халлу, посланной два дня спустя. В ней посол подчеркивает, что МИД Швеции, назначив Рауля, "считает, что он тем самым в полной мере сотрудничает с американским правительством, предоставляя со своей стороны все возможные средства для содействия *американской программе* [курсив Б. Я.]". От шведского МИДа не ожидается, продолжал Джонсон, что он снабдит Валленберга конкретной программой. Скорее, он должен дать ему "довольно общие инструкции", которые, однако, окажутся недостаточными, чтобы "быстро и эффективно действовать в ситуациях, могущих возникнуть в Венгрии". Поскольку в понимании Валленберга он "на самом деле выполняет гуманитарное задание по поручению Управления по делам военных беженцев... он хотел бы получить исчерпывающие указания, какие действия он уполномочен совершать, и гарантии их достаточной финансовой поддержки, чтобы на месте он смог использовать все возможности в полной мере".

Нельзя сказать, что Рауль просил об указаниях с американской стороны за спиной у МИДа Швеции. МИД просто не был заинтересован в афишировании своего участия в программе. Ведь предстояло выполнение задания, сильно выходившего за рамки официально заявленных целей, — "следить за развитием еврейского вопроса и сообщать в Стокгольм". Буэман был также информирован о содержании программы, выработанной в ходе бесед между Раулем, Лауэром, Олсеном и Эренпрайсом. Это следует из письма Рауля Буэману, в котором Рауль желает удостовериться, что они одинаковым образом интерпретируют его задание:

> Чтобы не возникло никакого недоразумения, я позволю себе подтвердить ряд моментов, упоминавшихся в ходе наших встреч. Таким образом, было определено, что я располагаю определенной свободой для ведения переговоров в соответствии с программой, выработанной ранее профессором Эренпрайсом, м-ром Олсеном, д-ром Лауэром и мною. Далее, я имею право использовать средства, которые получаю через этих лиц, таким образом, какой будет мне представляться наилучшим для получения желаемого результата, и так, как это, по мнению м-ра Олсена и профессора Эренпрайса, оказывалось необходимым в сходных случаях. Платежи в основном будут происходить через посредников, так что мое положение служащего Министерства иностранных дел не будет скомпрометировано. […] Далее была достигнута договоренность, что я могу закончить выполнение этих своих обязательств через два месяца, то есть 6 сентября, если того пожелаю.

Следовательно, за исключением задания "писать отчеты в Стокгольм", всю деятельность Рауля должна была определять программа, разработанная Управлением по делам военных беженцев с ведома шведского МИДа, но вне его стен и с учетом рекомендаций названных лиц. Письмо интересно тем, что подтверждает, что Рауль на самом деле ехал с двумя заданиями: одно из них было официальным, шведским, а второе — неофициальным, преимущественно американским, позволявшим ему производить платежи через посредников.

Когда 6 июля Рауль писал письмо Буэману, он еще не получил инструкций из США, о которых просил ранее. Они пришли в МИД на следующий день и, в частности, включали в себя следующее: следует вступать в контакт с венгерскими чиновниками и обещанием денег или "положительного отношения после войны" вынуждать их ограничивать преследование евреев. Также можно подкупать судовладельцев, чьи дунайские суда и баржи плывут в одну сторону порожняком, чтобы они контрабандой провозили на них беженцев. Рауль не должен выступать в качестве представителя Управления по делам военных беженцев, но должен ссылаться на выступление президента Рузвельта от 24 марта о том, что "никто из участвовавших в преследовании евреев не избежит наказания". Рауль должен также давать понять, что "согласие на сотрудничество сейчас" может "обеспечить более положительное отношение к ним по сравнению с тем, к чему мотивирует их прежняя деятельность".

Такое задание резко расходилось с дипломатической практикой, так как предписывало применение взяток и других нетрадиционных методов. Миссия Рауля к тому же была оригинальной, если не сказать уникальной, в том смысле, что дипломат на службе шведского правительства действовал главным образом по заданию иностранного государства[18]. В письме Перу Ангеру в Будапешт, написанном руководителем политического отдела МИДа, убежденным антинацистом Свеном Графстрёмом, подчеркивается, что "деятельность такого особого свойства, как доверенная г-ну Валленбергу, разумеется, носит весьма деликатный характер" и поэтому поддержка миссии особенно важна. Очевидно, что здесь подразумеваются иные рабочие обязанности, чем написание отчетов. Поэтому не может быть никаких сомнений в том, что истинное задание Рауля было согласовано на самом высоком мидовском уровне. Ведь министр иностранных дел Гюнтер знал о шведской акции помощи через Эббу Бунде, а Джонсон, по сообщению Лауэра, посетил Гюнтера для обсуждения задания Рауля. Вероятнее всего, и премьер-министр Пер Альбин Ханссон был также информирован обо всем.

Почему Рауль согласился?

На момент назначения на должность секретаря миссии и представителя Управления по делам военных беженцев Рауль был бизнесменом средней руки и совершенно не известным общественности лицом. Однако он обладал несколькими качествами, сделавшими его подходящим для этого задания человеком. Шведов, знавших Венгрию, было не так много, а Рауль за время своих поездок в Будапешт выстроил большую сеть контактов. Кроме того, он хорошо говорил по-немецки. Для американцев имело значение и то, что он в свое время жил в США, окончил американский университет и хорошо представлял себе и американское общество, и американский менталитет. После прохождения курса резервистов в Энн-Арборе он к тому же был американским офицером-резервистом. Таким образом, не приходилось сомневаться в дружественном по отношению к Америке настрое Рауля. В беседах с Джонсоном и Олсеном эти обстоятельства наверняка сыграли важную роль. Качества, считавшиеся его минусами у родственников, — прежде всего, экстравертность, импульсивность и "красноречивость", — судя по всему, были высоко оценены американской стороной, ведь суть задания и состояла в том, чтобы вести переговоры с противником, убедить его и перехитрить.

Рауль обладал и еще одним качеством, говорившим в его пользу, — он принадлежал к семейству Валленбергов. Валленберги занимали уникальное положение в шведском обществе, и Якоб и Маркус во время войны играли важную роль и как предприниматели, и как дипломаты. Якоб поддерживал деловые отношения с Германией, а Додде — с Англией, оба на пользу шведским интересам. Якоб за время войны не менее 17 раз побывал в Германии. Через свои контакты и знания об этих странах братья могли передаватъ важную информацию внешнеполитическому руководству Швеции. Оно, в свою очередь, использовало их, когда нужно было довести до сведения какую-то точку зрения, которую нельзя было высказать официально. Якоб к тому же был контактным лицом участника немецкого сопротивления Карла Гёрделера, казненного после неудавшейся попытки покушения на Гитлера в июле 1944 года. Маркус, в свою очередь, играл центральную роль в секретных переговорах о сепаратном мире, которые в 1943–1944 годах велись между Финляндией и Советским Союзом.

Иными словами, целый ряд внешних факторов сыграл в пользу кандидатуры Рауля. Но чем было это задание для него самого? Почему он с такой явной горячностью ухватился за него?

Тому есть несколько объяснений помимо очевидного предположения, что он желал помочь преследуемым людям, в том числе родным Лауэра. Одна из важнейших причин состояла, несомненно, в том, что он был неудовлетворен своим профессиональным положением. Семейство Валленбергов не нашло для него никакой работы в сфере своей промышленной империи, а работа в качестве директора по внешним связям в Центральноевропейской компании едва ли отвечала его представлениям о состоявшейся карьере того же уровня, что сделали его двоюродные братья его отца Якоб и Маркус. Рауль был тоже Валленберг, и у него было "желание показать, что он не просто какой-то там один из многих", выражаясь словами Рольфа аф Клинтберга: "У него было чувство, что от него требуется показать, на что он способен". Не в последнюю очередь он хотел соответствовать ожиданиям матери.

Все воспитание Рауля исходило из идеи, что он должен стать "достойным гражданином". Чувство ответственности, "чувство долга" и "верность долгу" — таковы были качества, вложенные в него Густавом Валленбергом, типичные валленберговские добродетели. По некоторым свидетельствам, получив будапештское задание, Рауль сказал: "Когда кого-то из Валленбергов посылали за границу на службу государства, его обязанностью всегда было сделать для своей страны то, к чему обязывает его имя". Это звучит напыщенно, но Рауль вполне мог бы выразиться такими или приблизительно такими словами. Они отражают требования, предъявлявшиеся им к самому себе. В них на самом деле слышится голос Густава Валленберга, считавшего, что любой Валленберг всегда должен быть готов принять на себя ответственность, исполнить свой долг, послужить стране и тем самым поддержать честь своей семьи. Выражением этой готовности стала реакция Рауля на британский фильм "Алый первоцвет" — новую экранизацию известного романа. В 1942 году вместе с сестрой Ниной он был на частном кинопоказе, устроенном британской миссией. Герой фильма — профессор-археолог Горацио Смит, спасающий преследуемых в нацистской Германии. После просмотра, по воспоминаниям сестры, Рауль сказал: "Что-то подобное я бы и сам хотел делать"[19].

К этим мотивам следует добавить и глубокий интерес Рауля к международной политике. Его сестра Нина рассказала о страстных спорах о ситуации в мире, бушевавших дома за завтраком каждое утро. Густав Валленберг, воспитывая Рауля, хотел, чтобы он стал гражданином мира и интернационалистом. В переписке с дедом все время обсуждаются политические и экономические вопросы, а в письме матери в мае

1933 года он пишет об идее скандинавского торгового союза, который был "одним из вопросов, больше всего интересовавших в годы, проведенные мной за границей". Эссе Рауля "Южноафриканские впечатления", как и его сочинения в период учебы в Энн-Арборе, свидетельствует о широте интересов. Если не считать работу по специальности ("Использование "исторических стилей" в архитектуре XIX века"), темы всех его сочинений связаны исключительно с международной политикой, общественными вопросами и экономикой.

"Валленберг и наполовину еврей"

Выражением интереса Рауля к вопросам современности является и то, что он прочел *Mein Kampf* Гитлера, причем не один, а два раза — второй раз в 1938 году, той осенью, когда ездил в Берлин. Впечатления Рауля от немецкой столицы и чтения книги Гитлера следуют из письма, написанного по возвращении в Стокгольм Эрнсту Берендту в Пенсильвании.

Рауль восхищается новой немецкой архитектурой, отражающей стремление к монументальности, которое "долго подавлялось в Европе", в отличие от Америки. Немцы, сообщает он, первыми в Европе стали строить по-настоящему крупномасштабно, в соответствии с величиной страны и возможностями, которые дает массовое производство. Особенное впечатление произвели на Рауля новые архитектурные проекты в Берлине по проекту Альберта Шпеера: "Я изучил новые градостроительные планы Берлина. Они, без сомнения, несут на себе печать гения, с какой бы точки зрения их ни рассматривать".

Письмо содержит также анализ *Mein Kampf* и "колониального вопроса", то есть идеи Гитлера о завоевании славянских стран Восточной Европы, откуда коренное население должно быть депортировано в Сибирь, чтобы освободить место для стоящей выше по уровню развития германской расы. Однако, по мнению Рауля, завоевание территорий других стран играет для Гитлера менее важную роль, чем "еврейский вопрос", вопрос "гораздо более основополагающего и срочного характера". Поэтому, если только Англия, Франция и Россия в превентивных целях не нападут на Германию, по мнению Рауля, никакой войны в Европе не начнется.

Примечательно, что Рауль не упоминает ни о Хрустальной ночи, ни о ее следах, которые он должен был видеть в Берлине: сожженные синагоги, разграбленные еврейские магазины, антисемитские лозунги на стенах домов и стеклах витрин. Эта акция имела место 9 ноября, за три недели до поездки Рауля в Берлин, и материалы о ней занимали первые полосы шведских газет. "Еврейский вопрос" затрагивается только вскользь в длинном письме к Берендту. Так, в одном ресторане Рауль разговорился с эсэсовцем:

> Все эти люди отличные парни, большие, сильные и сообразительные, думаю, с особым упором на силу воли. Однако в них нет ни малейшей сентиментальности, и они вовсе не пребывают в неведении по поводу того, что то, чем они занимаются, жестоко по отношению к индивиду. Они говорят: все, что они сейчас делают, нужно делать ради достижения Национальной Цели, а страдания индивида значат очень мало по сравнению с тем, что пришлось бы выстрадать целой нации, не будь этих перемен.

Жестокости, упоминаемые Раулем, подразумевают, скорее всего, обращение с евреями. Но ни в этом письме к Берендту, ни в письме, написанном в то же время Май и Энцо фон Плауэнам, он не затрагивает этого вопроса. Может быть, по "дипломатическим причинам", ведь Берендт родился в Германии, а фон Плауэн немец? Как ни удивительно это молчание Рауля, нет оснований делать вывод, что он остался безразличен к увиденному и почерпнутому из газет. О преследованиях немецких евреев он слышал в Хайфе, и немыслимо, чтобы на него никак не подействовало преследование евреев: ничто в его биографии не говорит о том, что он был способен на такое равнодушие.

Но одно свидетельство о чувствах Рауля в отношении увиденного им в Берлине есть. В это время, осенью 1938 года, он встречался с Вивекой Линдфорс. Она вспоминает, как он после вечера, проведенного на танцах, привел ее в контору деда. Она подумала, что он решил ее соблазнить, но вместо этого он принялся "с жаром рассказывать ей про евреев, Германию и ужасы, которые он, очевидно, наблюдал". Она помнит, что ее первой мыслью было: "Он вспоминает все это только затем, чтобы я его пожалела и упала ему в объятия". Достоверность свидетельства Вивеки Линдфорс ставилась под сомнение, но, поскольку они встречались в 1938 году, а не в 1937-м (как она сама вспомнила), "ужасы, которые он, очевидно, наблюдал" следует отнести к его впечатлениям от Берлина. Той же осенью Рауль попросил консула в Претории Февреля выяснить возможность для одного немецкого инженера, противника Гитлера, получить работу в Южной Африке. Это тоже показывает, что Рауль был далеко не безразличен к ситуации в Германии.

Как известно, Рауль был евреем на одну шестнадцатую часть. Ощущал ли он себя евреем? Как вспоминала сестра Рауля Нина, дома никогда не говорили о еврейских корнях семьи, но "не потому, что мама хотела их скрыть… а потому, что наш еврейский предок был так далек от нас по времени, и никто из его потомков не воспитывался в еврейской традиции". Это верно, семья Бенедикс, переселившаяся в Швецию из Германии в 1793 году, немедленно перешла в христианство и интегрировалась в шведское общество. Нина не обращала внимания на свое отчасти еврейское происхождение до 1930-х годов, когда Май Ниссер собралась замуж за Энцо фон Плауэна и нацисты "провели исследование ее происхождения", что "породило множество разговоров в семье". Но с Раулем было по-другому. Во время прохождения военной службы в 1930 году он с гордостью говорил Ингемару Хедениусу о своей принадлежности к евреям: "Такой человек, как я, Валленберг и одновременно наполовину еврей, непобедим". У Хедениуса создалось впечатление, что Рауль "несколько" преувеличивает. Так и было, и не только в разговоре с Хедениусом. В телеграмме Хершеля Джонсона министру иностранных дел Халлу от 1 июля 1944 года американский посол в Стокгольме сообщил, что Рауль заявил ему, что он наполовину еврей. Значит, и в разговоре с Джонсоном преувеличил степень своей еврейскости, зная, как обстоит дело на самом деле. Сделал он это, надо думать, из желания подчеркнуть, что именно он — тот человек, который способен "оказывать эффективную помощь и спасать жизни".

"Протоколы Освенцима[*]" и телеграмма Густава V

Через два месяца после немецкой оккупации Венгрии начались массовые депортации еврейского населения страны. Очень скоро о них стало известно миру. Важным источником информации стал шведский посланник Иван Даниэльсон, все время славший отчеты в МИД в Стокгольме о преследованиях евреев. Преследования в начале мая "стали принимать колоссальные масштабы и все более отвратительные формы". 26 мая Даниэльсон подробно сообщил о новых распоряжениях, "имевших целью лишить еврейское население практически всех естественных прав членов общества". Этот материал Буэман передал Хершелю Джонсону после их встречи 9 июня.

---

[*] *Освенцим* — принятое в советской историографии название концентрационного лагеря Аушвиц-Биркенау, по польскому названию города.

Следующий объемный отчет Даниэльсона датирован 24 июня и дополнен четырьмя пространными приложениями: 1) отчет о задержаниях и депортациях евреев Венгрии, составленный юденратом Будапешта; 2) так называемые протоколы Освенцима — рассказ двух словацких евреев об условиях содержания в Аушвице; 3) доклад юденрата, составленный по этим протоколам; 4) рассказ венгерской еврейки о том, как ей удалось убежать из Аушвица. Первый документ содержит подробную статистику: названия сел и городов, количество депортированных венгерских евреев. С 15 мая по 10 июня было депортировано 335 тыс. евреев. Это означало, что 36 венгерских малых городов были очищены от евреев (стали *judenrein*) менее чем за месяц. В "Протоколах Освенцима" говорится об условиях в Аушвице и применении газовых камер. Эта информация также была передана Буэманом Хершелю Джонсону с комментарием, что она "так ужасна, что в нее трудно поверить, и нет слов, чтобы ее описать".

В тот момент депортации еще не коснулись еврейского населения Будапешта, составлявшего около четверти миллиона человек. Но это был лишь вопрос времени. "Чтобы избежать огласки, которую должно вызвать депортирование среди бела дня ¼ миллиона людей, по всей видимости, планируется забирать евреев Будапешта в ночное время и удалять их из города в порядке либо интернирования, либо депортирования", — писал Даниэльсон в отчете. И далее:

Вывоз евреев столицы, который, согласно вышеизложенному, предполагается завершить в течение трех недель, означает ужасную участь для основной массы этих несчастных. Тех, кому посчастливится — у кого достаточно сил, чтобы работать, — предполагается транспортировать к немецким промышленным объектам, где у них есть перспектива, что с ними обойдутся в какой-то степени хорошо, но остальные — дети, слабые женщины или старики —

согласно сообщениям должны быть депортированы в лагеря уничтожения Аушвиц-Биркенау вблизи Катовице в Польше.

Существовало несколько планов геттоизации. В июне еврейское население Будапешта стали насильственно переселять в "еврейские дома", находящихся в разных местах города. Насильственное переселение дополнялось новыми предписаниями: евреям разрешалось покидать свои дома не более чем на три часа в день, с 14 до 17 часов, им не разрешалось принимать гостей или вести разговоры через окно, выходящее на улицу (!), в трамвае им позволялось занимать места только в последнем вагоне и т.д. (хотя последний запрет не был регламентирован специальным законом, как в Варшавском гетто).

Насильственное переселение осуществлялось по приказу статс-секретаря Министерства внутренних дел Ласло Эндре, свирепого антисемита, вместе со своим коллегой по министерству Ласло Баки возглавлявшего работу по очищению Венгрии от евреев. 3 мая был выпущен приказ о выявлении и регистрации домов и квартир, населенных евреями. С помощью информации, содержащейся в Центральном статистическом бюро Венгрии, приказ был выполнен за месяц. Как писала пропагандистская пресса, результаты показали, что евреи занимали 47 978 комнат в 21 250 квартирах, в то время как оставшиеся 80% населения довольствовались 70 197 комнатами в 32 224 квартирах. Дома, в которых должны были сосредоточиться евреи, выбирались по разным критериям: по числу евреев, проживающих в них (дом, в котором оказывалось около 50% жильцов-евреев, объявлялся "еврейским домом"), в зависимости от местоположения и состояния дома, а также социального происхождения и влиятельности квартиросъемщиков-христиан. Но в "еврейских домах" жили не одни евреи. В них оставалось около 12 тыс. христиан, далеко не все из которых с восторгом отнеслись к новым соседям. Однако многие стали помогать евреям, в частности тем, что ходили за покупками и выполняли по их просьбе другие поручения в часы, когда евреям было запрещено выходить на улицу.

Акция переселения началась 16 июня и завершилась восемь дней спустя. Многие жители еврейского происхождения раньше жили в просторных квартирах, а теперь были вынуждены тесниться на гораздо меньшей площади: ни одна семья независимо от ее величины не имела права более чем на две комнаты. Рядом с входной дверью дома или над ней прикреплялась желтая звезда Давида диаметром 30 см на черном фоне. Последним днем переселения, 24 июня, была суббота. "Будапешт выглядел как город во время высылки в Средневековье, — пишет виднейший историк венгерского еврейства Рэндольф Брэм, — тысячи евреев во всех районах города шли к выделенным для них комнатам в домах с желтыми звездами, а свои пожитки везли на лошади на телегах или тащили их на ручных тележках, тачках и даже на спине".

Вместо того чтобы сконцентрировать всех евреев в одном районе гетто, власти предпочли раскидать их по городу. Это было сделано по двум причинам. Во-первых, район, где собирались устроить гетто, населяли тысячи христиан, с которыми власти не желали ссориться. Во-вторых, и это было самым важным, они боялись, что, если для евреев выделят отдельную территорию, остальные районы города союзники сделают объектами своих бомбардировок.

Благодаря отчетам Даниэльсона шведское правительство было полностью в курсе преследований евреев в Венгрии. Поэтому оно реагировало положительно на предложение Маркуса Эренпрайса (инициатором был председатель Швейцарского комитета помощи евреям Венгрии Цви Таубес), чтобы шведский король обратился к венгерскому регенту. В своем послании, которое вручили Миклошу Хорти Даниэльсон и Ангер 3 июля, Густав V, "зная о невероятно жестких и строгих мерах [венгерского правительства] по отношению к еврейскому населению", обратился к регенту с призывом, чтобы тот "во имя гуманности принял меры для спасения тех представителей этой несчастной расы, кого еще можно спасти". Хорти ответил несколько дней спустя, что сделает все, что "в тепершних условиях" в его власти, "чтобы принципы гуманности и справедливости уважались". 7 июля он приказал остановить депортации.

Неясно, какое значение для принятия этого решения имело послание короля. Он был не единственным, кто возвысил свой голос против происходящего в Венгрии[20]. Еще 25 июня папа Пий XII призвал Хорти "использовать все влияние, какое он имеет, чтобы прекратить страдание и муки, которым подвергается бесчисленное количество людей только по причине своей национальности или расы". А на следующий день президент Рузвельт обратился с посланием ко всем венграм, заявив, что "участь Венгрии не будет такой, как у других цивилизованных наций... если депортации не прекратятся". Когда никакого прямого ответа не последовало, Рузвельт подтвердил серьезность своего заявления тем, что 2 июля отдал приказ американским бомбардировщикам о массированной бомбардировке Будапешта. Британский министр иностранных дел Энтони Иден выразил отвращение в связи с акциями венгерского правительства — пусть не непосредственно Хорти, но членам нижней палаты британского парламента. Протесты приходили не только из-за границы, но и от протестантской и католической церквей Венгрии. Эта критика нанесла большой ущерб престижу венгерского регента, к тому моменту уже получившего всю информацию об Аушвице.

Одновременно с тем, что Управление по делам военных беженцев, американская миссия и шведский МИД занимались подготовкой задания Рауля, предпринимались и другие меры для усиления персонала шведской миссии в Будапеште.

Венгерский Красный Крест попросил шведский Красный Крест прислать своего представителя в Будапешт. Финансовые средства были собраны. Однако нужно было торопиться. "Много драгоценного времени уже упущено", — писал Даниэльсон МИДу 25 июня:

> Если окончательное решение со шведской или венгерской стороны не будет принято до исхода текущего месяца, вопрос придется снять с повестки дня, и несчастных евреев, которых с помощью золота от их единокровных братьев можно было бы помочь переправить в нейтральные страны и затем далее, в Америку, придется считать решительно и без надежды на спасение погибшими.

Разрешение венгерского правительства пришло 28 июня, и, чтобы выиграть время, решили поручить это дело упоминавшемуся выше Вальдемару Лангле, 72-летнему шведскому преподавателю Будапештского университета, с 1938 года безвозмездно работавшему в качестве атташе по культуре шведской миссии. Сам Лангле, и так уже вовлеченный в деятельность Красного Креста, предложил прислать Фольке Бернадота, внука короля и вице-председателя шведского Красного Креста. В Музее холокоста в Будапеште хранится черновик письма на французском языке, в котором юденрат просил о том же короля Швеции. Однако граф Бернадот отказался от этого поручения, мотивировав отказ тем, что не может покинуть Швецию "из-за предстоящей важной работы в Красном Кресте"[21].

Отъезд

Как только назначение состоялось, Рауль получил доступ к отчетам МИДа о преследовании евреев в Венгрии. Он попросил у Вильмоша Бёма список венгерских арийцев — "надежных антинацистов", с которыми мог бы связаться в Будапеште. Бём дал ему в числе прочих фамилии нескольких венгерских социал-демократов, но также и список венгерских нацистов, к которым Рауль смог бы при необходимости обратиться.

Когда новость о назначении Рауля распространилась, к нему стали обращаться венгры, жившие в изгнании. Они сообщили ему около сотни имен своих соотечественников, которым требовалась помощь. Одним из таких венгров был известный композитор Миклош Рожа, просивший спасти его мать и сестру. Директор стокгольмского банка Эрик Бьёркман тоже дал Раулю перечень друзей и коллег, оказавшихся в беде.

Учитывая деликатность задания, Рауль и Лауэр составили список кодовых названий для переписки и телефонных переговоров. Чтобы код не вызывал подозрений, все слова были связаны со сферой их деятельности, главным образом с продуктами питания. Кодовыми названиями "евреев" были "гусиная печенка", "фазаны", "куропатки", но также и "специальные металлы" (Рауль имел отношение к компании *Special-Metall Förening*). "Попытка подкупить" обозначалась как "приглашение на хороший обед", "охранные письма" были "лекарствами" или "птичьим кормом", "временные паспорта" — "лекарственными средствами" или "продуктами питания". И для участвующих сторон выбирались кодовые названия, чтобы ввести в заблуждение немцев: американцев называли "Ларсон", русских — "Сырная компания Йосефсон" (*Ostfirma Josefsson*), Вильмоша Бёма — "Густавсон", Великобританию — "босс Густавсона", шведскую прессу — "Андерсон", шведское гражданство — "лекарство от ревматизма", нацистов — "Плауэн & Ко", Пера Ангера — "Елена" и т. д. Американцев назвали Ларсоном, потому что в Будапеште действовала фирма Леннарта Ларсона, и Леннарт

Дипломатический паспорт Рауля Валленберга.

Ларсон-младший жил там в годы войны; двоюродная сестра Рауля Май Ниссер, как упоминалось ранее, в замужестве была фон Плауэн, а жену Пера Ангера звали Елена. Поэтому то, что эти фамилии и имена упоминались в переписке и переговорах Рауля и Лауэра, для любопытных глаз и ушей могло показаться вполне естественным. Особенно остроумным было кодовое название русских — *Ost* по-немецки означает "восток". "Йосефсон", возможно, содержало скрытый намек на имя Сталина.

Поскольку у Рауля не было опыта дипломатической работы, он получил некоторые основополагающие инструкции от руководства МИДа через Свена Графстрёма. Подобно Эренпрайсу, Графстрём, видимо, считал, что "нетрадиционное" отношение Рауля к своим рабочим обязанностям может повлечь за собой проблемы. Поэтому в письме к Перу Ангеру, заменявшему Даниэльсона на время его отпуска на посту главы миссии, Графстрём счел за лучшее уточнить формы работы Рауля. В письме подчеркивается, что в своей деятельности Рауль "естественно, во всем будет подчинен главе миссии, которого ему следует постоянно держать в курсе предпринимаемых им шагов". Во время состоявшихся бесед в Стокгольме Графстрём "подчеркнул это господину Валленбергу", и теперь Ангеру "как главе дипломатической миссии надлежит проследить, чтобы так и было". Если возникнут какие-то конфликтные ситуации с властями, Графстрём рассчитывает, что глава миссии "даст господину Валленбергу нужные директивы".

Сознавая опасности, которыми могло быть чревато поручение, Рауль перед отъездом приобрел девятимиллиметровый браунинг и 200 патронов. Согласно одному источнику, он купил старую модель, потому что она была дешевле, а ему хотелось сэкономить государственные деньги. Четвертого июля он получил разрешение на ношение личного оружия "в защитных целях". "Револьвер должен лишь придавать мне смелости, — объяснял Рауль позднее Перу Ангеру. — Я надеюсь, мне никогда не придется им воспользоваться".

Одновременно с интенсивной подготовкой к будапештскому поручению более или менее в прежнем духе продолжалась светская жизнь с ее ужинами, обедами и общением с женщинами. Однако отношения Рауля с противоположным полом, как мы видели, были довольно поверхностными. В возрасте 32 лет Рауль все еще оставался холостяком и не имел постоянной романтической связи. Было ли это результатом влияния деда, который описывал ужасы брака, или существовали другие причины, сказать трудно.

Однако у него было много подруг. Это следует из записей в карманном календаре. Зимой и весной 1944 года он ухаживал не менее чем за тремя девушками, причем одновременно: за Шарлоттой Арнбергер, Уллой Коллетт и Жаннет фон Хейденстам. В последний день мая он посватался к Жаннет, но получил отказ. "Он мне очень нравился, и я чувствовала себя чрезвычайно польщенной его предложением, но он меня не ошеломил, что ли, иначе я, может быть, сказала бы да". На самом деле Рауль делал предложение стольким девушкам, что создается впечатление, что ему было не так уж важно, кто станет его невестой, лишь бы кто-то пожелал надеть на палец кольцо, уже изготовленное по его заказу.

Он больше не добивался руки Жаннет, но они продолжали встречаться. В последний раз они виделись, согласно календарю Рауля, 27 и 28 июня, всего за неделю до его отъезда. Он рассказал Жаннет, что ему предстоит правительственное задание в Будапеште, но не уточнял, в чем оно состоит, сказал только, что это "может оказаться очень опасным". Столь же скрытен он был и при случайной встрече с Густавом фон Платеном.

Перед отъездом Рауль посетил Эренпрайса в спа-отеле "Сальтшёбаден" вместе с Лауэром, Мазуром и Фрицем Холландером (оба были представителями Всемирного еврейского конгресса). Эренпрайс передал рекомендательное письмо Шаму Штерну, председателю будапештского Еврейского совета, и спросил Рауля, хочет ли тот его благословения. Рауль согласился, и главный раввин, прежде настроенный к нему скептически, прочел еврейскую молитву и благословил его.

Якоб Валленберг, в качестве крестного чувствовавший особую ответственность за Рауля, обеспокоенный тем, что "с ним что-то может случиться с немецко-нацистской стороны", в свою очередь, оказал более практическую помощь. Он связался с Вальтером Шелленбергом, главой контрразведки в немецком Министерстве безопасности, которого хорошо знал, и попросил его позаботиться о том, чтобы "защитить РВ от нацистов".

Последнюю свою неделю в Стокгольме Рауль постарался использовать для посещения родных. Он обедает с Май и Энцо фон Плауэнами и ужинает с бабушкой Анни. Естественно, он общается с самыми близкими родственнниками, но это не находит отражения в календаре. (Сведений о том, как отнеслись к поручению в Венгрии его родители, к слову, не сохранилось.) Первого июля он встречается с бывшим венгерским пресс-атташе Андором Геллертом, вечером 2 июля — с Коломаном Лауэром, а на следующий день Лауэр устраивает ужин для Рауля. По словам Лауэра, Айвер Олсен, также присутствовавший на ужине, в течение разговора понял, что "Рауля уже нечему особо учить, поскольку его природный ум разрешит все самые трудные проблемы". Четвертого июля Рауль должен был быть на празднике в честь американского Дня независимости, но вместо этого встречался с Норбертом Мазуром. Шестого июля он посетил Олсена вместе с Лауэром, пожаловавшимся, что еврейские организации в Стокгольме отправляют Рауля с поручением, а деньгами не снабдили. Тогда Олсен вручил Раулю 10 тыс. крон. В тот же день Рауль написал цитировавшееся выше письмо Буэману, а вечером дома у родителей был прощальный ужин для узкого круга, включая Уллейна-Ревицки с супругой.

Данное Раулю задание должно было занять не менее двух месяцев, а это означало, что ему нужно прибраться на рабочем столе перед отъездом. Одним из последних его дел было подписание бизнес-контракта с Эберхардом Хокансоном относительно разной печатной продукции (Рауль владел небольшой типографией "Абетрюк"), договор был подписан 7 июля 1944 года. В тот же день Лауэр проводил Рауля в стокгольмский аэропорт Бромма. Если ему не удастся выполнить запланированное поручение, он должен, решили они, послать шифрованную телеграмму Лауэру, чтобы МИД отозвал Рауля домой. Для чиновника шведского МИДа Рауль представлял собой редкое зрелище. Он был одет в плащ-дождевик и шляпу в стиле Энтони Идена и тащил два рюкзака — один на спине, другой в руке.

Самолет поднялся в воздух в 13:50, взяв курс на Берлин. Раулю не терпелось отправиться в путь. "Валленберг уехал в чертовской спешке, — сообщил Айвер Олсен своему шефу Джону В. Пеле в Вашингтоне, — без инструкций и без кассы на случай непредвиденных расходов".

Будапешт

По прибытии в Берлин Рауля встретили Нина и Гуннар Лагергрены. Как указывалось ранее, Гуннар работал секретарем шведской миссии в германской столице. Пока они ехали на машине из аэропорта, вспоминала впоследствии Нина, Рауль рассказывал о своем поручении и сказал, что в рюкзаке у него список "выдающихся евреев, социал-демократов и других будапештских оппозиционеров, с которыми ему предстоит связаться". Нина с мужем жили во флигеле замка Капут в нескольких милях от Берлина, туда они и направились. Рауль полгода не виделся с сестрой и зятем, и после ужина они еще долго сидели и разговаривали. Когда около полуночи они разошлись, чтобы лечь спать, раздался сигнал воздушной тревоги: над городом летали британские самолеты, и пришлось искать убежище. В ту ночь сон оказался коротким.

Шведский посол в Берлине Арвид Рикерт заранее заказал для Рауля билет на поезд в Будапешт через два дня, на 9 июля. Это было сделано из лучших побуждений: он исходил из предположения, что Рауль захочет задержаться на денек в Берлине, чтобы побыть с сестрой. Но "Рауль рассердился", — вспоминала Нина.

Он сказал, что "не может терять времени". Поэтому, пообедав с Рикертом, 8 июля он уехал поездом 17:21, отправлявшимся в Вену. Вагон был набит немецкими солдатами, и, поскольку у Рауля не было билета с местом, ему пришлось ехать в тамбуре.

Из Вены Рауль сразу отправился в Будапешт. Согласно его календарю, 8 июля он должен был быть на свадьбе в Швеции, но венгерское поручение было для него важнее. Он же не мог знать, что в тот день, когда он выехал из Стокгольма, адмирал Хорти приказал прекратить депортации евреев, тем самым в один миг изменив условия поручения.

На вокзале в Будапеште Рауля встретили Биргит Брюлин из шведской миссии и водитель Тот. Молодой чешский еврей Томаш Кауфман, также находившийся в автомобиле, вспоминает: "По дороге с вокзала новый секретарь миссии господин Валленберг спросил меня, кто я и чем занимаюсь. Я рассказал правду. Тогда господин Валленберг предложил, чтобы я помогал ему в его деле. Я не мог себе представить, как будет выглядеть это дело, но все равно согласился".

Правда, которую рассказал Томаш Кауфман, состояла в том, что он с родителями в 1942 году бежал в Будапешт из оккупированной Чехословакии, спасаясь от преследования. После вторжения немцев в Венгрию родителей депортировали в Аушвиц. Последнее, что сказал ему отец, было — надо идти в швейцарскую или шведскую миссию, где Томашу могут помочь. Помощь он получил, его взяли на работу в шведской миссии. "Я спал на дне шахты лифта, мыл машины, бегал с поручениями, ходил на почту, делал то, что меня просили, и был счастлив, — вспоминал он. — У меня было где спать, было что есть, и мне выдали удостоверение венгерского МИДа, подтверждающее, что я состою в штате шведской миссии".

Таким образом, Рауль уже с первого момента познакомился с положением евреев и увидел конкретный пример практической работы по спасению людей, которая велась

Пер Ангер в Будапеште.

шведами в Будапеште. Кроме того, он сразу понял, что попал в воюющую страну. Будапешт, в который прибыл Валленберг, незадолго до этого подвергся мощному налету бомбардировщиков. Целью налета были военные, промышленные и другие стратегические объекты, в том числе железнодорожный вокзал, на который он прибыл.

Рауль остановился в "Геллерте", одном из самых роскошных отелей Будапешта, известном своими купальнями и расположенном в пяти минутах ходьбы от шведской миссии у подножья горы Геллерт, и сразу по приезде послал телеграмму Коломану Лауэру, сообщая о своем прибытии. "Благополучно прибыл. Пока Геллерт". Телеграмма была отправлена 9 июля в 18:46.

Согласно календарю Рауля, он должен был на следующий день, 10 июля, обедать с Иваном Даниэльсоном, но встреча не состоялась, поскольку посол неделю назад уехал в отпуск. Поверенным в делах был Пер Ангер, и с ним Рауль встретился вечером 11 июля. Когда Рауль попросил его рассказать о положении дел, тот сказал, что "депортации из провинции проведены полностью, [но] большинство евреев Будапешта пока не затронуто", отчасти в результате обращения шведского короля к Хорти. Тем не менее он сомневался, что немцы согласятся оставить столичных евреев в покое.

Юденрат

Формально Венгрией управляло собственное правительство, но все важные решения согласовывались с германскими оккупационными властями. Представителем Германии в Венгрии был Эдмунд Веезенмайер. В первые годы войны он находился в Хорватии, где сыграл центральную роль в уничтожении хорватских и сербских евреев. После 19 марта 1944 года его назначили немецким послом в Будапеште.

В Венгрии до момента германского вторжения проживало большое и почти не затронутое репрессиями еврейское население, которое было последним препятствием для окончательного решения нацистами "еврейского вопроса" в Европе. Одним из ответственных за "окончательное решение" в Венгрии был как раз Веезенмайер, но за практическое выполнение задания взялся оберштурмбаннфюрер СС Адольф Эйхман. Эйхман был одним из архитекторов плана "окончательного решения" еврейского вопроса. В Будапеште он сформировал зондеркоманду, состоящую из виднейших "экспертов по евреям" нацистской Германии, имеющих опыт депортаций, в том числе в Словакии и Греции: Дитера Вислицени, Германа Крумеи, Отто Гюнше и других.

Уже через пару часов после вторжения Крумеи и Вислицени приказали еврейским старейшинам Пешта на следующий же день прибыть на информационную встречу. Некоторые из них пришли в такой ужас, что явились на эту встречу вместе с семьями и с упакованными чемоданами. Однако Крумеи заверил их, что никто не будет арестован, не предвидится никаких депортаций и права евреев и их собственность не пострадают. Правда, некоторые ограничения будут введены, но их отменят, как только закончится война. Одновременно он дал понять, что с этого момента действует новый порядок. Все еврейские вопросы будут находиться в компетенции германских властей, а еврейская община Будапешта теперь подчиняется непосредственно шефу гестапо в Будапеште Альфреду Тренкеру. Ни одному еврею не разрешается куда-либо переселяться из своего жилища, а еврейские газеты будут проходить цензуру гестапо.

На самом деле эти сравнительно мягкие меры были камуфляжем. Цель оставалась прежней: очистить Венгрию от евреев, и срочно. С востока приближалась Красная армия, и немцы хотели, чтобы депортации прошли быстро и четко. С этой целью из числа лиц, пользующихся доверием у еврейской общественности, был создан юденрат. "Протоколы Освенцима" еще не были широко известны, но слухов о репрессиях, которым подверглись евреи на остальной территории Европы, было более чем достаточно для того, чтобы вселить в еврейское население Венгрии тревогу. Поэтому главной задачей Юденрата было успокоить венгерских евреев, уверив, что произошедшее с еврейским населением Польши и Германии не постигнет венгерских евреев. В благодарность за сотрудничество лидерам юденрата было дано обещание освободить их от ограничений, которые ожидали остальных венгерских евреев.

Во время встречи 20 марта собравшимся евреям было дано указание до 12 часов следующего дня образовать Будапештский юденрат. Это было сделано. В правление были выбраны представители экономической и религиозной элиты столицы: из восьми его членов четверо были адвокаты, один промышленник, один банкир и один раввин, все занимающие ведущее положение в разных еврейских общинах. Председателем совета стал предприниматель Шаму Штерн, а его ближайшими помощниками — адвокаты Эрнё Петё и Карой Вильгельм. Все трое были видными представителями неологического течения иудаизма и входили в руководство неологической общины Пешта: Штерн был ее председателем, Петё — заместителем председателя, а Вильгельм — старостой.

Неделю спустя подобные же советы были учреждены по всей стране. Еще через три месяца необходимость в них отпала — к тому времени венгерская провинция была полностью очищена от евреев.

Единственный юденрат, еще сохранившийся к моменту приезда Валленберга, был будапештский: столичного еврейского населения репрессии пока не коснулись. Но, если руководители совета вначале и поверили фальшивым обещаниям немцев, реальность — свыше 400 тыс. депортированных евреев — к этому времени разбила их надежды. Когда

Рауль в один из первых дней в Будапеште посетил юденрат, находившийся в помещении еврейской общины на улице Шип, 12, в центре старого еврейского квартала Будапешта, представшее перед ним собрание выглядело крайне унылым.

Одним из первых, с кем он столкнулся, оказался Ласло Петё, с которым они познакомились 15 лет назад, когда Рауль изучал французский в Тонон-ле-Бене[22]. Ласло был сыном одного из руководителей совета, Эрнё Петё. Он, в свою очередь, представил Рауля председателю Шаму Штерну. В рекомендательном письме от Эренпрайса, переданном Раулем, раввин просил Штерна и членов совета "принять господина Валленберга и предоставить ему все сведения, какие тому могут понадобиться". Штерн должен был записать все пожелания и предложения, имеющиеся у совета, и передать Валленбергу, который через шведский МИД направит их Эренпрайсу. Во время первой встречи Рауль также попросил Штерна и его коллег подготовить для него обзор положения евреев в Венгрии, чтобы он мог послать его в Стокгольм.

"Докладная записка о репрессиях против венгерских евреев"

К "Докладной записке о репрессиях против венгерских евреев", составленной Раулем и посланной в МИД 18 июля, прилагался список фамилий будапештских евреев, имеющих какое-то отношение к Швеции, а также отчет о лагерях уничтожения, подтверждавший сведения из "Протоколов Освенцима". С той же диппочтой было отправлено благодарственное письмо юденрата Густаву V за его вмешательство в судьбу венгерских евреев. В письме описывались тяжелые условия, в которых живут евреи, и постоянный страх, что депортации возобновятся. В нем также была просьба к королю поставить в известность германское и венгерское правительства, что

Швеция готова эвакуировать будапештских евреев и может предоставить транспортные суда для эвакуации в румынском порту Констанца. Поскольку авторы письма (Штерн, Петё и Вильгельм) боялись "репрессий против выживших евреев Венгрии", Пер Ангер в сопроводительном письме в МИД просил, чтобы "нижняя часть страницы 2 с печатью и фамилиями отправителей была удалена и сожжена, как только Ваше Величество ознакомится с написанным". Это, однако, сделано не было, и письмо хранится в нетронутом виде в архиве МИДа.

В основе докладной записки Валленберга лежали сведения, полученные не только от членов юденрата, но и от других лиц. Так, 13 июля Рауль встретился с Миклошем Краусом, будапештским представителем базирующегося в Палестине Еврейского агентства, а два дня спустя — с бывшим членом парламента Миклошем Кертесом, одним из социал-демократов из списка Бёма. Другими источниками информации послужили представитель Центральноевропейской компании в Будапеште Ласло Келемен и сотрудник отдела культуры венгерского Министерства иностранных дел Гёза Соос, с которым Рауль познакомился 11 июля дома у Пера Ангера, служившего Соосу контактным лицом в шведской миссии[23]. Именно Соос в начале мая обеспечил перевод "Протоколов Освенцима" на венгерский язык и позаботился о том, чтобы они дошли до христианских церквей Венгрии. Их получили также сионистский лидер Отто Комой и невестка Хорти. Позже в том же году Соос возглавит небольшую группу сопротивления — Венгерское движение независимости — и в связи с этим наладит контакт с шведской военной разведкой.

В докладной записке Валленберг сообщает об ужасающих условиях в перевалочных лагерях на территории Венгрии и о дальнейшей транспортировке евреев в Польшу и Германию. Документ также содержит его мысли об отношении венгров к преследованиям евреев, ответственность за которые многие склонны возлагать на немцев. Однако, по мнению Вал-

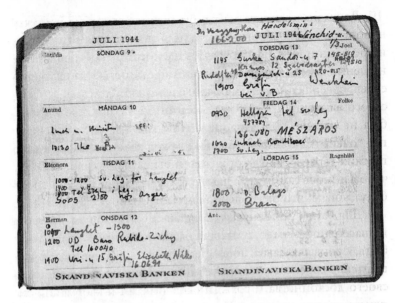

Календарь Валленберга отражает его встречи в первую
неделю в Будапеште.

ленберга, антисемитизм имеет глубокие корни и в самой Венгрии. То, что война приближается к концу, видно из того, что
часть венгров, прежде всего в ведущих экономических кругах,
"в настоящий момент проявляют определенное любопытство
по поводу наказаний, которые могут ожидать активных со-
общников преступных акций". Далее Валленберг поднимает
вопрос о "возможностях побега": у евреев они очень ограни-
ченны из-за требования носить звезду Давида, запрета выходить на улицу, нехватки наличных средств (евреи имели право
снимать со своих банковских счетов только незначительную
сумму), "лишь прохладного сочувствия" христианского населения, а также географии страны: рельеф Венгрии преимущественно плоский. В Будапеште от 20 до 50 тыс. евреев прячутся
у христиан, и совершается много крещений в надежде, что
крещеным евреям удастся избежать ношения звезды[24].

Докладная записка на самом деле не содержит ничего нового. Это в основном суммирование ранее доступной информации. Интересно размышление Валленберга об отношении евреев к своей собственной судьбе: "Будапештские евреи совершенно апатичны и едва ли делают что-то для своего спасения". В этом своем наблюдении Валленберг был не одинок. В разговоре с Айвером Олсеном Пер Ангер "очень жаловался на полное отсутствие мужества у венгерских евреев, так как они могли бы сделать очень многое, чтобы помочь самим себе даже в тех случаях, когда знали, что будут убиты, что это только вопрос времени".

Для Рауля, приехавшего в Будапешт для спасения евреев, их пассивность, надо думать, стала шоком. Его вывод, может быть, основывался на общих впечатлениях от города: будапештские евреи без сопротивления смирились с попранием своего достоинства и гражданских прав. А может быть, он почерпнул это представление от коллег по миссии и других лиц, с которыми разговаривал. Нельзя исключить и того, что формулировка отражает его впечатление от Будапештского юденрата, пассивность которого была невероятной — и удивительной, учитывая, что для его руководителей политика полного уничтожения евреев не могла быть тайной. О репрессиях в отношении евреев в Германии и Польше было известно задолго до обнародования "Протоколов Освенцима". Еврейские лидеры в Венгрии, таким образом, знали, что означает "окончательное решение" еврейского вопроса — в отличие от немецких и польских евреев, когда тех отправляли в газовые камеры. Пассивность руководителей Юденрата объясняется скорее тем, что они не видели для себя иного выбора, кроме сотрудничества с оккупационной властью и ее венгерскими приспешниками с целью выиграть время в надежде, что война скоро закончится. Вот почему они призывали своих соотечественников сохранять спокойствие, вместо того чтобы информировать их о политике нацистов в отношении евреев в оккупированных Германией странах. Кроме того, те, до кого дошли сведения о газовых камерах, в большинстве случаев отнеслись к ним с сомнением: не может же что-то подобное случиться с венгерскими евреями...

Репатриация

В письме матери, отправленном той же диппочтой, Рауль сообщал, что у него "ужасно много дел" и он работает "день и ночь". В настоящий момент такое впечатление, что его "первая попытка в рамках гуманитарной акции" может увенчаться успехом, хотя он и не спешит вполне в это поверить.

Под "первой попыткой" подразумевались запланированные усилия шведов по оказанию помощи венгерским евреям, имеющим отношение к Швеции. 13 июля заместитель министра иностранных дел Венгрии Михай Арноти-Юнгер сообщил, что венгерское правительство решило согласиться на предложение Швеции об операции по спасению евреев. Операция, состоящая главным образом в финансовой и материальной помощи, должна была происходить под патронажем Красного Креста. Правительство также согласилось, что венгерских евреев с шведской привязкой можно будет отправить в Швецию — "репатриировать", согласно употребленному в документе термину. Говорили, что на позитивный ответ повлияло послание Густава V Хорти. Решение о репатриации, одобренное Гитлером 10 июля, касалось не только Швеции, но и Швейцарии, Палестины и других стран, в которые дозволялось выехать 7 тыс. 800 евреям. (Благодаря сотрудничеству между швейцарской миссией и Еврейским агентством Палестины еще в 1943 году 4 тыс. евреев были репатриированы в Палестину, но этот процесс прекратился после германского вторжения в Венгрию. Репатриацией в Палестину

LISTA ÖVER DE UNGERSKA PERSONER FÖR VILKA SVENSKA LEGATIONEN I
BUDAPEST PÅ GRUND AV UTRIKES DEPARTEMENTETS MEDDELANDE UTSTÄLLT
SKYDDPASS VILKA REDAN ERHÅLLITS AV VEDERBÖRANDE.

5009	Fru Maximilian Acél, Budapest	
5114	Maximilian Acél, Budapest	Stefan Schwarcz, Stockholm, Dalagatan 22.
5117	Theodor Aczél med fru, Budapest	Oscar Hirsch, Stockholm, Kommendörsgatan 5
5066	Eugen Alpern, Budapest	A.B. Axel Wardells
5251	fru dr. Zoltán Arbanász	Tibor Koos
5371	Josef Ardó, Budapest	A/B. Radius, Stockholm
5369	" " "	A.B.B.A. Hjorth & Co., Stockholm
5343	Eugen Bánó, Budapest	Idrottsbladet, Torsten Tegnér
5160	Hugo Bárdos med fru, Budapest	
5155	Emerich Berkovics, Budapest	
5034) 5351)	Margit och László Csillag, Budapest,	Szende (Stefan), Råsunda, Rästa vägen 3
5063	fru /Béla Deszberg, Budapest	fru Gertrud Ask, Stockholm, Karlsviksgatan 6 och Paul Leimdörfer, Brännkyrkagatan 39 genom A. Tardell, Kungsgatan 54
5306	fru Béla Deutsch, Budapest	Vera Mebius Schröder, Stockholm, Rindögatan 18
5335	fru Ernő Deutsch med son Josef, Budapest	Gösta Forsberg, Vansbro
5117	Eugen Deutsch, Budapest	Oscar Hirsch, Stockholm, Kommendörsgatan 5
5133	Dr. Julius Domány, Budapest	Harald Bergestam, Stockholm, Brantingsgatan 31
5274	fru Irene Donát, Budapest	Wilhelm Wolbe, Stockholm, Olofsgatan 11
5104	Nikolaus Erdélyi med fru, Budapest,	A.B. Kifa, Stockholm
5319	Karl Erős med fru, Budapest	A.B.C.E. Johanssons Export Co., Eskilstuna

Первая страница списка венгерских евреев, имеющих связи со Швецией.

Дома шведской миссии

Шведская миссия находилась в большом и красивом здании в стиле модерн по адресу улица Гийопар, 8 в Буде, чуть выше отеля Геллерт. Владельцем дома был Дежё фон Байер-Крушаи, женатый на шведке. До того как шведское дипломатическое представительство было повышено в 1940 году до уровня миссии, он был шведским генеральным консулом в Будапеште. У них было четверо детей, одному из которых, Сикстену, предстояло стать близким сотрудником Валленберга. На первом этаже находилась канцелярия, а также помещение, в котором проживали вахтер и водитель, и гараж. Этажом выше сидел Пер Ангер, и там же была "шифровальная", а на верхнем этаже был кабинет посланника, представительская квартира и частное жилье. В помещении миссии, таким образом, для Валленберга и его деятельности не было места, и он снял себе большую соседнюю виллу на улице Минервы, IA (фотография на следующей странице). От шведской миссии ее отделяла только крохотная улица Пипаш. Вилла состояла из 16 комнат, и через некоторое время в ней поселились молодые сотрудники миссии Биргит Брюлин и Маргарета Бауэр. Последняя вспоминает: "Валленбергу для его деятельности крайне требовались более

просторные и многочисленные помещения, а ведь мы в "настоящей" миссии тоже занимались очень сложными проблемами, и груды бумаг все росли и росли. Так что было решено, что мы временно приютим Валленберга в нашем доме. [...] При его энергии не прошло и... нескольких недель, как он организовал для себя собственные помещения". Владелицей виллы была Мици Цвак (в замужестве Молнар), для которой шведское государство было хорошим квартиросъемщиком, так как дом тем самым оказывался под дипломатической защитой. В то время как в распоряжении Маргареты Бауэр и Биргит Брюлин было по квартире на втором этаже, семья владельцев пряталась в маленькой чердачной квартирке, где и прожила до конца войны. Они жили абсолютно изолированно, вспоминала Маргарета Бауэр, "посреди ночи тихо, как мышки, спускались в сад, чтобы немного подышать воздухом, а в остальное время жались по углам на чердаке". В доме жил и брат Мици Цвак, ликеро-водочный фабрикант Янош Цвак, который прятался в подвале вместе с женой и тремя детьми. Госпожа Цвак была урожденная фон Валь, сестра Хайнриха фон Валя, знакомого Валленбергу по Стокгольму. Поэтому неслучайно он выбрал и снял именно эту виллу, которая подходила идеально и по местоположению.

занималась Швейцария, поскольку миссия этой страны представляла в Венгрии интересы Великобритании, а Палестина находилась под британским мандатом.)

В основе решения лежал запрос шведской миссии от 11 июня о возможности начать операцию по спасению еврейских детей, женщин и стариков. Одновременно миссия просила разрешения на выдачу выездной визы для 450 лиц, "тесно связанных" с Швецией. Поводом послужило то, что после оккупации немцы призвали нейтральные государства репатриировать из Венгрии домой своих еврейских граждан, так как в противном случае с ними будут обращаться как с венгерскими евреями, то есть депортируют. Это "предложение" Швеция теперь применила расширительно, не только к шведским гражданам, но и к лицам, имеющим тесные связи со страной, что означало либо семейные узы, либо длительные и тесные деловые контакты.

Венгерские власти ответили на обращение требованием представить списки лиц, о которых может идти речь. Списки, составленные МИДом в Стокгольме и миссией в Будапеште, на 14 июля охватывали 649 человек. Однако число не могло быть точным, потому что относительно многих приходилось опасаться, что они уже были депортированы в Германию или Польшу. Неделю спустя МИД сообщил миссии, что еврейская община Стокгольма заявила, кроме того, о своей готовности принять 200 еврейских детей. Это заставило Лауэра просить Рауля сделать "все, что возможно", чтобы его племянница Сусанна попала в этот список, так же как и одиннадцатилетний мальчик, проживающий в Румынии, Томаш Шурани, и шестилетняя девочка Андреа Асоди, родители которой с 1937 по 1940 год экспортировали фрукты в Швецию. "Наверное, нет необходимости подчеркивать, что я беру на себя содержание этих троих детей", — добавлял он. За Шурани просил и Свен Сален, сообщивший телеграфом Валленбергу, что готовое разрешение на въезд для этого мальчика лежит в миссии в Бухаресте.

Отдел Б

Депортации прекратились, но все понимали, что они вскоре могут быть возобновлены и обрушатся и на будапештских евреев. В своей второй докладной записке в МИД от 29 июля Валленберг сообщал, что он, чтобы "в любой момент быть в состоянии предпринять меры, которых потребует ситуация, желательно без процедуры получения разрешения", уже нанял "человек 20 сотрудников, преимущественно волонтеров, в большинстве своем еврейского происхождения, однако не из обязанных носить звезду". Это была необходимая мера, поскольку основной персонал миссии к моменту приезда Рауля "совершенно выдохся". Рауль также успел установить три телефона, отпечатать на ротаторе тысячи бланков "для различных целей", закупить новых канцелярских товаров и взять напрокат полдюжины пишущих машинок, стулья и так далее.

Уже через неделю количество служащих в отделе Б выросло до 40 человек, образовав отделение по приему, отделение регистрации, кассу, архив, отделение корреспонденции, а также транспортное и жилищное отделения, каждое, по словам Валленберга, "под особым, компетентным руководством". Среди набранных служащих был целый ряд предпринимателей и юристов — изначально контактные лица советника по торговле Пера Ангера. Разрастание отдела привело к тому, что Валленбергу пришлось снять еще шесть комнат на вилле по другую сторону от миссии.

Первая группа сотрудников состояла из лиц, имеющих временные паспорта и тем самым уже превращенных в шведских граждан. Это были Гуго Воль, Пал Хегедюш, Вильмош Форгач, Отто Флейшман, Иштван Энгельман, Имре Тернер, Иван Шекей и Георг фон Погани. Первые четверо составили группу особо доверенных лиц, проходивших под названием "совет мудрецов".

Валленберг в окружении ближайших сотрудников. Слева направо:
Дежё Донненберг, **Гуго Воль**, неизвестный, Вильмош Форгач, Пал Хегедюш,
Тибор Вандор и Отто Флейшман.

Гуго Воль был директором радиозавода "Орион", в конце
1920-х годов начавшего выпускать первые венгерские радио-
приемники. Гуго описывают как человека молчаливого, ра-
ционального и "умного в смысле комбинаторных способностей, умения быстро понять и оценить ситуацию". Вильмош
Форгач тоже был одним из директоров "Ориона" и в 1935–
1936 годах находился в Стокгольме в связи с организацией
шведского филиала — "Шведского Ориона". Причина того,
что он стал таким близким и доверенным сотрудником Валленберга, состояла в его "неистощимой энергии, глубокой

образованности, знании языков и контактности". Пал Хе-гедюш был главным консультантом Валленберга в области контактов с немецкими и венгерскими властями. Он родился в 1905 году в венгерско-еврейской семье в Тячове, в Карпатах, на Украине и изучал юриспруденцию в Праге, где в 23 года стал доктором юридических наук, а еще через несколько лет успешно сдал экзамены на звание адвоката. В мае 1944 года он покинул Прагу и отправился в Будапешт, где в силу своего образования считался "привилегированным евреем", и антиеврейские законы на него не распространялись. Хегедюш не участвовал в оперативной работе отдела Б, но благодаря своему дипломатическому таланту был, возможно, самым важным членом "совета мудрецов". Отто Флейшман тоже был юристом по образованию, но потом стал психоаналитиком. Он учился у Фрейда и работал в Вене, а после аншлюса 1938 года вернулся в родную Венгрию. Как свидетельствуют очевидцы, Флейшман оказывал особенно сильное личное влияние на Рауля.

Своего рода секретарем при отделе была графиня Эржебет Нако, которую Рауль, возможно, знал по прежним своим приездам. Однако она занималась не обычными секретарскими делами, а скорее ведала связями с общественностью. Чисто конторскую работу выполняла Фридл Фальк, имевшая образование секретарши, но не знавшая шведского языка. Вот почему письма Рауля, написанные под диктовку, в том числе и письма матери, были на немецком.

Когда Рауль арендовал особняк, перешедший тем самым под защиту Швеции, примерно то же делала и миссия Швейцарии. 24 июля владелец стекольного производства Артур Вейс передал в распоряжение швейцарской миссии свое здание по улице Вадас, 29. Здесь под защитой швейцарской миссии нашли убежище Миклош Краус и его персонал из "Еврейского агентства". Вывеска на входе гласила, что в здании находится "Эмиграционная служба швейцар-

Евреи в очереди перед Стеклянным домом.

ского посольства". Главной движущей силой швейцарской миссии был ее вице-консул Карл Лутц. В этом Стеклянном доме со временем нашли приют 3 тыс. евреев, проживавших в невыносимых условиях, но под швейцарским флагом.

В первые недели в Будапеште Рауль жил в отеле "Геллерт", но потом нашел себе жилье — "очень красивый дом на вершине горы, способный в достаточной степени служить представительским целям", как он описывал свою виллу в отчете в МИД. Дом находился по улице Оштром, 9/11 на Замковой горе в Буде, примерно в 100 м к северу от стены замка, и принадлежал богатому предпринимателю Аурелю Балашу, сын которого, Релли, работал шофером Валленберга. "Я снял очень красивый дом XVIII века с красивой мебелью, замечательным садиком и волшебным видом, время от времени я устраиваю служебные ужины", — в более поэтических выражениях сообщал Рауль о том же матери.

"Здесь много нуждающихся в помощи и большие страдания"

Первые отчеты Валленберга МИДу по какой-то причине не были переданы американской миссии в Стокгольме. Но в числе других их получил Гуннар Юсефсон, председатель Еврейской общины Стокгольма. Американцы и англичане получили информацию о его деятельности иными путями — через Лауэра или Вильмоша Бёма, в свою очередь получившего ее от Лауэра. Олсен и Лауэр поддерживали связи естественным образом, поскольку работали в одном и том же здании на Страндвэген, но отсутствие официальной информации вызывало у американцев раздражение.

Еще одним источником раздражения было финансирование деятельности Валленберга. Неясностей тут было так же много, как и в вопросе инструкций: поручение носило настолько уникальный характер, в него было вовлечено столько сторон, что не было понятно, как, кем и на что должны расходоваться денежные средства. Например, не было четкой границы между деятельностью Рауля и работой Красного Креста, особенно вначале.

Расходы на акцию спасения должны были покрываться Управлением по делам военных беженцев, в свою очередь получавшим средства от еврейских организаций, отдельных американских евреев и американского правительства. Одновременно подчеркивалось, что деньги, заранее предназначенные конкретно на работу по спасению, нельзя использовать на покрытие административных расходов шведской миссии.

Часть средств приходила от Лауэра или через него, но это были главным образом деньги на конкретные цели.

Непроясненность вопросов финансирования привела к тому, что вначале у Валленберга было мало средств. Восемнадцатого июля он писал Лауэру, что "очень сильно недостает платежных средств и поэтому трудно раздобыть пенгё" (название венгерской валюты). Двадцать третьего июля по телефону Рауль попросил Лауэра донести это до Айвера Олсена, что тот и сделал на следующий день. Однако реакции не было, и в следующем письме Лауэру Рауль объяснил, что не может каждый раз, прежде чем на что-то потратить деньги, дожидаться формального одобрения своих планов:

> Я не могу постоянно говорить об этом по телефону, хотя МИД желает, чтобы все шло через них. Я прошу тебя проследить, чтобы деньги были отправлены и меня об этом уведомили. За всем остальным прослежу я. Однако при условии, что это будет сделано быстро. Здесь много нуждающихся в помощи и большие страдания. Деньги в принципе пойдут отдельным лицам, Красному Кресту, церквям, а также частным лицам, показавшим, что они способны помогать евреям[25].

Пятого августа Олсен наконец перевел 50 тыс. крон будапештской миссии "на работу Швеции по спасению евреев Венгрии". Как ни странно, одновременно он сообщил, что не знает, должна ли эта сумма быть использована Красным Крестом или Валленбергом. Неуверенность отчасти объясняет проволочки: в УВБ не очень представляли себе, как "выглядит" акция по спасению и как должны быть использованы средства.

Когда Пер Ангер, будучи в Стокгольме в середине августа, встретился с Олсеном, тот заверил, что "никаких трудностей с постоянным предоставлением средств для недавно на-

Сотрудники шведской дипломатической миссии в Будапеште.
Справа налево: посланник Иван Даниэльсон, Денеш фон Мезеи,
Маргарета Бауэр, представитель Красного Креста Вальдемар Лангле,
Пер Ангер. Крайний из стоящих слева — Бела Галантаи,
жених Биргит Брюлин (сидит).

чатой деятельности Валленберга возникать не будет". Однако финансирование работы Рауля продолжало идти со скрипом. Американцы желали видеть дополнительные подтверждения того, что средства не используются в административных целях. Олсен жаловался, что не получает от Валленберга никаких отчетов. Кроме того, у американцев вызывало неудовольствие, что перевод средств происходил частным путем, через Лауэра, а не через МИД. В результате Лауэр почувствовал, что "очень устал от всего этого". Поэтому 23 августа он написал резкое письмо Олсену с ответом на его жалобы. Он подчеркнул, что "г-н Валленберг трудится чрезвычайно напряженно, часто по 16–17 часов в день", что ему было "при таких обстоятельствах физически невозможно писать отчеты сразу нескольким лицам" и что Рауль не виноват, что МИД не пересылал его отчеты в УВБ. Деньги, о которых просил Рауль, пойдут только на различные акции по спасению евреев и ни на что другое, заверял Лауэр, заканчивая письмо вопросом о доверии:

> Если вы не доверяете г-ну Валленбергу, было бы гораздо лучше сказать мне об этом, чтобы он мог прекратить свою работу в Будапеште и вернуться домой. Вы должны понять, г-н [Олсен], что г-н Валленберг не только отдает все свое время и силы ради помощи оказавшимся в беде людям, но и в некоторых ситуациях рискует своей жизнью. Я чувствую определенную моральную ответственность за г-на Валленберга и поэтому весьма желал бы, чтобы г-н Валленберг не продолжал свою работу в Будапеште, в случае если он не пользуется Вашим доверием и помощью.

В результате этого обмена мнениями, во-первых, отчеты Рауля начиная с сентября пересылались американской и британской миссиям, а во-вторых, Лауэр 28 августа открыл специальный счет на имя Рауля в *Enskilda Banken*. Суммы, прошедшие через этот счет, были, правда, не так уж велики, их оценивают примерно в 250 тыс. крон, что сегодня соответствует 5 млн крон (или 500 тыс. евро). По-настоящему крупные вклады на акцию Валленберга приходили напрямую от американских еврейских организаций, прежде всего от "Джойнта" (Американского еврейского объединенного распределительного комитета), на счета Валленберга в Швейцарии. Согласно одному источнику, суммы этих вкладов исчислялись 2,5 млн долларов (на сегодняшний день — около 50 млн долларов).

Временные паспорта и другие охранные документы

Венгерские евреи, тесно связанные с Швецией, начиная с середины июня стали получать "временные паспорта" — собственно, тот вид документа, который выдается шведскому гражданину, если он лишился своего обычного паспорта. Не без колебаний, но такие паспорта принимались венгерским Бюро иностранцев — в основном благодаря хорошим связям заведующего канцелярией миссии Денеша фон Мезеи. Чтобы обладатель такого паспорта был признан в качестве шведского подданного, Бюро требовало специального подтверждения от миссии. На основе этого Бюро, в свою очередь, выдавало удостоверение, освобождающее данное лицо от необходимости носить звезду Давида и выполнения других постановлений о евреях.

Первый временный паспорт был выдан Гуго Волю, исполнительному директору "Шведского Ориона". "Я никогда не забуду, как однажды поздно вечером, вскоре после прихода немцев, он пришел ко мне домой, прикрывая свою звезду портфелем", — вспоминал Пер Ангер. "Вы должны помочь мне, вы просто обязаны мне помочь", — умолял Воль. Именно тогда Ангеру пришла в голову мысль выдать ему временный паспорт. Второй паспорт получил Вильмош Форгач, технический директор того же предприятия. Благодаря этим временным паспортам и Воль, и Форгач с членами семей были спасены от депортации. Однако правила выдачи временных паспортов оставались очень строгими, и до 24 июля всего 91 человек получил шведское гражданство таким путем.

Помимо временных паспортов миссия выдавала также и другие документы, прежде всего охранные письма и паспортные свидетельства, в которых значилось, что владелец включен в так называемый коллективный паспорт для въезда в Швецию (это относилось к лицам в списке на репатриацию). Паспортное свидетельство было простым документом, бумагой с печатью, в то время как охранные письма были снабжены подписью посла. Они удостоверяли, что их владельцы имеют связи со Швецией. Однако они не считались столь же авторитетными, как временные паспорта, и не освобождали от необходимости носить звезду Давида. Скорее, они представляли собой что-то вроде психологической помощи с целью "в какой-то степени смягчить панический ужас преследуемых", как выражал ситуацию документ МИДа.

Слухи, что "шведским евреям" позволят уехать из Венгрии, привели к тому, что не только значившиеся в списке МИДа, но и другие евреи стали обращаться в шведскую миссию с просьбой о защите. Раньше они не осмеливались выходить на улицу, поскольку рисковали быть схваченными на месте, но с прекращением депортаций напряжение ослабло. Хотя это было запрещено, многие срывали с себя желтую звезду, и перед отделом Б шведской миссии на улице Минервы с каждым днем выстраивались все более длинные очереди. Приходило около 600 посетителей в день. Они занимали очередь еще на рассвете, некоторые нарушали запрет на выход из дома, подкупая консьержей, другие мобилизовывали своих друзей-христиан, люди состоятельные посылали юридических представителей, прочие вновь посылали свои заявления по почте.

Охранные паспорта

Согласно отчету Валленберга МИДу от 6 августа, в отдел Б к этому моменту поступило около 4 тыс. заявлений с просьбой о выдаче охранных писем. В результате такого наплыва просителей вопрос об охранных документах встал ребром.

Как указывалось ранее, охранное письмо не освобождало его носителя от необходимости подчиняться антиеврейским законам, а временные паспорта выдавались крайне ограниченно. Поэтому по инициативе Валленберга миссия разработала новый вид документа, получивший одобрение венгерских властей. Он назывался охранным паспортом и свидетельствовал, что владелец отъезжает в Швецию "в рамках одобренной Министерством иностранных дел Швеции репатриации" и включен в коллективный паспорт. До этого момента данное лицо и его жилище находятся "под охраной Королевской шведской миссии в Будапеште" (подчеркнуто в паспорте). Охранный паспорт был одноразовым, он действовал лишь с целью обеспечения "репатриационной поездки" в Швецию.

С 1942 года швейцарская миссия тоже выдавала охранные документы, но они были значительно проще. Шведские охранные паспорта имели номер, были снабжены фотографией и подписаны шведским послом. Они отличались также профессиональным типографским оформлением и были украшены гербом Королевства Швеции — тремя коронами. Паспорта изготовливались с большой тщательностью в типографии "Антиква", владельцы которой были евреями. Оформление обычно приписывается Валленбергу с его художественным образованием. Однако при изготовлении паспорта была такая спешка, что государственный герб напечатали неправильно. На нем одна корона сверху и две под нею, тогда как должно быть наоборот: две короны сверху и одна внизу. Пер Ангер вспоминал: "Никто не заметил, никто об этом не подумал. Мы уже напечатали все паспорта, и все уже разошлись, когда я обнаружил, что государственный герб изображен совершенно неправильно".

Каким бы впечатляющим ни было оформление охранного паспорта, он не соответствовал международному праву, согласно которому государство может выдавать паспорта лишь собственным гражданам. В данном случае паспорт делал своего владельца шведским подданным, хотя он или она были гражданами Венгрии. Поскольку двойное гражданство

SCHUTZ-PASS

Nr. 76/45

Name: Bela Zwack
Név:

Wohnort: Budapest
Lakás:

Geburtsdatum: 29.November 1886
Születési ideje:

Geburtsort: Budapest
Születési helye:

Körperlänge: 174
Magasság:

Haarfarbe: braun Augenfarbe: grau
Hajszín: Szemszín:

Unterschrift:
Aláírás:

SCHWEDEN

SVÉDORSZÁG

Die Kgl. Schwedische Gesandtschaft in Budapest bestätigt, dass der Obengenannte im Rahmen der — von dem Kgl. Schwedischen Aussenministerium autorisierten — Repatrierung nach Schweden reisen wird. Der Betreffende ist auch in einen Kollektivpass eingetragen.

Bis Abreise steht der Obengenannte und seine Wohnung unter dem Schutz der Kgl. Schwedischen Gesandtschaft in Budapest.

Gültigkeit: erlischt 14 Tage nach Einreise nach Schweden.

A budapesti Svéd Kir. Követség igazolja, hogy fentnevezett — a Svéd Kir. Külügyminisztérium által jóváhagyott — repatriálás keretében Svédországba utazik.

Nevezett a kollektiv útlevélben is szerepel.

Elutazásig fentnevezett és lakása a budapesti Svéd Kir. Követség oltalma alatt áll.

Érvényét veszti a Svédországba való megérkezéstől számított tizenegyedik napon.

Reiseberechtigung nur gemeinsam mit dem Kollektivpass. Einreisewisum wird nur in dem Kollektivpass eingetragen.

Budapest, den 22.September 1944

KÖNIGLICH SCHWEDISCHE GESANDTSCHAFT
SVÉD KIRÁLYI KÖVETSÉG

Antiqua Nyomdai és Irodalmi Rt. Budapest
2505 F. Wisemeyer Kádl

не признавалось, он или она, чтобы освободиться от антиеврейских законов, должны были, следовательно, освободиться и от венгерского гражданства. Вопрос решался приблизительно тем же способом, что и в случае с временными паспортами: шведская миссия выдавала свидетельство, в котором заявлялось, что владелец охранного паспорта должен рассматриваться как шведский подданный и ходатайствует об освобождении от распоряжений, касающихся евреев. После этого человек признавался шведским гражданином, и на него возлагалась обязанность раз в неделю заявлять о себе в Бюро иностранцев. То, что охранные паспорта получили признание у венгерских властей, хотя в юридическом смысле не могли считаться действительными, согласно Палу Хегедюшу, было заслугой Валленберга, результатом его переговоров с Дьюлой Перлаки — ответственным сотрудником Министерства внутренних дел, курировавшим вопросы венгерских концентрационных лагерей.

Желавший получить охранный паспорт должен был, так же как и в случае с временным паспортом, суметь доказать свое близкое родство со шведами или многолетние деловые связи с Швецией. С ходатайством о получении паспорта имели основания обратиться также, например, театральные агенты, патентоведы, адвокаты, художники и деятели культуры, однако лишь в том в случае, если могли подтвердить, что совершили нечто важное и имеющее отношение к Швеции. Одним из тех, кто подпадал под эту категорию, стал убежденный антифашист Альберт Сент-Дьёрди, получивший в 1937 году Нобелевскую премию за открытие витамина С. Одно время Сент-Дьёрди даже скрывался в помещении шведской миссии.

Охранный паспорт, выданный Беле Цваку вместе с братом Яношем
владевшему ликеро-водочным заводом Цваков. В нижнем левом углу
видны инициалы Валленберга — RW.

Алис Кораньи, урожденная Бройер, оказавшаяся в концлагере за то,
что нарушила запрет на выход из дома.

Заявления сначала рассматривались коллегией из шести человек — "шведских евреев", в том числе Хегедюшем,
Флейшманом, Форгачем и фон Погани. Во главе коллегии
стоял Валленберг, подписывавший заявления, после чего
и Даниэльсон ставил на них свою подпись. По мере того
как рос объем работы, количество коллегий увеличилось
в четыре-пять раз, а их состав уменьшился до трех членов.
Учитывая предъявляемые требования (родственные отношения или деловые связи), право на на подачу заявления имели
в основном довольно зажиточные люди. Разумеется, в некотором смысле это было "недемократично", но всех спасти
было невозможно, и евреев, которым посчастливилось иметь
тесные связи со Швецией, едва ли возможно винить за желание спасти себя и свои семьи.

Как мы видели, охранные паспорта появились очень быстро. В отчете Валленберга от 6 августа говорится об охранных письмах, но уже в своей следующей докладной записке, от 15 августа, он представляет и прилагает новый документ — охранный паспорт. Первые такие паспорта были выданы как раз в эти дни. Один из первых этот документ получил Эрвин Кораньи, отец которого работал на шведском сталелитейном заводе. Его паспорт датирован 18 августа. Поскольку охранным паспортом обеспечивалась вся семья, его жена Алис получила возможность покинуть концлагерь в Киштарче, а ее брат Дьёрдь — лагерь принудительных работ.

Если спрос на шведские охранные документы был велик и раньше, то новость об охранных паспортах привела к тому, что миссию буквально стали брать штурмом. Когда Пер Ангер вернулся из Стокгольма 29 августа, он обнаружил, что Валленберг перевел свою главную контору в само помещение миссии: "Тысячи евреев толпились на улице перед входом, в саду и во всех помещениях с ходатайствами об охранном паспорте".

Шведский лагерь

Решение о репатриации "шведских евреев" было принято венгерским правительством, и немцы дали на него свое согласие. Но это согласие было условным: сначала венгры должны обещать "доставить оставшихся евреев за границу как "рабочую силу", как это сформулировал Валленберг в отчете в МИД от 29 июля. После "Протоколов Освенцима" все прекрасно знали, что значит "рабочая сила", что подтверждается кавычками, в которые взяты эти слова. Ценой за репатриацию "шведских евреев", таким образом, должно было стать возобновление депортаций. Опасения шведов по поводу того, что немцы, как писал Ангер, "рано или поздно начнут саботировать однажды одобренный план выезда евреев в Швецию", подтверждались.

Хотя формально депортации прекратились, положение было очень далеким от стабильного. Депортации происходили и после этой даты. Так, например, Эйхману удалось, обманув юденрат и венгерские власти, увезти около 3 тыс. евреев из лагерей в Киштарче (в 30 км от Будапешта) и Шарваре (на западе Венгрии) соответственно 19 и 24 июля[26]. Поэтому были все основания полагать, что депортации возобновятся в полном объеме, как только позволит политическая ситуация.

Валленберг был убежден, что немцы никогда не допустят репатриации в Швецию. Он также считал, что "не в шведских интересах принимать чересчур большое количество евреев". Поэтому он предложил попробовать защитить евреев на месте, интернировав их в "шведский лагерь" под охраной шведской миссии. Партнером Валленберга по переговорам был старший лейтенант Ласло Ференци, отвечавший за практическое осуществление депортаций и создание гетто в провинции. После перемен во внутренней и внешней политике он, однако, стал выдавать себя за друга еврейского народа, а свою прежнюю деятельность списывал на немецкие приказы.

Ференци попросил Валленберга снабдить его списком евреев, имевших право переехать в такой "лагерь". На встрече присутствовали также первый секретарь шведского Красного Креста в Будапеште Александр Кассер и его жена Эржебет, которая переводила, поскольку переговоры велись по-венгерски. Чтобы окончательно не испортить настроение и без того уже раздраженному Валленбергу, госпожа Кассер решила не переводить все оскорбления, изрыгаемые Ференци. Встреча была успешной, 649 шведских подзащитных получили три дома, а Александру Кассеру удалось добиться того, что несколько домов были отданы под защиту Красного Креста. Выйдя из помещения, вспоминает Эржебет Кассер, они не могли сдержать радости и "положив руки друг другу на плечи, исполнили прямо на улице что-то вроде танца индейцев".

"Лагерь" состоял из нескольких домов по улице Пожонь (Братиславской) в Пеште, чуть севернее моста Маргареты, где уже проживало много евреев. Впоследствии и близлежащие дома, в каждом из которых жило около 100 человек, тоже предполагалось включить в "собирательный лагерь". Однако предложение вызвало сопротивление, поскольку планировалось, что жильцы этих квартир должны будут выехать, чтобы дать место "шведским евреям".

Хотя Хорти делал все, чтобы отсрочить возобновление депортаций, в конце концов была назначена дата — 25 августа. Юденрат обратился к нейтральным странам и Ватикану с просьбой о помощи. В результате Иван Даниэльсон, папский нунций Анжело Ротта и швейцарский, португальский и испанский поверенные 21 августа передали венгерскому правительству ноту, в которой резко протестовали против "действия, несправедливого само по себе и бесчеловечного по форме, поскольку недопустимо преследовать и убивать людей исключительно по причине их расы".

В эти драматические дни Валленберг развил невероятную активность. Из его календаря явствует, что 20 августа он посетил секретаря нунция Дженнаро Веролино, вероятно в связи с нотой протеста. На следующий день он встретился с представителями юденрата, а также с делегатом Международного Красного Креста в Венгрии Фридрихом Борном. А 24 августа, за день до планируемого возобновления депортаций, он посетил как министра внутренних дел Яроша, так и Ференци и капитана полиции в Бюро иностранцев Нандора Батизфалви, с которым Раулю в будущем предстояло иметь тесные и плодотворные отношения.

Возобновление депортаций увязывалось с интернированием иностранных евреев, которое должно было начаться 23 и закончиться 26 августа. Трем с половиной тысячам евреев с шведским и иным иностранным гражданством давалось тем самым 72 часа на переезд. Однако акции был дан отбой, и никакой новой даты не назначили. Причиной послужили "изменения в общей ситуации", как это формулировал Валленберг в отчете Олсену. Под давлением наступления Красной Армии 23 августа прогерманское правительство Румынии, возглавлявшееся маршалом Антонеску, было свергнуто, и страна вступила в войну на стороне западных союзников. Это означало, что немецкая армия потеряла 380 тыс. солдат.

Не желая лишиться поддержки венгров, рейхсфюрер Генрих Гиммлер уже в три часа утра следующего дня приказал шефу СС в Будапеште Отто Винкельману прекратить дальнейшие депортации из Венгрии. В тот же день, 24 августа, Адольф Эйхман покинул Будапешт, а на следующий день, когда депортации должны были возобновиться, Веезенмайер получил официальное уведомление от венгерского правительства, что они отменены.

Многочисленные поручения Валленберга

Валленберг отправился в Будапешт как шведский дипломат с американским поручением, но не успел до отъезда получить инструкции, направленные министром иностранных дел Халлом послу Джонсону 7 июля — не факт, что он вообще когда-либо их получил. В течение следующих нескольких месяцев американский МИД издал целый ряд новых инструкций, касающихся и Валленберга. Например, 10 июля Халл попросил Олсена использовать "все доступные каналы... включая Валленберга", чтобы получить "на месте точную информацию о венгерском перевалочном лагере для евреев", а также об Аушвице.

Официальным поручением Валленберга было сообщать о репрессиях против евреев и постараться спасти как можно больше жизней еврейского населения. Помимо этого, было еще два поручения более частного характера. Одно из них можно рассматривать как часть общей акции: найти и спасти родственников и друзей Коломана Лауэра, а также родных и друзей венгерских евреев, проживавших в Швеции и других странах.

Второе поручение, тоже от Лауэра, не только было неофициальным, но и противоречило обещанию Валленберга МИДу отказаться от всякой деловой активности на период пребывания в Будапеште. Суть поручения состояла в обеспечении интересов Центральноевропейской компании в Венгрии, особенно с расчетом на послевоенное время. Хотя Лауэр был настойчив, Рауль, похоже, посвящал этому вопросу не слишком много времени и внимания, а 18 августа в соответствии с обещанием МИДу формально вышел из состава правления компании.

Родственников Коломана Лауэра забрали в апреле. Поскольку никаких сведений об их дальнейшей судьбе не было, оставалась надежда, что они еще живы. У Лауэров были особые причины верить, что усилия могут увенчаться успехом. У госпожи Лауэр имелся важный контакт в Венгрии, и одно из рекомендательных писем, полученных Раулем перед отъездом, было адресовано ему:

Мой дорогой Петер, секретарь миссии Рауль Валленберг любезно согласился взять с собой эти небольшие подарки (чай и пачку сигарет) как знак моей признательности за то, что ты в свое время столь любезно пришел мне на помощь. Вышеназванный господин принадлежит к одной из лучших семей Швеции, все они крупнейшие банкиры и дипломаты. Сам он очень увлекается парусным спортом. Он еще не видел озера Балатон. Поскольку я знаю, что и ты посвящаешь себя этому виду спорта, не мог бы ты взять и показать ему озеро Балатон, когда у тебя будет время?

Как ты себя чувствуешь, Петер? Есть ли у тебя дети во втором браке? У меня, слава Богу, очень хороший муж, но, мне кажется, я этого заслуживаю после всего зла, которое мне пришлось пережить[27].

При каких обстоятельствах Петер помог Марии Лауэр, неизвестно. Но, когда она вновь обратилась к нему, вопрос стоял о жизни и смерти. Поэтому Рауля попросили разыскать адресата как можно скорее. "Я рассчитываю как на вполне возможное, — писал Коломан Лауэр в своих инструкциях Раулю, — что ты в самые ближайшие дни сможешь появиться у него и позаботиться о том, чтобы были выписаны паспорта на выезд для родителей моей жены и малышки. Деньги значения не имеют"[28].

Иными словами, адресат был человеком, от которого ожидалось, что он сумеет снабдить еврейских родственников жены Лауэра заграничными паспортами — эта власть у него была. "Петер" — не кто иной, как Петер Хайн, назначенный после немецкой оккупации начальником венгерской полиции безопасности, "венгерского гестапо".

Очевидно, когда-то Мария Лауэр и Петер Хайн были друзьями. Учитывая теперешнее положение Хайна и его репутацию, обращаться к нему за помощью должно было быть достаточно неприятно, да еще и за деньги. Однако ситуация не оставляла места для щепетильности ни в отношении людей, ни в отношении средств.

Возможно, госпожа Лауэр не знала, что Хайн к тому моменту уже не располагал прежней властью, так как 21 июня был смещен со своего поста. Он есть в адресной книге Рауля, но записи о какой-то встрече с ним в карманном календаре нет. Может быть, они все же встретились, ведь письмо надо было передать, и если Хайн уже перестал быть начальником полиции безопасности, то влиятельным человеком он все еще был.

Однако спасать родителей Марии Лауэр оказалось уже поздно, даже Петер Хайн не смог бы ничего сделать. Пятнадцатого июля Рауль информировал Лауэра по телефону, что они вывезены "в неизвестное место". Это выражение было эвфемизмом. Рауль знал, что их вывезли за границу, то есть отправили на верную смерть, но не нашел в себе сил сообщить это своему компаньону. Но в первом же письме матери он выразился без обиняков. Он попросил ее пригласить домой господина и госпожу Лауэр и продолжал: "Я вынужден констатировать, что его тестя и тещу, а также, очевидно, и ребенка — члена их семьи уже нет в живых, то есть их транспортировали из Кечкемета за границу, где долго им не прожить".

Однако у Лауэра еще теплилась надежда. "Я прошу тебя испробовать все возможные пути, чтобы выяснить, где они сейчас находятся", — писал он Валленбергу. Хотя Рауль знал, что тесть и теща Лауэра депортированы и погибли, он сделал все, что было в его власти, чтобы добыть сведения об их судьбе. Но результаты оказались удручающими. "Нет никаких сомнений, что твои тесть, теща и госпожа Штейн пересекли границу у Кошши [совр. Кошице, Словакия, где депортированные евреи передавались немцам], — сообщал он Лауэру несколько недель спустя. — Не могу выразить, насколько я сожалею, что не в состоянии сообщить тебе более благоприятных новостей. Могу лишь заверить, что было сделано все, что в человеческих силах".

Рауль в самом деле обшарил небо и землю, причем не только сам, но и мобилизовав все свое окружение. Представитель датского Красного Креста Кристенсен побывал у Веезенмайера и у Теодора Грела, специалиста по еврейским вопросам в германской миссии, которому нанесли визит и Рауль с Ангером. Рауль также посетил Министерства иностранных и внутренних дел и встречался с отдельными чиновниками. В связи со слухами, что один вагон с евреями вроде бы отправили из Кечкемета (где жили родители госпожи Лауэр), он послал

Леннарта Ларссона-младшего в Шарвар проверить по картотеке, не прибыл ли кто-то туда после депортации 24 июля. "Все представители власти едины в том, что никаких евреев там больше не осталось", — констатировал Рауль в письме к Лауэру.

Судя по всему, не было в живых и брата Марии Лауэр с женой. Однако сестра Коломана Лауэра и ее муж, а также их дочь были еще живы. Их интернировали в лагерь на улице Колумбус в Будапеште, где немцы построили бараки во дворе Института для слепых. Лагерь считался привилегированным и безопасным, поскольку охранялся СС. Это "хороший лагерь, и те, кто живет в нем, не так уж сильно изнурены", писал Рауль, который сумел достать шведские временные паспорта для всей семьи. В письме в МИД Лауэр попросил, чтобы семье его сестры позволили приехать в Швецию и "побыть здесь по крайней мере до тех пор, пока будет продолжаться война". Этого не случилось. Мать и дочь Михали спрятали монахини в католическом монастыре "серых сестер".

Под сильным давлением

Коломан Лауэр был прирожденным бизнесменом, инициативным, энергичным, умеющим мобилизовать других — вот качества, которые видны по его письмам Валленбергу, переполненным запросами, поручениями и предписаниями в таком количестве, что это должно было быть изнурительно и физически, и эмоционально. Он просил Рауля помочь не только своим родственникам. Кого-то надо было найти, кого-то снабдить продуктами питания, деньгами, шведскими охранными документами. Рауль делал все что мог, чтобы выполнить просьбы Лауэра.

Уже в один из первых дней в Будапеште Рауль с диппочтой получил памятную записку от Лауэра, в которой тот просил "обратить внимание, что снабдить деньгами родственников господина Шварца и господина Рейхвальда, а также моих родных нужно немедленно после твоего прибытия, поскольку все они без средств". Однако не надо было давать им слишком много сразу, "чтобы деньги у них не отняли". Бруно Рейхвальд был шведским гражданином, проживавшим в Стокгольме, пятеро его родственников в Венгрии ранее получили шведские "охранные письма", но один из них находился в концлагере.

Далее Рауль должен был от имени директора банка Эрика Бьёркмана посетить некоего директора Брауна фон Белатини и выяснить, могут ли венгры, проживающие в Швеции, послать деньги своим родным в Венгрии. А через доктора Георга он должен был постараться достать один миллион пенгё для господина Пилха, чтобы распределить их между его еврейскими (очевидно, польскими) соотечественниками. Если акция удастся, Георг должен был послать Лауэру телеграмму следующего содержания: "Имеется десять тонн белого клевера для немедленной поставки". Лауэр попросил также Рауля войти в контакт со шведским генеральным консульством в Братиславе, чтобы справиться о Шаму Энгеле с супругой, родителях какой-то фрау Шрёдер.

Письма Лауэра переполнены подобными просьбами. Учитывая объем работы Рауля и условия, в которых он находился, давление, которому Лауэр его подвергал, свидетельствует о некоторой нечувствительности его компаньона. Но ситуация была отчаянной, и Лауэр сам находился в состоянии постоянного стресса из-за отсутствия сведений о судьбе своих родных и из-за давления, которое оказывалось на него в Швеции. "Такое количество людей звонят и спрашивают твой адрес в Будапеште, и ты наверняка сердишься на то, что получил столько телеграмм из Стокгольма, — писал он Раулю в конце августа. — Как ты знаешь, это люди, волнующиеся о своих родных". Из-за этого Лауэр иногда отказывался дать адрес Рауля и даже отрицал, что находится с ним в контакте, что вызывало недовольство.

Валленберг работает как проклятый

"Я здесь пережил, может быть, самые интересные три-четыре недели моей жизни, — писал Рауль матери 6 августа, через четыре недели после приезда в Будапешт. — Конечно, видишь вокруг себя трагедию невероятных масштабов, но дни и ночи до такой степени заполнены работой, что сил реагировать хватает лишь иногда". За два дня до этого письма ему исполнилось 32 года. "Мой день рождения прошел очень комично, поскольку я совершенно случайно, уже во второй половине дня, вспомнил о нем и сообщил моей замечательной секретарше графине Нако. Два часа спустя на моем столе уже стояли очень красивые вещи: чернильница, портфель для документов, перекидной календарь и т. д., — а еще бутылка шампанского и цветы".

За нескольких недель жизнь Валленбега в корне переменилась. Неприметный в прошлом бизнесмен попал в самый очаг международного кризиса. Ему доверили дело, предполагавшее большую ответственность и дававшее выход его врожденной энергии и жажде деятельности. После лет разочарований, связанных с его профессиональной деятельностью, он оказался в положении начальника. Вскоре он приобрел известность в Будапеште, главным образом среди еврейского населения, для которого он был лучом света в нескончаемой тьме. "Уже один тот факт, что швейцарская и шведская миссии принимают евреев, выслушивают их и регистрируют, вдохновил тех, кто был склонен помогать", — писал Валленберг в МИД. Этого оказалось достаточно, чтобы возродить в людях "инстинкт самосохранения, в настоящий момент парализованный". Одновременно не вызывает сомнений, что встречи и переговоры с министрами и другими высокопоставленными лицами в германском и венгерском аппаратах власти способствовали укреплению его собственной веры в себя.

Как бы высоко ни оценивал Рауль свои первые недели в Будапеште, не все реагировали на него с таким же энтузиазмом, особенно в Швеции. "У меня сложилось впечатление, что в МИДе несколько озабочены деятельностью Валленберга в Будапеште и, возможно, полагают, что он начал слишком активничать", — писал Олсен своему шефу Джону В. Пеле 10 августа.

В МИДе, очевидно, действия Рауля воспринимались как чересчур легкомысленные и авантюрные, что подверждало опасения по поводу пригодности Валленберга для этого поручения. С точки зрения министерства скептицизм был естествен: Рауль не был профессиональным дипломатом и к такой роли не привык. Он был мастером вести переговоры и при этом "мыслил нетрадиционно, был на редкость инициативен и бесстрашен", по выражению Пера Ангера. То, что его манера вести дела могла восприниматься как непрофессиональная, подтверждается предупреждением, которое счел необходимым сделать Лауэр: "Будь очень осторожен, прежде чем взяться за свои поручения, ибо слова дипломата — не то же самое, что слова бизнесмена".

Призыв Лауэра был обусловлен негативным мнением о деятельности Рауля, выражаемым другими шведскими заинтересованными лицами. Согласно Лауэру, и Норберт Мазур, и ребе Эренпрайс сомневались, что Рауль сумеет помочь евреям на месте, в Венгрии. Единственно правильным было бы переправить их в Швецию — все остальное представлялось им "очевидно бессмысленным". От них Раулю ждать было нечего. "Благодарности за свою работу ты, очевидно, здесь не найдешь", — писал ему Лауэр, добавляя, что полностью разделяет взгляд Ангера — подразумевается, критический — на "этих людей".

Если в шведском МИДе, по словам Олсена, были "озабочены" деятельностью Рауля, сам Олсен был другого мнения. Министерство иностранных дел, естественно, больше всего желало бы "решать еврейский вопрос в лучших традициях европейской дипломатии, но толку от этого было бы немного", отмечал он скептически. Хотя в такого рода ситуации многое говорило в пользу тихой дипломатии, Олсен Валленберга поддержал: "Я, во всяком случае, чувствую, что Валленберг работает как черт, и у него получается, а это самое важное". Положительное мнение Олсена, возможно, было результатом его встречи с Пером Ангером, с похвалой отозвавшемся о своем коллеге: "Я обедал с первым секретарем шведской миссии в Будапеште, находящимся здесь [в Стокгольме] с коротким визитом. Хороший человек, у него много интересных комментариев. Он сказал, что Валленберг трудится очень напряженно и делает все, что может".

Независимо от скептического отношения МИДа надо помнить, что Валленберг находился в Будапеште по американскому мандату. А задачей Управления по делам беженцев было спасти сколько возможно человеческих жизней, если потребуется, даже пренебрегая общепринятыми дипломатическими правилами.

Кровь за товары

В течение семи недель, прошедших между решением адмирала Хорти остановить депортации и телеграммой Гиммлера Винкельману с аналогичным содержанием, регент все сильнее убеждался в том, что Германия на пороге военного поражения. Сражаться на стороне Германии до кровавого конца и к тому же стать ареной поражения представлялось для Венгрии не слишком привлекательной перспективой. Поэтому Хорти решил заменить Стояи на менее скомпрометировавшего себя в глазах союзников премьер-министра, способного начать переговоры о сепаратном мире.

Уже 8 июля, через два дня после прекращения депортаций, Хорти попросил генерала Гезу Лакатоша образовать новое правительство. Однако Лакатош отказался, аргументируя решение тем, что немцы никогда на такое не согласятся. Он оказался прав. Когда Хорти, несмотря на отказ Лакатоша, неделю спустя представил имена министров нового правительства Веезенмайеру, тот предупредил его, что Гитлер будет рассматривать создание этого правительства как предательство со стороны Венгрии, и заявил, что единственные, кто выиграет от этого, — большевики. Хорти пошел на попятный и написал примирительное письмо Гитлеру, доставленное тому 21 июля. Это было на следующий день после покушения на Гитлера, и фюрер не был настроен на компромиссы. Венгрии угрожают уничтожением евреи, большевики и интеллигенты, ответил он, и как лидер борьбы с большевизмом он, Гитлер, имеет право вмешаться во внутренние дела страны.

Хорти разыграл свою карту непрофессионально и в политическом смысле был ослаблен. Больше всех от этого проиграли евреи. Веезенмайер и Эйхман использовали ослабление позиции регента, чтобы постараться заставить Стояи возобновить депортации, но тот отказался это сделать без одобрения Хорти. Хорти прибегнул к тактике проволочек, приведшей в отчаяние Эйхмана: регент давал обещания, выжидал, ничего не делал, чтобы выиграть время, в надежде, что ход войны обернется на пользу Венгрии. Решающим фактором стал выход 25 августа Румынии из войны. Как уже говорилось, в результате намеченные депортации были остановлены, а Эйхман покинул Будапешт. Это привело также к тому, что генерал Лакатош пересмотрел свое прежнее решение. Двадцать девятого августа он принес присягу в качестве премьер-министра.

Трудовая повинность

Создание нового правительства означало послабления для евреев, но их положение все еще не было ни стабильным, ни однозначно позитивным. Так, на начальном этапе был ужесточен комендантский час, высылались патрули для конфискации ценностей в квартирах, принадлежавших евреям, насильственно переселенным в "еврейские дома". С другой стороны, сотни евреев, пользовавшихся защитой шведской миссии, были выпущены из лагерей для интернированных.

Одновременно планировались более серьезные перемены. Страна остро нуждалась в рабочей силе для расчистки завалов после бомбежек союзников, и до сих пор евреев нельзя было использовать на этих работах, поскольку им не разрешалось покидать свои жилища. После создания правительства Лакатоша пресса стала рассказывать о том, в каких неприемлемых условиях живут тысячи евреев, не имея ни работы, ни доходов, притом что в Венгрии такая нехватка рабочей силы. Поэтому с 29 сентября все работоспособные евреи в возрасте от 14 до 70 лет независимо от пола будут привлекаться к так называемой трудовой повинности. Иными словами, в этом вопросе парадоксальным образом интересы правительства и интересы еврейского населения совпали.

"Эти евреи очень плохо снабжены во всех отношениях, в частности, представляется неразрешимой проблема мест расквартирования. Однако власти, занимающиеся этими проблемами, по-видимому, воодушевлены искренней доброй волей", — сообщал Валленберг в день вступления в силу новых постановлений. Выражением этой доброй воли стало то, что Валленберг, имея хорошие связи в военном министерстве, в начале сентября сумел добиться создания отдельной бригады из евреев со шведскими охранными паспортами. Их расквартировали в синагоге на улице Арена, 55. В этой бригаде, состоявшей под командованием христианина, лейтенанта Пала Прокопа, вначале было 14 сержантов и военнослужащих еврейского происхождения, благодаря полученным в Первую мировую войну медалям за отвагу имевших право носить нарукавные повязки в цветах венгерского флага — красно-бело-зеленые. (Прочие евреи, исполнявшие трудовую повинность, носили желтые повязки, а крещеные евреи — белые.) Евреи в составе бригады приходили на работу каждое утро и могли вернуться домой вечером. Когда они работали (если вообще работали), это происходило в черте города, и им не нужно было носить звезду Давида.

Шведская бригада впоследствии превратилась в интернациональную, в которой были и евреи с охранными документами других нейтральных государств.

Миссия получает подкрепление

К персоналу шведской миссии относились помимо Даниэльсона, Ангера и Валленберга также заведующий канцелярией Денеш фон Мезеи, венгр, владевший шведским языком, и ассистенты Маргарета Бауэр и Биргит Брюлин. Но объем работы постоянно рос, и одной из целей поездки Пера Ангера в Стокгольм в августе было выхлопотать дополнительный персонал для миссии в Будапеште. В результате в конце августа они получили подкрепление. Оно состояло из атташе Ларса Берга, 25-летнего кандидата юриспруденции, ранее работавшего в отделе Б берлинской миссии, его столь же молодого помощника, сотрудника канцелярии Йёте Карлсона, а также 70-летней Асты Нильсон из Красного Креста, ранее работавшей в Венгрии. В компетенции Берга находился отдел, занимавшийся поручениями от стран — участниц войны, чьи интересы нейтральная Швеция представляла в Венгрии. В тот момент таких стран было семь, включая Советский Союз.

Спустя какое-то время с миссией оказался тесно связан еще один человек, консул Ингве Экмарк, директор компании "Шведские спички" в Загребе, переехавший в Будапешт. В обязанности Экмарка входили закупки, хранение и распределение продуктов питания для нужд миссии, Валленберга и Красного Креста.

"Количество обращающихся за помощью невероятно велико, — писал Рауль в отчете в МИД 12 сентября. — Мы получаем и проверяем тысячи заявлений". Персонал часто был вынужден работать по 24 часа в сутки, добавил он. Из-за огромного наплыва людей часть отдела переехала в десятикомнатную виллу по адресу улица Тигрис, 8а, принадлежавшую оперной певице Маргит Сильваши. Приемная осталась, однако, на улице Минервы. Позже открылся еще и юридический отдел по улице Йокаи, 1, в Пеште.

Создание правительства Лакатоша вселило надежду, что положение венгерских евреев стабилизируется. 12 сентября Валленберг сообщал Олсену, что "депортации окончательно приостановлены". Таким образом, акцию раздачи охранных паспортов можно было считать законченной. Днем окончания должно было стать 17 сентября. Но до этого охранные паспорта продолжали выдаваться, поскольку считалось, что сохраняется риск погромов в момент ухода немцев из Будапешта. Как свидетельствует Даниэльсон, до 12 сентября, то есть за один месяц, было выписано примерно 5 тыс. охранных паспортов, 2 тыс. из которых успели выдать. Всего за получением паспорта обратилось 9 тыс. человек.

Валленберг с самого начала ставил себе цель "постараться помочь всем евреям", как он писал Олсену. Но этого можно было добиться, только если "помочь целой группе евреев избавиться от своих звезд". Идея состояла в том, что те, кто уже не должен будет носить звезду, в свою очередь помогут своим "товарищам по несчастью". Валленберг и миссия намеренно отказались от "широкомасштабной гуманитарной акции", поскольку "раздача паспортов пока в большей степени помогает евреям в Будапеште, чем раздача денег". Поэтому из 10 тыс. крон, первоначально предоставленных в распоряжение спасательной акции, была выдана лишь четверть, но теперь, когда паспортная акция была почти закончена, пришел черед гуманитарной — с раздачей продовольствия и денег.

Поэтому во второй половине сентября активизировалась работа по распределению продовольствия и другой материальной помощи. В отчете от 29 сентября Валленберг сообщал, что юденрату на выдачу продуктов питания и одежды было отчислено 500 тыс. пенгё, 35 тыс. пенгё были израсходованы на помощь разбомбленному еврейскому детскому дому, 30 тыс. на "обратившихся за помощью неимущих" и 200 тыс. — на закупку продовольствия (для использования после прихода Красной армии, когда ситуация с продовольствием, как ожидалось, станет совсем критической).

В работу по закупке продовольствия непосредственно включилось и Управление по делам военных беженцев. Когда миссия сообщила, что появилась возможность по благоприятному курсу закупить продукты питания для Красного Креста и народных кухонь юденрата, для детских домов и т. д., Олсен тут же послал 200 тыс. (сегодня — 4 млн) крон.

Будущее Рауля (V)

Новая политическая ситуация означала для Валленберга, что он в принципе может считать свое поручение выполненным. Кроме того, по соглашению с МИДом он имел право возвратиться по истечении двух месяцев, то есть в начале сентября. Пер Ангер вспоминает, что где-то в конце августа — начале сентября Рауль стал готовиться к отъезду домой: "Что еще ему оставалось делать в Будапеште, когда людей уже удалось спасти от депортаций, они получили шведские визы и все такое?"

Ангер не знал, что желание Рауля вернуться домой подкреплялось еще одной причиной. Если напряжение в Будапеште спало, то давление со стороны Лауэра, занимавшегося делами Рауля в его отсутствие, наоборот, возросло. Во-первых, возникли сложности с типографией Рауля и его договором с Эберхардом Хокансоном, предъявившим денежные требования. Но финансовое состояние его типографии оставляло желать лучшего, вмешалась юридическая компания, и речь шла о взыскании долга. Еще в конце августа Лауэр несколько раз писал Раулю, что считает желательным его приезд в Стокгольм, "чтобы обсудить на месте некоторые обстоятельства".

Однако была и другая, более позитивная причина, в силу которой Коломан Лауэр хотел, чтобы Валленберг закончил работу в Будапеште и вернулся домой. Дело в том, что он подыскал для него новую работу — в Банановой компании, владельцем которой был Сален. И Рауль, и Лауэр, как уже упоминалось, были тесно связаны со Свеном Саленом, пайщиком Центральноевропейской компании, сыгравшим важную роль в истории с венгерским поручением Рауля. "Я очень рад моему давно уже планировавшемуся переходу в Банановую компанию", — писал Рауль Лауэру. Формулировка свидетельствует, что идея участия в этой компании, самом крупном импортере бананов в Швецию, не была новой. В течение осени Лауэр должен был временно взять на себя руководство компанией, так как Салену предстояла трехмесячная поездка в США. Поскольку Центральноевропейская компания по-прежнему оставалась на Лауэре, он очень хотел, чтобы Рауль приехал и разгрузил его. "Телеграфируй немедленно, когда ты рассчитываешь закончить свою работу", — призывает он Рауля 9 сентября. "Приеду домой вскоре, думаю, через две недели", — отвечает телеграммой Рауль два дня спустя.

Еще одним поводом для скорейшего возвращения Рауля было то, что он опасался утратить связь с Якобом Валленбергом. Не один раз он сообщал о своем беспокойстве, будто Якоб может "рассердиться" на то, что он так надолго задержался в Будапеште и что тем самым он упустит шанс "продолжать работу, начатую в *Enskilda Banken*. Поэтому он попросил Лауэра связаться с кузеном отца и спросить, что будет с жилищным проектом "Хювудста", если он вернется домой чуть позже.

Лауэр связался с Валленбергом и передал вопрос Рауля. Согласно Лауэру, "если исходить из жизненных интересов самого Рауля, очень желательно, чтобы он приезжал как можно скорее и вновь приступил к работе в фирме". Как только русские возьмут Будапешт, писал он, Рауль сможет "добраться до Швеции только через Россию, а такое путешествие затруднительно, и все формальности займут очень длительное время". Поскольку Лауэр ощущал "определенную моральную ответственность" за поручение Рауля, он попросил Якоба Валленберга поговорить с МИДом об этом. Якоб Валленберг ответил, что относительно проекта "Хювудста" "никакой спешки нет". Он также связался с МИДом, и там "пообещали написать Раулю и спросить, как он сам смотрит на свою работу и сроки возможного возвращения".

Хотя Рауль имел право и возможность уехать домой, он решил остаться в Будапеште. Еще в конце июля он отмечал, что операция помощи должна "продолжаться в полную силу" и "было бы ошибочно думать, что роль Швеции в смысле оказания помощи евреям окажется сыгранной до конца, как только закончится акция по репатриации". Репатриация не состоялась, и, по мнению Вальдемара Лангле, важнейшей причиной решения Валленберга остаться в Будапеште послужило заявление германских властей, что они не допустят отправки в Швецию шведских подзащитных, пока не возобновятся депортации прочих евреев. Мудрость этого решения Рауля подтвердилась в ближайшие несколько недель.

Вожделенные документы

В течение сентября бомбовые удары союзников по Будапешту усилились, и работа миссии осложнилась из-за ежедневного объявления воздушной тревоги и потому, что "из-за бомбежек лишилась крова большая часть дополнительного персонала". Все же в конце месяца Рауль смог доложить, что его отдел будет окончательно ликвидирован, как только будет рассмотрено 8 тыс. написанных, но еще не обработанных заявлений на получение охранного паспорта. К тому времени венгерское правительство сообщило, что число охранных

Посол Швеции в Венгрии Иван Даниэльсон.

паспортов должно быть ограничено 4500. Из них 2700 были уже выписаны и выданы.

Как указывалось ранее, когда 29 августа Пер Ангер вернулся из Стокгольма в Будапешт, его встретили тысячи людей, толпившихся вокруг здания миссии. Толчеи избежать было невозможно, поскольку контора Валленберга на улице Минервы находилась в соседнем здании. Тем не менее административно его отдел пользовался полной самостоятельностью по отношению к собственно миссии. Нога посланника Даниэльсона никогда не ступала на территорию Валленберга, хотя его отдел и здание миссии находились в непосредственной близости. Вероятно, Даниэльсон не хотел этим компрометировать свое положение главы миссии. Он избегал также всякого контакта с ближайшими сотрудниками Валленберга. На практике их сотрудничество выглядело так: после окончания рабочего дня, часто поздно вечером, Валленберг захо-

Очередь евреев, ожидавших возможности войти в гуманитарный отдел, растягивалась на несколько сотен метров и доходила до самого Дуная.

дил в миссию со стопкой паспортов и просил Даниэльсона их подписать[29].

По свидетельству Ангера, посол подписывал один паспорт за другим "без комментариев". Это производило большое впечатление на Ангера, ведь Иван Даниэльсон, 1880 года рождения, был дипломатом старой школы и относился кри-

— MAGA MIÉRT NEM VISEL CSILLAGOT?
— NEM LÁTOTT MÉG BIZTOS ÚR
EGY SVÉD ÁLLAMPOLGÁRT?

"Вы почему не носите желтую звезду?" — "Разве господин комиссар
никогда не видел шведского гражданина?"

тически к тому, как Валленберг ведет дела. Но не потому,
что являлся противником акции спасения венгерских евреев.
Как явствует из его отчетов в МИД, Даниэльсон был глубоко
возмущен репрессиями против евреев и полностью поддерживал политику шведского правительства. Возражения касались формы работы: он боялся, что меры, предпринимаемые
Валленбергом и всерьез нарушающие правила дипломатии,
приведут к тому, что нацисты, в свою очередь, примут меры
против шведской миссии. Возражения касались его "все более легкомысленного приема сотрудников и изготовления
охранных документов", которое, по свидетельству Ларса
Берга, происходило "вопреки распоряжениям Даниэльсона"
(курсив Берга). Берг и Пер Ангер разделяли опасения Даниэльсона. Их беспокоило, что спасательная акции Валленберга
способна принять такие масштабы, что персонал не сможет
с ней справиться. Самая резкая критика исходила из уст Маргареты Бауэр: "Похоже, у Валленберга совсем отсутствует

рассудительность, мы здесь в миссии в отчаянии, и для нас большая загадка, почему даже посланник не делает ничего для исправления ситуации".

Валленберг, в свою очередь, утверждал, что рабочая нагрузка требует большой организации. Однако он сделал выводы из критики: он снял помещение на улице Тигрис, чтобы уменьшить нагрузку на миссию.

Массовый выпуск охранных документов приводил не только к риску их обесценивания, но и к коррупции. Письмо секретаря Биргит Брюлин Леннарту Ларссону, недавно вернувшемуся из Будапешта в Стокгольм, позволяет увидеть, что представляла из себя миссия в середине сентября:

> Когда ты уезжал домой, это все были еще детские игрушки по сравнению с сегодняшней ситуацией. Очереди за воротами меньше не стали, а купля-продажа приобрели куда большие масштабы. На сегодня в штате 120 евреев, занимающихся этими делами, и какие там коррупция, протекционизм и черный рынок, невозможно описать словами. [...] Твой добрый приятель и, кажется, хороший человек Берг уже бурно отреагировал на все это. Он не понимает, как такие вещи могут происходить в шведской миссии.

Хотя Рауль издал строгие инструкции для персонала, занятого еврейскими делами, проблема коррупции не была решена. "Выяснилось, что некоторые люди, не состоящие в штате отдела, в том числе несколько адвокатов, люди нечистоплотные, использовали бедственное положение евреев в своих целях, иногда принимая очень большое вознаграждение за продвижение заявления об охранном паспорте, — писал он в МИД 29 сентября. — Эти лица утверждали, что связаны с некоторыми сотрудниками из персонала. Поэтому в тех случаях, когда это оказалось возможным, на вышеназванных лиц, не находящихся в штате, было заявлено в полицию".

Нет ничего, что говорило бы о том, что Валленберг сам был вовлечен в эти дела — как раз наоборот. Еще 15 августа в своей докладной записке в МИД он подчеркивал опасность выдачи паспортов "лицам, чья деятельность не имела реального значения для Швеции", поскольку такие случаи "оказались чрезвычайно неприятными прецедентами". Один из сотрудников отдела свидетельствовал, с какой особой щепетильностью относился Валленберг к тому, чтобы работа с паспортами велась надлежащим образом. Выдача паспортов происходила с одобрения немцев, и эсэсовцы наносили регулярные визиты на улицу Минерва с целью проконтролировать, что количество выдаваемых паспортов соответствует официальному списку[30].

Помимо взяток еще один способ заполучить паспорта состоял в том, чтобы заставить заваленного работой посла Даниэльсона подписать больше паспортов, чем значилось в списке, а затем продать их. Согласно Ларсу Бергу, тысяча крон — это была еще "низкая цена за охранный паспорт". Другим методом была подделка паспортов. Один такой случай был раскрыт в конце сентября, о нем сообщала венгерская пресса. По свидетельству Валленберга, один ранее судимый убийца, не связанный с миссией, изготовил штук 40 охранных паспортов, "очень плохо сделанных", а затем продал их.

Ликвидация отдела и закрытие счетов

К концу сентября для ликвидации "еврейского отдела" все было готово. Работу осложняли бомбардировки, но персонал все-таки постепенно сокращался. Двадцать седьмого сентября Валленберг сообщил, что из 100 сотрудников 40 человек прекратят работу в течение ближайших десяти дней.

В карманном календаре Валленберга на 20 сентября стоят слова "закрытие счетов". Иными словами, пора было подводить итоги. Как тогда, в конце сентября, выглядели эти итоги, когда прием новых заявлений на получение охранного паспорта прекратился и Рауль намеревался возвратиться в Стокгольм? Под заголовком "Достигнутые результаты" в своем отчете в МИД он писал:

> Весь персонал вместе с семьями, всего около 300 человек, освобожден от принудительного ношения звезды, а также от участия в трудовой повинности.
>
> Владельцы шведских охранных паспортов, исполняющие трудовую повинность, начиная с завтрашнего дня отзываются из соответствующих бригад и мест расквартирования в Будапеште. Однако вероятно, что большое число таковых мы разыскать не сможем или же они окажутся не в состоянии найти средства транспорта.
>
> Вообще освобождение интернированных лиц в значительной степени может быть поставлено в заслугу отделу. Отдел тщательно трудился над отношениями с соответствующим чиновником, по распоряжению которого происходит это освобождение.
>
> Общее число лиц, усилиями отдела освобожденных от ношения звезды Давида в рамках договоренности, предусматривающей общее количество в 4500 человек, на сегодняшний момент составляет примерно 1100 человек.

Две недели спустя Рауль написал подобный же заключительный отчет Айверу Олсену:

> Оглядываясь назад на три месяца, проведенных мною здесь, я могу только сказать, что это был в высшей степени интересный и, как я полагаю, небезрезультатный опыт. Когда я приехал, положение евреев было по-настоящему плохим. Ход военных действий и естественная психологическая реакция венгров привели к тому, что многое изменилось.

Мы здесь, в шведской миссии, возможно, послужили лишь инструментом для преобразования этого внешнего давления в действия различных правительственных инстанций. Я придерживался в этих вопросах достаточно радикальной линии, хотя, естественно, был вынужден оставаться в рамках своего нейтрального статуса. […]

М-р Олсен, поверьте мне, Ваша помощь венгерским евреям принесла огромнейшую пользу. Думаю, у них есть все основания благодарить Вас за инициативу шведской акции помощи евреям, за все, что Вы таким исключительным образом сделали.

Из официального финансового закрытия счетов гуманитарного отдела Королевской шведской миссии, датированного 14 октября, можно заключить, что из всех расходов в сумме 1 млн 55 тыс. 043 пенгё 15 968 пошло на представительские цели, 77 тыс. 850 пенгё — на помощь отдельным лицам, 585 тыс. — различным институтам, 300 тыс. были израсходованы на продовольствие, 61 230 — на администрацию, а остальное, ряд небольших сумм, — на прочие мелкие надобности. В кассе оставалось 263 474 пенгё неизрасходованных средств.

Обеды и ужины

У Валленберга был природный талант общаться с людьми, и он обладал колоссальной сетью контактов в Будапеште, в которую входили как друзья, так и враги. Самые близкие и тесные отношения связывали его, естественно, с еврейскими организациями, прежде всего с юденратом и Еврейским агентством, представленным Миклошем Краусом. Также он поддерживал постоянные рабочие контакты с представителями остальных нейтральных государств, прежде всего Швейцарии и Ватикана, равно как и с представителями Красного Креста в Венгрии Вальдемаром и Ниной Лангле и представителем Международного Красного Креста Фридрихом Борном. Он встречался также с лидерами социал-демократов, фамилии которых предоставил ему Вильмош Бём. Другим контактом был капитан Золтан Мико — командующий венгерской национальной гвардией, при этом тайно организовывавший специальные формирования, целью которых было помогать преследуемым евреям и активистам Сопротивления. Однако о связях Валленберга с венгерским Сопротивлением мало что известно.

Несколько раз Валленберг встречался и с сыном регента Миклошем Хорти-мл. (1907–1993). Он был противником прогерманской политики Венгрии и в 1943 году основал организацию по репатриации венгров, проживающих за границей. На самом деле она занималась тем, что пыталась найти пути для выхода Венгрии из войны. Как уже упоминалось, Рауль знал Хорти-младшего и прежде, по своим деловым командировкам.

Однако Валленберг поддерживал связи не только со своими единомышленниками, но и с представителями противоположной стороны. На самом деле без этого его миссия не могла бы увенчаться успехом. Он регулярно встречался и с государственными служащими МВД и МИДа, и с представителями германской оккупационной власти, гражданскими и военными, а также с сотрудниками гестапо.

"Значительную часть моих расходов до сих пор составляла организация обедов и ужинов с разными влиятельными чиновниками, особенно с офицерами, отвечающими за еврейский вопрос", — писал Рауль Олсену в первом отчете о расходовании средств Управления по делам военных беженцев. Хотя переговоры часто оказывались "в высшей степени драматичными", он с удовольствием принимал в них участие, писал он матери. Из формулировки видно, что конфронтация отвечала театральной стороне его натуры.

Вилла, которую снимал Валленберг, по адресу улица Оштром, 9–11.

Угощать "разных влиятельных чиновников" обедом или ужином было в самом деле разумной методикой. Как мы видели, сам Валленберг пил умеренно, но он знал, как писал Ларс Берг, "насколько легче привести трудные переговоры к положительному результату при изобилии хорошей еды и благородных напитков". Тут Рауль был в своей стихии. Он виртуозно владел искусством убеждать и не успокаивался, пока не достигал желаемого.

Часто он принимал гостей на вилле, которую снимал на улице Оштром, но нередко представительские встречи происходили в ресторанах. Когда Ларс Берг прибыл в Будапешт в конце августа — начале сентября, он поразился тому, что в Будапеште, несмотря на бомбежки и затемнения, светская жизнь все еще была достаточно активной. Как-то вечером вместе с Даниэльсоном они были на премьере пьесы Сельмы Лагерлёф, в другой раз он видел шведское кино. Правда, была карточная система, но "если ты не немец, никто не спрашивал с тебя таких неприятных вещей, как талоны".

За исключением близкого к пенсии Даниэльсона, персонал миссии состоял из молодежи в возрасте от 25 до 30 лет, которая часто была не прочь сходить развлечься. За плату в соответствующей валюте можно было достать все что угодно: русскую черную икру, американские сигареты, французский коньяк. Лучшие рестораны Будапешта были часто полны посетителей, хотя цыганскую музыку то и дело прерывал сигнал воздушной тревоги, вынуждавший спуститься в бомбоубежище. "Бомбы падают одна за другой, и жутко слышать, что взрывы подбираются все ближе к месту, где ты находишься", — вспоминал Берг:

> Когда они уже совсем близко, пол и потолок начинают сотрясаться, а со стен подвала сыплется штукатурка. И вот попадание. От взрыва закладывает уши, все падают навзничь на пол. [...] Но насколько удручающе звучит сигнал воздушной тревоги, настолько же облегчающее впечатление производит сигнал "опасность миновала". Вновь звучат цыганские скрипки, на кухне вновь разогревают еду, осушаются бутылки.

Немецкая торговая политика

"Мне здесь очень нравится, и я очень занят", — писал Рауль матери 29 сентября. Воздушные налеты к этому времени участились, приходилось по многу часов просиживать в бомбоубежище, но последняя неделя прошла спокойно. "Несмотря на это, — сообщал далее Рауль, — жизнь продолжается". Несколькими днями раньше он пригласил к себе "весьма интересного сановника... а именно представителя Гиммлера". Однако встреча не состоялась, "служебные дела" вынудили сановника в последнюю минуту отказаться от приглашения.

Человека, которого Валленберг приглашал на ужин, звали Курт Бехер, штандартенфюрер СС, — "очень приятный человек, собирающийся, по его собственным словам, в ближайшее время застрелиться". В карманном календаре Валленберга значится, что ужин был запланирован на 26 сентября.

Курт Бехер, как и упоминал Рауль в письме матери, был представителем рейхсфюрера Генриха Гиммлера в Венгрии. Он прибыл в Будапешт в марте 1944 года в качестве начальника конно-транспортного управления экономического отдела СС с целью закупить 40 тыс. лошадей, но вместо этого стал играть центральную роль в другом виде торговли — торговле евреями. Несмотря на то что конечной целью нацистов было уничтожение всех евреев, случалось, что некоторому их числу позволялось эмигрировать, чаще всего за большие деньги. Примером такой торговой операции может послужить присвоение предприятий *Weiss Manfréd Acél- és Fémmüvek*, самого крупного в Венгрии промышленного концерна, порядка 50 предприятий, на которых было занято около 40 тыс. человек. Концерном владели четыре еврейские семьи, находившиеся между собой в родстве благодаря брачным узам: Вайс, Хорин, Корнфельд и Маутнер, — контролировавшие также один из крупнейших банков Венгрии, Коммерческий банк.

Поскольку Венгрия все еще официально считалась суверенной нацией, немцы не могли, как в других оккупированных странах, просто взять и конфисковать этот столь важный для их военных целей концерн, в составе которого был и большой сталелитейный завод. Поэтому немцы постарались завладеть им путем переговоров. Эти "переговоры" вел Курт Бехер. Главу концерна Ференца Хорина для смягчения его позиции подвергли жестокому избиению и другим унижениям, после чего он решил принять предложение немцев, суть которого сводилась к следующему: 45 членов семей владельцев получат гарантии свободного выезда из Венгрии в обмен на контрольный пакет акций компании. Владельцы концерна *Weiss Manfréd* находились под огромноым давлением: переговоры шли в самый разгар депортаций венгерских евреев в газовые камеры. По контракту, подписанному 17 мая, немцы будут управлять концерном в течение 25 лет, после чего он возвратится владельцам. В секретной части договора владельцам было обещано 600 тыс. долларов и 250 тыс. немецких марок наличными. Кроме того, при выезде из Венгрии им разрешалось взять с собой часть ценностей.

Контракт натолкнулся на сопротивление и со стороны венгерского правительства, не желавшего лишаться национальных ресурсов, и со стороны германского МИДа, так как был заключен у него за спиной. Однако в конце концов договор вступил в силу. После ряда проволочек в конце июня члены семей владельцев смогли уехать из Венгрии. Большинство отправилось в Португалию, часть в Швейцарию. Пятерых задержали на некоторое время в Вене как гарант того, что уже обретшие свободу не предадут соглашение гласности. Из обещанных 600 тыс. долларов была выплачена лишь треть.

Договор стал большой победой СС и Гиммлера в постоянно продолжавшемся противоборстве с Риббентропом и германским МИДом. Он обернулся личным триумфом и для Бехера: тот проявил такую искусность в ведении переговоров, что Гиммлер подключил его к еще одним переговорам, проходившим в то же время, — другой вариации на тему "кровь за товары", но в значительно более крупных масштабах.

Вскоре после германского вторжения нелегальный сионистский Комитет помощи и спасения (или Ва'ада) начал переговоры с оккупационными властями о возможном выкупе евреев. Среди наиболее активных лидеров комитета были Режё (Рудольф) Кастнер и Йоэль Бранд, первый из которых был журналистом, а второй предпринимателем.

Адольф Эйхман.

Одновременно с этими переговорами в Будапеште вырабатывались еще более масштабные деловые планы. На встрече с Йоэлем Брандом в конце апреля Адольф Эйхман представил план, согасно которому Германия могла бы отпустить 1 млн евреев в обмен на 10 тыс. грузовиков, а также мыло, чай, кофе и другие товары первой необходимости. Грузовики должны быть новыми и с прицепами. Предвидя, что мысль о поставках военных грузов противнику не вызовет энтузиазма у союзников, Эйхман заверил, что эти грузовики будут использованы только на восточном фронте, против Красной армии, — подразумевалось, что и западные союзники заинтересованы в поражении мирового коммунизма.

Поскольку немцы не могли наладить непосредственных контактов с союзниками, Эйхман приказал Йоэлю Бранду отправиться в нейтральную страну, чтобы там вступить в переговоры с лидерами "мирового еврейства". Девятнадцатого мая Бранд прибыл в Стамбул, где установил связи с представителями Еврейского агентства и американской и британской контрразведкой. Вскоре возникло подозрение, что цель предложения немцев — посеять раздор между союзниками. Турецкие власти, со своей стороны, были убеждены, что Бранд — агент гестапо. Поэтому он был выслан из страны. Когда 31 мая он пересек границу с Сирией, его схватили англичане и отправили в Каир, где он пробыл до октября 1944 года, пока ему не разрешили въезд в Палестину.

В Стамбул Бранд приехал не один, а вместе с Андором Гроссом — сопровождающим, которым его снабдил Эйхман. У Гросса было собственное секретное задание, о котором не знал Бранд, — прозондировать почву на предмет возможности сепаратного мира с западными державами. Идея "евреи за грузовики" на самом деле представляла собой прикрытие для установления контакта с союзниками. В июле сведения об этом плане просочились в британскую прессу, охарактеризовавшую предложение как "чудовищное". Идея была официально отвергнута и американским, и британским правительствами, заботившимися о том, чтобы не навредить отношениям с Советским Союзом, против которого предполагалось использовать грузовики. Поэтому они проинформировали о плане советское руководство.

Пока Йоэль Бранд был в отъезде, в Будапеште продолжались переговоры между Эйхманом и Кастнером. Они привели к договоренности о том, что группе евреев позволят уехать из Венгрии. Десятого июня 388 евреев были вывезены из гетто в Колошваре [с 1974 года — Клуж-Напока, Румыния] в Будапешт и интернированы во вновь созданный лагерь на улице Колумбус, где позднее содержалась сестра Коломана

Лауэра с семьей. После новых переговоров квота увеличилась до 1 тыс. евреев, потом до 1300 и, наконец, до 1684. Цена была назначена в 1 тыс. долларов за человека, что в сумме составило почти 2 млн долларов. Таких денег у Ва'ады не было. Для финансирования акции и включения в нее менее обеспеченных лиц на поезд, получивший название "поезд Кастнера", было продано 150 мест для богатых евреев. Поскольку банковские счета евреев были заморожены, оплата принималась в виде украшений, золота, драгоценных камней и других ценностей. Их доставили в СС в трех чемоданах 20 июня, одним из принимавших груз был Курт Бехер. Тридцатого июня поезд длиною в 35 вагонов вышел из Будапешта. В нем ехало 1684 человека. Он направлялся в нейтральную страну, но 9 июля остановился в Берген-Бельзене к северу от Ганновера, где "эмигрантов" интернировали в специально созданный пересыльный лагерь. Из восьми подразделений лагеря четыре были зарезервированы для "особо видных пленных" и "евреев на обмен". Двадцать первого августа, за два дня до того, как Гиммлер остановил депортации евреев Будапешта, 318 из 1462 евреев "кастнеровского поезда" получили разрешение покинуть Берген-Бельзен и уехать в Швейцарию. Это было жестом доброй воли со стороны немцев, заинтересованных в том, чтобы продолжить обсуждение выкупа евреев. В тот же день начались переговоры между Куртом Бехером и Сали Майером, швейцарским представителем организации "Джойнт", располагавшей крупными финансовыми ресурсами и, как мы видели, бывшей главным источником финансирования акции Валленберга.

История переговоров между нацистской Германией и "Джойнтом", а также роль Курта Бехера в них — тема слишком сложная, чтобы рассказывать о ней в этой книге. Интересны контакты Валленберга с Бехером. Формулировка Рауля, что Бехер, "согласно его собственному заявлению", собирался вскоре застрелиться, указывает на то, что источником утверждения был сам штандартенфюрер. А это может означать, что они уже были знакомы друг с другом.

О значении Бехера для деятельности Валленберга в Будапеште говорит и наличие в его карманном календаре другого имени — Вильмоша Биллица[31], с которым они встречались минимум семь раз осенью 1944 года. Первая встреча имела место 21 ноября в присутствии гестапо или в самом гестапо: "Биллиц с гестапо". Поскольку в календаре, естественно, не были записаны все встречи, вполне вероятно, что на самом деле они виделись чаще.

Вильмош Биллиц был директором завода по производству авиамоторов концерна *Weiss Manfréd*. Бехер познакомился с ним во время переговоров о заводах *Weiss Manfréd* в которых Биллиц играл роль посредника. Биллиц был евреем, но принял католичество. Его манера вести переговоры вызвала доверие Бехера, и Биллиц стал его доверенным лицом в еврейских вопросах. Поэтому неслучайно, что он вместе с Бехером и Кастнером участвовал в переговорах с "Джойнтом" осенью 1944 года.

Первая встреча Валленберга с Биллицем, возможно, состоялась по американской инициативе. В телеграмме Айверу Олсену от 3 августа Госдепартамент сообщил, что владельцы концерна *Weiss Manfréd* с семьями прибыли в Швейцарию, и передал информацию от американской миссии в Берне о том, что "некий Вильгельм Билиц, организовавший выезд этих лиц" сейчас и сам пытается перебраться в Швейцарию. (Вильгельм Билиц — немецкий вариант имени Вильмоша Биллица). Сведения предназначались для Рауля: "Валленбергу, возможно, будет полезно с ним связаться".

Неясно, когда завязались контакты между Валленбергом и Биллицем, но по календарю Валленберга видно, что в конце сентября они стали частыми. Именно Биллиц связал Валленберга с Бехером, который позднее сообщал, что они встречались с Раулем два или три раза[32].

Но не 26 сентября — в тот день, как мы видели, возникли препятствия. "Служебные дела", заставившие Бехера отменить встречу, возможно, были связаны с переговорами, которые в этот момент велись с "Джойнтом". В тот день, когда он собирался ужинать у Валленберга, как раз произошел первый прорыв. Сали Майер телеграфировал из Швейцарии, что хочет открыть счет в швейцарском банке, который находился бы в распоряжении Бехера для закупки товаров. За это "Джойнт" потребовал прекратить депортации словацких и венгерских евреев и позволить оставшимся пассажирам поезда Кастнера уехать в Швейцарию (что им и позволили 7 декабря). Возможным объяснением тому, что Бехер отказался от ужина с Раулем, будет то, что в тот день ему пришлось думать о другом. Предложение явилось открытием реальных переговоров — два дня спустя состоялась третья встреча Кастнера с Майером на немецко-швейцарской границе.

Рауль, конечно, был хорошо осведомлен о деятельности Бехера через Управление по делам военных беженцев, Биллица и другие свои контакты в концерне *Weiss Manfréd*. Есть основания думать, что переговоры по поезду Кастнера вдохновили Рауля на попытку найти подобное же решение вопроса о шведской репатриации и что именно это он хотел обсудить с Бехером, пригласив того на ужин. Поскольку немцы отказывались выдать "шведским евреям" транзитную визу, те по-прежнему сидели в Будапеште, снабженные шведскими охранными паспортами, но не имея возможности покинуть страну.

Евреи на обмен

Если в сентябре Валленберг говорил о возможном приезде домой в течение двух-трех недель, в конце месяца он уже явно был настроен более пессимистично в отношении возможностей свернуть дело за такое короткое время. "Во всяком случае, я постараюсь приехать домой через Германию и надеюсь, это не будет так долго, как было бы при путешествии через Москву — Хайфу [*sic*]", — писал он матери 29 сентября. Лауэру Рауль объяснил, что, пока наступление Красной армии затягивается, его деятельность в Будапеште остается "желательной и необходимой". Тем не менее он хочет постараться приехать домой "за несколько дней до прихода русских".

Мысль об отъезде из Будапешта не ранее чем за пару дней до прихода русских Рауль повторил и в следующем письме Лауэру, написанном двумя неделями позже. Уехать раньше не представляется возможным, поскольку могут произойти события, "во время которых я бы очень хотел быть на месте". После получения письма Рауля у Лауэра произошел "драматичный разговор с ним по телефону", в котором он просил Рауля приехать домой. Но в ответ Лауэр услышал: "Я не могу оставить без помощи тысячи людей".

Деятельность отдела оказалось не так-то легко свернуть еще и потому, что, как писал Рауль, "возникли новые серьезные задачи, которых невозможно избежать, поскольку они находятся в рамках предписанной акции". К этим задачам относилась работа по освобождению владельцев охранных паспортов от трудовой повинности: для этой цели было необходимо создать новый отдел. Кроме того, после ходатайства Даниэльсона Валленберг получил "пожертвование" в сумме 150 тыс. крон от "судовладельца Олсена", то есть от Управления по делам военных беженцев, для "выплаты на различные секретные счета, принадлежащие здешним частным лицам и фирмам". Деньги были переведены из *Enskilda Banken* в швейцарский банк 14 октября. Далее, Рауль организовал жилищное бюро, чтобы "освобожденные от звезды" евреи могли перебраться в "христианские" (арийские) дома, поскольку оставаться в домах, помеченных звездой, было опасно.

В этом бюро уже работало десять человек, в том числе пара банковских директоров из Коммерческого банка, некоторые "светские дамы", а также Сикстен фон Байер, семья которого владела домом, в котором располагалась шведская миссия.

Другое важное новое дело "в рамках предписанной акции" касалось венгерских евреев, депортированных в начале июля в Австрию по договоренности Эйхмана с Ваадой и Кастнером: за сумму в 5 млн швейцарских франков 21 тыс. евреев из гетто Дебрецена, Сигеда, Баи и других должна была быть отправлена для отбытия трудовой повинности в лагерь Штрассхоф и на другие объекты принудительных работ в восточной части Австрии. Вместо того чтобы доставить их в Аушвиц и убить газом, их должны были, по выражению Эйхмана, "положить под сукно". Это соглашение сулило значительные выгоды нацистам. Во-первых, они могли тем самым продемонстрировать свою добрую волю (переговоры о "евреях за грузовики" шли вовсю), а во-вторых, нацисты получали очень нужную им рабочую силу. Официально такие евреи именовались не *Transportjude* (как, например, депортируемые в Аушвиц), а *Tauschjude* (евреи на обмен) или *Jointjude* (евреи "Джойнта"), из чего видно, что эти евреи предназначались на будущую меновую торговлю. Заключенные использовались для разных работ, от расчистки завалов после бомбардировок до промышленного и сельскохозяйственного труда[33].

Венгерские евреи в Австрии находились в ведении оберштурмбаннфюрера Хермана Крумеи, штаб-квартира которого находилась в Вене. За судьбой этих евреев следила не только Ваада, но и Международный Красный Крест и представители шведского Красного Креста в Будапеште супруги Лангле. Это было гарантией некоторой защиты. "Хотя венгерские евреи в Штрассхофе и вокруг него многого лишились, в том числе свободы, это были счастливчики, — пишет один венгерский историк. — Они находились в определенной безопасности, в то время как остальная часть евреев из провинции оказались в сборных лагерях и были депортированы".

Однако осенью положение евреев, отбывавших трудовую повинность в Австрии, ухудшилось. Они прибыли туда в разгар лета, и у них не было теплых вещей, а немногочисленная легкая одежда, которая имелась (и в которой они работали), к этому моменту износилась до дыр, и у многих не было обуви. Шведская миссия в Будапеште через Красный Крест располагала исчерпывающей информацией о положении дел в Австрии. "Питание состоит из жидкого супа, картошки и суррогатного кофе, хлеба не хватает. Они живут в плохих, частично разрушенных бомбами неотапливаемых бараках", — сообщал Даниэльсон в МИД в начале октября.

По мнению Валленберга, предстояло "...отнестись к делу самым серьезным образом". Поэтому на одной из своих служебных машин, "студебеккере", он отправился в лагерь для интернированных на австрийской границе. В письме матери он рассказывал: "Комендант вначале не желал меня принять, потом дал мне пять минут, а кончилось тем, что в тот же день после четырехчасовых переговоров удалось добиться освобождения 80 человек и транспортировать их обратно в Будапешт. Видеть этих людей было очень трогательно".

Какое-то время спустя Валленберг послал Ингве Экмарка в Вену, чтобы тот постарался поговорить с Крумеи напрямую. Неизвестно, состоялась ли их встреча. Красный Крест снабдил депортированных куртками, нижним бельем и обувью, а после запроса юденрата Валленберг попросил шведский МИД прислать из Швеции ненужную одежду, а Лауэра — дать свои "советы по техническим вопросам их доставки". Хотя Рауль сознавал, что это "дело неосуществимое, все равно нужно попытаться", считал он. Насколько известно, никаких доставок из Швеции не было.

Таковы официальные доводы, приведенные Валленбергом в пользу того, что поездку домой необходимо отложить.

Другой причиной его решения могла быть инструкция американского министра иностранных дел Халла Олсену от 2 октября, содержащая фамилии контактных лиц в Венгрии и Словакии для "швейцарского представителя организации, которую в Стокгольме представляет Вольбе". Шломо Вольбе был немецким евреем, проведшим годы войны в Стокгольме, где он работал в базировавшемся в США Международном комитете спасения, в первую очередь занимавшемся помощью беженцам из нацистской Германии. "Пожалуйста, попросите Валленберга, если возможно, установить, есть ли у них какие-то программы, которым он может способствовать, — писал Халл. — Если им нужны деньги на проекты, имеющие реальные шансы на успех, Вы можете исходя из собственных оценок сделать имеющиеся фонды доступными для них". Валленберг немедленно запросил у Международного комитета спасения 100 тыс. долларов "через Швейцарию".

Конец сентября — начало октября принесли и обострение внутриполитической ситуации в Венгрии. Возможно, это тоже укрепило Валленберга в его решении остаться в Будапеште. Недовольные режимом Лакатоша немцы попытались ввести в правительство Ференца Салаши, лидера венгерских праворадикалов, и других национал-социалистов. Важной причиной тому было желание немцев возобновить преследование евреев, рапортовал Даниэльсон в МИД 3 октября: "Говорят, 4–5 октября станут переломным моментом".

В тот же день, когда Рауль в письме Лауэру заявил о "новых глобальных задачах", заставивших его отложить поездку домой, он написал и письмо матери — "в большой спешке", поскольку диппочта отправлялась через несколько минут: "Я только хочу рассказать, что все до сих пор шло хорошо. Мы не испытываем нужды ни в продовольствии, ни в чем-либо еще. И в последнее время не было никаких воздушных налетов". Однако на улицах много немецких военнослужащих, сообщил он, и много беженцев. Никто вокруг не знает, чем может обернуться приход русских. Он чувствует, что уехать из Будапешта будет трудно, поскольку ситуация перед приходом русских, по-видимому, не улучшится и ему надо оставаться на месте со своим отделом. Если он не сможет выбраться вовремя, то попытается добраться до Швеции через Советский Союз.

"Я предполагаю, — пишет он в конце письма, — что такая поездка будет очень долгой".

Марши смерти

Когда Иван Даниэльсон сообщил в МИД, что 4–5 октября "говорят, станут переломным моментом", он оказался прав по существу, но ошибся в дате. Перелом наступил десятью днями позже. С того момента, как адмирал Хорти принял решение о прекращении депортаций, а позднее и об отставке премьер-министра Стояи, немцы наблюдали за развитием внутриполитической ситуации в Венгрии с большой подозрительностью. Становилось все яснее, что цель венгерского правительства — вывод страны из войны и заключение сепаратного мира с союзниками. Если Гитлер все же пока терпел Хорти и позволял ему оставаться у власти, то лишь потому, что тот был ценен для него как символ независимой Венгрии. Его присутствие также придавало легитимность деятельности правительства. Однако в то же время шли переговоры между Веезенмайером и представителями крайне правых сил в стране, Партией скрещенных стрел, о создании нового правительства под руководством председателя партии Ференца Салаши.

Первую попытку достичь договоренности о сепаратном мире Хорти сделал в начале сентября. Попытка провалилась, поскольку немцы обеспечили венгерскую армию подкреплениями, о которых ранее просил Хорти, и он не стал осуществлять эти планы.

Намерения регента начать переговоры о сепаратном мире привели к обострению внутриполитической ситуации в стране — противостоянию правых экстремистов и антинацистских сил. По мере того как Красная армия прорывалась к Будапешту, последние все более укреплялись.

После того как Хорти постепенно осознал, что западные союзники не собираются ни завоевывать Восточную Европу со стороны Балкан, ни сбрасывать парашютные соединения на Венгрию, он решил начать переговоры о перемирии и с Советским Союзом. Капитуляция планировалась в тесном сотрудничестве с сыном и невесткой Хорти (оба они были антинацистами) и с рядом высокопоставленных военных. Заявление первоначально было запланировано на 18 октября, но сделано было на три дня раньше в связи с государственным переворотом, осуществленным Партией скрещенных стрел.

Во время обостряющегося кризиса немцы тоже не сидели сложа руки. В середине сентября Гитлер дал оберштурмбаннфюреру СС Отто Скорцени, возглавлявшему годом раньше операцию по освобождению Бенито Муссолини в Гран-Сассо, поручение помешать Хорти реализовать его планы. В частности, была поставлена задача обезвредить Хорти-младшего. Утром 15 октября тот должен был встретиться с югославскими партизанами, сторонниками Тито, дома у Феликса Борнемисы, директора Венгерского дунайского пароходства и венгерского свободного порта. Но это была уловка. Вместо этого и он, и Борнемиса были схвачены и отправлены в концлагерь в Маутхаузене.

Несмотря на захват сына, Хорти в тот же день сообщил о своем решении согласиться на условия перемирия, выдвинутые Красной армией. В 13:00 по венгерскому радио было зачитано его заявление. Регент заявил, что Венгрия была втянута в войну из-за своего географического положения и под давлением немцев, что теперь дело проиграно и Третий рейх стоит на пороге неминуемого поражения. Он перечислил также преступления, совершенные Германией по отношению к Венгрии, в том числе размещение германских войск против его, Хорти, воли, и то, что делали гестапо и СС после вторжения в страну. Он также подверг Германию критике за помощь Партии скрещенных стрел в подготовке государственного переворота и призвал венгерские войска оставаться верными и повиноваться его приказам. Касаясь положения евреев, Хорти заявил, что гестапо разбиралось с этим вопросом таким же образом, как и в других странах, и "использовало хорошо известные методы, противоречащие основам гуманизма".

Перенесение даты заявления Хорти с 18 на 15 октября пресекло подготовку Партии скрещенных стрел к перевороту, но зато застало лояльные Хорти войска врасплох. Выступление Хорти по радио оказалось совершенно неожиданным и привело к всеобщей дезориентации: после многих лет антикоммунистической пропаганды регент неожиданно заявил, что страна объявляет о своей капитуляции перед Красной армией. Все же многие евреи посрывали с себя желтые звезды, а отбывавшие трудовую повинность побросали лопаты. Но радость оказалась короткой. После обеда по радио прозвучало сообщение генерала армии Вёрёша, призвавшего войска продолжать боевые действия на стороне Германии.

Радио уже было захвачено представителями Скрещенных стрел при помощи немцев. Хорти пошел ва-банк и проиграл. Путь к власти для Скрещенных стрел был открыт. Шестнадцатого октября регент был вынужден подписать два документа. Первый аннулировал его предыдущее заявление и подтверждал призыв генерала Вёрёша продолжать войну, второй давал поручение Ференцу Салаши образовать новое правительство. На следующий день Хорти и ближайших членов его семьи отправили под домашний арест в замок Хиршберг в Баварии.

Государственный переворот и шведская миссия

Пятнадцатого октября большинство сотрудников шведской миссии находились на Восточном вокзале Будапешта. Было решено до прихода Красной армии отправить как можно больше шведских женщин и детей домой в Швецию. Хотя в данном случае речь шла о "настоящих" шведских гражданах, организовать их транспортировку оказалось делом нелегким. Путь должен был проходить через Германию, а немцы неохотно предоставляли железные дороги для гражданских целей, дороги были нужны для военных транспортов. Поэтому миссия заранее заказала железнодорожный вагон для группы шведов.

Как раз в тот момент, когда поезд должен был трогаться, через динамики было зачитано обращение Хорти по поводу прекращения военных действий. Возникло замешательство. Несколько немецких офицеров попытались протиснуться в шведский вагон, но их остановили Пер Ангер, Ларс Берг и Йёте Карлсон, сопровождавшие пассажиров. Однако и они растерялись. Правильно ли будет в этой новой ситуации отправить шведских граждан через Германию, тем более что вагон входил в состав германского военного транспорта? Один немецкий офицер объяснил Ангеру, что, если что-то случится, отвечать будет он. Даниэльсона, ранее также находившегося на вокзале, вызвали в Замок по поводу заявления о перемирии, и поэтому принимать решение пришлось Ангеру. Он решил позволить группе выехать. Последним, что он услышал, прежде чем поезд отправился в направлении Вены, были слова проводника: "Не забудьте пригнуться, когда поезд начнут обстреливать. Когда будет остановка из-за воздушного налета, нужно немедленно покинуть поезд и броситься на землю". Через два или три дня группа благополучно прибыла в Швецию.

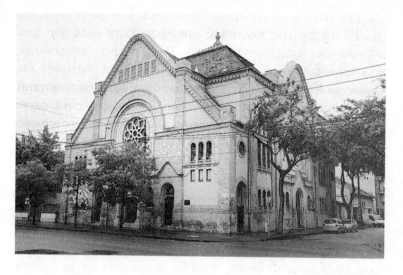

Синагога на улице Арена.

На вокзале были также Маргарета Бауэр и Биргит Брюлин, но Валленберга среди провожавших не было. В его календаре есть запись, что 15 октября — это было воскресенье — он встречается с Бербер Смит, молодой голландкой, за которой ухаживал. Состоялось ли их свидание, неизвестно, так как на Рауля внезапно обрушились другие, более важные дела.

Четырнадцатого октября солдаты из казармы Альбрехта решили сами гарантировать исполнение правосудия и заперли участников Интернациональной трудовой бригады в синагоге на улице Арена. Туда же согнали евреев, сбежавших из трудовых подразделений после прорыва фронта частями Красной армии к югу от Будапешта или покинувших место трудовой повинности и пойманных в ходе облав. Всего вечером накануне переворота запертыми в синагоге оказалось около 300 человек. Их стерегли солдаты, вооруженные винтовками с примкнутыми штыками.

По свидетельству Ласло Эрнстера, молодого студента-медика и одного из участников шведской трудовой бригады, в синагоге внезапно появился Валленберг, "спокойный и собранный, хотя и бледный". Он отчитал молодых ни-лашистов и попросил своих подопечных оставаться внутри и ни под каким видом не показываться на улице. На следующий день, день переворота, Рауль был занят переговорами, которые вместе со своими сотрудниками вел с министерством обороны, пытаясь вызволить из синагоги владельцев шведских охранных паспортов. В конце концов Валленберг вместе с Вильмошем Форгачем, Палом Хегедюшем и Казмером Каллаи (племянником прежнего премьер-министра, работавшим у Валленберга) отправились в синагогу, где, по свидетельству одного из запертых — Габора Форгача, сына Вильмоша Форгача, к этому моменту царила полная анархия. С помощью лейтенанта Пала Прокопа они сумели освободить шведских подзащитных.

Когда Валленберг вернулся на улицу Минервы, здание миссии было блокировано немецкими автоматчиками. Тем не менее Раулю удалось пробраться в офис и сделать несколько телефонных звонков. Результатом стало то, что на следующее утро 20 его ближайших коллег-евреев смогли пройти на улицу Резедо, где скрывались в течение двух недель[34].

Национализм и асемитизм

Новым премьер-министром Венгрии стал Ференц Салаши (1897–1946), офицер в отставке, основавший в 1935 году Партию национальной воли, идеологической базой которой были венгерский национализм и реваншизм. Правительство запретило эту партию, и два года спустя Салаши создал новую, Национал-социалистическую партию Венгрии, тоже запрещенную властями. Отсидев срок в тюрьме, в 1940 году он стал национальным лидером Партии скрещенных стрел, за год до того занявшей второе место на выборах в парламент.

Основной целью Скрещенных стрел, как и прежних двух партий, основанных Салаши, была географически восстановленная и этнически чистая Венгрия, где никаким евреям не позволено было бы нарушать венгерскую идиллию. Иными словами, многое объединяло идеологию Скрещенных стрел с нацистской мечтой о Третьем рейхе. Однако у Салаши было свое решение еврейского вопроса. Он, правда, хотел, чтобы Венгрия освободилась от евреев, но в первую очередь не путем физического уничтожения. Идеологией Салаши был асемитизм. "Когда война окончится, все евреи будут переселены из Венгрии в одно место, выбранное по международной договоренности" — таким был его рецепт решения еврейского вопроса. Сначала евреев заставят работать, а потом они будут высланы, в первую очередь в Палестину. Тем самым "асемитское" решение Салаши парадоксальным образом частично совпало с идеями сионистского движения. Правда, согласно плану Салаши, путь в Землю обетованную был усеян значительно бóльшим количеством препятствий, чем тот, поборниками которого выступали Миклош Краус и Еврейское агентство.

Уже 16 октября дома под звездами были опечатаны для "переписи населения", и обитателям было запрещено их покидать без разрешения в течение десяти дней. Никто не имел права и входить в эти дома — ни врачи, ни акушерки, ни санитары для выноса трупов, любая доставка продуктов питания тоже была запрещена. Члены юденрата не осмеливались даже зайти в свои рабочие помещения, хотя еврейская община находилась под охраной гестапо.

За несколько недель до государственного переворота Салаши тайно рекрутировал тысячи новых членов для Партии скрещенных стрел. Среди них было довольно много пожилых людей или солдат, раненных на войне, но многие были не-

Ференц Салаши 16 октября 1944 года на пути в Замок,
чтобы образовать правительство.

образованными мальчишками из бедных районов Будапешта.
Независимо от возраста все они были взращены в духе ярого
антисемитизма. Им выдали нарукавные повязки и автоматы,
и, как только переворот Салаши стал свершившимся фактом, они развязали террор, такой кровавый и не поддаю-
щийся контролю, что даже немецкие офицеры СС заявили
протест венгерским властям. В первую же ночь переворота
произошли погромы. Людей вытаскивали из домов со звездами или из трудовых бригад и расстреливали на улицах или

набережных Дуная, сбрасывая затем тела в воду. В маленьком пригороде к западу от Будапешта была вырезана целая трудовая бригада, состоявшая из 160 врачей, инженеров и других высокообразованных специалистов. "В первую же ночь после путча было предпринято много индивидуальных арестов и много погромов, в ходе которых, по оценкам, было убито 100–200 человек"[35], — писал Валленберг в своем отчета в МИД 22 октября. И далее:

Далее нилашисты опустошили еврейские дома, а жителей загнали в сборный лагерь. Этим людям в основном позволили вернуться, но несколько сотен, говорят, бесследно исчезли. [...] В ряде случаев на владельцев охранных паспортов напали вооруженные бандиты, разрывавшие охранные паспорта в клочья. [...] События 17-го [очевидная описка. — *Прим. авт.*] имели катастрофические последствия для отдела. Исчез весь персонал плюс машина, безвозмездно предоставленная в наше распоряжение, целый ряд ключей от разных запертых помещений, шкафов и т. д. Весь первый день нижеподписавшемуся пришлось разъезжать на дамском велосипеде по кишащим бандитами улицам, пытаясь найти хоть какие-то концы. Второй день был посвящен тому, чтобы на машине перевезти персонал, подвергавшийся опасности, в более надежные убежища и развезти им продукты. На сегодняшний день лишь десять сотрудников числятся пропавшими, в то время как 30 человек пока не вышли на работу.

Эта почти невероятная велосипедная поездка по улицам Будапешта с целью "подбодрить и вдохнуть мужество в сотрудников-евреев" для Пера Ангера стала примером мастерской способности Валленберга "импровизировать и находить выходы, справляясь с постоянно возникающими новыми трудностями"[36].

Барон и баронесса Кемень

Уже через два дня после переворота, 17 октября, в Будапешт вернулся Эйхман с требованием предоставить ему 50 тыс. трудоспособных евреев для строительства укреплений вокруг Будапешта. Это означало, что его зондеркоманда вновь взяла в свои руки контроль над судьбой венгерских евреев. На следующий день новый министр внутренних дел Габор Вайна по радио представил политику правительства в отношении евреев. Одним из ее пунктов было то, что больше не будет делаться никакой разницы между "обычными евреями" и евреями, находящимися под защитой иностранных держав. "Пусть ни один человек еврейской расы... не думает, что с помощью иностранцев он сможет обойти законные меры венгерского государства". Даниэльсон в тот же день сообщил в МИД, что шведские паспорта больше не признаются. МИД в ответ предложил Даниэльсону "напомнить венгерским властям обращение короля в защиту евреев Венгрии" и "подчеркнуть, что Вы считаете очевидным, что евреев, имеющих шведские охранные паспорта, следует пощадить". Подчеркивалось также, что Швеция не планирует признавать новый венгерский режим. Вопрос дипломатического признания сыграет в течение ближайших месяцев важную роль в переговорах между шведской миссией и венгерскими властями.

Другой пункт в программе нового правительства касался трудовой повинности. По мере того как удача в войне все больше отворачивалась от Германии, повышалась верхняя граница возрастного ценза для призыва на принудительные работы. В апреле 1943 года крайняя планка составляла 37 лет, в апреле 1944 года — 48 лет. По соглашению между Вайной и Эйхманом с 22 октября к трудовой повинности привлекались все мужчины-евреи с 16 до 60 лет и все женщины с 18 до 40 лет. К 26 октября было мобилизовано 25 тыс. мужчин и 10 тыс. женщин. Их задачей было рытье окопов и выполнение работ по сооружению оборонительных укреплений вокруг Будапешта. Помимо этого, Эйхман потребовал "одолжить" Германии на полгода 25 тыс. венгерских евреев-мужчин, чтобы "заменить износившихся русских и прочих военнопленных на германских заводах".

Миссии Швеции и других нейтральных стран в первые дни после переворота развили бешеную активность, стараясь отстоять статус своих подзащитных. Карл Лутц и Анжело Ротта встречались с представителями правительства, и последний получил от Салаши заверения, что евреи не будут подвергнуты ни депортации, ни уничтожению, их лишь "заставят работать на благо Венгрии". Со шведской стороны переговоры вел Валленберг, в первую неделю после переворота имевший два разговора с новым министром иностранных дел по вопросу о шведских подзащитных. Согласно рапортам Даниэльсона в МИД, была надежда, что статус этих людей будет соблюдаться, однако все зависело от того, собирается ли Швеция признать новый режим или нет.

То, что именно Валленберг занимался контактами с Министерством иностранных дел, возможно, было сознательным сигналом новому венгерскому режиму. Однако в МИДе были недовольны, что не сам посол разъясняет точку зрения шведского правительства, и обязали его "немедленно и лично" сделать это. Не исключено, что была и еще одна причина, по которой отвечать за переговоры доверили Валленбергу. Судя по всему, он был уже знаком с новым министром иностранных дел бароном Габором Кеменем и его супругой Эржебет.

Валленберг обычно составлял резюме своих переговоров с венгерскими и немецкими чиновниками и в тот же день передавал эти так называемые вербальные ноты партнерам по переговорам. Таким образом, его первый разговор с Габором Кеменем, очевидно, состоялся 20 октября, когда в ноте зафиксировано обязательство, что новое венгерское правительство намерено уважать ранее заключенные договоренности.

Однако это было пока лишь устное обещание. В ходе второй встречи между 22 октября Валленбергом и Габором Кеменем было заключено письменное соглашение о том, что сотрудники шведской миссии и члены их семей и впредь освобождаются от обязательного ношения звезды и проживания в домах со звездой. Те, кто до 15 октября был взят на принудительные работы, должны быть собраны в шведской бригаде на улице Арена, а те, кто не был призван на тот момент, вообще не должны отбывать никакой трудовой повинности. Тем евреям с охранными паспортами, которых забрали на работы после 15 октября, обязаны разрешить вернуться домой.

В тот же день в венгерский МИД были направлены еще две ноты — о полицейской охране для юридического отдела миссии по улице Йокаи, 1 и нота, подтверждающая договоренность о праве шведской миссии выдать 4500 охранных паспортов. В течение следующих дней миссия заваливала Габора Кеменя нотами, скорее всего, написанными Валленбергом. Только 26 октября было отправлено шесть штук. Ноты касались всего на свете, от охраны зданий миссии и продовольственных карточек евреям до возвращения подзащитных, увезенных вопреки достигнутому соглашению. В некоторых случаях нота обращала внимание на судьбу отдельного человека, например 81-летнего Имре Вайды, которого, несмотря на преклонный возраст, забрали на рытье окопов. В другом случае выражался протест по поводу того, что нилашисты ворвались в одно из помещений шведского Красного Креста и тем самым нарушили правило экстерриториальности. Когда правительство заявило, что в качестве иностранных граждан будут рассматриваться лишь носители обычных паспортов, Валленберг в ту же ночь изготовил сертификаты, приравнивавшие охранные паспорта к обычным. Из-за недостатка времени эти сертификаты были снабжены его подписью в факсимильном варианте. Ноты протеста встречали одобрение у Габора Кеменя, у которого были личные причины поддерживать хорошие отношения со шведскими властями. Швеция представляла интересы Венгрии в Румынии, где после разрыва с Германией оставалось несколько членов семьи Кемень.

Почти так же часто, как с министром, Валленберг встречался с его женой. Урожденная фон Фухс, она родилась в Мерано, в северной Италии, и переехала в Будапешт в 1942 году в связи с замужеством. Ее муж занимал высокое положение в Партии скрещенных стрел и был убежденным антисемитом, но сама она с возмущением воспринимала то, как обращаются с евреями. "Помню, как однажды я выглянула из окна и увидела группу стариков-евреев, которые, спотыкаясь, брели по улице. Их вели вооруженные охранники, — рассказывала она. — Они едва могли идти, среди них без присмотра бродили маленькие дети. Я закричала охранникам: "Куда вы ведете этих людей?" — и те ответили: "На работы!" Я поняла, что это ложь, что этих людей ведут на смерть. Я почувствовала, что должна что-то сделать".

Сделать она могла только одно: попытаться повлиять на мужа, что она и сделала — до такой степени, что на это обратили внимание высшие круги нилашистов. Валленберг посещал баронессу Кемень не только в здании министерства, но и в доме, где жили супруги. Во время этих бесед ему пригодился его засвидетельствованный всеми талант умело вести переговоры. Как вспоминает баронесса, типичным для Валленберга было то, что он "продолжал долбить в одну точку, пока не добивался желаемого". Это же качество было и у папского нунция Ротты, который, по словам баронессы, "ходил к мужу каждый день, пока не добивался того, чего хотел". Пер Ангер, несколько раз видевший Габора Кеменя в обществе Рауля, вспоминает, что Валленберг часто льстил министру, называя его "одним из наиболее выдающихся министров иностранных дел современности" и утверждая, что он, возможно, станет первым послом нового режима в Швеции, поскольку Швеция скоро признает правительство. Но лесть была лишь одним из элементов переговорной тактики Валленберга. Если она не помогала, он прибегал к другим приемам. Например, подчеркивал, что война скоро закончится и самое разумное, конечно, — начать сотрудничать со стороной-победительницей.

Частые визиты и настырность Валленберга дали желаемый результат. Баронесса сообщила ему в письменном виде, что ее муж пообещал: заявление о том, что правительство уважает ранее заключенные договоры, будет передано по радио, чего Валленберг и требовал. Вечером 29 и утром 30 октября по венгерскому радио прозвучало заявление, в котором Габор Кемень провозгласил, что имеющие паспорта, охранные паспорта, коллективные паспорта, разрешения на выезд или рабочие удостоверения, выданные нейтральными дипломатическими миссиями, не могут привлекаться ни к военной, ни к трудовой обязанности.

"Этот большой успех нейтральных держав был всецело заслугой Рауля, — отмечал Пал Хегедюш, находившийся в гуще событий. — В качестве компенсации Рауль должен был, в частности, предоставить баронессе три охранных паспорта для ее собственных протеже и, что довольно комично, килограмм мяса в придачу", — вспоминал он. В другой раз она получила домашний халат.

Неясно, когда состоялось знакомство Рауля с супругами Кемень. Есть версия, что они познакомились вскоре после переворота Салаши в издательстве Кароя Мюллера, где баронесса состояла в штате. Мюллер был евреем, но, поскольку евреям было запрещено заниматься бизнесом, его вынудили оставить издательство, формальным владельцем которого стал журналист и юрист Арон Габор, который был арийцем и имя которого издательство стало носить. Как вспоминал Габор, который, кстати, подобным образом оказался и во главе фирмы, торговавшей зерном, сотни охранных паспортов были выданы в помещении издательства, которое после путча служило тайным центром деятельности Валленберга. Габор и сам принял активное участие в выдаче охранных паспортов и через шесть недель после переворота был вынужден бежать из Будапешта. В дальнейшем у нас еще будет повод вернуться к его судьбе.

И все же трудно поверить, что Валленберг после двух-трех дней знакомства до такой степени завоевал доверие баронессы, что смог уговорить ее повлиять на мужа для достижения его, Валленберга, целей. Вероятнее предположить, что они были знакомы раньше, ведь они вращались в одних и тех же кругах высшего общества. В карманном календаре Валленберга есть запись от 2 августа о встрече в отеле "Геллерт" с "Эржебет и К.". Скорее всего, имеется в виду чета Кемень. Тот факт, что он называет баронессу по имени, предполагает, что они знали друг друга и раньше. Во всяком случае, многое говорит в пользу того, что Рауль уже был знаком с супругами Кемень, когда в первый раз посетил министра иностранных дел.

Согласно более позднему заявлению Габора Кеменя, у него сложились "почти дружеские отношения с Валленбергом". Но эта оценка была дана после войны и имела целью выставить барона в благоприятном свете[37]. Что касается баронессы, то нет сомнений, что ее и Валленберга связывали отношения взаимного доверия. "Это правда, что между ними была своего рода симпатия... она восхищалась тем, как он работал", — вспоминает Пер Ангер. Жена министра иностранных дел была молода и красива, и звучали намеки, что отношения между нею и Валленбергом не сводились к чисто дружеским. Однако намеки эти безосновательны. Кроме того, на тот момент у нее был большой срок беременности, а 29 ноября она покинула Будапешт — по мнению Хегедюша, отъезд ее был вынужденным и обусловлен участием в валленберговской акции. На вокзал ее пришел проводить Валленберг с букетом цветов, но это было выражением учтивости и благодарности,

РАЙОН БУДЫ

1. Отель Геллерт, в котором Валленберг жил в первые недели в Будапеште.

2. Шведская миссия по улице Гийопар, 8 (в настоящее время улица Минерва, 3А-В).

3. Соседний дом, снимавшийся Валленбергом, по улице Минерва 1А (в настоящее время улица Минерва, 5).

4. Дом, в котором Валленберг жил, по улице Оштром, 9–11.

5. Дом, в котором Валленберг жил, по улице Дежё, 3.

6. Улица Ури, 15, место, где скрывалась шведская миссия.

7. Папская нунциатура (Дис тер 4–5), где прятались сотрудники миссии в рождественский сочельник и рождество 1944 года.

8. Дворец графа Эстерхази (швейцарская миссия) по улице Тарнок 7–9, где находились Иван Даниэльсон, Маргарета Бауэр, Ингве Экмарк и Аста Нильсон после того, как переехали из нунциатуры. В настоящий момент снесено.

9. Будайская гора, где находилась резиденция регента нации Хорти.

РАЙОН ПЕШТА

1 Международное гетто, где жили шведские и швейцарские подопечные.

2 Улица Уллёй 2—4, где с ноября 1944 года располагалась главная контора Валленберга.

3 Главная контора шведского Красного Креста по улице Уллёй 32, где в феврале 1945 года открыл контору шведской миссии Ларс Берг.

4 Стеклянный дом и швейцарская миссия по улице Вадаш, 29.

5 Hazai Bank по улице Харминцад, 6, где обосновались на заключительном этапе войны Валленберг и его ближайшие сподвижники. В настоящее время Британское посольство.

6 Закрытое гетто.

7 Большая синагога на улице Дохань.

8 Улица Бенцур, 16, с транспортным отделом Красного Креста, где Валленберг 13 января 1945 года вступил в контакт с Красной Армией. В настоящее время Австрийское посольство.

9 Купальня Сечени в Городском парке (Варошлигет), в подвале которой состоялись первые разговоры Валленберга со Смершем.

10 Вокзал Йожефварош.

не более того. "С супругой министра иностранных дел мы были довольно хорошими друзьями. К сожалению, она уехала в Мерано", — сообщил Рауль матери словами, судя по всему, адекватно передающими температуру их отношений.

Поездка в Стокгольм?

Согласно сведениям баронессы Кемень, полученным через 30 лет после окончания войны, Валленберг в разговоре с послом Советского Союза в Стокгольме Александрой Коллонтай якобы добился гарантий того, что, когда Красная Армия войдет в Будапешт, ни с самой баронессой, ни с ее ребенком ничего не случится. Эта информация привела к дискуссии о том, приезжал ли Рауль в какой-то момент своего пребывания в Будапеште в Стокгольм и встречался ли там с Коллонтай (то, что такой разговор мог произойти по телефону, представляется менее правдоподобным).

Из писем Валленберга Лауэру следует, что Рауль несколько раз планировал приехать в Стокгольм. Мысль о кратком визите домой возникла у Рауля уже через неделю после приезда в Будапешт. 18 июля он писал Лауэру, что постарается приехать "достаточно скоро, чтобы отчитаться". Темой отчета был еврейский вопрос. Так как телефонные разговоры прослушивались, а иногда даже прерывались немецкой цензурой, Валленберг хотел передать информацию лично.

О планах Валленберга немедленно было сообщено американской и британской миссиям, и 25 июля Хершель Джонсон информировал американский МИД: Валленберг "сообщает, что предполагает приехать на несколько дней в Стокгольм в конце месяца". Напротив, Буэман об этом информирован не был и удивился, услышав новость от британцев. Тот факт, что первый заместитель министра иностранных дел не знал об ожидавшемся приезде Валленберга домой, вероятно, был следствием какой-то ошибки — не было причин держать его в неведении. Но одновременно это свидетельствует и о том, что Рауль не видел в шведском МИДе своего главного работодателя. Двадцать девятого июля британская миссия сообщила в свой МИД, что Валленберг во время предстоящего визита "наверняка будет готов снабдить нас всей информацией… какую мы захотим иметь".

Валленберг, судя по всему, не поехал в Швецию в июле, потому что немцы отказали ему в транзитной визе[38]. Как следует из предыдущих глав, позднее, в сентябре, Валленберг планировал свернуть деятельность в Будапеште и вернуться домой навсегда. Об этом он сообщил Лауэру, который, в свою очередь, держал в курсе британскую миссию. "Валленберг собирается вернуться к концу недели", — написано в одном британском документе от 16 сентября. Но и в сентябре стокгольмская поездка Валленберга не осуществилась, на этот раз потому, что по вышеприведенным причинам он принял решение остаться в Будапеште, хотя его отдел при миссии закрывался.

В дипломатическом паспорте Валленберга есть штамп — германская транзитная виза, датированная 13 октября и действительная до 29-го числа того же месяца. Интересно, что карманный календарь Валленберга между 17 и 23 октября пуст, что делает теоретически возможным его посещение Стокгольма в этот период. Более вероятно, однако, что календарь пуст потому, что Рауль планировал быть в Стокгольме в эти дни, но не поехал из-за событий 15 октября. Согласно его карманному календарю известно, что он находился в Будапеште 16 и 24 октября. Но мы также знаем о его активной деятельности в дни сразу после переворота и что он встречался с Габором Кеменем 20 и 22 октября — в тот же день, когда он, кстати, послал отчет в МИД. Это в значительной степени сужает временной промежуток, когда он мог посетить Стокгольм.

В пользу гипотезы о поездке Валленберга в Стокгольм помимо сообщения баронессы Кемень о разговоре с Коллонтай свидетельствует и тот факт, что Маркус (Додде) Валленберг однажды, хотя и значительно позднее, утверждал, что в последний раз видел Рауля "во время Второй мировой войны, когда тот ненадолго посетил Стокгольм в разгар своей миссии в Будапеште". Против предположения, что такой приезд имел место, говорит то обстоятельство, что ни один из коллег Валленберга по миссии или его семья в Стокгольме о нем не упоминает даже намеком. Следует отметить, что, в то время как в письмах Лауэру Валленберг несколько раз касается темы приезда домой, в письмах матери он вообще не упоминает об этом.

Это, в свою очередь, могло бы объясняться тем, что поездка была связана с какой-то деятельностью, которую нужно было любой ценой держать в тайне. Именно поэтому он не связывался со своей семьей. Был ли он вовлечен во что-то, о чем мы не имеем никаких сведений? Может быть, контакт с Коллонтай осуществлялся через Маркуса Валленберга, который после переговоров о сепаратном мире между Советским Союзом и Финляндией хорошо ее знал? Высказывались предположения, что Рауль мог иметь задание американской разведывательной службы, стокгольмским шефом которой был его работодатель из Управления по делам военных беженцев Айвер Олсен. Хотя доказательств не найдено, такую вероятность нельзя исключить. В любом случае по причине ограниченности во времени поездка должна была совершиться самолетом через Берлин.

Как бы ни обстояли дела со стокгольмской поездкой Валленберга, примечательно, что его карманный календарь, в остальном заполненный, пуст в течение целых семи дней сразу после переворота. Если он планировал побывать в Стокгольме по секретному делу, это все объясняет. Другим возможным объяснением могло быть то, что Валленберг располагал сведениями о предстоящей капитуляции и хотел держать дни свободными на случай непредсказуемого развития событий, ведь Хорти изначально должен был выступить

Штамп с германской транзитной визой в паспорте Валленберга
(на правой странице).

с речью 18, а не 15 октября. Это менее правдоподобное объяснение, хотя есть основания предполагать, что о намерениях регента Валленберг был информирован лучше, чем многие другие. Не только в качестве дипломата, но и потому, что был тесно связан с человеком, похищенным 15 октября вместе с Хорти-младшим.

Имя Феликса Борнемисы встречается в карманном календаре Валленберга четыре раза, и номер его телефона записан в его адресной книге. Хотя других следов контактов между ними нет, нетрудно догадаться, по какому поводу они встречались. Борнемиса (1895–1969) был судовладельцем и директором свободного порта Венгрии. В обоих своих качествах он представлял интерес для Валленберга. Управление по делам военных беженцев сообщило, что "суда и баржи, идущие вниз по Дунаю, чаще всего пусты и могут послужить средством спасения для ограниченного числа беженцев, замаскированных под моряков или еще как-то еще" и что "к корабельщикам возможен подход на финансовой основе". Поэтому одной из тем разговоров Валленберга с Борнемисой, надо думать, был контрабандный провоз беглецов[39]. Четыре занесенных в календарь встречи с Борнемисой имели место в связи с планировавшимся, но так и не осуществившимся интернированием шведских подзащитных в июле — августе.

Другая возможная тема переговоров носила более деловой характер. В 1939 году свободный порт Венгрии образовал пароходство, которое должно было связать Дунай с Южной Америкой, и Борнемиса заказал три судна для доставки локомотивов в Южную Америку и перевозки обратно груза кофе. (Близкие отношения Борнемисы с Хорти-младшим объясняются, в частности, тем, что тот в 1939–1942 годах был венгерским посланником в Бразилии, а после этого — председателем правления Венгерской компании речного и морского судоходства.) Владеть судами должна была *Csepel*, внгерско-шведская пароходная компания. Из-за войны эти планы были отложены на будущее, и только одно судно, *Hungaria*, было построено в 1947 году, до того как Венгрия стала коммунистической.

Неясно, кто должен был участвовать в этом мероприятии со шведской стороны, но мысль естественным образом обращается к пароходной компании Салена, чьи суда с бананами с давних пор курсировали между Европой и Южной Америкой, и к протеже Свена Салена Коломану Лауэру, специалисту по транзитной торговле, в своем заявлении о шведском гражданстве представившему амбициозный план торговли с Южной Америкой после войны. В этой связи интересно отметить, что Рауль в своем — отклоненном — заявлении о кабинетном паспорте писал, что хочет поехать в Аргентину для закупки продовольствия за счет Центрально-Европейской компании. Кстати, у Борнемисы были деловые связи и с семейством Валленбергов, но какие именно, неизвестно.

Кто бы ни был посредником при установлении контактов Рауля Валленберга с Борнемисой и какие бы цели эти контакты ни преследовали, через него Рауль был полностью в курсе политической ситуации в Венгрии. Возможно, он знал, когда именно Хорти собирался выступить с речью о капитуляции.

"Трагедия невероятных масштабов"

Двадцать второго октября, в день отправки отчета о положении венгерских евреев в МИД, Рауль писал матери:

> Сегодня ты получишь от меня только эти написанные в спешке строчки. Могу успокоить тебя: со мной все хорошо. Времена невероятно драматические и захватывающие. Но мы работаем, преодолевая [трудности], и это главное. Сейчас я сижу при свете стеариновой свечи, пытаясь отправить диппочту. Короткое замыкание — как будто мало того хаоса, который и так царит здесь. Если б ты меня видела сейчас! Вокруг толпится народ, и все с такими неотложными вопросами, что не знаешь, кому первому отвечать, давать совет.

Совершенно очевидно, что трудности действовали на Рауля стимулирующе. Его формулировки напоминают прежние, из более раннего письма матери, когда он писал, что переживает самое интересное время своей жизни, несмотря на "трагедию невероятных масштабов", разыгравшуюся вокруг него.

Одновременно сохранилось много свидетельств о душевном упадке, который он испытывал, когда события развивались на так, как он хотел. В сложившихся условиях быстрый переход от воодушевления к унынию легко объясним. Представитель Красного Креста Мартон Вёрёш вспоминает свой визит к Валленбергу: тот смотрел на него молча, не говоря ни слова. "Передо мной стоял усталый и очень печальный человек. Я видел, что у него не было времени даже побриться, и это еще более подчеркивало его бледность". Но, когда он встретился с Валленбергом позднее, после успешной спасательной акции, печальное выражение лица исчезло бесследно. "Для него было характерно, что он очень легко видел ситуацию в преувеличенно мрачных красках, но малейший поворот к лучшему или успех, пусть даже небольшой, тут же превращал его в решительного борца".

Последняя неделя октября принесла с собой много поводов как для вдохновения, так и для уныния. Тридцать первого октября Валленберга и Карла Лутца пригласили на встречу в венгерском МИДе в присутствии Ласло Ференци, который по-прежнему курировал вопросы, связанные с евреями, но после октябрьского путча сбросил с себя маску друга евреев. Сообщили, что евреи со шведскими охранными паспортами или швейцарскими палестинскими сертификатами находятся "в распоряжении соответствующих миссий" и могут быть репатриированы. Поэтому их следует "отделить от прочих и сконцентрировать в Будапеште или его пригородах до момента их отъезда". Иными словами, в вопросе о евреях, находящихся под защитой нейтральных стран, Салаши пошел на попятный.

Были оговорены сроки: отделение данной категории евреев и их сосредоточение нужно было закончить не позднее 15 ноября. После этой даты венгерское правительство "к глубокому сожалению, будет вынуждено отнестись ко всем лицам еврейской национальности, проживающим в Венгрии, одинаковым образом". МИД обещал дать "иностранным" евреям разрешение на выезд, а германская миссия в Будапеште "уже обещала обеспечить соответствующими германскими транзитными визами". Условием было признание шведским и швейцарским правительствами венгерского. Это была вариация старой темы. Ранее репатриация ставилась в зависимость от возобновления депортаций, причем требование выдвинули немцы, теперь потребовали дипломатического признания, и выдвинуло требование венгерское правительство.

В последнюю неделю октября события приняли стремительный оборот. Как только стало ясно, что венгерское правительство готово выпустить евреев нейтральных государств, английский МИД инструктировал британскую миссию в Стокгольме просить шведское правительство оказать давление на германские власти на предмет получения транзитных виз. Если немцы, ссылаясь на перегруженность железных дорог, откажутся, не будет ли шведское правительство против, если Великобритания выяснит, не может ли Швейцария принять "некоторых или при необходимости всех в качестве временной меры"? Шведское правительство ничего против не имело и дало инструкции Даниэльсону координировать вопрос с его швейцарским коллегой. Восьмого ноября тот сообщил венгерскому правительству, что планируется отправить первый состав с евреями 15 ноября, а второй — неделей позже. Если возникнут проблемы с транспортом, шведское правительство попросит швейцарское позволить евреям временно остаться в Швейцарии.

Это был дерзкий ход, пробный шар с целью проверить, насколько серьезно венгерское предложение, которое (и об этом, конечно, догадывалась шведская сторона) прежде всего было задумано для того, чтобы заставить Швецию и Швейцарию признать венгерский режим. Когда шведская миссия в Берлине навела справки у отвечающего за еврейские вопросы в германском МИДе Эберхарда фон Таддена, тот заявил, что "абсолютно не в курсе, что новое венгерское правительство вроде бы согласилось дать разрешение лицам, принадлежащим к данной категории, уехать из Венгрии в Швецию".

Вместо этого антиеврейская политика вышла на новый виток. Третьего ноября был обнародован декрет о том, что все, что осталось от принадлежащей евреям собственности, должно быть конфисковано "на благо государства". На следующий день нилашисты согнали евреев в центральную синагогу Будапешта на улице Дохань, чтобы затем отправить их на работы. Валленберг ринулся туда, и ему удалось освободить несколько сотен людей с охранными паспортами. В ту же ночь он под прикрытием темноты организовал их транспортировку с полицейским эскортом назад, в их жилища. Даже ближайшие сотрудники Валленберга не избежали преследований. Восьмого ноября забрали его водителя Вильмоша Лангфелдера. Шандор Ардаи, член еврейского движения сопротивления, подвозивший Рауля в штаб нилашистов, где держали Лангфелдера, был поражен, как Валленберг сумел вызволить его оттуда, и только тогда "стал понимать, какой невероятной силой" тот обладал. В этот период Валленберг работал круглосуточно и непосредственно на месте событий, и за рабочим столом: за первую половину ноября он составил не менее 20 нот в адрес венгерского МИДа[40].

Хедьешхалом

Восьмого ноября, в день вручения шведской ноты о швейцарской "транспортной альтернативе" при репатриации "шведских" евреев, начался новый из так называемых маршей смерти из Будапешта к австрийской границе. Они были результатом договоренности между правительством Салаши и немцами о том, что 25 тыс. работоспособных евреев будут "одолжены" на полгода для выполнения работ в Германии.

Прежде чем отправить "одолженных евреев" в Германию, интернированных в течение нескольких дней держали на старых кирпичных заводах в Буде. Самым крупным сборным пунктом стал кирпичный завод в районе Обуда (Старая Буда). Условия содержания были ужасными. Интернированным не давали есть, у них украли то немногое, что они имели с собой: одежду, одеяла, ценные вещи. "Когда нас туда загнали, оказалось, не всем хватает места, чтобы сидеть, — вспоминала Сьюзен Табор, которую девочкой вместе с матерью интернировали в Обуду. — Не было ни света, ни воды, ни еды, ни врачей, ни первой помощи, ни туалетов, никому не позволяли выходить. Вооруженные нацисты разгуливали вокруг, наступая на людей, изрыгая оскорбления, ругаясь и стреляя. Нас избивали". Те, кому не нашлось места в кирпичных сараях (крыша без стен), были вынуждены спать под открытым небом.

И здесь тоже Валленберг приходил на выручку людям. Каждый день рано утром он сам или другие сотрудники миссии приезжали на кирпичные заводы, стараясь освободить подзащитных евреев. Подобными же акциями спасения занимались швейцарцы и Красный Крест. Среди спасенных была Сьюзен Табор с матерью.

> Вдруг мы увидели людей в гражданской одежде, с громкоговорителем и фонариками, среди этих людей был Рауль Валленберг. Мы просто уставились на него, даже не осознавая, что он обращается к нам, не понимая, что он говорит. Он говорил, что тем, у кого есть охранные паспорта, позволят вернуться в Будапешт. Кроме того, он сообщил, что приедут врачи и медсестры-волонтеры, чтобы позаботиться о больных и раненых. Еще он требовал сделать уборные.

Матери и дочери Табор удалось бежать под покровом темноты, а владельцы охранных паспортов благодаря вмешательству Валленберга смогли вернуться в Будапешт. Остальных отправили маршем в Хедьешхалом — пограничную станцию между Венгрией и Австрией.

Из-за отсутствия транспорта их заставили идти пешком 240 км. Уже началась зима, и условия были ужасными. "Женщин, детей и стариков бесконечной чередой конвоировали пешком по грязи и глубокому снегу к границе в том виде, в каком их схватили во время облав в домах или на улице. Девушек в туфлях на высоких каблуках, часто без пальто, детей без ботинок и стариков без шляп вели венгерские мальчишки-крестьяне с кнутами и ружьями, как многотысячное стадо на убой, вели на смерть". От Хедьешхалома евреев отправляли поездом в Германию. Пеший марш занимал семь-восемь дней. Идущим в лучшем случае давали по тарелке жидкого супа в день. Заболевших или тех, кто был не в состоянии идти, бросали умирать или расстреливали. Дороги и придорожные канавы были переполнены трупами. "Погода с момента начала этих маршей смерти стоит холодная и дождливая, — писал Валленберг в своем отчете. — Люди спят под навесом или под открытым небом. Большинство кормили и поили за это время всего три-четыре раза. [...] На границе их встречала спецкоманда СС Эйхмана и пинками и тумаками гнала на тяжелые работы в приграничных крепостях".

Шестнадцатого ноября Даниэльсон писал в отчете, что шведская миссия "путем неофициальных вмешательств, а также при содействии офицеров Гонведа [офицеров регулярной венгерской армии], обеспечивших автомобильный транспорт, способствовала освобождению от принудительных работ и депортаций примерно 15 тыс. евреев". (Между Гонведом и Скрещенными стрелами отношения были напряженными, и миссия нередко получала помощь от офицеров армии.) На следующий день глава шведской миссии и нунций Ротта вручили Салаши ноту протеста против бесчеловечного обращения с евреями, в том числе с теми, кто находится под иностранной защитой[41]. Даниэльсон также информировал Салаши о наличии слухов о готовящемся покушении на Валленберга и на него самого. Лидер нилашистов заявил, что не верит, но пообещал, что, если такие планы существуют, он разберется "самым жестким образом".

Условия во время маршей смерти были настолько дикими, что вызвали реакцию даже представителей германских властей, в том числе генерала Ваффен-СС Ханса Юттнера и бывшего коменданта Аушвица Рудольфа Хёсса, ныне отвечавшего за размещение еврейской рабочей силы в районе нижнего Дуная. Они заявили протест Винкельману, и 17 ноября, в тот день, когда нейтральные страны вручили свою ноту протеста, марши прекратились.

Однако передышка оказалась короткой. Уже четыре дня спустя по приказу Эйхмана начался новый марш. На следующий день в кабинете Валленберга состоялась встреча, на которой, в частности, присутствовали Миклош Краус и д-р Кёрнер из швейцарской и португальской миссий. Капитан полиции Нандор Батизфалви представил рапорт об условиях, в которых проводились марши. На тот момент, по его сведениям, границу с Австрией уже пересекло 7500 евреев, 2 тыс. были переданы накануне и еще 13 тыс. находись на марше. 10 тыс. исчезли по дороге, часть сумели бежать, остальные умерли или были застрелены. По прибытии в Хедьешхалом евреев группами передавали гауптштурмфюреру СС Вислицени, каждый раз сообщая численность группы, но не поименный состав. Батизфалви удалось добиться для участников маршей каких-то послаблений, в частности, он устроил ночевку в лучших условиях. Предложение отправить назад в Будапешт евреев с охранными документами заблокировал Ференци. Однако он согласился, чтобы нейтральные миссии послали по два представителя в Хедьешхалом[42].

Швейцарские дипломаты выехали в ночь на 23 ноября и прибыли на место к утру. Валленберг вместе с Ангером и несколькими сотрудниками-евреями, в том числе с пользовавшимся у него большим доверием Белой Элеком, выехал вечером 23-го. Они отправились на трех личных автомобилях в сопровождении трех больших грузовиков с продовольствием и медикаментами. С собой у них была и полевая кухня. С ними ехали врачи, медсестры и монахини. Во время своих операций Валленберг всегда брал с собой рюкзак, в котором было все жизненно необходимое.

Один из участников экспедиции 23 ноября рассказывает:

Нашей первой остановкой стала Гёню, где стояли пришвартованными так называемые суда смерти. Две баржи были битком набиты больными, у сотен — симптомы дизентерии. Баржи стерегли жандармы, так что попасть на них было невозможно. Раздавая ром и сигареты, Валленберг и сопровождавший его секретарь миссии Ангер сумели в конце концов получить у жандармов разрешение оставить смертельно больным людям лекарства и еду. В час ночи, под проливным дождем, с фонариками в качестве единственного освещения, мы начали разгрузку. Валленберг участвовал в ней лично, носил мешки, консервы.

После этого экспедиция продолжила путь в Хедьешхалом. Передача евреев немцам началась на рассвете. Представители нилашистов вели себя вызывающе и отказались разрешить шведским подзащитным вернуться в Будапешт. Но "твердая и решительная позиция" Валленберга произвела впечатление на жандармов, и они "не стали чинить препятствий при отборе". Одним из участников марша был четырнадцатилетний Цви Эрец, и он помнит, как его самого, его мать, тетю и еще одну девушку спасли шведы:

Когда мы подошли к Хедьешхалому, конечной цели нашего пути, мы увидели двух мужчин, стоявших у дороги. Один, одетый в длинный кожаный плащ и меховую шапку, сказал, что он из шведской миссии, и спросил, есть ли у нас шведские паспорта. Если у нас их нет, сказал он, может быть, у нас их отобрали или порвали в клочья нилашисты? Наши силы были на исходе, но все же мы оказались достаточно внимательны, чтобы уловить намек, и ответили, что да, именно так все и было, хотя никто из нас никогда не был обладателем шведского "охранного паспорта". Человек записал наши фамилии в список, и мы пошли дальше. На станции мы вновь увидели его и его помощников, среди них (но это я узнал только потом) членов молодежного сионистского движения, выдававших себя за представителей Красного Креста и папского нунция. Там стояла также группа венгерских офицеров и немцы в форме СС. Валленберг размахивал списком и, очевидно, требовал, чтобы всех, кто в нем значится, отпустили. Разговор шел на все более повышенных тонах, они кричали друг на друга по-немецки. До них было слишком далеко, чтобы я мог расслышать слова, но было очевидно, что переговоры приняли ожесточенный характер.

Цви Эрец и его семья превратились, таким образом, в шведских подзащитных, несмотря на то что вообще не были связаны с Швецией. К такому трюку Валленберг прибегал часто: убеждал немцев или венгерских жандармов, что вот эти евреи — шведские подданные, по разным причинам лишившиеся документа, подтверждающего этот факт. Во время своих вылазок он всегда имел при себе подписанные и снабженные печатями охранные документы и походную пишущую машинку, с помощью которой вписывал фамилии и имена новых подзащитных. Если у него не было с собой охранных паспортов, он выдавал так называемые *Vorpässe* ("предпаспорта"), удостоверявшие, что его податель находится в списке тех, кто должен получить охранный паспорт.

В тот раз Валленбергу и Ангеру удалось "выявить" около 400 шведских подзащитных, затем они вернулись в Будапешт, где у Валленберга, судя по его карманному календарю, была назначена встреча с Вильмошем Биллицем. На месте они оставили Белу Элека, получившего задание организовать транспортировку подзащитных домой. Военному командованию были переданы продовольствие и лекарства для тех евреев, которых отправляли в Германию.

"Самое страшное зрелище из всех, какие доводится видеть человеку, ожидало меня в приграничном городке Хедьешхаломе, находящемся по дороге в Вену. Вместе с Валленбергом я наблюдал, как тысячи евреев, бесконечные колонны людей, одетых в тряпье, немцы и нилашисты ударами перегоняли через границу, навстречу совершенно неизбежной смерти". Так суммировал свои впечатления от маршей смерти Пер Ангер.

Из 400 подзащитных Валленберга 250 вообще запретили выезд из Хедьешхалома, а 153 на обратном пути были остановлены. Однако после шведской ноты протеста их отпустили, и они смогли продолжить путь в Будапешт.

Чтобы помешать продолжению депортаций шведских подзащитных, по инициативе Валленберга при выезде из Будапешта и на приграничной станции Хедьешхалом были установлены контрольные пункты. В последующие дни шведы совершили еще несколько операций. Теперь уже Валленберг сам в них не участвовал: вылазки совершал Бела Элек, которому, в свою очередь, помогал Вильмош Апор, католический епископ Дьёра, приютивший многих евреев с охранными паспортами в ожидании транспортировки домой. Благодаря этим вылазкам еще несколько сотен евреев удалось вернуть в Будапешт.

Поскольку Валленберг боялся, что вывезенные из Хедьешхалома вновь подвергнутся депортации, он предложил распустить слух о вспышке сыпного тифа, чтобы изолировать людей. Двадцатидвухлетний Барна Ярон, бежавший из трудовой бригады, заявил, что не возражает сделать себе прививку, вызвав тем самым сходные с сыпным тифом симптомы. "В то время я был молодым и сильным и считал себя смельчаком, — вспоминал он, — но, должен признаться, мне было очень страшно".

Валленберг был готов на все ради спасения своих подзащитных и часто прибегал к самым непривычным методам, однако идея эпидемии тифа говорит о некотором недостатке рассудительности. Пал Неви, управляющий хозяйством в шведском госпитале (подробнее об этом — в следующей главе), отсоветовал реализовывать эту идею, поскольку можно было вызвать настоящую эпидемию. Вместо этого решили распустить слух об эпидемии дизентерии, звучавший вполне правдоподобно, поскольку многие подзащитные действительно заболели дизентерией во время марша.

Геттоизация

Ч ерез несколько дней после начала первых маршей в направлении Хедьешхалома в жизни шведских подзащитных — евреев произошли радикальные перемены. Поскольку они не сумели выехать из страны до 15 ноября, как того требовали власти (одновременно не дававшие этого сделать), их собрали и отправили в гетто. "4500 шведских и около 12 500 других евреев переводятся сегодня в специальные охраняемые дома в ожидании выезда", — сообщил в МИД посол Даниэльсон в первый день переезда — 12 ноября. Чтобы переезд почти 20 тыс. евреев, имеющих статус иностранных подзащитных, стал возможен, они получили право свободного передвижения по городу в течение трех последующих дней. Шестнадцатого ноября акция была завершена, по крайней мере в отношении шведских евреев.

При переезде евреям разрешили иметь при себе по 80 кг груза на человека, 30 кг ручной клади и 50 кг в качестве багажа, однако только "необходимое личное имущество, соответствующее их социальному положению, но не более трех пар обуви, трех платьев или костюмов, необходимое нижнее белье, одеяла, продукты питания и какие-то вещи". Ценности (золото, драгоценности, акции) и предметы роскоши (меха, произведения искусства) брать с собой не разрешалось.

План переселения напоминал тот, что чуть было не реализовали в августе: в тот момент он был остановлен, в том числе и потому, что некоторые члены юденрата выразили протест против выселения менее привилегированных евреев из их квартир, чтобы освободить место для евреев, находящихся под иностранной защитой. Но на этот раз для дискуссий времени не было.

Кварталы, выбранные для устройства так называемого Иностранного, или Международного, гетто, были те же самые, что и намечавшиеся в августе: Сент-Иштван (Святой Стефан) — район к северо-востоку от моста Маргит. Эту часть города населяли люди высокого социального положения, в том числе большое количество евреев: врачи, адвокаты, бизнесмены. Район был сравнительно новым, и застройка состояла из элегантных домов в стиле модерн, функционализма 1930-х годов и ар-деко. Создание гетто вызвало возмущение и гнев как у евреев, так и у христиан, вынужденных оставить свои квартиры и дать место евреям, находившимся под иностранной защитой. Эвакуированных из Сент-Иштвана евреев размещали по всему городу в домах со звездой, где они становились жертвами избиений, грабежей и депортации. Христиан переселяли в квартиры, вынужденно покинутые отправленными в гетто евреями.

Швейцарской миссии выделили 72 дома, шведской — 32, из которых один распределили между голландскими и аргентинскими подзащитными, поскольку нейтральная Швеция представляла эти страны в Венгрии. В домах, превращенных в Международное гетто, ранее проживало 3969 человек, отныне в тех же самых квартирах теснилось в четыре раза больше жителей. 15 598 — такова была официальная цифра. На самом деле переселенных в Международное гетто людей могло быть много больше, поскольку число выданных шведских охранных паспортов к тому моменту достигло как минимум 7–8 тыс.

Будапештские евреи.

Изготовление швейцарских охранных документов и вовсе было поставлено на поток, как настоящих, так и фальшивых. В конце концов в Международном гетто оказалось около 40 тыс. жителей. "Теснота в домах была невероятная, санитарные условия ниже всякой критики, — читаем мы в шведском отчете, — кругом болезни и нужда". "В подъездах и подвалах стоят люди, прилечь негде, — сообщала шведская газета "Дагенс нюхетер". — Отдыхать приходится по очереди".

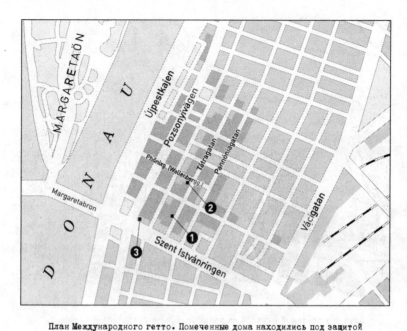

План Международного гетто. Помеченные дома находились под защитой Швеции, прочие в основном под защитой Швейцарии.
1. Улица Татра, 6, где у Валленберга находилось бюро по делам гетто.
2. Улица Татра, 14—16, шведский госпиталь. 3. Штаб-квартира нилашистов по адресу: кольцо Сент Иштван, 2.

Увеличение числа выданных паспортов означало, что теперь их получали не только евреи, имеющие хоть какую-то связь со Швецией. К этому моменту строгое отношение Валленберга к выдаче паспортов смягчилось. Так, например, принятые на работу в шведскую миссию получили возможность ходатайствовать о паспорте для своих родственников — до 20 человек. Увеличение количества паспортов без санкции венгерских властей осуществилось следующим образом: паспорта регистрировались в разных списках, не имевших сквозной нумерации. Валленберг "в своих списках манипулировал этими цифрами, и, когда нацисты брались проконтролировать их, они всякий раз об-

Дома под шведской охраной на улице Пожоньи в Международном гетто.

наруживали, что все остается в пределах 4500, — вспоминал Ангер. — Это было масштабным блефом".

Реальное количество на тот момент доходило до 100 тыс., но тут речь шла не о творческой бухгалтерии, а о подделках главным образом швейцарских охранных писем и охранных писем, выданных Красным Крестом, но также и шведских охранных паспортов. Как утверждает Бронислав Тейхолц, польский еврей, возглавлявший группу сопротивления в Будапеште, Валленберг в этой экстремальной ситуации санкционировал подделку при условии, что паспорта будут раздаваться бесплатно, а не продаваться. Пал Хегедюш рассказывает, что Валленберг был в курсе "массовой подделки", прежде всего швейцарских охранных писем, но "возразить ему было нечего, поскольку он думал, что освобождение придет быстрее, чем это произошло на самом деле".

Тех, кто не был связан с Швецией, призывали взять шведские телефонные каталоги и выдумать себе родство с найденными там лицами. Когда власти обнаружили подвох, на почтах убрали каталоги, но миссия располагала собственным комплектом. "Для тех, у кого не было [родственника в Швеции] и кто не мог его себе выдумать, у меня были телефонные каталоги Стокгольма и других шведских городов, в которых можно было подыскать себе фиктивного родственника", — вспоминал Томаш Кауфман.

> Господин Валленберг дал мне эти каталоги и проинструктировал, как ими пользоваться. Он был уверен, что я смогу отличить настоящего еврея от агента-провокатора, и добавил, что я должен смотреть в оба. Если возникнут проблемы, каталоги предписывалось побросать в шахту лифта, находившуюся рядом с главным входом[43].

Габриэлла Кассиус вспоминала, что Валленберг советовал выбирать из каталогов района Лидингё, где он родился и где "живет много хороших людей"[44]. Родство требовалось подтвердить, и венгерские евреи посылали телеграммы своим фиктивным родственникам и просили их удостоверить семейные узы. Коломан Лауэр рассказывает, что и он получил телеграмму от Валленберга, в которой тот требовал от него подтвердить родство с людьми, о которых он никогда не слышал. Примечательно, что почти никто из шведов, к которым обратились из Будапешта с просьбой признать своего "родственника", не отказывался это сделать[45].

В каждый дом в гетто был назначен "комендант по дому", в задачу которого входило выслушивать жалобы и пожелания. Он также должен был следить за тем, чтобы соблюдались распоряжения миссии, и сообщать о возможных исчезновениях людей. Кроме того, каждый день он должен был на специальном бланке сообщать о происшествиях. Назначался также "домовый контролер", один на четыре дома, который, в свою очередь, был обязан посещать всех комендантов и составлять ежедневные отчеты по каждому дому.

Жители Международного гетто имели право выходить на улицу примерно на час в день, а в остальное время были обязаны находиться дома. В результате этих ограничений персоналу миссии приходилось исполнять много личных поручений подзащитных. Это было нелегко, но все же удавалось — благодаря гибкой организации работы.

Шведский госпиталь

Из-за нужды и скученности в гетто свирепствовали болезни. Поскольку выходить из дома жителям было запрещено, в каждый дом постарались поместить врача-терапевта, а по возможности и врача более узкой специализации. Но для удовлетворения всех потребностей этого, конечно, не хватало. У миссии и Красного Креста уже был свой госпиталь в другом районе Будапешта, но, когда шведские подзащитные оказались сконцентрированы в одном месте, понадобился госпиталь поближе. Для этой цели выбрали дом по улице Татра, 14–16, посреди гетто. Это был обыкновенный жилой дом. Поскольку на первом этаже жили швейцарские подзащитные, было освобождено и превращено в госпиталь шесть квартир на втором этаже. Главврачом стал Липот Шиша. В распоряжении персонала была комната в одной из квартир поменьше, медсестры жили в другой. В госпитале постоянно работало около десяти врачей, а иногда и больше. Мебель и медицинское оборудование принесли из частных квартир и других больниц. Кровати застелили уже бывшими в употреблении одеялами и занавесками.

Потребности были огромны, и госпиталь открылся 2 декабря, после всего лишь пяти дней подготовки. Позднее открылся еще и инфекционный госпиталь в нескольких кварталах от гетто, на улице Варман, 29.

В госпитале на улице Татра было 11 палат и 50 коек, уже через несколько дней заполнившихся сотней пациентов. Это были вернувшиеся из Хедьешхалома — с израненными ступнями, с опухшими ногами, были беременные, больные туберкулезом и дизентерией, диабетики. Потребности были таковы, что и крупной больнице было бы трудно их удовлетворить даже при нормальных условиях. При этом операционную оборудовали настолько хорошо, что она обеспечивала возможности даже для хирургии мозга. Для примера можно привести такие цифры: в течение всего лишь одного дня было выполнено четыре ампутации, одна операция на спине и 19–12 других операций по удалению осколков гранат, а также четыре операции на груди для извлечения пуль, также была оказана помощь в трех случаях перелома кости и в одном при травме черепа.

То, что госпиталь так хорошо работал, объясняется самоотверженностью ее персонала и способностью Валленберга внушить сотрудникам веру в себя. "Он умел так их вдохновить, что им удавалось за ничтожное время, как по мановению волшебной палочки, добыть откуда-то оборудование, лекарства и продукты, казалось бы, абсолютно недоступные в имеющихся условиях", — свидетельствовали в отчете некоторые из его ближайших сподвижников. Они, в свою очередь, и сами "пытались приспособиться к неслыханной скорости и работоспособности Валленберга и по его настоянию делали то, что ранее казалось невозможным". В отчете приводится много примеров исключительной способности Валленберга разрешать кажущиеся неразрешимыми проблемы и доставать в принципе недоступные лекарства и оборудование. Он располагал большими финансовыми ресурсами и закупил одних лекарств на 100 тыс. долларов. Когда к концу года прекратилась подача элек-

Больница шведской миссии и Красного Креста.

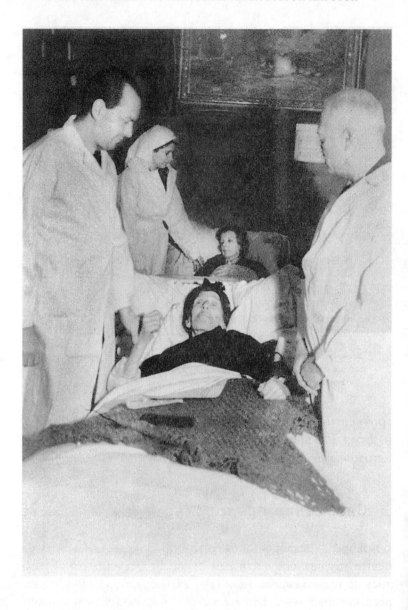

Палата для тяжелобольных пациентов.

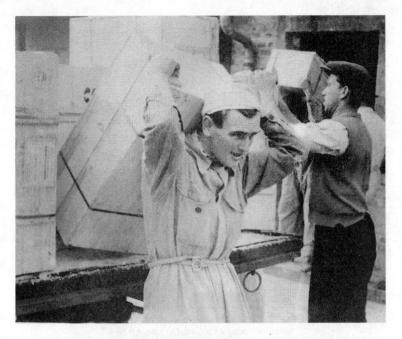

"Коменданты по дому получили разрешение использовать работоспособных подзащитных для разгрузки продовольствия при его подвозе и для распределения внутри домов" (комментарий к фотографии из отчета в МИД).

троэнергии, он достал для хирургов шахтерские фонарики и 100 кг парафинового масла, которое использовали для изготовления свечей.

Снабжение продовольствием

В ноябре — декабре положение с продовольствием в Будапеште ухудшалось с каждым днем. Естественно, это касалось не только евреев, но и всех жителей города. Но для евреев, которым из-за запрета выходить на улицу было трудно доставать продукты, ситуация стала критической. Около

"Часть складского помещения общей кухни"
(комментарий к фотографии из отчета в МИД).

1500 самых бедных обитателей гетто ежедневно бесплатно получали завтрак, обед и ужин на общей кухне. "Нехватка продовольствия в Будапеште огромная, — сообщал Рауль матери. — Но мы заблаговременно обеспечили себя солидным запасом". Валленберг и Ингве Экмарк стали закупать продовольствие еще в октябре. У них было три склада в Пеште и три в Буде, меньшие объемы были спрятаны в монастырях, больницах и других помещениях. Основная часть продуктов хранилась на шоколадной фабрике Штюмера по улице Сенткирали, 8. Валленберг знал владельцев давно, еще по Центральноевропейской компании, и они предоставили свои обширные морозильники в распоряжение миссии.

"Поскольку разрешения оборудовать общие кухни в каждом из домов не дали, снабжение происходит с одной коллективной кухни"
(комментарий к фотографии из отчета в МИД).

"Когда они стали устраивать гетто... Валленберг проявил себя как офицер и снабженец, — вспоминал один
из мальчиков-посыльных Валленберга, Джонни (Янош)
Мозер. — С самого начала он начал свозить в гетто продовольствие. [...] Административные помещения миссии
были заполнены всякими консервированными бобами, су-
шеными грибами, рыбой и беконом. Он закупал все, что
ему удавалось достать". Валленберг также следил, чтобы
продовольствие равномерно распределялось между домами
и чтобы снабжение подзащитных ничем не отличалось
от снабжения сотрудников миссии.

Если бы Валленберг оказался не столь предусмотри-
тельным, шведские подзащитные в гетто просто умерли бы

с голоду, гласил вывод одного из отчетов. "Закупки делались в огромных количествах: более 300 тонн жиров и бекона, три вагона мясных консервов, 15 вагонов томатной пасты, соленые бобы, крекеры, сухое молоко, джем, сахар, соль, ром и другие алкогольные напитки, овощные консервы и сушеные овощи в порошке. Запасались стеариновые свечи, керосин и т. д. Согласно собственным подсчетам, продуктов на складах должно было хватить на питание 600–700 человек в течение трех месяцев. […] Они также запасли большое количество муки и выдавали и ее". Значительная часть бюджета гуманитарного отдела на самом деле шла на закупки продовольствия.

В этой работе по обеспечению провиантом шведам очень помогал Андор Балог, отец которого был владельцем консервного завода. Поставщик для венгерской армии, Балог был освобожден от соблюдения еврейских законов и мог свободно перемещаться по Будапешту в собственном автомобиле (*DKW*, который иногда использовал и Валленберг). Балог не только поставлял продовольствие для миссии и Международного гетто, но и имел возможность снабжать Валленберга информацией о происходящем в городе.

В своей деятельности Валленберг сильно зависел от коммуникационных и транспортных средств. Поскольку многие венгры, чтобы избежать конфискации, предоставили автомобили в распоряжение миссии, хороший транспорт был гарантирован. Валленберг пользовался услугами нескольких водителей[46]. "Машина, которую водил Тедди, принадлежала профессору медицины, пытавшемуся таким образом ее спасти, — вспоминала супруга одного из водителей, Тивадара (Тедди) Йоббадя. — Водители каждый день получали командировки во все концы города: привезти кого-нибудь, отвезти, доставить сообщение или посылку. Целый день проходил в разъездах: они имели право свободного передвижения во время воздушной тревоги, дорога для них была всегда открыта". Безопасности ради у машины было по нескольку

Вильмош Лангфелдер.

знаков и регистрационных номеров, так что можно было представляться так, как требовала обстановка: для нилашистов они были "курьерский автомобиль", для нацистов — "дипломатический автомобиль" и т.д. Лучше всего было бы иметь номерные знаки, которые меняются автоматически, шутил Валленберг.

Начиная с ноября за рулем главным образом был Вильмош Лангфелдер — сверстник Валленберга, происходивший из состоятельной семьи, которая владела приборостроительным заводом и жила на фешенебельном бульваре Андраши. Сам Вильмош был дипломированным инженером. Вероятно, его взяли в миссию из-за его знания немецкого языка и умения водить машину, на его охранном паспорте стоит одна из самых ранних дат — 20 августа. Со временем между Валленбергом и немногословным Лангфелдером образовались близкие, доверительные отношения.

Большое гетто

Всего через несколько дней после завершения переселения в гетто иностранных евреев в гетто, 29 ноября, министр внутренних дел Вайна издал указ о том, что традиционно еврейские кварталы в VII районе (Эржбетварош) будут преобразованы в гетто для "обычных" евреев, так называемое Большое гетто. Туда в течение шести дней должны перебраться все евреи, у которых нет охранных документов. В границах указанного района и так находилось 162 дома со звездами, но там же проживало около 12 тыс. христиан, которым теперь нужно было выехать. Таким образом, их постигла та же участь, что и евреев, эвакуированных из района Международного гетто, когда туда въезжали иностранные подзащитные. Поэтому евреи, переезжавшие в Большое гетто, должны были немедленно освободить 6 тыс квартир за его пределами — для христиан, вынужденных покинуть свой район.

Ограждение было готово к 10 декабря. В гетто было четыре входа — именно входа. Тот, кто оказывался внутри гетто, выйти из него уже не мог. Все входы охраняли вооруженные нилашисты и обычные полицейские. В 4513 квартир в гетто вначале переселили 55 тыс. человек. Юденрат и в отношении Большого гетто также опирался на помощь и ресурсы Валленберга: он попросил 500 тыс. пенгё в день на закупку продовольствия, поскольку евреи оказались практически лишены средств к существованию. Для этой цели потребовалось 450 тыс. швейцарских франков, и эту сумму Даниэльсон попросил МИД положить на специальный счет Валленберга в Цюрихе. Дело было "в высшей степени неотложное по причине с каждым днем усиливающейся нехватки продовольствия".

"Это правительство настроено до такой степени враждебно к евреям и их детям, что всячески старается своими новыми распоряжениями затруднить нашу работу", — сообщала Аста Нильсон, отвечавшая за работу Красного Креста с детьми, в Центральное управление этой организации в Стокгольме в начале декабря. Многие еврейские дети, после того как их родители были убиты или депортированы, жили в детских домах, находившихся под защитой Красного Креста. Нилашисты теперь хотели переселить в Большое гетто и их. А это, по мнению Нильсон, было бы все равно что отдать детей нилашистам. Однако, несмотря на протесты и на попытки затягивать сроки, ни Красный Крест, ни юденрат, ни нейтральные страны не смогли помешать переселению 6 тыс. детей в гетто к концу декабря.

К этому моменту Большое гетто насчитывало уже почти 70 тыс. обитателей. Увеличение их числа объясняется, во-первых, тем, что нилашисты силой загоняли туда евреев, укрывавшихся по всему городу, а во-вторых, тем, что многие переселялись добровольно из-за все более ухудшавшейся ситуации со снабжением. Условия в гетто были отвратительные, но все же его обитатели были обеспечены минимумом продовольствия. А при подходе Красной армии оказаться в гетто, вероятно, было безопаснее, чем за его пределами, поскольку другим частям города наверняка предстояло стать объектами бомбардировок[47].

Как это ни парадоксально, жить в Международном гетто оказалось куда опаснее, чем в Большом. Во-первых, неогороженный район Сент-Иштван был для всех доступнее. Во-вторых, евреи в этом гетто были более состоятельны и поэтому представляли собой более желанную добычу для нилашистов. Местный штаб партии к тому же находился по улице Сент-Иштван, 2, по соседству с первым из охраняемых домов на улице, где начиналась территория Международного гетто. Два других партийных штаба были расположены прямо посреди гетто. Когда нилашисты со временем обнаружили, что переселенных в Большое гетто на несколько тысяч меньше, чем ожидалось, они поняли, что многие вместо Большого проникли в Международное гетто, поселившись главным образом в швейцарских домах. Поэтому в отношении обитателей этих домов началась зачистка — как путем официальных "переписей населения", так и через незаконные вторжения. Тех, кто не мог предъявить действительных документов, уводили. Часто евреев хватали прямо на улице в те короткие промежутки времени, когда эти люди имели право выходить из дома.

"Нилашисты тащат к себе людей, избивают и пытают их, чтобы после этого увезти в места перевалочных лагерей для депортации", — сообщал Валленберг в МИД. За период с 29 ноября по 12 декабря из шведских домов исчезло 212 человек, удалось найти лишь одного. Тех, кого не депортировали, тащили к набережной Дуная. Там, на берегу, их расстреливали, трупы падали прямо в реку. Сорок сотрудников шведской миссии также были увезены и избиты, но затем им позволили вернуться домой. То, что судьба шведских подзащитных складывалась лучше, объясняется взятками — деньгами, алкоголем и охранными паспортами, которые Валленберг раздавал нилашистам, приходившим для проведения "переписи населения".

"Порядок во всем"

После октябрьского переворота подразделение по работе с охранными паспортами осталось на улице Минервы, в то время как оперативная деятельность Валленберга переместилась в Пешт, где миссия арендовала контору Венгерско-Голландского страхового общества по улице Уллёй, 2–4. Швеция представляла интересы Голландии в Венгрии, и во время войны, когда уровень деловой активности был невысок, компанией управлял Лолле Смит, отец той самой Бербер Смит, с которой встречался Валленберг. Смит стоял также во главе венгерского филиала "Филипса" и втайне работал на разведслужбы союзнических держав. Помещение было просторным, 700–800 кв. м, здесь было около 30 комнат, несколько ванн и туалетов и две большие кухни. Миссия перенесла свою контору на сторону Пешта еще и потому, что Красная армия, приближавшаяся с востока, должна была освободить эту часть Будапешта первой.

Контора на улице Уллёй была готова для переезда 4 ноября. Вначале здесь жило и работало около 100 сотрудников с семьями, всего около 200 человек. Впоследствии это число выросло до 340 сотрудников плюс их семьи, итого около 700 человек. У дома было два входа, и каждый вход охраняли по два жандарма от Министерства внутренних дел. Сотрудники и члены их семей имели пропуска, а других пускали только по письменному разрешению. В дневное время помещения использовались как кабинеты, а ночью в них спали — на матрасах и в спальных мешках, на полу или на письменных столах. Кабинет самого Валленберга находился на первом этаже, и он тоже иногда ночевал там.

Целью Валленберга было переселить как можно больше сотрудников миссии и членов их семей из домов со звездой в дома под охраной Швеции. Дом на улице Уллёй был лишь одним из нескольких зданий, арендуемых для персонала миссии. Некоторых поселили на улице Клотильд, 3а, в большой квартире, покинутой председателем Национального собрания Андрашем Тошнади-Надь, бежавшим из страны, других на улицах Реваи, Семельнёк и Рожа.

Хотя работа гуманитарного отдела Валленберга порой, особенно после 15 октября, проходила в хаотичных условиях, поразительно, насколько скрупулезно и тщательно все документировалось и регистрировалось. Это относится как к работе с паспортами, так и к инвентаризации продовольственных запасов, спискам сотрудников и штатных работников и т. д. Иначе Валленберг не мог бы работать столь эффек-

Здание на улице Уллёй. Современный дом из стекла заменил собой ту часть здания, где находилась контора Валленберга, разрушенная бомбой на заключительном этапе войны.

тивно — аккуратность была необходима, поскольку власти набрасывались на любой недостаток или ошибку. "На самом деле я могу работать, только когда во всем порядок", — говорил он своей секретарше госпоже Фальк, давшей такое определении его качествам: "Быстрые решения, молниеносные действия, острый как бритва ум и восхитительная беспрерывная работоспособность".

Организация спасательной операции стала лишним свидетельством его администативного таланта. Валленберг был вершиной целой пирамиды. Руководство администрации располагалось на улице Уллёй и состояла из Гуго Воля, Вильмоша Форгача и Пала Хегедюша. В подчинении руководства находились три филиала в Пеште. Один был расположен

Структура организации Валленберга (из отчета в МИД от 8 декабря 1944 года).

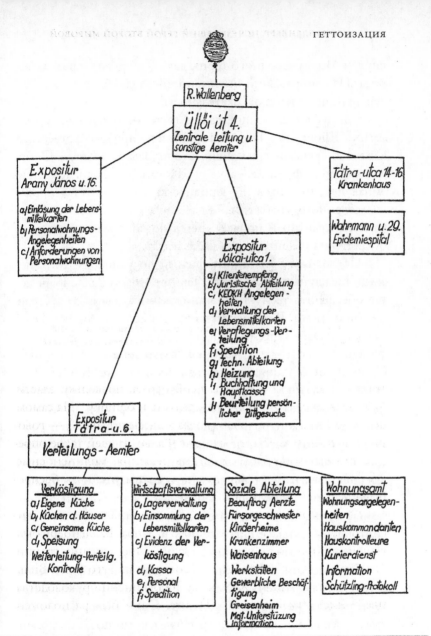

R. Wallenberg

Üllöi út 4.
Zentrale Leitung u. sonstige Aemter

Expositur
Arany János u. 16.

a) Einlösung der Lebensmittelkarten
b) Personalwohnungs-Angelegenheiten
c) Anforderungen von Personalwohnungen

Tátra-utca 14-16.
Krankenhaus

Wahrmann u. 29.
Epidemiespital

Expositur
Jókai-utca 1.

a) Klientenempfang
b) Juristische Abteilung
c) KEOKH Angelegenheiten
d) Verwaltung der Lebensmittelkarten
e) Verpflegungs-Verteilung
f) Spedition
g) Techn. Abteilung
h) Heizung
i) Buchhaltung und Hauptkassa
j) Beurteilung persönlicher Bittgesuche

Expositur
Tátra-u.6.

Verteilungs-Aemter

Verköstigung
a) Eigene Küche
b) Küchen d. Häuser
c) Gemeinsame Küche
d) Speisung
Weiterleitung-Verteilg.
Kontrolle

Wirtschaftsverwaltung
a) Lagerverwaltung
b) Einsammlung der Lebensmittelkarten
c) Evidenz der Verköstigung
d) Kassa
e) Personal
f) Spedition

Soziale Abteilung
Beauftrag Aerzte
Fürsorgeschwester
Kinderheime
Krankenzimmer
Waisenhaus
Werkstätten
Gewerbliche Beschäftigung
Greisenheim
Mat. Unterstüzung
Information

Wohnungsamt
Wohnungsangelegenheiten
Hauskommandanten
Hauskontrolleure
Kurierdienst
Information
Schützling-Protokoll

DIE DEN SCHÜTZLINGEN ANGEWIESENEN HÄUSER:
Pozsonyi-ut 1, 3, 4, 5, 7, 10, 12, 14, 15-17, 22.
Katona József-u. 10a, 14, 21, 23a, 24, 31.
Tátra-u. 4, 5a, 5c, 6, 12a, 14-16, 15a, 15b.
Pannonia-u. 8, 15, 17a, 17b, 36.
Légrády Károly·u. 39, 48/b

387

внутри Международного гетто, два — в других районах города. Из соображений безопасности Валленберг стремился децентрализовать свою деятельность.

Один филиал за пределами гетто находился на улице Арани Янош, 16. Там отоваривались продовольственные карточки, решались жилищные вопросы персонала. В более крупном филиале на улице Йокаи, 1 находилась "приемная для посетителей", юридический отдел, отдел продовольственного снабжения, экспедиция, технический отдел (ремонт квартир и прочее), отдел по вопросам отопления, бухгалтерия и центральная касса и т. д.

Последним был открыт филиал по улице Татра, 6, посреди Международного гетто. Таким образом Валленберг хотел обеспечить тесную и организованную связь со своими подзащитными. В руководство вошли Элемер Милко, Режё Мюллер и Эдён Гергей. Филиал выполнял административные функции и состоял из четырех "бюро по распределению". Одно следило за продовольственными поставками для собственной кухни и кухонь охраняемых домов. Финансовое бюро отвечало за управление складами, сбор продовольственных карточек, контроль за продовольственными поставками, а также работу кассы, персонала и экспедиции. В ведении социального бюро находились госпиталь, детские дома, дома для престарелых, мастерские, материальная помощь и прочее. Наконец, еще одно бюро занималось жилищными вопросами. Ему подчинялись, в частности, коменданты и домовые контролеры, а также специальный подотдел, называвшийся "протоколирование подзащитных".

Этот подотдел был образован в конце октября и тесно сотрудничал с комендантами по дому и контролерами. Его деятельность не ограничивалась рамками гетто. Она охватывала все вопросы, связанные со шведскими подзащитными. В задачу подотдела протоколирования входила регистрация случаев нападения на евреев с охранными паспортами

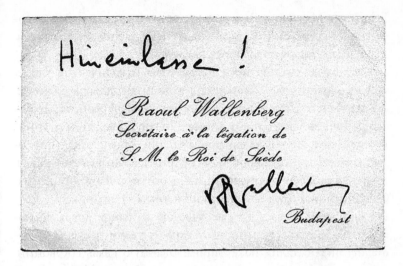

Визитная карточка Валленберга с надписью "Hineinlassen!" — "Пропустить!", сделанной его собственной рукой. Карточка использовалась кем-то из его подручных для получения доступа в опорные пункты немцев или нилашистов.

и других нарушений соглашений между шведскими и венгерскими властями, а также информирование о таких случаях. Опираясь на эти отчеты, Валленберг мог обратиться в соответствующий официальный орган. Швейцарцы тоже образовали похожую группу.

"Члены этого подотдела должны быть на службе круглые сутки, — значилось в инструкции для сотрудников отдела протоколирования. — Выходных не предусмотрено. Если у кого-то дело идет плохо, ему не следует надеяться на особую помощь. Если он работает хорошо, не нужно рассчитывать на какую-то большую благодарность". Подотдел протоколирования и в самом деле работал 24 часа в сутки.

В работе подотдела участвовало около 30 человек. Возглавляли его Иштван Энгельман и Иван Секей. Энгельман являлся представителем компании "Балтийский мех" (фирмы

Норберта Мазура) в Венгрии и говорил по-шведски, Секей был наследником владельцев сети венгерских аптек. Вероятно, Валленберг знал обоих со времен своих прежних визитов в Будапешт. Отчасти выбор сотрудников был обусловлен их внешностью: они не должны были выглядеть очень по-еврейски. В отделе были также два нееврея, один из них — жандармский капитан в отставке, другой — капитан пехоты, невеста которого была еврейкой[48].

Группа протоколирования занималась не только написанием отчетов. Ее сотрудники, переодетые в форму СС или Скрещенных стрел, участвовали в операциях по спасению евреев. Секей с его ярко выраженной арийской внешностью и верхненемецким произношением был известен тем, что мог в словесной баталии нокаутировать любого немца. "Он жил как наследник трона, ожидающий получения своего огромного наследства", и поэтому многие его не любили, вспоминал Габор Форгач. "Его можно было любить или не любить, но факт остается фактом: с исключительной смелостью он являлся в [штаб-квартиру нилашистов в] казармах Радетски, в штаб гестапо в отеле "Мажестик", в принадлежащее Партии скрещенных стрел здание на бульваре Сент-Иштван и добивался, чтобы те, кого он пришел освободить, были освобождены".

Другой сотрудник этого отдела, Янош Беер, с помощью Валленберга получил разрешение в определенные часы посещать Большое гетто. В результате ему удалось в течение декабря добиться перевода в Международное гетто около 70 человек, сумевших доказать, что они являются владельцами охранных паспортов. Рядом с Беером работал Андраш Сент-Дьёрди, мужественный и изобретательный молодой журналист. Он обладал особым искусством появляться в штабе нилашистов или еще где-то, переодеваясь в разные костюмы — нилашиста, католического священника. С помощью взяток ему и Бееру удалось освободить многих людей с охранными паспортами, часто схваченных с целью вымогательства.

Смерть в Дунае

Хотя акции Отдела протоколирования часто были успешными, столь же часто они оказывались тщетными. В одном отчете рассказывается о семье Себестьен. Валленберг лично добился того, что политическая полиция Петера Хайна, под ничтожным предлогом забравшая всех членов этой семьи, выпустила их. (После октябрьского путча Хайн вновь возглавил венгерское гестапо.) По дороге домой из места заточения они попали в лапы к нилашистам, которые держали их у себя больше недели, после чего привезли на Цепной мост, где и расстреляли. Госпожу Себестьен, тяжело раненную, вытащили из воды, и она выжила, остальных членов семьи унесла река.

Набережные Дуная после путча превратились в места массовых казней. В городе, где морги были переполнены, дунайская вода стала практичной альтернативой кладбищу. Согласно подсчетам, нилашисты после переворота убивали в среднем 50–60 евреев в сутки, многих — именно на берегах Дуная. Среди убийц были подростки, хулиганы 14–15 лет. Но самую громкую славу приобрел не мальчишка, а священник Андраш Кун, разгуливавший по городу с револьвером, болтавшимся на поясе монашеской рясы. Он лично приказал казнить 500 человек, сопровождая расстрелы командой: "Во имя Христа, пли!"

Чаще всего во время этих казней на берегу Дуная евреев связывали по трое. Затем стреляли в среднего, который, падая, увлекал за собой остальных. Поскольку жертвы были связаны друг с другом, им было крайне трудно выбраться на берег, а стреляя лишь в одного из трех, экономили свинец. Поскольку казни обычно происходили ночью и палачи часто бывали пьяны, пуля не всегда попадала в цель, и некоторые люди выжили.

"Мне никогда не забыть, как изо всех сил трудился наш друг Валленберг, чтобы помочь этим людям, — вспоминала Аста Нильсон. — Однажды он пришел и показал мне спальный мешок, сделанный на заказ, сказав: "Честное слово, в этом я улягусь на набережной Дуная, чтобы собственными глазами увидеть, что они делают с людьми". Аста Нильсон ответила, что спальник слишком тонкий и нужно достать другой, потолще, с одеялом внутри, иначе он замерзнет насмерть. Зима 1944–1945 годов была непривычно холодной.

Осуществил ли Валленберг свои планы заночевать на набережной Дуная, неизвестно, но вряд ли: это было слишком опасно. Однако то, что он часто появлялся на дунайских набережных, где спасал людей от смерти, подтверждено документами. В нескольких случаях он просто забрал их с того места, где они стояли в ожидании расстрела, аргументируя свои действия тем, что это шведские подзащитные. Одной из избежавших смерти в Дунае стала Алис Кораньи (Бройер), спасенная Валленбергом уже во второй раз за несколько месяцев.

В других случаях события разворачивались более драматично. Одна из подзащитных миссии, ее сотрудница Агнеш Мандл, вспоминает, как Валленберг как-то попросил ее и еще нескольких хороших пловцов отправиться с ним на набережную. Дело было перед Рождеством. Стояла холодная зима, по Дунаю плыли льдины. На Агнеш была зимняя одежда и перчатки. Пришедшие остановились на берегу чуть в стороне от нилашистов. Когда прозвучали выстрелы, она и трое мужчин, обвязанные веревкой вокруг пояса, прыгнули в воду и вытащили на берег стольких, скольких смогли. По рассказу Мандл, за одну ночь они спасли около 50 человек, но потом замерзли и не могли продолжать. В машинах Красного Креста их ждали Валленберг, врачи и медсестры.

Йожефварош

Судя по всему, последний масштабный марш смерти в направлении Хедьешхалома отправился 21 ноября. Однако это не означало конца транспортировок "одолженных евреев". Через несколько дней после вмешательства Валленберга и Ангера в Хедьешхаломе было принято решение транспортировать в Австрию еще 17 тыс. подлежащих трудовой повинности евреев и передать их немцам. Согласно секретному распоряжению, иностранная трудовая бригада тоже подпадала под это решение.

На этот раз депортации происходили не пешими маршами, а на поездах, которые уходили от Йожефвароша, товарного вокзала в восточной части Будапешта, откуда евреев отправляли в запечатанных вагонах для скота. Валленбергу удалось договориться с Ференци, что он с двумя служащими шведской миссии получит право проконтролировать, что в железнодорожных составах нет шведских подзащитных. Тех, кто сможет предъявить охранные или временные паспорта, отправят обратно в охраняемые дома Международного гетто.

В четыре часа утра 28 ноября евреев из шведской трудовой бригады повели на железнодорожный вокзал. Януш Беер отвез Валленберга на "студебеккере". Януш вспоминает:

> Когда мы приехали, там уже присутствовала маленькая группа сотрудников миссии. У них были книги с подробной информацией о владельцах охранных паспортов, и перед столом образовалась очередь из тех, кто либо имел при себе охранный паспорт, либо утверждал, что паспорт у него отняли. Перед тем как передать их личные данные в руки Валленберга, их нужно было сверить со списком миссии. […] Ближе к вечеру мы отобрали свыше сотни людей, чьи удостоверения личности были приняты. Валленберг орга-

Валленберг на станции Йожефварош, между офицером и человеком
в темном пальто и светлой шляпе. Фотография сделана Тамашем
Верешем скрытой камерой.

низовал для них полицейский эскорт для отправки в один
из охраняемых шведских домов.

Когда мы вернулись в машину, Валленбергу пришло в голову, что спасенные им люди целый день не ели, и, вместо
того чтобы сказать, что на сегодня хватит, он попросил
водителя ехать в охраняемый дом, чтобы удостовериться,
что всех по приезде накормили горячим супом.

Тамаш Вереш, отец которого был личным фотографом Хорти,
познакомился с Валленбергом через пару дней после переворота и тут же был взят в штат миссии в качестве фотографа.

Сегодня станция Йожефварош не используется. На фасаде доска
в память о жертвах депортаций.

Его основной обязанностью было фотографировать людей
на охранные паспорта, но в то утро Валленберг попросил его
приехать на станцию Йожефварош, чтобы запечатлеть депортацию[49]. Пробормотав несколько слов на ломаном шведском,
Вереш пробрался через заграждение. Увидев его, Валленберг
шепотом попросил сделать как можно больше фотографий.
Вереш вспоминал:

Фотографии? Здесь? Если меня схватят, я сам окажусь
в этом поезде, миссия там или не миссия, все равно. Я забрался на заднее сидение машины [Валленберга] и вытащил

перочинный ножик. Сделав надрез в шарфе, я запихнул в него фотоаппарат. Вылез и как можно спокойнее пошел по двору перед вокзалом, украдкой фотографируя. Валленберг вытащил свою черную папку. "Всем моим встать в очередь здесь, — закричал он. — Единственное, что вам нужно сделать, — это показать мне охранные паспорта!" Он подошел к веренице "пассажиров". "Вы… Да-да, вот здесь у меня Ваша фамилия. Ваш документ?" Изумленный мужчина выворачивает карманы в поисках бумаги, которой у него никогда не было. Вытаскивает какое-то письмо. "Отлично. Следующий!"

Из толпы мужчин Валленберг выудил сотни, пока не почувствовал, что нацисты вот-вот потеряют терпение. "Теперь обратно в Будапешт, все!" — приказал он.

Факт статуса шведского подзащитного удостоверялся с помощью черного гроссбуха с фамилиями, который Валленберг брал с собой на свои вылазки. Чтобы спасти тех, у кого охранных документов не было, он шел на самые беззастенчивые аферы, просто выкрикивая распространенные еврейские имена. Когда оглянувшихся на имя просили показать бумаги, они доставали все что угодно — квитанцию об уплате налогов, таможенные декларации, справку о прививке, — после чего Валленберг заявлял, что это шведские охранные документы. Поскольку эсэсовцы не понимали по-венгерски, их довольно легко было обмануть. В то утро ему удалось вернуть в Международное гетто 411 человек, из которых только 283 были настоящими шведскими подзащитными.

На следующее утро Валленберг, Вереш и Беер приехали снова, но на этот раз операция проходила менее успешно.

Во время вылазок Валленберг и его сотрудники имели при себе толстую книгу со списком — "Книгу жизни", как ее называли, с фамилиями всех шведских подзащитных. Она была в черном переплете.

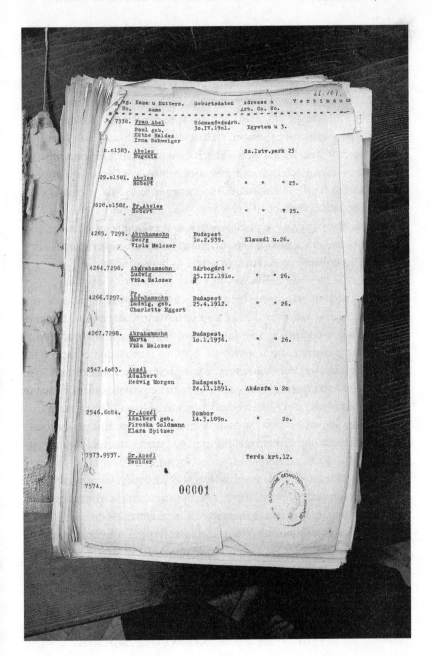

eg. No.	Name u Mutters name	Geburtsdaten	Adresse u Arb. Co. No.	Verbindum
3a 7338.	Frau Abel Paul geb. Käthe Halász Irma Schweiger	Hódmezővásárh. 3o.IV.19o1.	Egyetem u 3.	
b.o1583.	Abeles Eugenia		Sz.Istv.park 25	
29.o1581.	Abeles Robert		" " " 25.	
3628.o1582.	Fr.Abeles Robert		" " " 25.	
4265. 7299.	Abrahamsohn Georg Viola Melczer	Budapest 1o.2.939.	Klauzál u.26.	
4264.7296.	Abrahamsohn Ludwig Vila Melczer	Sárbogárd 25.III.191o.	" " 26.	
4266.7297.	Fr. Abrahamsohn Ludwig, geb. Charlotte Eggert	Budapest 25.4.1912.	" " 26.	
4267.7298.	Abrahamsohn Marta Vila Melczer	Budapest, 1o.1.1936.	" " 26.	
2547.6o83.	Aczél Adalbert Hedvig Morgen	Budapest, 24.11.1891.	Akáczfa u 2o	
2546.6o84.	Fr.Aczél Adalbert geb. Piroska Goldmann Klara Spitzer	Zombor 14.3.189o.	" 2o.	
7573.9937.	Dr.Aczél Desider		Teréz krt.12.	
7574.				

00001

Отвечавший за депортацию эсэсовец обвинил Рауля в том, что накануне тот освободил евреев по фальшивым документам. Тамаш Вереш все же сумел вытащить из толпы собственного двоюродного брата и перевести его в группу шведских подзащитных:

Именно в этот момент у меня появился шанс. Я обошел вокруг состава, в каких-то сантиметрах от вооруженных охранников. С другой его стороны — той, которая не была видна с вокзала, — я вскарабкался на уже заполненный вагон. С той стороны он еще не был заперт на висячий замок. Я подпрыгнул и повис всей своей тяжестью на засове, закрывавшем дверь. Звякнула щеколда, и широкая дверь распахнулась.

Люди внутри, еще минуту назад пленники в темноте, щурились на ноябрьское небо. "Пошевеливайтесь, быстро!" — сказал я. Мужчины стали выпрыгивать из поезда. Они побежали к очереди, в которой Валленберг продолжал раздавать паспорта.

В то время, когда я пытался взобраться на следующий вагон, Валленберг понял, что его время истекло. "Вы все, освобожденные венгерским правительством, назад в город, марш!" В этот момент офицер венгерской полиции обнаружил, чем я занимаюсь. Он навел на меня револьвер. "Ты! Ты что делаешь?"

Рауль с водителем вскочили в "студебеккер" и помчались, огибая поезд, на мою сторону состава. Рауль открыл дверцу и высунулся наружу. "Том! Прыгай!"

У меня не было ни секунды на раздумья. Это был самый длинный прыжок в моей жизни[50].

На вокзал Йожефварош совершал вылазки и Пер Ангер. При помощи капитана полиции Батизфалви он позже сумел спасти от депортации 150 человек, из них лишь двое были настоящими владельцами охранных паспортов. Однако 500–600 евреев, которых сумели вызволить Валленберг и Ангер, составляли ничтожную долю из 17 тыс., депортированных в течение следующей недели.

Доллары за подзащитных

Как уже говорилось, создание Международного гетто связывалось с репатриацией евреев, находящихся под защитой нейтральных стран: они должны были жить там "в ожидании отъезда". Если иностранные евреи не покинут страну, с ними будут обращаться так же, как с прочими евреями, то есть заставят носить звезду Давида и отправят на принудительные работы (что в худшем случае значило депортацию), предупреждали венгерские власти. Вопрос о репатриации, в свою очередь, увязывался с признанием нейтральными странами режима Салаши. После переворота 15 октября шведское правительство немедленно выслало заместителя военного атташе Ласло Вёцкёнди, назначенного Салаши поверенным в делах в Стокгольме, и совершенно не планировало принимать нового представителя венгерского режима. Вёцкёнди был теперь заместителем министра иностранных дел в правительстве Салаши и по понятным причинам враждебно относился к Швеции.

К этому времени испанское правительство для облегчения акции по спасению испанских евреев намекнуло (но не подтвердило), что было бы готово признать режим Салаши. Иван Даниэльсон попытался убедить МИД сделать что-то подобное. Стокгольм, однако, наотрез отказался. "О приеме здесь представителя Салаши не может быть и речи" — так звучал ответ из МИДа: "Вам в настоящий момент не следует высказывать эту идею. Нужно постараться оттянуть решение вопроса". Даниэльсон возразил, что "партия Салаши тут же использует момент, чтобы, не считаясь ни с чем, ликвидировать оставшихся евреев Будапешта". МИД не соглашался, призывая Даниэльсона продолжать тактику проволочек в надежде, что война скоро закончится.

По свидетельству Ларса Берга, именно Валленберг оказывал давление на Даниэльсона в вопросе о признании. Пер Ангер тоже резко критиковал мидовскую "негибкую политику, в результате которой подвергалось риску не только существование миссии, но прежде всего жизни наших еврейских подзащитных". Берг, напротив, очень одобрял то, что "бандитское правительство" Салаши так и не получило дипломатического признания Швеции. Как ни посмотреть на этот вопрос, не вызывает сомнений, что официальный шведский подход подвергал опасности не только шведских подзащитных, но и персонал шведской миссии.

Одновременно предпринимались новые усилия для того, чтобы отправить хотя бы небольшое число подзащитных евреев в Швецию. Пятнадцатого ноября, в тот день, когда истек срок репатриации, будапештская миссия рапортовала в МИД, что "маленький транспорт из 150 евреев, возможно, отправится в путь немедленно". Процесс получения виз, говорилось в документе, закончен, "но в Берлине, по всей видимости, возникло недопонимание касательно некоторой небольшой формальности", и "ситуация с дальнейшей транспортировкой вызывает тревогу". Было решено, что Валленберг будет провожать первый поезд в качестве представителя шведского правительства.

Нехватка транспортных средств и противодействие германских властей были не единственными препятствиями. Довольно многих евреев из списка репатриантов забрали на трудовую повинность, их было сложно разыскать и освободить ("разоружить", так это называлось в документах). Однако 26 ноября 215 человек получили немецкие визы, и началось планирование переезда, несмотря на то что разрешение немецкой службы безопасности еще не было получено.

Транспортирование должно было идти через Вену, Берлин и Данию. Первый этап пути — от Будапешта до Вены — предстояло проехать в вагонах третьего класса. Поскольку никакого дополнительного поезда для проезда через Германии выделено быть не могло, этот отрезок предполагалось покрыть в вагонах, прицепленных к обычным поездам, по одному вагону в день.

То, что шведские подзащитные получили транзитную визу, было результатом тайных переговоров Валленберга с Куртом Бехером и Режё Кастнером, с которым он в конце ноября находился в постоянном контакте. По истечении срока репатриации шведские держатели охранных паспортов рисковали оказаться в том же положении, что и прочие евреи. И Валленберг решил войти в контакт с Бехером. Сначала с ним связались сотрудники Валленберга, заявившие, что тот хотел бы встретиться для обсуждения экономической сделки. Встречу помог организовать Вильмош Биллиц. Валленберг предложил уплатить по тысяче швейцарских франков за каждого еврея, которому позволят выехать в Швецию, — эта сумма будет депонирована в Швейцарии. Источником средств был "Джойнт". Бехер согласился и попросил "Джойнт" дать гарантии, что и было сделано (точно так же, как в случае поезда Кастнера). Гарантировалась сумма в 1 млн долларов, но она была снижена до 400 тыс. швейцарских франков, поскольку первым транспортом должно было отправиться всего лишь 400 человек.

Согласно сотруднику Кастнера Андрашу Бишу, гарантия "Джойнта" на самом деле была предусловием соглашения. В переговорах с немцами в течение года "Джойнт" успешно культивировал миф, что он представляет "мировое еврейство" и поэтому является естественным партнером по этим вопросам. То, что германские власти уважали шведские охранные паспорта и швейцарские палестинские сертификаты, тоже, согласно Бишу, было результатом обещаний "Джойнта"[51].

Однако в этом случае гарантий "Джойнта" оказалось недостаточно. Репатриация не состоялась — причиной послужило то, что служба безопасности в Берлине так и не дала разрешения. По мнению Фридриха Борна, германское правительство на самом деле "никогда всерьез и не думало позволять проезд еврейских эмигрантов".

Хотя шведские подзащитные евреи никуда не выехали, в дальнейшем Валленберг в дискуссиях с венгерскими властями мог утверждать, что несостоявшийся выезд шведских евреев в Швецию — результат проволочек со стороны немцев, а вовсе не вина шведского государства, которое на самом деле делает все возможное для репатриации. "Переговоры [с Бехером], таким образом, имели определенное значение для шведской спасательной акции", — гласит вывод Биша.

"План Нансена"

В разгар отчаянной борьбы за физическое спасение венгерского еврейства Валленберг нашел время для обдумывания и планирования жизни спасенных евреев после войны. Это входило в задание, полученное от шведского МИДа, согласно которому он должен был высказать свои предложения по "необходимым мерам помощи в послевоенное время".

Шестого ноября Валленберг вызвал к себе Режё Мюллера. Он поведал ему тайну: на самом деле поручение ему дал не шведский МИД, а Управление по делам военных беженцев, и его деятельность финансируется американцами. Он рассказал, что использовать эти деньги можно будет и после войны, и попросил Мюллера подумать, как бы мог выглядеть план по спасению жертв войны. Одним источником вдохновения был, возможно, норвежский путешественник-первооткрыватель Фритьоф Нансен, комиссар Лиги Наций по делам беженцев после Первой мировой войны, известный своими так называемыми нансеновскими паспортами — удостоверениями личности, выдаваемыми беженцам без гражданства. Как и шведка Эльза Брендстрём, "сибирский ангел", представительница Красного Креста в России во время Первой мировой и Гражданской войн, Нансен в начале 1920-х пользовался огромным международным авторитетом, в том числе у молодых людей поколения Валленберга.

Всего несколько дней спустя Мюллер представил первый набросок организации, который обсуждался с теми немногими, кто был посвящен в план Валленберга, — Гуго Волем, Вильмошем Форгачем, Андором Балогом и Палом Хегедюшем. Обсуждения продолжались весь ноябрь, и в конце месяца Валленберг стал искать помещение, в котором работа могла бы беспрепятственно продолжиться. У него были хорошие отношения с руководством *Hazai Bank* ("Банк "Родина") на улице Харминцад, 6. Это было здание с бомбоубежищем, подвальным помещением для сейфов и множеством телефонов. Миссия сняла весь третий этаж и могла пользоваться одним из коридоров подвала как убежищем. За это банк получил право поднимать над зданием шведский флаг. "У Валленберга… были очень серьезные планы восстановления Венгрии, и для этого он намеревался воспользоваться нашим банком, — вспоминал директор банка Ференц Бенеш. — По плану, после окончания осады шведы получили бы второй этаж и половину убежища".

Совместно с юденратом группа Валленберга разработала анкеты, которые были отпечатаны в количестве 200 тыс. экземпляров и разосланы обитателям всех гетто и в различные еврейские организации. По форме они были похожи на обычные анкеты переписи населения и должны были послужить основанием для определения имеющихся нужд. Однако ни те, кто их заполнял, ни те, кто анализировал, не знали, в чем, собственно, состояла их цель. Причиной секретности были опасения Валленбера, что немцы или нилашисты постараются разрушить его планы, если узнают о них.

Акция сначала задумывалась как помощь евреям, пострадавшим от войны. "После оккупации русскими, когда у меня все равно не будет возможности вернуться домой, я планирую создать сообщество по возвращению имущества евреев", — писал Валленберг Коломану Лауэру в начале декабря. Постепенно он стал думать обо всех венграх, пострадавших от войны. Цель состояла в том, чтобы репатриировать всех, кто был депортирован или бежал от лишений, дать им работу и помочь с жильем и деньгами.

По мысли Валленберга, для реализации плана венгерское государство должно было гарантировать необходимые средства. Но, если этого не будет, план следует осуществлять частным образом. Стартовый капитал планировался в размере 200 тыс. шведских крон (около 4 млн по сегодняшнему курсу). Из них Валленберг из своих американских средств предполагал вложить 100 тыс. крон, в то время как остальные 100 тыс. поступили бы из беспроцентных займов от инициаторов плана по следующей схеме: Валленберг — 30%, Мюллер — 30% и оставшиеся 40% — Гуго Воль, Вильмош Форгач, Андор Балог и Пал Хегедюш.

Учитывая масштаб нужды, Валленберг предпочитал первый вариант. Однако сохранившийся документ исходит из второго. В недатированном обращении к венгерскому народу Валленберг напоминает о доверии, оказанном ему тысячами людей во время акции по спасению евреев. Теперь он и его сотрудники хотят создать частную организацию, которая будет действовать быстро и эффективно, смягчая страдания венгерского народа. Она будет называться "Валленберговский институт помощи и реконструкции". Работа начнется скоро, "к чему обязывают частные действия и частное руководство", государственная и международная помощь будет использоваться лишь в той мере, в какой это не приведет к проволочкам.

Деятельность предусматривалась многогранная: розыск и воссоединение пропавших членов семьи, особенно детей, правовая помощь раненым, восстановление деловых связей, помощь по снабжению продуктами питания, создание рабочих мест, снабжение жильем, сбор и распределение предметов домашнего обихода, репатриация и эмиграция (со специальным еврейским отделом), забота о детях-сиротах, сохранение культурных ценностей, врачебная помощь, борьба с эпидемиями, отдел планирования и строительства населенных пунктов и промышленности и т. д.

Проект исходил из идеи "кооперативной самопомощи". Тот, кто войдет в сообщество, получит право на долю в прибыли, но от него ожидается моральная и финансовая заинтересованность также и в совместной деятельности: "Каждый будет участвовать в восстановлении. Я сам предоставляю собственные средства лишь в качестве займа, только как начало. Мы не недооцениваем трудности, которые предстоит преодолеть. Но серьезные трудности мы научились быстро побеждать".

Название "Валленберговский институт помощи и реконструкции" было предложено сотрудниками Валленберга. Тот факт, что учреждение такого типа и масштаба будет носить его имя, надо полгагать, вызвало у него чувство гордости. Он, из года в год безуспешно добивавшийся, чтобы его родные признали его деловые качества, теперь покажет, что он достоин своей фамилии, что он настоящий Валленберг. Подобно крупнейшему научному фонду имени Кнута и Алис Валленбергов, теперь будет институт помощи и реконструкции с его именем в названии. Не исключено, что при этой мысли он думал и о некотором реванше.

Будущее Рауля (VI)

Свой девятый отчет в МИД Валленберг написал 22 октября. Следующий появился 8 декабря. Ноябрь был для Валленберга и миссии месяцем лихорадочных усилий. За шесть недель, прошедших между двумя отчетами, частных писем тоже было немного.

Больше всего Валленберг контактировал с Лауэром. Письма от него, как и прежде, полны заданий и пожеланий. Создается впечатление, что он все еще до конца не осознал, в каких нечеловеческих условиях работает Рауль. Пятистраничное письмо от Лауэра от 15 ноября сплошь состоит из упреков, хотя и выраженных в шутливой форме:

> С тех пор как ты заделался дипломатом, ты совершенно позабыл то, что принято в торговом мире, и я предвижу, что нам предстоит много возни. И я буду тебя ругать, и госпожа Маркус [секретарша Лауэра] тоже (она за это время научилась), пока мы не отучим тебя от дипломатических привычек. Почему ты не отвечаешь бедному банкиру Бьёркману, такому симпатичному человеку? Он очень хочет разузнать что-то о семье Денеш и семье Фрайбергер, получивших охранные паспорта соответственно 24 и 25 августа... Прошу тебя выплатить им 2 тыс. пенгё и телеграфировать мне, когда это будет сделано.

Помимо Центральноевропейской компании Лауэр в отсутствие Салена занимается несколькими компаниями, в том числе Банановой компанией и "Шведским "Глобусом" — фирмой, торгующей консервами. Она была основана в 1938 году Хайнрихом фон Валем и, как и венгерская головная компания, входила в концерн *Weiss Manfréd*. Нагрузка была такой, что Лауэр страдал бессонницей. Осенью он вел переговоры с советским торговым представительством в Стокгольме и послал Раулю копии своей переписки. "Если ты не сможешь выехать вовремя, тебе придется ехать через Россию и Москву, и было бы хорошо, если бы ты смог как-то прозондировать почву", — писал он. Лауэр не исключал, что и сам приедет в Москву, когда там будет Рауль, но "не может обещать ничего определенного, поскольку формальности представляют определенные трудности". Тем временем он уже заказал тонну черной икры к Рождеству[52].

Самое крупное и важное дело — Банановая компания. "Первые бананы — около 20 тонн — прибыли в Швецию и вызвали большой переполох, потому что, по решению Продовольственной комиссии, их можно распределять только по больницам и детским домам, — писал Лауэр 24 ноября. — Но у нас есть перспективы получить лицензию еще на 100 т, их можно будет продавать в магазинах". Несколько бананов Лауэр послал матери Рауля в качестве рождественского подарка от сына, прибавив к ним индейку и немного "кокомалта" (порошок, добавлявшийся в молоко).

Когда закончится война, заверял Лауэр, можно будет продавать бананы на 8–12 млн крон в год. Кроме того, через Банановую компанию будут продаваться южные фрукты из Калифорнии и собственная продукция Центральноевропейской компании, так же как и товары *Kellogg's* и другая продукция пищевой промышленности из Америки". Поэтому Лауэр просил Рауля постараться найти в Будапеште "дельного предпринимателя в сфере фруктовых консервов". Также понадобится "какой-то специалист по продуктам для хлебопекарной сферы типа варенья из груши и дыни, засахаренных фруктов, яблочного пюре и так далее".

В одном из писем Лауэра упоминалась "твоя партия бекона из Южной Америки" — похоже, Валленберг участвовал в каких-то деловых операциях, хотя и обещал МИДу воздерживаться от этого в период своего пребывания в Венгрии[53]. Еще до того, как Рауль отправился в Будапешт, британская сторона подозревала, что так и случится. Третьего июля британская миссия сообщала в отчете в свой МИД, что у Валленберга "репутация умного, эффективного и "довольно искусного" бизнесмена" и что такое впечатление, что "фирма Валленберга сможет извлечь выгоду из [поездки в Будапешт], продвигая свой бизнес с венграми".

Однако, судя по корреспонденции, инициатива в этих деловых вопросах исходила от Лауэра, в то время как Валленберга в основном интересовали его перспективы на будущее. Возможность работы в Банановой комапании, к тому же с перспективой значительных прибылей, естественно, привлекала его. Но в то же время проблемы, над разрешением которых бился в этот момент Валленберг, были совсем другими, чем те, что не давали Лауэру спать по ночам. Как бы ни был Рауль заинтересован в получении места у Свена Салена, он по-прежнему очень переживал о сохранении хороших отношений с Якобом Валленбергом. В письме от 8 декабря он настойчиво просил Лауэра, точно так же, как и два месяца назад, справиться у двоюродного брата отца "как будет с моим назначением в Хювудста, притом что я так долго в отъезде", и настаивал на быстром ответе.

Лауэр устно передал вопрос Рауля Якобу, который ответил, что в присутствии Рауля на строительном объекте "нет необходимости". К тому же кто-то, телеграфировал Лауэр Раулю, свел Якоба с другим известным шведским архитектором — факт, который вряд ли обрадовал Рауля. Через две недели Якоб Валленберг сформулировал свой ответ в письменной форме: "Что касается вопроса о Рауле Валленберге и Хювудста, я прошу сообщить, что пока [вопрос] остается открытым". В этой формулировке не чувствуется большого энтузиазма по поводу участия младшего родственника в данном проекте.

Азарт борьбы

С конца ноября ход событий ускорился самым драматическим образом. Двадцать девятого ноября шведская миссия попросила венгерский МИД отсрочить репатриацию до 31 января[54]. Первого декабря миссия послала венгерскому МИДу ноту относительно проблемы с транспортом для евреев, отправляемых в Швецию. Одновременно было указано, что "как в отношении персонала Королевской миссии, так и в отношении владельцев охранных паспортов вновь совершено множество насильственных преступлений". Нота также признавала, что число охранных паспортов выросло до 7500 из-за угрозы безопасности евреев в настоящее время. В тот же день была направлена нота главе МИДа Кеменю по поводу разрешения на выдачу охранных паспортов 50 итальянским гражданам еврейского происхождения. Второго декабря завершилось переселение в Большое гетто. В тот же день начались налеты на шведские дома, откуда было увезено 40 шведских подзащитных. Третьего декабря нилашисты устроили штурм лагеря на улице Колумбус, находившегося под защитой Красного Креста. Четвертого декабря Валленберг встретился с Ференци и Лайошем Штёклером в юденрате. Пятого декабря он договорился с нилашистом Йожефом Герой, что шведских евреев, командированных на принудительные работы, будут каждый вечер приводить обратно в их дома. В тот же день Даниэльсон писал в МИД: "Есть опасность, что они собираются в последнюю секунду разгромить еврейские дома, находящиеся под охраной здешней миссии и Красного Креста. Под защитой шведской миссии и Красного Креста в настоящий момент находится около 15 тыс. евреев". Седьмого декабря Валленберг встретился со старшим лейтенантом Ласло Бартой, отвечавшим за транспортировку евреев из Хедьешхалома в Германию. В начале декабря он вел переговоры с Аурелем и Тивадаром Дессевфи о закупке лекарственных средств с их фабрики.

Рабочая нагрузка была непосильной, а события развивались настолько драматично, что Валленберг был вынужден по-другому выстраивать приоритеты. Раньше он еще мог уделять время тому, чтобы пытаться помочь лицам из частных списков Коломана Лауэра и других. Многих из этих людей он взял в штат миссии. Но 8 декабря он объявил Лауэру, что по причине "экстремальных событий", имевших место в последние дни, он настолько завален работой, что более не имеет возможности заниматься судьбами отдельных людей. Даже передвигаться по Будапешту стало очень опасно, "бандиты бродят по городу, избивают, расстреливают, пытают людей".

Несмотря на все трудности и неудачи, Валленберг находил свою работу "невероятно интересной". Вслед за сообщением о шатающихся по городу бандитах он писал: "В общем и целом мы в хорошем настроении и находим радость в борьбе". В точности такую же формулировку он употребил в письме матери, отосланном с диппочтой в тот же день. Мы узнаем ту же психологическую закономерность — чем серьезнее вызов, тем большее удовольствие Рауль находит в работе.

Раньше он надеялся приехать домой к Рождеству, пишет Рауль матери, но не получится. Поэтому он просит мужа Нины, Гуннара, помочь сдать его квартиру в Стокгольме. Красная армия приближается к Будапешту, грохот русских пушек слышится днем и ночью, и он надеется, что "долгожданный мир уже не так далек". Планы, однако, строить не приходится, и он не знает, когда приедет домой:

Одна из фотографий Рауля Валленберга, сделанная в кабинете на улице Уллёй.

У меня такое чувство, что после окончания [русской] осады вернуться домой будет трудно. Поэтому думаю, что буду в Стокгольме лишь ближе к Пасхе. Однако все это музыка будущего. Никто пока не знает, как будет выглядеть этот приход. Во всяком случае, постараюсь вернуться домой как можно скорее.

В приложении к письму Рауль посылает две новые фотографии. "Здесь я в кругу моих помощников и сотрудников за своим письменным столом". В конце — написанный от руки постскриптум по-шведски: "Вероятно, я в любом случае пробуду здесь еще достаточно долго".

Открытый террор

П редполагаю, что мне больше не представится оказии написать тебе", — писал Валленберг Коломану Лауэру 8 декабря. Так и было. Письма матери и Лауэру оказались последними, отправленными им из Будапешта. Почта, в том числе и диппочта, перестала действовать, из-за того что Будапешт был уже почти окружен. Девятого декабря Красная армия прорвала линию немецкой обороны и начала широкомасштабное наступление вдоль Дуная чуть севернее Будапешта. Осталась лишь одна возможность выбраться из города — с западной стороны, причем лишь тогда, когда железнодорожные линии и дороги не бомбили. Девятого декабря Салаши с большей частью своего правительства бежал в город Шопрон и другие города на западе Венгрии.

К этому моменту и в самой Швеции стали обращать внимание на шведскую акцию по спасению венгерских евреев. В газете "Дагенс нюхетер" за 11 ноября можно было прочитать, что миссия в Будапеште предотвратила депортацию "более чем 300 тыс. из оставшихся евреев Венгрии". "То, что сделали для еврейского народа шведы и их король, навсегда займет место в истории нашего народа", — подчеркнул посетивший Стокгольм Саломон Адлер-Рудель из Еврейского агентства. Под явно завышенными цифрами Адлер-Рудель имел в виду не число шведских подзащитных, а сдерживающее влияние, оказанное шведами — и представителями других нейтральных государств — на германские и венгерские власти самим фактом их присутствия в Будапеште.

Одобрение также выразили и те, по поручению которых Валленберг отправился в Будапешт. Тридцатого октября Хершель Джонсон, хорошо осведомленный о ходе шведской спасательной акции, попросил американского министра иностранных дел через Управление по делам военных беженцев выразить "официальное признание усилий Валленберга". Признание последовало неделей позже, но не из Управления, а из самого американского МИДа. В письме, адресованном шведскому МИДу, правительство США выразило свою "по-настоящему высокую оценку… гуманитарной деятельности шведского правительства, а также находчивости и мужеству, проявленным господином Валленбергом при оказании помощи преследуемым евреям".

Письмо, по всей видимости, не было переслано шведской миссии в Будапеште, хотя именно это имел в виду Хершель Джонсон, когда попросил своего шефа выразить благодарность от имени американского правительства. Не попало в Будапешт и другое письмо, которое 30 декабря Джонсон переслал в шведский МИД. Письмо, написанное 6 (!) декабря, было от Джона Пеле, руководителя Управления по делам военных беженцев, и адресовалось лично Валленбергу. "Буду очень благодарен, если Вы сможете способствовать доставке этого письма г-ну Валленбергу, когда появится возможность это сделать", — писал Джонсон в сопроводительном письме. В самом письме говорилось:

> Уважаемый г-н Валленберг!
> Через американского посланника в Стокгольме
> и г-на Айвера Олсена Управление по делам военных бежен-
> цев подробно информировано о трудной и важной ра-

боте, которую Вы выполняете ради облегчения положения еврейского народа в Венгрии. С пристальным интересом мы следим за отчетами о тех шагах, которые Вы предпринимаете для выполнения своей миссии, отмечая Вашу глубокую личную заинтересованность в спасении и защите безвинных жертв нацистских преследований.

Думаю, что никто из участников этого великого дела не может избавиться от ощущения определенного разочарования по поводу того, что из-за неподвластных нам обстоятельств наши усилия не во всем увенчались полным успехом.

С другой стороны, учитывая препятствия, с которыми пришлось столкнуться, достижения были значительными, и мы убеждены, что Вы внесли огромный личный вклад в успех, достигнутый благодаря этим стараниям.

От имени Бюро по делам военных беженцев я хотел бы выразить Вам нашу глубокую признательность за замечательное сотрудничество и за энергию и изобретательность, внесенные Вами в наше общее гуманитарное дело.

Остается открытым вопрос, почему прошло столько времени, прежде чем Джонсон переслал письмо Пеле в МИД. Во всяком случае, 30 декабря уже не было уже никаких возможностей доставить его Валленбергу, поскольку все связи с будапештской миссией прервались. До миссии дошла лишь короткая телеграмма, посланная 12 декабря министром иностранных дел Кристианом Гюнтером Ивану Даниэльсону: "Сознавая исключительно трудные и напряженные условия, при которых Вы и Ваши сотрудники выполняете Вашу работу, столь важную для нашей страны и тысяч Ваших подзащитных, шлю всем вам мое искренне приветствие с пожеланием продолжения успешной работы".

Письмо Пеле, достигни оно адресата, стало бы огромной моральной поддержкой для Валленберга. И Рауль нуждался в поддержке. Но он так никогда и не узнал, что письмо вообще было написано.

Святой Валленберг

Одно приветствие Валленберг все же получил, и оно, вероятно, порадовало его больше, чем все официальные знаки внимания, даже если бы ему довелось их увидеть. Этим приветом была *Der Schutzpass in der Kunstgeschichte* ("История охранного паспорта в мировом искусстве") — написанный по-немецки машинописный юмористический обзор вымышленных примеров из истории искусства. Выполненный в одном экземпляре, этот обзор стал рождественским подарком Валленбергу от его молодых сотрудников-евреев. Издателем числилось "Издательство "Шутцпасс", на логотипе значилось *RW* — инициалы Рауля Валленберга. Иллюстрации — "изображения охранного паспорта" в истории живописи, начиная с эпохи неолита и заканчивая XX веком. На предпоследней картине — люди в очереди за охранными паспортами перед входом в "еврейский отдел" Валленберга на улице Минервы. Автором изобретательной "художественно-исторической" подборки был Ласло Шулнер. В списке использованной литературы, вымышленном от начала до конца, последним пунктом стоит "Валленберг Р. Гуманитарная акция в стране дикарей", изданная в Стокгольме в 1946 (!) году. Когда бомбы ливнем обрушивались на эту "страну дикарей", юмор был тем цементом, который укреплял Валленберга и его сотрудников, не давая им сломаться.

"Книга" начиналась с "Рождественской элегии об охранном паспорте", написанной гекзаметром по-немецки. Ее автором был Петер Шугар, молодой специалист по немецкой литературе. Это хвала Валленбергу, который, подобно библейскому Ною, принял нуждающихся в защите в свой ковчег — на бумажный кораблик, сделанный из сложенного охранного паспорта.

"В начале декабря 1944 года, находясь в самых глубинах преисподней, мы, горстка будапештской молодежи, решили навечно запечатлеть нашу благодарность человеку, с которым были связаны

DER SCHUTZPASS
IN DER
KUNSTGESCHICHTE
REPRODUKTIONSSAMMLUNG

von

Lilla B O R O S

Andreas K E N E D I

Ladislaus S U L N E R

Gabriel F O R G Á C S

Paul F O R G Á C S

mit einem wissentschaftlichen Vorwort von

Ladislaus S U L N E R

und einer Weihnachtselegie als Widmung an
Herrn Gesandtschaftssekretär Raoul Wallenberg von

dr.Peter S U G Á R

Schutzpassverlag

1 9 4 4 .

I. Наскальная живопись из Хирама. Эпоха неолита, 10 000 до н.э.

Это настенное изображение с его контрастными светлыми и тем-
ными тонами — типичный образец искусства доисторических времен. Дикий зверь, убитый первобытным человеком, изображен
с большой точностью. Смелые линии рисунка говорят о выразитель-
ной силе художника. Уникальная деталь этого произведения —
покрытая примитивными иероглифами табличка, которую держит над
поверженным быком первобытный охотник. Согласно результатам
длительных исследований профессора А. Э. Смита, текст на табличке
следует читать так: «Этот бык находится под охраной и принадлежит
послу Альтамиры». Помимо художественной ценности это превос-
ходное живописное изображение имеет большое историческое значение, поскольку на нем — в случае если перевод правилен — мы видим
первый охранный паспорт в мировой истории.

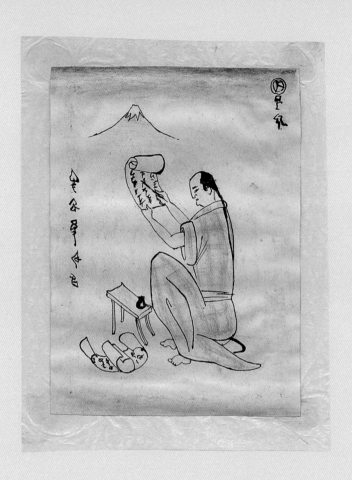

II. Китайский художник за изготовлением охранных паспортов.
Рисунок красками. Частная коллекция. Тяньтзынь, 4000 до н. э.

В частном собрании в Тяньтзыне было обнаружено это удивительное
изображение — китайский художник Фу-Лунг-Це, занятый изготовлением охранных паспортов. Согласно сведениям из древней истории, он был придворным живописцем при императоре Там-Фу,
который боролся с наступавшими маньчжурскими ордами и по соглашению с их вождем в Гонг-Тае добился свободы для 6 тыс. китайцев.
Прекрасный рисунок пастелью изображает художника, занятого
своим трудом у подножия священной горы Фудзи.

III. Мет—Пет—Не уходит от принудительных работ. Рисунок на папирусе. Фараонова книга. Каирский музей древностей, 2800 до н. з.

Иностранцы часто восхищаются знаменитыми рисунками на папирусе, содержащимися в Фараоновой книге. Эта созданная в правление 22—й династии хроника содержит в числе прочего историю о евреях, угнанных на принудительные работы. Согласно записям жреца из Аксуна, в эти тяжелые времена вавилонский царь через своего посла раздал большое количество охранных паспортов. На рисунке, сделанном в чисто египетском стиле, изображен знаменитый иудей Мет—Пет—Не (он же Давид бен Хаза, Книга Чисел 23:27) в момент, когда он благодаря своему охранному паспорту уходит от принудительных работ, в то время как остальные продолжают свою тяжкую работу по строительству пирамид..

IV. Ахилл и Гектор. Роспись на вазе. Греческая ваза из Колона. Музей античного искусства в Фивах, X век до н. э.

На репродукции мы видим фрагмент хорошо известной красной терракотовой вазы. Тонкость росписи отражает благоговение, с которым греческие художники всегда иллюстрировали произведения Гомера. В верхнем ряду фигур мы видим жаждущего мести Ахилла на его изящной квадриге и исполненного ужаса Гектора, протягивающего ему свой митиленский охранный паспорт, который, однако, уже не может защитить его от ярости Ахилла. В нижнем ряду видны лучники, разрывающие в клочья охранные паспорта гонимых ужасом троянцев. Анатомически идеально выдержанные пропорции фигур, точность рисунка и замечательная техника позволяют считать это произведение образцом греческого искусства в период его наивысшего расцвета.

V. Охранная плита из Помпей. Каменная плита. Монумента Итальяна (Момсен) Художественное собрание Берлинской Академии. 52 г. н. э.

Во время раскопок в Помпеях крупнейший немецкий историк обнаружил на одной совершенно разбитой плите удивительную надпись. Ее загадку разрешил десять лет спустя знаменитый немецкий филолог проф. Г. С. Аффенмауль, который в своем великом труде «Охранные письма в Античности» последовательно доказывает, что первые римские подзащитные появились в кровавые времена Калигулы, Клавдия и Нерона. Во время преследований и гонений периода гражданских войн карфагенский консул вручил целому ряду римских граждан охранные плиты с надписью: «Экстерриториальный объект! Этот дом и его жители находятся под охраной консульства Карфагена. Секретарь консульства». Именно такую плиту нашел Момсен и, реконструировав, привез в Берлин. В свое время она охраняла дом, которым владел римский гражданин Кай Май, имевший обширные торговые связи с Карфагеном.

VI. Мозаичный пол византийского представительства. IX в. н. э.
    Часть мозаичного пола находящегося ныне в руинах здания,
где когда-то помещалось византийское представительство.
Здесь представлены изображения почти всех участников крупной
операции по выдаче охранных паспортов. Под тремя сводчатыми арками
различимы следующие лица: Фалькиос, Донненбергиос, Валленбергиос
Агиос, Эльфрида Фалькиос, Форгачиос, его свояченица Майя Шесси
и в глубине Волиос. Это поражающее яркостью красок изображение, по всей видимости, представляет вышеназванных героев в процессе их тяжелого труда, причем крайняя справа, Майя, взволнованно
восклицает: «Даже с собственным зятем невозможно обменяться
словом!»

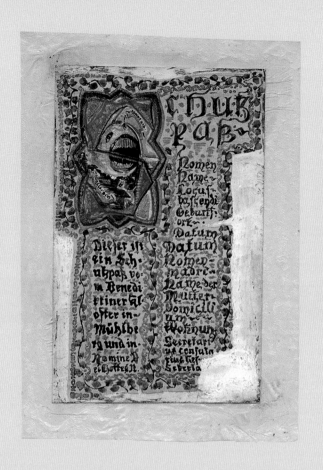

VII. Охранный паспорт, выданный Бенедиктинским монастырем
в Мюльберге. Заставка рукописи на пергаменте. Архив средневековых
аббатских пергаментов. 933 г. н. э.

Подобные охранные паспорта выдавались аббатом Хиларием Кронфу-
сом населению Восточной марки для защиты от набегов мадьяр.
На репродукции можно видеть этот поврежденный шедевр с его
высокохудожественными забавными миниатюрами. Заставка изображает
Иону, спасшегося от кита путем предъявления ему своего охранного
паспорта (Мф 28:14—16).

VIII. Мастер Рейнской школы. (М. Родольфо (?). 1330(?)—1380(?)):
Георгий Победоносец со змием и охранным паспортом. 1352–1353.
Витраж. Окно пастофория домского собора в Кобленце.

    Великолепная роспись—витраж свидетельствует о том, что уже
в Средние века тема охранного паспорта приковывала к себе фантазию
художников. Автор росписи (мастер Родольфо (?), 1330(?)–1380(?)
изобразил Георгия Победоносца в тот момент, когда змий пытается
защитить себя от всадника с помощью охранного паспорта. Витраж
отражает революционный дух позднего Средневековья, когда народ
был настроен резко против монастыря и церкви, и особенно тех священ-
ников, которые раздавали охранные паспорта кому попало, без всякого
разбора. Несмотря на то что техника витражной живописи широко
известна, это изображение благодаря своему современному и высоко-
художественному исполнению производит на зрителя потрясающее
впечатление. (Этот шедевр был, к сожалению, полностью разрушен
во время бомбардировки в 1944 году.)

X. Фра Филиппо Донато (Паоло Генуэзец). 1475—1533. Джакомо Бибильдо
предъявляет немецким наемникам свой охранный паспорт. 1504. Масло.
Милан, Национальная галерея.

Художник, известный всему миру под именем Иль-Генуэзе, создал
эту композицию в годы ранней молодости. Обычная для той эпохи круго-
вая композиция призвана подчеркнуть значимость охранного
паспорта: на переднем плане изображены два всадника в полном вооружении, только что остановившиеся перед домом Джакомо Бибильдо
с целью разграбить его имущество и увести в плен его самого. Но этот
итальянский дворянин, о богатстве и высоком положении которого
свидетельствует его изысканная одежда, с чувством собственного достоинства предъявляет оторопевшим солдатам свой охранный паспорт.
Один из них, сидя на лошади, весь согнулся в глубоком поклоне,
второй уже отвернулся к вороному коню. Все три фигуры, прекрасно
вписанные в пространство, свидетельствуют о мастерстве и совершен-
стве рисовального искусства великого итальянского художника.

XI. Бенвенуто да Форли. 1435—1517. Страница из книги эскизов, 1493. Рисунок. Лондон, Британский музей, 164а.

Данная репродукция позволяет судить о том, с какой трепетностью художники эпохи Ренессанса относились к вопросу охранных паспортов. Такой гений, как да Форли, сделал несколько сотен набросков иллюстраций на полях охранного паспорта, стараясь найти наиболее подходящее обрамление для текста документа. Естественно, он не свободен от общепринятых в его эпоху художественных форм, в особенности классицистических. Но точность и красота рисунка выдают исключительное дарование мастера.

XII. Иероним ван дер Бригель. 1500—1567. Крестьянский мальчик с охранным паспортом. 1520. Масло. Амстердамский государственный музей.

XVI—XVII века — время расцвета нидерландской живописи. Великие художники Фландрии особенно знамениты своими крупномасштабными групповыми композициями. Примером продолжения традиции великих мастеров, таких как Босх и Брейгель, служит это большое — 170 x 123 см — панно. На переднем плане — крестьянский мальчик, который весело помахивает своим охранным паспортом, в то время как тепло укутанные наемники уводят скованных крестьян (у которых охранных паспортов нет). Ниже мы видим покрытый снегом пейзаж и несколько небольших групп: наемники требуют у владельцев охранных паспортов предъявить документы. Вдали виден город, красно-желтое сияние зимнего солнца освещает горы. Следует отметить, что Сэмюель Томсон-Конрад в своей великой истории искусства пишет об этом панно следующее: «..самое важное произведение данного художника, о значимости охранных паспортов в ту эпоху ясно свидетельствуют выразительность запечатленных фигур, а также скрупулезность письма и затраченный труд, которого потребовало от ван дер Бригеля его произведение».

XIV. Жан Корре. 1681—1761. Дон Кихот и ветряная мельница. 1742. Эстамп. Прадо, Мадрид.

Апокрифическая история Сервантеса, а на самом деле кастильская сказка повествует о том, как Дон Кихот в сопровождении Санчо Пансы собрался атаковать ветряную мельницу, приняв ее за великана. Однако в последний момент он обнаружил на ней надпись: «Эта мельница находится под охраной Бискайского филиала Центрально-Европейской компании». Разочарованный, он был вынужден отступить без боя. Этот сюжет и запечатлела кисть знаменитого художника.

XV. Владислав Брониско. 1804—1876. Карл XXXI по прозвищу Худой
выдает охранные паспорта. Пинакотека, Мюнхен. Цветной эскиз

В стилистике исторической живописи XIX века польский художник
изобразил Карла Худого в окружении придворных и выдачу охранных паспортов. Это репродукция цветного эскиза к большой фреске, предна-
значенной для замка Алленбург. Несмотря на то что это эскиз,
некоторые исторические персонажи вполне узнаваемы. Все умело сгруп-
пированные фигуры обращены к центру композиции, к тому, что составляет его главную тему, то есть к вручению охранного паспорта.
Чрезвычайно скрупулезно прописанные одежды, щиты и т. д. показывают, каких огромных исторических изысканий потребовала эта работа.
В 1860 году произведение было удостоено золотой медали Парижского
салона.

XVIII. Дизгустав Дешемире. 1877—1928. Рю де Минерва. 1903.
Частная коллекция, Вена

На картине легко узнать знаменитую Рю де Минерва с ее дип-
миссией и посетителями в ожидании охранных паспортов. Солнечные,
яркие, выразительные, чистые пастельные краски характерны для
экспрессионистско-импрессионистской школы новой натуралистической
французской живописи. Очевидно, что художник хорошо знаком
с пленэрной живописью и был одним из величайших талантов конца XIX — начала XX века.

XIX. Чикассо (Пабло Миундо). 1910. Охранный паспорт и звезда.
1931. Темпера. Найт Коллекшн, Вашингтон

Произведение современной живописи в стиле футуризма на тему
охранного паспорта. Четкими линиями и крупными мощными мазками
художник выразил свой взгляд на охранный паспорт. В причудливом
мире его рисунка специалисты легко прочитывают беспокойство
простого человека по поводу получения охранного паспорта,
смертельные опасности и скорби, с которыми он сталкивается, его
отчаяние, связанное со звездой, и облегчение, радость и без-
мятежность того, кто защищен охранным паспортом. Что касается
не искушенных в искусстве зрителей, для них картина с охранным паспортом остается вечной манящей загадкой. Вероятно, излишне повто-
рять, что это полотно представляет собой исключительно новаторское
произведение в истории современного искусства и останется
таковым навсегда.

общей любовью, — вспоминал один из редакторов книги, Габор Форгач. — Когда мы начали работать над нашим подарком, пушки грохотали в предместьях Будапешта, и на нашу несчастную столицу градом сыпались бомбы", но "благодаря счастливой прихоти судьбы нам посчастливилось оказаться вне опасности".

Хотя эти слова написаны через 60 лет после появления книги, роль Валленберга четко понималась и тогда, что явствует из элегии Шугара. Одна из акварелей книги носит название "Георгий Победоносец с охранным паспортом" и представляет собой витраж из храма XIV века. Для сотрудников миссии и всех остальных, спасенных от уничтожения, Валленберг и был этим Георгием Победоносцем. На другой акварели, стилизованной под византийскую мозаику, Рауль изображен в кругу ближайших сподвижников. Валленберг в своей "иденовской шляпе" увенчан нимбом с подписью *Wallenbergus Sanctus*, Святой Валленберг. В этом прославлении есть и простота, и величие: он принял их на корабль своей дипломатической миссии и спас от гибели.

Подарок тем более обрадовал Валленберга, что был еще и произведением искусства. В такое нехудожественное время эстет внутри Рауля жил на голодном пайке. От супругов Эржебет и Александра Кассер он получил в подарок на Рождество маленькую статуэтку Афины Паллады, богини мудрости. Она была когда-то куплена во время их свадебного путешествия по Греции, и ее подлинность удостоверялась штампом афинского музея. Эржебет Кассер вспоминала, что Рауль был очень тронут подарком и углубился в размышления. "Спасибо, — сказал он, — мне так недостает искусства".

Ужин с Эйхманом

"Я почти единолично представляю нашу миссию в правительственных учреждениях, — с гордостью писал Рауль матери в своем последнем письме. — Я уже раз десять побывал у министра иностранных дел, по два раза у замглавы правительства и у министра внутренних дел, по одному у министра снабжения и у министра финансов и т.д.". За успехом, столь высоко оцененным американским правительством, не в последнюю очередь стоял дар Валленберга вести переговоры, его способность переубедить собеседника, личный шарм. Помимо венгерских и германских руководителей Валленберг встречался и с видными деятелями Партии скрещенных стрел, нацистами и гестаповцами. Некоторые контакты отмечены в его календаре, но не все. Не отмечена, например, его встреча с Адольфом Эйхманом.

Эйхман и Валленберг были смертельными врагами и абсолютными антиподами. Один фанатично стремился уничтожить евреев, другой с неменьшим фанатизмом прилагал все усилия, чтобы спасти их. Если кто-то и помешал планам Эйхмана очистить Будапешт от евреев, так это Валленберг, который, согласно одному из свидетелей на процессе против Эйхмана в 1961 году, был "возможно, единственным человеком, имевшим по-настоящему значительное влияние в Будапеште". Вот почему Эйхман принял приглашение Валленберга на ужин. Может быть, они встречались и ранее, например в Хедьешхаломе, но этому нет доказательств. Но в адресной книжке Валленберга записаны телефонные номера Эйхмана.

Эйхман был приглашен на виллу на улице Остром, где Валленберг иногда устраивал приемы. Однако в тот день заваленный работой Валленберг совершенно забыл, что у него вечером гости. Кроме того, у прислуги был выходной. Одетый в штатское Эйхман со свитой прибыл на виллу почти в тот же момент, что и Валленберг, который, осознав свою оплошность, предложил гостям выпить и позвонил Ларсу Бергу, прося о помощи. Берг вместе с сотрудником миссии Йоте Карлсоном жил на вилле, принадлежавшей еврейской семье, бежавшей из Будапешта и оставившей и дом, и прислугу под охраной шведов.

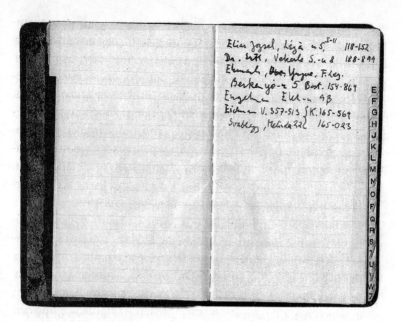

Адресная книжка Валленберга с номерами телефонов Адольфа Эйхмана
среди прочих. Первым, возможно, значится домашний телефон
главы СС, в то время как остальные — номера его штаб-квартиры.

Берг и Карлсон попросили кухарку приготовить ужин,
а Валленберг объяснил своим гостям, что ужин будет у другого шведского дипломата. "Благодаря нашей великолепной
кухарке ужин получился прекрасным, и я убежден, что Эйхман так и не заподозрил, что Валленберг обо всем забыл", —
вспоминал Берг. К тому же вилла, на которой жили Берг
и Карлсон, находилась совсем рядом с Валленбергом, за уг-
лом, на улице Хунфалви. По свидетельству сотрудницы Валленберга, на следующий день его забывчивость стала предметом веселья среди сотрудников миссии[55].

Описания ужина и разговора, оставленные Бергом
и Карлсоном, совпадают во всех важных моментах, хотя
рассказ первого слишком эмоционален, чтобы быть досто-

верным во всех деталях. Это касается и передачи диалогов. Но здесь же сообщаются и подробности, подтверждающие подлинность разговоров, — например, рассуждения Эйхмана о лошадях: он был страстным наездником[56].

Поскольку Валленберг "на этот раз не имел никаких требований, исполнения которых нужно было добиться", он, согласно воспоминаниям Берга, начал "без всякого стеснения спор по поводу доктрины нацизма и будущего хода войны". Карлсон вспоминает, что спор был жестоким:

> В комнате, в которой мы сидели, окна выходили на восток. Мы погасили свет, подошли к окнам и раздвинули занавеси. Это произвело грандиозное впечатление: мы увидели багровый от залпов тысяч пушек горизонт на востоке.
>
> Валленберг использовал это зрелище в качестве аргумента против Эйхмана. Он отметил, как близко к Будапешту подошли русские. Он хотел заставить Эйхмана отказаться от идеи уничтожить оставшихся евреев, указывая на то, что война все равно скоро кончится.
>
> Было очевидно, что Эйхман понимает: игра для Германии проиграна. Никакого фанатизма, если он когда-либо вообще был, в нем не осталось. В тот вечер он спорил с интеллектуальным изяществом и иронией. Он иронизировал в том числе и над собой. Это был своего рода танец на собственной могиле.

По свидетельству Берга, Валленберг критиковал нацизм "бесстрашно и логично" и предсказал "скорый и полный крах всех его сторонников". На это Эйхман ответил, что сознает, что его "приятная жизнь в скором времени закончится", но он будет продолжать служить Гитлеру до последнего. Вопреки свидетельству Карлсона об отсутствии фанатизма в Эйхмане тот стал угрожать Валленбергу, что "сделает все, что только возможно, чтобы остановить его", и заявил, что дипломатический паспорт не станет защитой, если он, Эйхман, сочтет необходимым ликвидировать его. "С этими словами Эйхман поднялся, чтобы уйти, но отнюдь не в гневе, — вспоминал Берг. — С неизменной вежливостью воспитанного немца он попрощался и поблагодарил нас за очаровательный вечер".

Точная дата встречи с Эйхманом неизвестна. Из устных источников мы знаем, что она имела место в декабре, скорее всего, в самом начале месяца[57] — во всяком случае, до 15 декабря, когда Даниэльсон отправил в стокгольмский МИД следующую телеграмму:

Глава здешней команды СС по решению еврейского вопроса, генерал [*sic*!] Эйхман, сообщил [слово неразборчиво — это шифрованная телеграмма], что намерен застрелить этого еврейского пса Валленберга. Его заместитель [гауптштурмфюрер СС Теодор] Даннекер[58] обронил нечто похожее с очевидной целью запугать сотрудников миссии. Предлагаю сделать в Берлине заявление, в котором намекнуть на вину Германии в зверствах в отношении шведских подзащитных. Согласно тому, что сообщается из других здешних источников СС, Гиммлер якобы не желает подобных зверств и говорит, что придает большое значение отношениям между Швецией и Германией. К настоящему моменту застрелен один еврей — сотрудник миссии и три члена семей сотрудников.

Содержание телеграммы согласуется с выраженной Эйхманом во время ужина угрозой при необходимости ликвидировать Валленберга. То, что оберштурмбаннфюрер таким образом угрожал представителю нейтральной державы, может показаться странным. Но ситуация обострилась до крайности, Эйхман находился под огромным давлением, а сотрудники миссии и ранее подвергались угрозам, после чего всем пришлось учиться владеть оружием. Однажды автомобиль Валленберга был смят тяжелым немецким грузовиком.

Валленберга в машине не было, но, когда он заявил протест по поводу очевидного покушения на его жизнь, Эйхман якобы ответил: "Я попробую еще раз". Согласно одному источнику, за "несчастным случаем" стоял Даннекер.

Телеграмма Даниэльсона привела к тому, что шведский посол в Берлине, Арвид Рикерт, 17 декабря заявил протест германскому МИДу. По словам Рикерта, заместитель начальника политотдела Отто фон Эрдмансдорф напомнил ему пословицу "Лающая собака не кусает", но пообещал дать телеграмму в германскую миссию в Будапеште с просьбой о разъяснениях. Директор компании "Шведские спички" Альвар Мёллер в тот же день посетил Вальтера Шелленберга, который, в свою очередь, "по телеграфу ориентировал относительно этого дела Генриха Гиммлера". Мудрый ход — Гиммлер искал контакта с западными союзниками на предмет сепаратного мира и не был заинтересован в том, чтобы кто-то вставлял ему палки в колеса. Как отмечалось ранее, Якоб Валленберг попросил Шелленберга "защитить РВ от нацистов", но произошло ли вмешательство Альвара Мёллера по инициативе Якоба Валленберга или с его ведома, неизвестно.

Германская миссия в Будапеште не стала оспаривать того факта, что слова "еврейский пес Валленберг" "могли быть оброненны", но, подобно Эрдмансдорфу, дала понять, что их, "разумеется, не стоит принимать всерьез". (На самом деле прозвище "еврейский пес" не было придумано Эйхманом — таким образом Валленберга обзывали часто[59].) Эти слова, подчеркивалось в ответе, следует рассматривать в связи с общей критикой Еврейского бюро шведской будапештской миссии и особенно Валленберга, который "совершенно беспрецедентным образом защищает интересы венгерских евреев, командированных на работы в приграничные районы" и пытается "абсолютно незаконными средствами избавить этих евреев от установленной законом трудовой повинности путем раздачи им охранных паспортов".

Помимо задокументированной встречи Валленберга с Эйхманом за ужином не исключено, что они встречались и ранее, и не только в Хедьешхаломе. Работавший в шведской миссии Томаш Кауфман рассказывает, что Валленберг однажды сказал ему, что должен принять "высокопоставленного посетителя" на улице Минервы, и попросил его не показываться. Посетитель появился на следующий вечер — по воспоминаниям Кауфмана, в среду, в октябре. Кауфман утверждает, что это был Адольф Эйхман: "Подъехал автомобиль. Это была машина СС с затемненными стеклами. Потом подъехала еще одна, кажется "мерседес". Из "мерседеса" вышли высокие офицерские чины, Эйхман и кто-то еще. С ними было два адъютанта. Они пробыли до позднего вечера и, очевидно, выпили изрядно, поскольку, как вспоминал Кауфман, из дома слышались громкие разговоры и смех.

Еще одно свидетельство о встречах Валленберга и Эйхмана содержится в литературно-художественном — или, вернее, полудокументальном — рассказе Элизабет Сель, жены Дьёрдя Селя, работавшего в штате шведской миссии водителем. Документальная ценность такого рассказа, разумеется, спорная, но в нем есть подробности, из-за которых его невозможно просто отвергать.

Одна из встреч якобы имела место в популярном клубе "Аризона" на улице Надьмезё, где часто бывал Валленберг. В ходе разговора обсуждалось размещение шведских подзащитных евреев, и Валленберг предложил 200 тыс. долларов за 40 домов. Эйхман отказался, ссылаясь на то, что американцы однажды предложили за словацких евреев 2 млн. Сторговались в конце концов на 800 тыс. долларов. Если эти сведения соответствуют действительности, разговор мог относиться к намеченному на конец августа, но так и не осуществившемуся переезду шведских подопечных. Как бы то ни было, встреча должна была иметь место до 23 августа, когда Эйхман уехал из Будапешта.

Следующая встреча Эйхмана и Валленберга, согласно Сель, проходила в штаб-квартире Гестапо после октябрьского переворота, когда Эйхман вернулся в город. Во время дискуссии Эйхман в числе прочего упомянул, что знает о контактах Якоба Валленберга с Гёрделером, одним из тех, кто стоял за покушением на Гитлера летом 1944 года, и заявил, что ему известно — операция Рауля финансируется на "грязные доллары Рузвельта". Сель передает также разговор о репатриации шведских подзащитных, в ходе которого Эйхман обещал Валленбергу железнодорожный транспорт за 745 тыс. швейцарских франков. Сумма не та, но о том, что Валленберг пытался купить такой транспорт, мы уже знаем. Рассказ Сель является "полудокументальным", но некоторые сведения не были общеизвестны на момент публикации ее книги, в 1961 году, и это означает, что она получила их из хорошо информированных источников.

Личное участие

До переворота Валленберг в основном трудился за письменным столом, но после 15 октября его работа приняла совсем иные формы. После возобновления депортаций и создания гетто он постоянно был в бегах: то посещал министерства и прочие органы власти, то устраивал вылазки на станции, в штабы нилашистов, перевалочные лагеря, госпитали и т. д. Его сотрудники вспоминают, что он никогда не сидел на месте, а все время уезжал по каким-то делам. В машине у него были сигареты и алкоголь, а в карманах пачки пенгё и другой валюты для взяток или выкупа. Вместо былой элегантности — неухоженность: он часто приходил на работу небритый, потный, с красными глазами — было ясно, что он не выспался. Иногда, совершенно измученный, он засыпал, едва присев на стул[60]. Как пишет Казмер Каллаи, Валленберг "постоянно находился в движении, это был просто сверхактивный человек". "Он был помешан на своем деле, — пишет Агнеш Мандл. — Ему нравилось заниматься тем, чем он занимался".

Помимо Валленберга в помощи будапештским евреям участвовали многие люди. Но он отличался от них личным участием, присутствием на местах, где решался вопрос жизни и смерти. Валленберг "придавал огромное значение заботе о своих подзащитных... и лично вникал в каждый случай", вспоминал Джонни Мозер. Этим он отличался от представителей и Швейцарии, и Ватикана, редко или вообще не появлявшихся на месте событий.

Агнеш Мандл рисует Валленберга человеком нежным, способным усесться с ребенком на руках и петь ему песни. Эту сторону натуры Рауля мы узнаем. При этом по характеру он был кем-то средним между доктором Джекилом и мистером Хайдом. По свидетельству Пера Ангера, он умел быть "очень корректным, хладнокровным организатором, вести переговоры и т. д." Но одновременно он был "прекрасным актером" и, "разговаривая с немцами, говорил на их языке, мог орать на них". Габриэлла Кассиус вспоминает, как однажды двери рабочего кабинета Валленберга на улице Минервы распахнулись, и из них выскочили два эсэсовца, вслед им донесся крик Валленберга: "*Raus!*" ("Вон!"). В кабинете остался разъяренный Рауль с пунцово-красным лицом, вцепившийся в письменный стол[61].

Согласно Казмеру Каллаи, тайна успеха Валленберга заключалась в уверенности в себе, которую он излучал. Он рассказывает, как Валленберг однажды освободил пятерых евреев из штаба нилашистов: "У нас тут пятеро мужчин, шведских граждан, отпустите их немедленно, или мы разорвем дипломатические отношения!" Их выпустили. "Такие случаи вовсе не считались чем-то примечательным, о них забывали на следующий день".

Однако полным-полно было и "примечательных случаев", которые кончались плохо, это явствует из отчетов Отдела протоколирования. Восьмого декабря из охраняемого дома по улице

Валленберг, сфотографированный в кабинете на улице Уллёй 26 ноября 1944 года.

Пожоньи, 15–17 забрали десять девочек на оборонительные работы. Но это была только отговорка. Вместо этого их привезли на железнодорожную станцию и изнасиловали. Десятого декабря нилашисты вломились в монастырь Иштени Серетет-Леаняй и увели 27 человек. Представитель отдела протоколирования Андраш Сент-Дьёрди отправился в штаб нилашистов и передал список с фамилиями тех, кого забрали: это были шведские подзащитные. Там ему сказали, что их уже выпустили. Позднее стало известно, что всех казнили на набережной Дуная. Примерно в то же время нилашисты ворвались в три других монастыря, находившихся под охраной шведского Красного Креста. Из детского дома забрали 39 детей, которых так и не нашли.

Одиннадцатого декабря в миссию на улице Уллёй пришел человек, рассказавший, что на станции Келенфёльд в западной части Будапешта видел множество железнодорожных вагонов, набитых людьми, предназначенными к депортации. Состав простоял на ветке Келенфёльд — Будаёрш много дней, и все это время людей не кормили. На следующий день Валленберг отправил туда сотрудника, который сообщил, что среди евреев в поезде есть люди, уже однажды депортированные в Хедьешхалом, но возвращенные домой. В тот же вечер вместе с Петером Шугаром Валленберг сам отправился в Будаёрш. Они констатировали, что на станции давно стоит 50 вагонов, так как железнодорожное сообщение в западную сторону прервано. У них было с собой продовольствие, но из-за темноты они ничего не смогли сделать.

На следующее утро Валленберг и Шугар вновь поехали в Будаёрш, на этот раз в сопровождении Андраша Сентдьёрди. Позднее сотрудники сообщили:

> Валленберг поговорил с офицером СС [который был командующим]. По его просьбе людей выпустили из вагонов и стали раздавать продукты, предоставленные Международным Красным Крестом. Офицер в конце концов сообщил Валленбергу дружески, что, к сожалению, не может освободить тех, у кого есть охранные паспорта, поскольку у него нет на это полномочий.

Тринадцатого декабря Валленберг вновь был на станции в сопровождении Шугара, Белы Элека и капитана полиции Батизфалви. В рапорте говорится:

> Батизфалви вновь пытается забрать у начальника СС наших подзащитных, но добивается только обещания, что они попросят указаний соответствующих инстанций. Можно предвидеть, что транспорт пока отправлен не будет. Миссия завтра вышлет новую партию продовольствия. Освободить подзащитных, однако, в данный момент не представляется возможным.

Как обычно в таких случаях, Валленберг составляет ноту в венгерский МИД:

Королевской дипломатической миссии стало известно, что железнодорожный состав с несколькими тысячами лиц еврейской национальности уже много дней стоит на путях Келенфёльд — Будаёрш. Этот состав находится в распоряжении немцев. Среди указанных лиц также немало владельцев шведских охранных паспортов и временных паспортов. Немецкий комендант поезда сообщил королевской дипломатической миссии, что ей следует обратиться к командованию германской тайной полиции по улице Тарогато, 2–4, поскольку он может освободить владельцев охранных паспортов лишь по приказу, исходящему от этой инстанции. На основании вышеприведенных фактов королевская миссия просит Министерство иностранных дел со всей благосклонностью предпринять необходимые меры в отношении командования германской тайной полиции, с тем чтобы такой приказ скорейшим образом мог быть отдан коменданту поезда. Королевская миссия заранее благодарит королевский МИД за любезное содействие.

Но все было бесполезно. Девятнадцатого декабря состав покинул Будапешт и отправился в Комаром, перевалочный лагерь на полпути к австрийской границе. Это поражение было лишь одной из многих неудач тех дней. Неудачей закончились и попытки Валленберга и Шугара освободить четверых владельцев охранных паспортов, находившихся в пересылочной тюрьме, и всех интернированных отправили пешком в направлении Комарома.

Объект террора — Красный Крест

В сгущающейся атмосфере проблемы возникли и у шведского Красного Креста. Его деятельность давно уже была для венгерских властей костью в горле: в обращении находилось огромное количество его охранных писем (поддельных и настоящих), на множестве домов висели таблички, удостоверявшие, что дом находится под защитой Швеции. Для критики имелись определенные основания. Если методы работы Валленберга были нетрадиционными, то в еще большей степени это относилось к Вальдемару Лангле, чья деятельность вызывала раздражение и критику шведской миссии и МИДа, а также головной организации Красного Креста в Стокгольме, по поручению которой он работал. Вальдемар Лангле был сострадательным человеком и вместе с женой Ниной проделывал огромную работу по спасению людей в Будапеште. Однако, по мнению Пера Ангера, он плохо справлялся с практическими вещами. К тому же отношения между Лангле и его помощницей Астой Нильсон были напряженными. Несколько раз МИД просил Лангле координировать свою работу с миссией, но безрезультатно. "Миссия в важных вопросах в основном ставится Л-е перед совершившимся фактом и тем самым, чтобы не повредить делу, задним числом вынуждена соглашаться с его имеющими добрые намерения, но часто плохо продуманными распоряжениями, — жаловался Иван Даниэльсон в МИД. — Ему трудно удерживать свою деятельность в разумных границах". Четырнадцатого декабря деятельность шведского Красного Креста в Венгрии была запрещена. Официальной причиной стало то, что охранные письма выдаются венграм-арийцам, что организация запасала лимитированное продовольствие и что деятельность Красного Креста направлена главным образом на помощь евреям. Если шведский Красный Крест желает продолжать деятельность по оказанию гуманитарной помощи, ему придется подчиняться венгерскому Красному Кресту.

Нилашисты еще 3 декабря устроили штурм лагеря на улице Колумбус, находившегося под защитой Красного Креста, а сразу после решения правительства о запрете деятельности организации ворвались в два дома под его эгидой на улице Эстерхази и увезли всех сотрудников. Гуго Воль вспоминает, что в два часа ночи ему позвонили по телефону и сообщили, что "с шведским Красным Крестом дело неладно". Он тут же информировал Валленберга:

> Уже через полчаса он был на месте, сопровождаемый своим водителем Вильмошем Лангфелдером — порядочным и верным человеком, инженером, который неделями днем и ночью служил ему надежным помощником в тяжелой работе по спасению людей.
>
> Я тоже поехал с ними на улицу Эстерхази. По приказу Валленберга мы с водителем остались в машине. Водитель должен охранять автомобиль, сказал он, а я — следить за развитием событий. Он пошел один. Когда он вернулся, то рассказал обо всем, что ему удалось сделать, и приказал Лангфелдеру отогнать машину в сторону, чтобы мы могли посмотреть, выполнят ли нилашисты то, что обещали. Обещания были выполнены, подзащитных евреев отвели обратно. "Мерзавцы сдержали слово", — сказал Валленберг, когда в шесть утра мы расставались с ним и он пошел спать домой на улицу Дезё или на улицу Остром — он жил попеременно на этих двух квартирах, чтобы его не так просто было найти.

Право экстерриториальности нарушается

Валленберг вел свою борьбу при все усиливавшемся сопротивлении, и не только из-за всеобщего беззакония, но, из-за того, что Швеция по-прежнему отказывалась признать режим Салаши. Один служащий венгерского МИДа частным образом сообщил Даниэльсону, что операция против Красного Креста на самом деле есть только "начало ликвидации всей шведской акции". Поскольку большое число евреев незаконно проживали в охраняемых Швецией домах, "шведские евреи" будут переселены в Комаром, где никакого жилья нет. Причиной этих мер против шведов является, во-первых, "оскорбительное обращение" с венгерскими дипломатами в Стокгольме, а во-вторых, "многократные утверждения, что Салаши якобы сумасшедший" в шведской прессе.

Десятого ноября Даниэльсона вызвали к министру иностранных дел Кеменю, выразившему удивление по поводу того, что шведское правительство до сих пор не признало венгерский режим. Даниэльсон продолжил попытки повлиять на МИД, но Стокгольм сохранял непреклонную позицию. Зайди разговор о разрыве дипломатических отношений, Даниэльсону следует напомнить, что Швеция представляет интересы Венгрии в 11 странах.

Ликвидация всей шведской спасательной акции, которой угрожал чиновник МИДа, не заставила себя ждать. Восемнадцатого декабря нилашисты конфисковали крупнейший склад продовольствия миссии на улице Сенткирали, 8 (шоколадная фабрика Штюмера) под предлогом того, что товары будут переданы Красному Кресту. Хотя Валленберг много часов вел переговоры, все продовольствие увезли. Это был тяжелый удар по обитателям гетто. На следующий день два нилашиста ворвались в охраняемый дом по улице Реваи, 16, где жили штатные сотрудники шведской миссии, и забрали все ценности. Происходили и другие нападения на охраняемые дома. Когда Швеция 22 декабря заявила протест против "нарушений права экстерриториальности, собственности и охраны королевской миссии" и угрожала отозвать сотрудников миссии из Будапешта в течение шести дней, венгерские власти отвечали "уклончиво"[62].

Остается вопрос, можно ли было избежать нарушений экстерриториального права, если бы Швеция по-другому отнеслась к вопросу о признании режима. Как мы видели, Даниэльсон, Ангер и Валленберг были сторонниками более гибкой по сравнению с занятой МИДом позиции. В при-

KÖNIGLICH
SCHWEDISCHE GESANDTSCHAFT

A R B E I T S B E S C H E I N I G U N G

Die Kgl. Schwedische Gesandtschaft bescheinigt hiermit, dass

Herr dr. Zoltán SAUER

bei der Repatriierungsabteilung der Ge-
sandtschaft und des Schwedischen Roten
Kreuzes staendige Arbeit leistet.
Budapest, den 20.XI.1944.

Name.......................................

Kgl. Schwedischer Gesandtschaftssekretae

Справка для работы

Шведско-королевско Посол-
ство удостоверяет сим,
что др. Золтан Сауер
состоят действительним
членом Шведского Королев-
ского Посольства и нахо-
дится на службе отдла
для репатризации
Шведского Красного Креста.
Будапешта, 20. ноамбря
1944.
Валенберг
секретар кор. посольства.

M U N K A I G A Z O L V Á N Y

A Svéd Királyi Követség i-
gazolja, hogy

dr. SAUER Zoltán ur

a Svéd Királyi Követség, valamint a
Svéd Vöröskereszt repatriálási osztályá-
nak állandó munkatársa.
Budapest, 1944.XI.20.

Wallenberg s.k.
Svéd kir. köv. titkár.

Служебное удостоверение, согласно которому г-н Золтан Зауэр
состоит в штате шведской миссии и шведского Красного Креста.
Перед приходом Красной армии удостоверение было снабжено
и русским текстом.

мер ставилась Испания, поверенный в делах которой, Анхел Санс-Бриз, слал "полные энтузиазма, но ни о чем не говорящие сообщения" в венгерский МИД, а там, желая добиться дипломатического признания, предпочитали не замечать обмана. Так же как Швеция давала защиту евреям, имевшим какое-то отношение к Швеции, Испания обязалась взять на себя защиту сефардских евреев в оккупированных нацистами странах. Готовилась и испанская акция по репатриации, похожая на шведскую и касавшаяся около 2 тыс. человек, но и она не осуществилась. Когда Санс-Бриз в конце ноября покинул Будапешт, его должность занял Джорджо Перласка, итальянский фашист, перешедший на сторону противника. В ходе официальной командировки в Будапешт он был интернирован по причине враждебности к немцам. После бегства он нашел приют в испанской миссии, где его взяли в штат и предложили заниматься еврейским вопросом. Чтобы остаться в Будапеште после отъезда Санс-Бриза, Перласка сделался испанским подданным с испанизированным именем Хорхе. За два месяца, которые он проработал в миссии, число испанских подзащитных выросло с 200 до 5 тыс. Валленберг часто имел дело с Перлаской. Они были родственными душами: тот, как и он сам, не стеснялся использовать любые средства для достижения своих целей.

Принципы шведской гуманитарной деятельности

22 декабря венгерскому МИДу был вручен меморандум, который подводил итоги шведской деятельности по спасению евреев. Меморандум не подписан, но не подлежит сомнению, что его автор — Валленберг. Об этом прежде всего свидетельствуют упоминания об Эльзе Брендстрём, "сибирском ангеле". Рауль был ее большим почитателем, а его мать и сестра

познакомились с ней во время поездки в США в 1938 году[63]. В меморандуме ее деятельность во время Первой мировой войны приводится как пример шведской традиции гуманитарной помощи.

Меморандум перечисляет трудности, с которыми сталкивалась шведская спасательная акция в Венгрии, прежде всего касательно репатриации шведских подзащитных. Другой пункт затрагивает вопрос о посредничестве. Швеция представляет интересы Венгрии за границей, а венгерское правительство не соблюдает дипломатическую неприкосновенность шведской миссии в Будапеште. Тем временем преследования евреев продолжаются. Пешие марши в Хедьешхалом причинили людям не имеющие себе равных страдания, а условия в гетто ухудшаются с каждым днем: "Там лежат даже не сотни, а тысячи больных, в нетопленых комнатах, без матрасов, без одеял, при минимальном медицинском уходе и питании в соответствии с официальными нормами, составляющими четверть того, что считается нормальным количеством продовольствия. На набережной Дуная евреев часто расстреливают без предшествующего судебного разбирательства". Исходя из этого миссия "настоятельно" просит венгерское правительство прекратить перемещение еврейских детей из детского дома в Большое гетто, а также разрешить выдачу дополнительного количества охранных паспортов. Ни одна из просьб не была удовлетворена.

Это необыкновенное сочинение — пространное и хорошо аргументированное, написанное в экстремальной ситуации, под аккомпанемент гранатометного огня и падающих бомб. Это последняя попытка, "поместив шведскую гуманитарную деятельность в более широкий контекст", вынудить венгерский режим пойти на уступки без его официального признания. Наивная попытка, но типичная для Валленберга, который никогда не сдавался.

Петля затягивается

В тот самый день, когда меморандум был вручен, подвергся нападению детский дом шведского Красного Креста на площади Сент-Иштван, 29. Детей и персонал увели, вероятно, в Большое гетто. В тот же день была облава в одном из домов Международного гетто, 41 человека увели в штаб-квартиру венгерского гестапо.

Эти акции привели к всплеску деятельности нейтральных стран, и прежде всего Швеции. В восемь часов утра 23 декабря для составления ноты протеста в нунциатуре собрались Валленберг, Ангер, Даниэльсон, Ротта, Феллер, Перласка и Понграш. Около двух часов Валленберг отправился в штаб гестапо, чтобы поговорить с Петером Хайном. Рауля принял заместитель Хайна, Ласло Колтаи, к которому он, согласно воспоминаниям его спутника из отдела протоколирования, обратился с "ошеломляющей, совершенно фантастической речью". Когда вошел сам Хайн, он заявил, что никаких детей никто не уводил, все это ложь. Валленберг вернулся в нунциатуру, и вместе с Ангером они поехали в МИД, где Ангер передал составленную утром ноту протеста заместителю министра Ено Анреанскому. В ноте подчеркивалось, что "закон и совесть запрещают враждебные действия против детей даже во время войны". Эта нота стала последним документом, переданным нейтральными странами режиму Салаши. В результате "дальнейшие нарушения" в отношении детских домов три дня спустя были запрещены. Но к тому моменту переселение в Большое гетто уже завершилось.

Вёцкёнди, в свою очередь сославшись на военное положение, предложил членам миссии прямо в тот же вечер покинуть Будапешт и эвакуироваться в западную Венгрию, где уже находилось венгерское правительство и куда теперь направлялся оставшийся персонал Министерства иностранных дел. Причем нужно было спешить — через несколько дней Красная армия сомкнет кольцо вокруг Будапешта, и все пути будут отрезаны. К тому времени в Будапеште оставалось лишь три миссии с полным дипломатическим представительством: турецкая, папская и шведская. Швейцарская, португальская и испанская миссии были представлены на более низком дипломатическом уровне, а другие — в том числе германская и итальянская — уже находились в эвакуации. Когда Ангер объяснил, что шведская миссия не может покинуть Будапешт в столь короткий срок, Вёцкёнди напомнил, как шведское правительство дало ему один час на то, чтобы покинуть венгерское представительство в Стокгольме. И добавил, что, если миссия откажется эвакуироваться, придется прибегнуть к насилию.

После встречи с Вёцкёнди Валленберг отправился к Карлу Лутцу в швейцарскую миссию. После трехчасовой беседы он констатировал: "Похоже, всему конец. Теперь они готовят акции и против дипломатов". Потом он поехал в шведскую миссию, где вместе с Ангером призвал сотрудников в течение ближайших суток не приходить на работу, а лучше всего и не ночевать в своих квартирах. В 21:08 Ангер отправил от имени Даниэльсона шифрованную телеграмму, в которой сообщил о содержании разговора с Вёцкёнди. Это стало последним контактом шведской миссии в Будапеште с внешним миром.

Гость или пленник?

коро стало ясно, что Вёцкёнди не шутил по поводу насилия. На следующий день Валленберг и другие сотрудники миссии должны были собраться в половине одиннадцатого на предрождественский завтрак у Маргареты Бауэр. На улицу Минервы была приглашена Аста Нильсон и еще несколько шведов, остававшихся в Будапеште. Маргарета Бауэр испекла пряники и накрыла стол в верхнем холле, который украсила рождественскими игрушками и еловыми ветками. В 16:00 они должны были продолжить празднование у Ларса Берга и Йоте Карлсона, которым удалось раздобыть елку.

Ни завтрак, ни ужин не состоялись. Около шести утра в дом вломились пьяные нилашисты и заставили Маргарету Бауэр и ночевавшую у нее Асту Нильсон идти с ними в здание финской миссии, расположенное чуть ниже по улице Гийопар. С тех пор как финский посланник в октябре уехал из Будапешта, дом находился под охраной Швеции. В нем размещался отдел Б Ларса Берга. "В комнатах расположилось не менее сотни нилашистов, они ели и пили, а те, кто этого не делал, взламывали оставшиеся после отъезда миссии ящики и т. п., — вспоминала Маргарета Бауэр. — Все валялось вокруг в полном беспорядке, вид был такой, как будто туда упала бомба". Бауэр и Нильсон повели пешком в штаб нилашистов на мосту Маргарета. Там их, несмотря на холод, оставили стоять на дворе под открытым небом. Потом их отвели в Большое гетто. В пять часов вечера их освободил Фридрих Борн из Международного Красного Креста, который привел их на свою виллу. Там им дали по рождественскому подарку — "сундучку летчика", который получали военнопленные американские летчики, вынужденно севшие на венгерской территории: зубная щетка, табак, сигареты, пижама, две книжки, нижнее белье и рубашка. "Ощущение блаженства", — вспоминала Маргарета Бауэр. "Остались там на ночь, — записала она в дневнике. — Пушечные ядра и гранаты сыплются градом".

Рано утром Ларса Берга разбудил звонок швейцара отдела Б. Тот сообщил, что здание оккупировано нилашистами. Берг и Йоте Карлсон незамедлительно отправились туда. Карлсон остался ждать снаружи. Поскольку Берг не возвращался, он бросился в помещение миссии, расположенное на расстоянии нескольких домов, — там находились сотрудники-подзащитные. В суматохе Карлсон сумел ускользнуть, но Отто Флейшмана и еще человек 30 увели в Большое гетто.

Бергу лидер нилашистов объяснил, что получил приказ отвезти мужской состав миссии в Сомбатхей в западной Венгрии в автобусе, который ждал у здания миссии. Берг притворился, что согласен на эвакуацию, но бежал и связался с командующим немецким гарнизоном, оставленным в городе для обороны. Напирая на то, что здание германской миссии, с тех пор как ее персонал покинул Будапешт, находится под охраной Швеции, он сумел заручиться документом, удостоверяющим, что он, в свою очередь, находится под охраной Германии.

Валленберг избежал задержания, поскольку находился в Пеште. Рано утром ему сообщили о вторжении в помещения миссии. Предрождественские и рождественские дни

Улица Ури, 15, где скрывались шведы в рождественские праздники.

он находился в квартире на улице Мадач, 5, принадлежавшей актрисе Магде Габор (сестре Жа Жи Габор), где с некоторых пор жил и Хегедюш с семьей. Чуть позже, вечером 24 декабря, они встретились с Пером Ангером в конторе концерна *Weiss Manfréd*, куда пришел и Берг. Ангер по телефону получил предупреждение от Маргареты Бауэр и, подобно Бергу, провел день, стараясь заставить вмешаться венгерские и германские власти. Даниэльсон и фон Мезеи еще раньше нашли прибежище в швейцарской миссии, куда позже пришли Маргарета Бауэр с Астой Нильсон.

Ларс Берг со своей собакой после того, как здание миссии было освобождено.

Сотрудникам миссии на улице Уллёй, которых Валленберг призвал искать себе другие места проживания, было трудно найти безопасное пристанище, и ближе к вечеру они стали стекаться обратно в помещение миссии. Отто Флейшмана освободили из гетто 25 декабря, а остальных шведских подзащитных — на следующий день.

Ночь на 25 декабря Берг и Ангер провели в небольшом домике на улице Ури, 15 на Замковой горе, где жила графиня Нако со своей сводной сестрой (которая была замужем за бароном фон Бергом). Дом принадлежал к числу "шведских" и служил хранилищем для официальных документов миссии, которые Валленберг в ноябре перевез сюда с улицы Уллёй, где

держать их стало опасно. В большом конторском шкафу в подвале хранились бухгалтерские документы, квитанции, копии
переписки Валленберга и т. д. Над домом красовалась вывеска
со шведским флагом и надписью на ломаном шведском языке:
"Это помещении находиться под шведской охрана".

Утром 25 декабря на улицу Ури пришли Йоте Карлсон,
Маргарета Бауэр и Аста Нильсон. Позже в тот же день появился Ингве Экмарк. Согласно Эржебет Кассер, некоторые шведские дипломаты, включая Валленберга, собрались
потом на рождественский обед у них дома. "Пришли почти
все приглашенные, несмотря на то что многие накануне едва
вырвались из лап нилашистов", — вспоминает госпожа Кассер, добавляя, что участники обеда "были преисполнены надежд" и "говорили о том, что планируют делать после войны".
Кольцо Красной армии вокруг Будапешта вот-вот должно
было сомкнуться, и конец войны казался совсем близким.

В ходе кризисного заседания, состоявшегося 26 декабря,
было решено, что Йоте Карлсон и Пер Ангер останутся в убежище на улице Ури. Валленберг и Лангле, объекты особой
ненависти нилашистов, будут продолжать свою деятельность,
помогая подзащитным в Пеште. Берг с его немецкими охранными документами мог свободно перемещаться по городу,
так что ему поручили позаботиться о здании миссии, которое
было освобождено в тот же день. Даниэльсон, Экмарк, Бауэр
и Нильсон должны были оставаться в помещении швейцарской миссии, которую от убежища на улице Ури отделяло
всего несколько домов: швейцарцы, главная канцелярия которых находилась в Пеште, в середине ноября перед приходом
русских открыли филиал в Буде. Филиал размещался во флигеле дворца графа Морица Эстерхази на улице Тарнок[64].
"Жили с посланником, Экмарком, Денешем [фон Мезеи]
в двух комнатках в швейцар. мис.", — записала в дневнике
за 25 декабря Бауэр. И далее: "Получила шифровки для рас-
шифровывания, для поднятия настроения — увлекательно".

Двадцать шестого декабря они перебрались в главное здание, где пробыли шесть недель[65]. С Даниэльсоном была его греческая знакомая, Кристин Влахос, с удостоверением, свидетельствующим, что она работает в отделе репатриации.

После нападений на здания миссии Валленберг добился охраны шведских домов от венгерской жандармерии, но охранников, которые были предоставлены в его распоряжение, оказалось недостаточно. Поэтому он перевел своих ближайших сотрудников в помещение *Hazai Bank*. Теперь там находилось около 50 человек, как шведских подзащитных евреев, так и сотрудников банка. Ночевали в банковском подземном хранилище.

На помощь приходит нилашист

Начиная с 24 декабря любая коммуникация между Стокгольмом и Будапештом была прервана. Стало невозможно отправить телеграмму, диппочту, не было телефонной связи. Единственным способом для МИДа осведомляться о судьбе шведской миссии было обращаться к немецким властям. Двадцать восьмого декабря МИД направил просьбу Министерству иностранных дел Германии выяснить у военных властей Будапешта, что сталось с шведской миссией. Согласно телефонному сообщению, поступившему на следующий день, Даниэльсон скрывался "в неизвестном месте в Будапеште, а секретарь миссии Валленберг поставил себя под защиту германских войск". Днем позже, 30 декабря, появилась более подробная информация: Даниэльсон находится в помещении нунциатуры, как (по всей вероятности) и Пер Ангер, Ларс Берг и Маргарета Бауэр. О Валленберге никаких новых сведений не поступало.

Информация была скудной, но содержала интересную подробность: Валленберг поставил себя под германскую защиту. Это, по всей вероятности, означало, что ему выдали охранный документ такого же типа, что и Ларсу Бергу. В обстановке хаоса, воцарившегося в городе, статус шведского дипломата не давал достаточных гарантий безопасности.

Отто Флейшмана и других шведских подзащитных спас из гетто 28-летний венгр, чинивший пишущие машинки в конторах миссии. Блондин Карой Сабо не только был арийцем, но и обладал ярко выраженной арийской внешностью, производя глубокое впечатление как на нилашистов, так и на немцев: в тирольской шляпе, одетый в длинное черное кожаное пальто, он был похож на венгерского или немецкого офицера полиции. Кроме того, он запасся различными удостоверениями личности, позволявшими ему свободно передвигаться по городу. Фальшивыми документами его снабдил Пал Салаи, знакомый ему с конца 1920-х, со времен скаутского детства. Ранее работавший продавцом в фирме по изготовлению плетеных корзин, Салаи занимал высокий пост в Партии скрещенных стрел и был представителем партии в полиции[66].

Со временем Салаи начал испытывать все большее отвращение к преследованиям евреев и стал тайным противником режима. Он решил связаться с Валленбергом, который сначала колебался, соглашаться ли на встречу. Но, когда он узнал, что Сабо и Салаи помогли освободить из Большого гетто шведских подзащитных, он решился с ним увидеться. Поздно вечером 26 декабря Флейшман и Сабо заехали за Салаи к зданию Ратуши, где находилась его контора, и вместе отправились в шведскую миссию. Салаи вспоминал:

Уже в прихожей я объяснил Валленбергу, что он не должен вести со мной переговоры как с официальным лицом, а должен видеть во мне друга, желающего помочь. Я сообщил, что в Будапеште свирепствуют различные легальные и нелегальные банды нилашистов, не очень разборчивые в выборе методов. В настоящий момент жизнь каждого висит на волоске, и, поскольку ситуация меняется ежесе-

Пал Салаи.

кундно, мы должны находиться друг с другом в постоянном контакте. Мы решили, что мой добрый знакомый Карой Сабо поживет у меня в маленькой каморке в помещении Ратуши и будет нашим связным.

По словам Отто Флейшмана, Салаи объяснил, что решительно осуждает методы нилашистов и что и раньше, еще до того, как вступить в контакт со шведской миссией, использовал свое положение для помощи преследуемым людям. Для Валленберга Салаи стал бесценным соратником. Валленберг, в свою очередь, произвел большое впечатление на Салаи как единственный представитель нейтральных стран, не делавший различия между своими подзащитными и прочими евреями и проявлявший равную готовность помогать как первым, так и вторым. Валленберг, в частности, попросил Салаи попробовать добиться увеличения количества разрешений на выход из Большого гетто. До сих пор такое разрешение было всего лишь у десяти человек, но, поскольку положение со снабжением ухудшалось с каждым днем, Валленберг хотел, чтобы правом покидать гетто и доставлять в него продукты и воду обладало 100 человек. Салаи подписал 100 доверенностей, несмотря на то что не имел на это права.

Валленберг также попросил Салаи съездить с ним в Большое гетто, чтобы получить представление о ситуации с продовольственным снабжением. Они поехали туда 30 декабря. "Когда распахнулись двери гетто, мне показалось, что я перенесся в Средневековье", — вспоминал Салаи. Дневная норма в гетто состояла из миски супа с тоненьким кусочком хлеба, что соответствовало 900 килокалориям, четверти суточной потребности. Прочие жители Будапешта, разумеется, тоже страдали от карточной системы, но у них была возможность раздобыть пропитание иными способами, в то время как евреи оставались запертыми в гетто. По соглашению с городскими властями миссия получила разрешение доставлять продовольствие в гетто, но только после того, как получат свои пайки все прочие нуждающиеся. Для этого Валленберг, в частности, пообещал устроить по всему городу суповые кухни.

Террор усиливается

Ближе к Новому году положение со снабжением в Будапеште стало катастрофическим, инфраструктура была почти полностью разрушена. Двадцать восьмого декабря прекратилась подача газа, 30 декабря отключилось электричество, 3 января перестали функционировать водопроводы. В Пеште воду можно было брать из источников вблизи здания парламента и на острове Маргит, а в районе Буды — из целебных источников вблизи горы Геллерта и из колодцев при некоторых жилых домах. Когда не стало воды, перестала действовать и канализация, и в домах распространилась удушливая вонь. Мусор, накопившийся в это время на улицах и в парках, смогли потом вывезти лишь через полгода.

Как только правительство покинуло столицу, усилились нападения на дома под охраной нейтральных государств и Красного Креста. Несмотря на ноту протеста от 23 декабря, утром 24 декабря жертвами нилашистов стали обитатели двух детских домов, охраняемых Швецией и Международным Красным Крестом. В рапорте отдела протоколирования в тот же день говорилось:

> На улице Мункачи людей выстроили в ряд. На третьем этаже жили две больные дамы в возрасте 70–80 лет. Их немедленно расстреляли. Таким же образом расстреляли двух трехлетних детей в комнате для больных в квартире №8 на третьем этаже. На пороге убили полуторагодовалого ребенка и кинули труп в комнате рядом с двумя другими. Воспитательницу, которая хотела забрать детей… тоже застрелили в коридоре в нескольких метрах от той же комнаты. Тринадцатилетнего подростка, который хромал и потому отстал от других, один из нилашистов отвел обратно в детский дом и застрелил в одном из коридоров. Все семь трупов по-прежнему лежат там.

Несколько дней спустя, 28 декабря, банда нилашистов и эсэсовцев ворвалась в еврейский госпиталь и убила 28 человек. В следующие дни нападению подверглись многие шведские дома. Всего было схвачено и расстреляно на берегу Дуная около 100 человек. В ночь с 30 на 31 декабря нилашисты напали на дом №48б на улице Легради Кароли — дом решили реквизировать для СС. Все 44 подзащитных были застрелены. Отдел протоколирования писал в отчете:

Часть обитателей первого и второго этажей забрали и увели, в том числе семью Штерн — Шандора Штерна, госпожу Штерн и их детей Эржебет и Эрнё. Семья была в родстве с главным раввином Венеции и жила в этом доме на правах итальянских подданых. Тех, кого забрали из дома, привели на набережную Дуная и там казнили. Эрнё Штерн и его сестра Эржебет сумели убежать, но сначала им пришлось наблюдать за казнью родителей. На свое несчастье, они вернулись в старую квартиру. На следующий день, то есть в ночь на 1 января, нилашисты увезли всех, кто там оставался, то есть 37 человек, и среди них во второй раз Эрнё и Эржебет Штерн. Семерым удалось бежать, в том числе Эрнё Штерну. Но его сестру застрелили.

Террор обрушился не только на шведских подзащитных. При нападении на дом 39 на улице Легради 30 декабря было казнено, согласно отчету отдела протоколирования, 25 швейцарских подзащитных, нашедших там убежище. Накануне Нового года около 50 нилашистов оккупировали швейцарский Стеклянный дом на улице Вадас. Они заподозрили, что там находится склад продовольствия. Восемьсот евреев, живших в доме, заставили выйти на улицу "для передислокации". Но благодаря вмешательству Салаи трагедию удалось предотвратить.

Нападение на Стеклянный дом показало, что в эти дни не могут себя чувствовать в безопасности даже дипломаты. Двадцать девятого декабря отец Кун ограбил и жестоко избил швейцарского поверенного Харальда Феллера, которого заставили спустить штаны, чтобы показать, что он не обрезан. Потом Феллер сообщил Даниэльсону, что он "в полубессознательном состоянии" слышал, как нилашисты обсуждали "как они его убьют и как та же участь постигнет посланника Швеции". Однако после угрозы, что возмездие настигнет персонал венгерской миссии в Берне, Феллера отпустили.

Террор достиг кульминации 31 декабря, когда бесследно исчезли две центральные фигуры акции по спасению венгер-

ских евреев. Отто Комой, член юденрата и глава будапештских сионистов, был схвачен в отеле "Ритц", где скрывался,
и был убит в тот же день. Это стало тяжелым ударом для
Валленберга, поддерживавшего тесные контакты с Комоем.
Еще более близок он был с Петером Шугаром, молодым (ему
было всего 24 года) членом отдела протоколирования и одним из авторов книги об охранных паспортах в искусстве.
Накануне Нового года Шугар отправился домой к родителям, где его схватили и увели вместе с отцом. Когда информация об этом несколько дней спустя дошла до Валленберга, он
поехал сначала в Ратушу, а потом в штаб нилашистов на улице
Варошхаз, пытаясь выяснить, что случилось с Шугаром. Поиски вел и Карой Сабо, но усилия оказались напрасны, Шугара так никто больше и не видел. Скорее всего, партийный
суд нилашистов приговорил его к смерти, и он был убит.

В Будапеште теперь царило полное беззаконие, и Валленберг ходил вооруженным. Чтобы избежать участи Комоя
и Шугара, он постоянно менял место жительства. Иногда
он ночевал в помещении *Hazai Bank*, а 31 декабря они с Гуго
Волем перебрались во дворец графа Дьюлы Кароя на улице
Ревицки, который арендовала миссия. Однако безопасности
угрожали не только нилашисты. Бои между Красной армией
и оборонявшими город войсками день ото дня становились
все более ожесточенными, и бомбы и гранаты ливнем обрушивались на Будапешт. В тот день, когда Валленберг и Воль
перебрались во дворец, туда угодила бомба, и они были вынуждены снова переезжать. Несколько дней спустя, 2 января,
бомба попала в здание *Hazai Bank*, многие сотрудники были
ранены, а один из водителей Валленберга, Тивадар Йоббадь,
скончался от полученных ран.

Теперь Валленберг находился в постоянном движении
по городу. Опыт маршей смерти научил его всегда быть
в практичной одежде и ботинках. Своих соратников он тоже
призывал к этому. С помощью владельца обувной фабрики,

Миксы Бошана, шведского подзащитного, он получил в свое распоряжение большой склад ботинок.

Валленберг оказался в положении дикого зверя, за которым охотятся. Но ему не надо было опасаться Адольфа Эйхмана — 24 декабря того вызвали домой. Таким образом, он успел улизнуть из Будапешта до того, как советское кольцо окончательно сомкнулось.

"Вбг в большом унынии"

Волна насилия в Будапеште захлестнула не только евреев. Сама Партия скрещенных стрел находилась в состоянии распада из-за борьбы между фракциями. Члены партии хватали и убивали несогласных в собственных рядах. Одновременно сжималось кольцо вокруг столицы. Поэтому германское военное командование потребовало, чтобы нилашисты, вместо того чтобы воевать друг с другом, занялись обороной города. 1 января в Будапешт из западной Венгрии прилетел адвокат Эрнё Вайна, дальний родственник министра внутренних дел Габора Вайны. Его главной задачей была организация обороны столицы, но, поскольку он был главным представителем правительства в городе, в вопросах, касающихся евреев, Валленбергу пришлось иметь дело именно с ним.

23 декабря — в тот день, когда Вёцкёнди потребовал от персонала шведской миссии покинуть Будапешт, — было приказано, чтобы евреев, находящихся под охраной иностранных держав, не позднее 31 декабря перевели из Международного гетто в Большое. Сроки соблюдены не были, но, как только Эрнё Вайна прибыл в Будапешт, план стал реализовываться активнее. Решение об эвакуации Международного гетто привело Валленберга в отчаяние. "Вбг в большом унынии, — записала в своем дневнике Маргарета Бауэр 2 января 1945 года. — 35 тыс. евреев переведены в Большое гетто".

Сведения Бауэр неточны: переезд состоялся несколькими днями позже. С другой стороны, этого она не могла знать, сидя в своем убежище в Буде. Салаи рекомендовал Валленбергу согласиться на отправку шведских подзащитных в Большое гетто, поскольку там было безопаснее, но тот возражал, что тогда ситуация со снабжением станет катастрофической. Третьего января он составил официальное письмо командующему немецкими вооруженными силами в Будапеште генералу Пфеффер-Вильденбруху, в котором объяснил, что в течение трех ближайших дней в Большом гетто начнется повальный голод. В такой ситуации идея переселить туда свыше 35 тыс. обитателей Международного гетто должна "с точки зрения гуманности рассматриваться как зверская и безумная". Поэтому он просит генерала о "радикальном вмешательстве".

Даже если бы генерал и пожелал этого, ему, по всей видимости, было бы трудно вмешаться в вопрос, в первую очередь относившийся к компетенции венгерских властей. Те же, в свою очередь, твердо решились исполнить приказ. Чтобы затруднить возможное сопротивление, они, в частности, перерезали телефонные коммуникации отдела экспедиции миссии на улице Татра. Поэтому связь пришлось поддерживать через курьеров. В два часа ночи 4 января пришло написанное от руки сообщение от Валленберга, находившегося в помещении *Hazai Bank*. Сообщение, адресованное начальнику экспедиции Элемер Мико, гласило:

1) изменение приказа, к сожалению, невозможно;
2) просите полицейских ни в коем случае не забирать большее, чем законное, количество шведов при первом перемещении;

Hazai Bank после того, как в него угодила бомба в начале января 1945 года.

3) в течение ночи продовольствие с небольших складов должно быть роздано по домам*, а в домах — среди жителей. Пусть люди не делают бумажных свертков, а вместо этого рассуют еду в одежду.

* Если это окажется невозможным, распределение следует подготовить в помещении на улице Татра, 6, чтобы порции для каждого дома были готовы;

4) всем в Международном гетто следует сообщить, что миссия не может более осуществлять их охрану и что гетто будет замуровано. Охраняемые дома, по всей вероятности, тут же займут всевозможные беженцы. Будут объявлены ограничения на вещи, которые можно взять с собой, но все должны приготовиться взять как можно больше.

Удачи!

Р. Валленберг

С того момента, как евреи из Международного гетто были переведены в закрытое Большое, они больше не подпадали под юрисдикцию миссии, которая уже не могла осуществлять их охрану. В этом заключалась ужасающая новость, которую Валленбергу, не добившемуся вмешательства германского военного командования, пришлось огласить. Это означало конец начатой в середине августа деятельности Швеции по охране еврейского населения Будапешта. В то же утро жителей шведских домов известили, что их переведут в Большое гетто и что миссия их больше не охраняет. Их призвали упаковать выданные продукты, необходимое белье и дополнительную обувь в рюкзаки или узлы, которые можно было нести на спине на большие расстояния. То, что невозможно взять с собой, нужно было снабдить своими фамилиями и оставить на месте.

Эвакуация началась в тот же день. Обитателей четырех шведских домов на четной стороне улицы Пожоньи заставили пешком идти в Большое гетто, отняв у них все имуще-

Ларс Берг перед входом в шведскую миссию на улице Минервы.

Однажды нилашисты ворвались в соседний дом — "дом Валленберга", несмотря на то что он находился под охраной Швеции. Семейство Цвак и еще несколько человек спрятались в подвале, но их обнаружили. "Было ясно, что всем нам предстоит умереть, — вспоминал Петер Цвак. — Мне только что выдали огромную шоколадку, которой могло бы хватить до конца войны... я принялся ее уплетать. Я был уверен, что это последняя шоколадка, которую мне суждено видеть в жизни.

...Нилашисты стали подгонять нас к двери, когда Лайош, сын Мици, спросил, можно ли ему забрать свои ботинки. Он был в одних носках. Непонятно почему, но они позволили ему сходить и принести ботинки, а пока мы ждали, Кальману [венгерский офицер, дезертировавший и прятавшийся в том же доме] удалось высколъзнуть из дома и добежать до шведской миссии в соседнем здании. Ларс Берг ворвался как вихръ. Это был огромный мужчина... он размахивал пистолетом и орал: "Этот дом — собственность шведского государства. Эти люди находятся под нашей охраной. Это дипломатический инцидент". После чего нилашисты отпустили пленников и покинули дом.

453

ство. Третий раз за последние семь месяцев будапештские евреи шли пешком через весь город, голодные, оборванные, униженные.

Не только Валленберг стал терять веру. От новостей о том, что охранная деятельность прекращается, Элемер Милко пришел в такое отчаяние, что через несколько часов после заявления Валленберга сделал себе и всей своей семье инъекцию морфия, пытаясь совершить коллективное самоубийство. Но доза оказалась слишком слабой, все остались живы. Однако три дня спустя Милко умер от сердечного приступа — вероятно, это был результат попытки самоубийства.

Восстанавление охранного статуса

По плану, 5 января эвакуация в Большое гетто должна была продолжаться: выдворению подлежали жители домов по нечетной стороне улицы Пожоньи. Однако приказ был отменен. Это решение стало результатом действий Валленберга и бизнесмена Петера Цюрхера, которому Карл Лутц поручил дела по швейцарским подзащитным, поскольку сам Лутц не мог покинуть Буду. Активную роль, как и много раз до того, сыграл Валленберг, лично посетивший Эрнё Вайну и Имре Нидоши, одного из лидеров нилашистов.

В результате переговоров он сумел добиться отсрочки эвакуации сначала на 24, а потом на 48 часов как для шведских, так и для швейцарских подзащитных. Во время встречи с Вайной 5 января было достигнуто соглашение, что госпиталь на улице Татра можно будет оставить в Международном гетто, что те 3700 владельцев охранных паспортов, которых еще не забрали, тоже останутся на своих местах, что власти не вправе мешать поставкам продовольствия в это гетто и что право экстерриториальности отныне будет соблюдаться лучше, чем ранее.

Переговорами с Вайной Валленберг добился того, что статус охранной деятельности в принципе был восстановлен. Валленберг, в свою очередь, пообещал, что миссия проведет инвентаризацию своих продовольственных запасов и в ближайшие три дня доставит продукты, ненужные для снабжения гетто, в полицию. То, что миссии разрешили самой заняться инвентаризацией запасов, было успехом. Альтернативой была принудительная инвентаризация. В обмен на продовольствие шведские подзащитные получили право по-прежнему жить в Международном гетто. Это был искусный вариант формулы "кровь за товары".

Переселение в Большое гетто прекратилось, но переговоры не означали победу, только передышку. Вайна не был сведущ в еврейском вопросе и находился под сильным влиянием Эриха Чики, секретаря МИДа и рьяного нилашиста. Нилашисты оставались непреклонными в своем убеждении, что еврейский вопрос должен иметь "радикальное решение". Седьмого января Валленберг снова посетил Вайну, теперь вместе с Перлаской и Цюрхером. "Мы договорились, что я первым зайду к Вайне", — рассказывал Перласка:

> После более чем двухчасового разговора, во время которого я, в частности, угрожал репрессиями с испанской стороны, он согласился на то, что испанские подзащитные могут оставаться там, где они есть. Я был абсолютно без сил, когда выходил от него. Я сообщил о достигнутых результатах Валленбергу и Цюрхеру, после чего они зашли к нему и добились права своих подзащитных остаться в международном квартале. Однако никто не представлял интересы португальских и папских подзащитных, так что их забрали в Большое гетто.

Примерно в это время Даниэльсон передал Валленбергу, что получил анонимное предупреждение: тот "подвергается очень большой опасности, если не прекратит свою деятельность". Валленберг передал в ответ, что получил множество предупреждений такого же содержания и не в состоянии обращать на них внимание. Одно из предупреждений передал Харальд Феллер, который от своего источника в МИДе узнал, что Эрих Чики собирается пригласить Валленберга в министерство, чтобы там, в кабинете, его застрелили. Другое предупреждение пришло от некоего Александра Могана. В начале января Моган появился в шведской миссии и показал Хегедюшу полученный им приказ убить его и Рауля. Он должен был сделать это из советского пистолета и таким образом, чтобы отвести подозрения от венгерских властей. Моган слышал о планах Рауля по восстановлению Венгрии после войны и пришел его предупредить. Он объяснил, что ничего для себя не хочет, но делает это потому, что и другие, возможно, получили такой же приказ, так что Раулю все равно грозит опасность, несмотря на то что он, Моган, отказался выполнить задание.

Хотя Валленберг и сказал, что не будет обращать внимание на угрозы в свой адрес, при встрече с Перлаской в подвале Ратуши он спросил, нельзя ли ему перебраться в испанскую миссию. За ним охотятся, объяснил он. "Я немедленно удовлетворил его пожелание", — вспоминал Перласка. Валленберг сказал, что придет во второй половине дня, как только заберет свои вещи, но так и не появился.

Нападения на дома миссии

Тем временем нарушения экстерриториальности продолжались. На рассвете 8 января было совершено нападение на охраняемый Швецией дом по улице Йокаи, 1. Здесь находилась канцелярия миссии и жили многие сотрудники с семьями, зачастую люди состоятельные. Дом охраняло пятеро полевых жандармов под командованием младшего лейтенанта, но вечером 7 января их не было на посту. Консьерж, сторонник Скрещенных стрел и доносчик, впустил нилашистов. Двадцать человек сумели спрятаться, но 266 увели в занятый нилашистами дом на улице Варошхаз, где жестоко избили и ограбили. Некоторых продержали шесть дней и лишь потом выпустили. Одним из них был Мартон Гостоньи, который позднее описал произошедшее:

> Ценные вещи у нас отняли еще в коридоре, избивая прикладами и кулаками. Нас поместили в квартире на четвертом этаже... и мы были там прижаты вплотную друг к другу, словно сельди в бочке, в двух комнатах примерно 5 × 5 м. [...] Каждые пять минут среди этих впритык стоявших людей появлялся какой-нибудь нилашист или солдат в эсэсовской форме и наводил на всех ужас, стреляя в воздух или угрожая немедленной казнью, если во время предстоящего тщательного личного обыска будут найдены какие-нибудь утаенные ценности. [...] Девушек награждали пощечинами, мужчин били по лицу, ружейные приклады взвивались над головами, грубыми сапогами они били нас в живот на глазах у остальных членов семьи.

Стариков, а также матерей с детьми — человек 80 — увели в Большое гетто. Работоспособных потащили рыть траншеи, убирать завалы на улицах или рубить дрова. Около 180 человек расстреляли на набережной Дуная и на улице. Два человека покончили с собой, выбросившись из окна.

Когда Гостоньи, отпущенный 13 января, отправился в *Hazai Bank*, чтобы рассказать о случившемся, Валленберга там не оказалось, и никто не знал, где он.

Вечером того же дня, когда из дома по улице Йокай забрали всех жителей, нилашисты напали и на помещение миссии на улице Уллёй. Схватили около 150 человек и увели в к себе, в здание на бульваре Ференци, 41. Там их избили и забрали все ценности. В конце концов их ожидали дунайские волны, но погода была холодная, на улицах взрывались оставленные мины, и нилашисты не могли договориться, кто возьмется за дело.

Валленберга найти не смогли, потому что он менял местоположение, но около полуночи появились Карой Сабо и Пал Салаи во главе вооруженного полицейского отряда. Шведских подзащитных освободили и отвели назад на улицу Уллёй. После того как жандармов, охранявших здание ранее, сменили присланные Салаи полицейские, дом больше не подвергался нападениям. Но два дня спустя в него угодила бомба, и часть дома, в которой располагалась контора Валленберга, была полностью разрушена.

Последний бой

Если акция нилашистов на улице Уллёй закончилась без кровопролития, резня на улице Йокай стала самым крупным личным поражением Валленберга. Нилашисты ворвались в один из "его" домов, и это было все равно что нападение на него самого. С этого момента его собственная жизнь тоже оказалась под угрозой. Видимо, значительную часть времени он провел в подвале *Hazai Bank*. Оттуда 10 января он послал письмо Вайне, в котором просил выяснить, что случилось с двумя исчезнувшими сотрудниками миссии, а на следующий день попросил капитана полиции Золтана Тарпатаки, отвечавшего за порядок в Международном гетто, оставить прежний охранный отряд на улице Харминцад, поскольку эти люди знакомы с помещениями и знают персонал миссии. Эти два письма стали последним письменным общением Валленберга с нилашистскими властями.

Десятого января, когда в восточной части Пешта уже шли бои, Валленберг поехал в Буду, чтобы встретиться

Кати и Густав Каделбургер, выжившие во время нападения
на дом по улице Йокаи 8 января. Их отец был владельцем фирмы,
импортировавшей сталь из Швеции. Поэтому члены его семьи
получили охранный паспорт и имели право проживать
в "шведском доме". После войны брат с сестрой и их мать
эмигрировали в Швецию.

с Пером Ангером. Ангер уговаривал его прекратить деятельность и остаться в Буде, но Валленберг не хотел слушать.
Как вспоминает Ангер, он объяснил, что "не хочет, чтобы
впоследствии сказали, что он сделал не все, что мог". Вместо этого по заданию Даниэльсона они отправились к венгерскому военному коменданту генералу Хинди. "Пока мы
ехали, вокруг нас падали бомбы, — вспоминал Ангер. —
Нам постоянно приходилось тормозить, так как дорогу пре-
граждали трупы людей, лошадей, упавшие деревья и руины.
Но Рауль не колебался. Я спросил его, не боится ли он. "Конечно, иногда бывает жутковато, — сказал он, — но для
меня иного выбора нет"[67].

Целью визита к Хинди было добиться, чтобы членов миссии и евреев в шведских домах продолжали охранять. Однако Хинди отказал и переправил их в МИД. Министерство не функционировало, поскольку в Будапеште оставалось лишь несколько служащих низшего ранга. Ангер вспоминает, что в ходе разговора Хинди вдруг стал обвинять Валленберга в том, что тот прячет в помещении миссии участника Сопротивления журналиста Дьюлу Дессевфи. Валленберг стал энергично это отрицать. (Дессевфи скрывался в одном из домов Красного Креста.) Это была последняя встреча Ангера с Валленбергом.

В тот же день Валленберг вызвал Кароя Сабо в *Hazai Bank*. Он хотел попросить его выяснить возможность вступить в контакт с представителями Красной Армии. Мысль была не нова. Еще в конце декабря Валленберг, Харальд Феллер, Петер Цюрхер, Миклош Краус и Карой Вильгельм встречались в помещении швейцарской миссии, чтобы обсудить, как Валленбергу и Феллеру перебраться к русским, чтобы информировать их о катастрофической ситуации в городе и постараться убедить ускорить наступление. Однако после того, как Феллера 29 декабря схватили и жестоко избили, мысль о совместных действиях была оставлена. Вместо этого Валленберг решил перебраться на советскую сторону один. Он хотел встретиться с командующим 2-м Украинским фронтом маршалом Родионом Малиновским, находившимся предположительно в Дебрецене, примерно в 200 км к востоку от Будапешта.

Студебеккер

Валленберг не делал тайны из своего плана пересечь линию фронта. Джону Дикинсону, работавшему в отделе Валленберга, он объяснил, что хочет ехать на машине в Швецию через русскую или оккупированную русскими территорию, полагая, что "найдет у русских хороший прием"[68]. Он взял со склада миссии 400 л бензина, оптимистично утверждая, что недели через три будет дома. Ночью 10 января Валленберг и Лангфелдер в гараже на улице Музеум загрузили "студебек-кер". "Идея состояла в том, — рассказывал очевидец, — что он поедет в Дебрецен, а затем в Швецию, для отчета". Дебрецен был промежуточным этапом поездки. Это подтверждает и Лангфелдер — по его словам, Валленберг надеялся, что "русские позволят ему вернуться в Швецию"[69].

Машину загрузили продуктами и кое-чем другим — большим количеством золота и драгоценностей, которые спрятали в бензобаке. Ценности принадлежали людям, желавшим спасти свое имущество от грабежа.

Шведская миссия, как и другие нейтральные миссии, приняла на хранение большое количество ценных вещей не только от евреев, но и от венгров-христиан, иностранных частных лиц и компаний. "В течение осени 1944 года шведской миссии в Будапеште было направлено бесчисленное количество ходатайств о передаче на хранение миссии различной собственности, например за́мков, домов, автомобилей, запасов продовольствия и т.д., — сообщал в отчете в МИД Ларс Берг. — Целью, очевидно, было попытаться спасти свою собственность, которая в противном случае попала бы в немецкие или русские руки". В данной ситуации Валленберг и/или владельцы депозитов очевидно, пришли к выводу, что миссия больше не является надежным местом для хранения, и поэтому решили попробовать тайно вывезти ценности в Швецию.

О том, что Валленберг при переходе через фронт взял с собой крупную сумму денег и большое количество ценностей, есть множество свидетельств. Так, Вильмош Лангфелдер упоминает "значительную сумму". По воспоминаниям представителя компании "Шведские спички" в Будапеште, господина Ямника, у Валленберга, когда он 6 декабря отправился в Пешт, с собой был чемодан с "значительной суммой в долларовых банкнотах и большим количеством украшений". Лайош Байюс, с 26 декабря работавший охранником Валленберга, сообщал, что тот "взял с собой огромное количество ценностей, 15–20 кг золотых украшений и много сотен тысяч пенгё, а также твердую валюту".

Улица Бенцур

Одиннадцатого января Карой Сабо заехал за Валленбергом в *Hazai Bank*. Оттуда они поехали на улицу Ваци, 70, где проживало несколько подзащитных. Валленберг записал их просьбы, попрощался с Сабо и объяснил, что съедет из *Hazai Bank*, поскольку более не чувствует там себя в безопасности. Он попросил Сабо вместе с Салаи делать все, что те смогут, для шведских подзащитных. В тот же день в подвале банка Валленберг попрощался со своими ближайшими сотрудниками — Гуго Волем и Вильмошем Форгачем. Последнему запомнились его прощальные слова: *"Meine Herren! Können wir noch etwas tun?"** Все согласились, что больше ничего сделать нельзя, и Валленберг уехал.

Попрощавшись с сотрудниками в *Hazai Bank*, Рауль с Лангфелдером поехали на улицу Бенцур, 16. Дом, в котором помещался филиал Красного Креста, находился в районе, куда вот-вот должны были войти части Красной армии, с которой Валленберг хотел как можно скорее вступить в контакт. Кроме того, за ним охотились, и он надеялся уйти из того района Будапешта, который все еще контролировался нилашистами и немцами.

Большой дом принадлежал капитану Ласло Очкаю, который передал часть его в распоряжение транспортного отдела Международного Красного Креста — отдела Т. Здесь

---

* Господа! Есть ли что-то еще, что мы могли бы сделать? *(нем.)*.

На улице Бенцур, 16, в настоящий момент располагается посольство Австрии в Будапеште.

располагалась и бригада евреев, занятых сбором одежды. В бригаде, возглавляемой Дьёрдем Вильгельмом, сыном Кароя Вильгельма из юденрата, было около 30 молодых людей нееврейской внешности. Одетые в пилотки летчиков с эмблемой Красного Креста, с нарукавными повязками французского Красного Креста, они по поручению Красного Креста выполняли задания по транспортировке вещей. Как только Валленберг появился на улице Бенцур, он устроил в двух комнатах контору шведской миссии. Но, поскольку в кварталах вокруг шли бои, он и сотрудники отдела Т в основном проводили время на кухне, находившейся в подвале[70].

Двенадцатого января Валленберг посетил дом на улице Уллёй, где в последний раз подписал несколько охранных паспортов. Когда его попросили продлить временные паспорта, срок действия которых истекал 15 января, он заявил, что, на его взгляд, в этом уже нет необходимости. Прощаясь, он указал на разрушения на улице и сказал: "Это исторический момент. Я подписал охранные паспорта на руинах Сталинграда".

В тот же день Валленберг в последний раз был в убежище в ратуше, чтобы встретиться с Палом Салаи. Он обратился к Салаи с той же просьбой, которую накануне высказал Сабо, — сделать все возможное, чтобы помочь подзащитным. Он также попросил его после освобождения прийти к нему на улицу Уллёй, откуда они вместе отправятся к маршалу Малиновскому. "После этого как можно быстрее я возьму вас обоих [Салаи и Сабо] с собой в Швецию и представлю королю".

Во второй половине дня Валленберг поехал в швейцарскую миссию взять документы и деньги — около 200 тыс. пенгё, которые хранил там. Миклошу Краусу он повторил то же самое, что сказал Салаи, — что постарается добраться до ставки Малиновского в Дебрецене, где 21 декабря было образовано временное правительство Венгрии. Поскольку Швеция представляла интересы Советского Союза в Венгрии, Валленберг надеялся, что будет встречен должным образом и что его желание поскорее освободить гетто будет воспринято положительно. Он опасался, что в противном случае нилашисты и немцы в последний момент попытаются уничтожить всех жителей гетто. Краус, наоборот, умолял Валленберга не переходить к русским.

Утром 13 января на противоположной стороне улицы Бенцур были замечены первые советские солдаты, в середине дня они вошли в помещение отдела Т. Некоторые были пьяны. Они вскрывали консервные банки штыками, а пианино использовали как уборную. Валленберг был вне себя — по словам Андора Вереша, одного из сотрудников отдела Т, его было просто не узнать. Он потребовал назначить встречу с более высоким командованием, и в тот же день, чуть позже, на улице Бенцур появился полковник

Я. Дмитриенко, который, согласно свидетельству другого служащего Красного Креста, Белы Реваи, отнесся к шведу "с большой почтительностью". Дмитриенко был начальником политуправления 151-й стрелковой дивизии. Вереш описывает его как "очень симпатичного человека"[71]. Переводили Ревай, знавший румынский язык, и один офицер из Бессарабии, переводивший для Дмитриенко с румынского на русский. Валленберг объяснил, что он шведский дипломат, и предъявил документы. Согласно одному из них, он являлся поверенным в делах на освобожденных русскими территориях Венгрии[72].

То, что Валленберга встретили с почтительностью, неудивительно. В телеграмме от 2 января Генеральный штаб Красной армии дал распоряжения маршалам Малиновскому, командующему 2-м Украинским фронтом, и Толбухину, командующему 3-м Украинским фронтом, обеспечить охрану персонала шведской миссии. Телеграмма была результатом письма шведского посланника в Москве Стаффана Сёдерблума советскому замнаркома иностранных дел Деканозову, в котором сообщилось, что члены шведской миссии "скрылись в подполье", после того как венгерское правительство угрожало им насильственной эвакуацией. Поэтому он просил "сообщить [об этом] советским военным властям с просьбой после освобождения города оказать членам миссии помощь". Все сотрудники, включая Асту Нильсон, были перечислены пофамильно.

Валленберг заявил Дмитриенко, что крайне заинтересован как можно скорее вступить в контакт с советским военным командованием, но путаница с языками сделала общение затруднительным. Он, однако, добился того, что два советских солдата остались охранять здание. Вечером на кухне был устроен небольшой ужин, и Валленберг и Дмитриенко побеседовали. Речь Валленберга, согласно свидетелям, была "формальной".

465

На следующее утро в 8:00 Дмитриенко послал рапорт начальнику политуправления 7-й гвардейской армии. В нем он сообщил, что Валленберг и его водитель находятся "в занятом нами доме № 16 на улице Бенцур", в то время как остальные сотрудники миссии остаются в Буде. "Судьба этих лиц неизвестна, — писал он в рапорте. — Рауль Валленберг и шофер охраняются". Согласно рапорту Дмитриенко, Валленберг сообщил, что миссия "защищает в Будапеште интересы лиц еврейской национальности проживающих центральной гетто и так называемой чужой гетто [sic]". Он также передал текст на немецком языке, в котором сообщил, что "находится на занятой нами территории, все остальные члены и особа по фамилии Нельсон [sic] на [не] занятой территории". Этот текст он попросил направить телеграфом в Стокгольм. На отдельном листе чьей-то рукой написано: "Пока никуда не отпускать, телегр. никуда не передавать".

В то же утро Валленберг и Лангфелдер в сопровождении Дмитриенко покинули улицу Бенцур. Ближайшие события видятся довольно смутно. Как ни странно, никто из свидетелей не запомнил, отправились они пешком или на машине. В машине, на которой Валленберг приехал на улицу Бенцур, испортился карбюратор, и она стояла в одном из соседних дворов, так что использовать ее было невозможно. Но бордового цвета двухместный "студебеккер" стоял в гараже венгерского правительства на бульваре Андраши. Туда и направился Валленберг, что не выглядит странным, учитывая груз, спрятанный в бензобаке.

По словам начальника штаба 581-го пехотного полка Ивана Голуба, первого представителя высшего командования, с которым встретился Валленберг на советской стороне, он и Лангфелдер пришли в гараж, чтобы "на машине уехать в сторону наступающих советских войск". Гараж только что захватили советские солдаты, и Валленберга с его водителем задержали вооруженные автоматами разведчики. Когда они отказались выйти из машины, те наставили на них автоматы, и им пришлось подчиниться. После этого их отвели в штаб полка. Ход событий подтверждается Лангфелдером, согласно которому, однако, задержание произошло в городе, где их "остановили несколько русских — советские солдаты, заставившие их выйти из машины".

Эти факты, возможно, свидетельствуют о том, что Валленберг решил перейти на советскую сторону самостоятельно, может быть, от отчаяния после безрезультатных переговоров с Дмитриенко. Это еще один пример отваги, в других ситуациях спасавшей ему жизнь. Теперь же это привело к роковым последствиям.

Штаб полка, куда доставили Валленберга и Лангфелдера, помещался в подвале огромной купальни Сечени в будапештском городском парке. В тот момент здание подвергалось интенсивным обстрелам со стороны немцев. Командир полка Голуб вспоминал, что Валленберг был одет в черный костюм, а Лангфелдер — в темно-коричневую кожаную куртку. По словам начальника политуправления полка Чаповского, из 151-й пехотной дивизии пришло распоряжение, что к Валленбергу следует "проявить гуманность". Не следует "проводить с него [sic] никаких допросов, не вступить в длинные разговоры, а оказать ему всякое содействие о его неприкосновеннсти и оказать содействие об отправке его в вышестоящий штаб, обеспечив его безопасность". Другой офицер, Махровский, получил от Голуба задание проследить, чтобы Валленбергу вернули то, что отобрали при задержании. В благодарность Валленберг подарил ему портсигар с венгерскими сигаретами марки "Симфония".

Поскольку Голуб не владел языками, вызвали полковника Якова Валаха, который помнит, что Валленберг "оживился", узнав, что тот говорит по-немецки. "Моя первая беседа с Валленбергом касалась помощи ему и его шоферу связаться с вышестоящим командованием, командующим 2-м Укр. ф.

генералом Малиновским, — вспоминал Голуб. — Через него он хотел связаться с Москвой или приехать в Москву". Валленберг предъявил также какие-то документы на немецком языке — может быть, свой план восстановления Венгрии, а может, документы по шведской акции спасения евреев. По словам Валаха, Валленберг еще накануне сделал попытку войти в контакт с советским военным командованием, "но офицер [Дмитриенко] и солдаты, к которым он обратился, видимо, его не поняли".

Из штаба полка капитан СМЕРШа доставил Валленберга и Лангфелдера в штаб 151-й пехотной дивизии. На вопрос Махровского, что будет с Валленбергом, капитан ответил, что не знает, но что его отправят в Москву. В штабе дивизии Валленберг получил возможность поговорить с многими офицерами высшего ранга, в том числе с начальником дивизии СМЕРШа. Им он рассказал "подробно рассказал о своей миссии в Будапеште, о том, как удалось спасти тысячи венгерских евреев, обреченных гитлеровцами на полное физическое уничтожение", и показал на карте, где именно находится гетто. "Беседа с Валленбергом длилась долго", — вспоминал Валах:

> Мы много раз переспрашивали его, почему он не выехал из Будапешта, когда приблизился фронт, почему так рисковал своей жизнью. Ответ его был один: он выполнял свой долг. Валленберг с беспокойством говорил о том, что, когда начались бои в Будапеште, он уже не мог продолжать свое дело — спасать узников гетто. Поэтому теперь так настойчиво ищет контактов с военным командованием, чтобы обсудить, что же делать дальше, как спасать обреченных людей.

По словам Валаха, у Валленберга при себе был "объемистый портфель", о котором он сказал, что в нем лежат "важные документы" и который он готов передать "советскому военному командованию". Следует отметить, что и Голуб, и Валах были евреями, что, должно быть, способствовало их позитивному отношению к Валленбергу и его деятельности.

В тот же вечер в 23:30 некто Куприянов из 30-го стрелкового корпуса составил шифрованную телеграмму начальнику штаба 2-го Украинского фронта Захарову, судя по всему, основанную на рапорте Дмитриенко. Она была отослана в 1:20 и расшифрована в 2:30 в ночь на 15 января. В телеграмме, помеченной грифом "особо важная", Захарову приказывалось "немедленно сопроводить" Валленберга к генерал-майору Афонину, командующему 18-м стрелковым корпусом. Ему предписывалось также обеспечить безопасность Валленберга и "удобство передвижения". Одновременно следует запретить Валленбергу "связь с внешним миром". На телеграмме есть сделанная от руки приписка:

— Взят 13.1.45 на ул. Бенцур (перешел сам);
— остальные члены посольства в западной части;
— отказался уходить в тыл, заявив, что на его ответственности охрана 7 тыс. шведских граждан в восточн. части города.

Захаров, в свою очередь, отослал начальнику Генштаба Антонову (и копию начальнику штаба 3-го Украинского фронта) информацию о том, что Валленберг "обнаружен" на улице Бенцур 13 января и что "меры для охраны Валленберга и его имущества приняты".

Сведения, что Валленберг сам перешел к русским, хорошо согласуются с намерениями, которые он не раз выражал. Согласно Перу Ангеру, он "в какой-то из дней перед 15 января" попросил передать Даниэльсону, что "больше не может принести никакой пользы и поэтому собирается перейти через линию фронта к русским". Даниэльсон ответил, что если Валленберг "считает свое положение неустойчивым, пусть переходит на русскую сторону". Валленберг, таким образом, перешел к русским по собственной воле и с согласия посланника Даниэльсона. Установленный русскими запрет на связи с внешним миром не был исключительной мерой в отношении Валленберга. Тем же ограничениям подверглись Ангер и Даниэльсон, когда месяц спустя они оказались под охраной советских войск.

Поскольку переговоры затянулись, Валленбергу и Лангфелдеру пришлось заночевать в штабе дивизии, расположенном в просторной квартире на улице Королевы Елизаветы. Согласно одному источнику, им пришлось жить в разных комнатах, разговаривать друг с другом им запретили. По воспоминаниям Валаха, их поместили в одну общую комнату, но "оба они почти не спали". Есть они тоже отказались, сообщил Валах, "только выпили с нами чай". По свидетельству Лангфелдера, комнату стерегли два русских солдата, и есть им не дали ничего.

На следующее утро, 15 января, за шведами прибыли четыре офицера из 7-й гвардейской армии на двух американских машинах "виллис". Валленбергу сказали, что получено разрешение на его поездку "к командованию фронтом, как он об этом просит". Прежде чем покинуть штаб, офицеры велели Валаху и остальным никому не говорить о Валленберге. "Валленберг тепло попрощался с нами", — вспоминал Валах. Ехать вместе Валленбергу и Лангфелдеру не разрешили, их рассадили по разным машинам.

В телеграмме Куприянова говорилось, что Валленберга следует доставить в 18-й стрелковый корпус Афонина. Побывал он там или нет, мы не знаем. Известно, что переговоры с ним велись и в штабе 30-го стрелкового корпуса, расположенном в предместье Будапешта. Здесь Валленберг задавал переводчику с немецкого Анатолию Синичову вопросы, на которые тот отказался отвечать, поскольку опасался последствий со стороны своего начальства в случае, если его ответы оказались бы "неправильными". Поэтому пригласили другого переводчика, офицера разведки по имени Михаил Данилаш. Он вспоминал Валленберга как мужчину "в черном костюме, с черными волосами, лет около 30, худощавого", а Лангфелдера как "плотного, в кожаной куртке мужчину". Беседа велась на двух языках, Валленберг говорил по-немецки, Лангфелдер переводил на венгерский и обратно на немецкий. Точно так же, как и в разговоре с Синичовым, Валленберг задавал вопросы. Как случилось, что Красная армия смогла так быстро продвинуться вперед — по причине собственной силы или потому, что немцы оказались такими слабыми? Как Красная армия относится к гражданскому населению и военнопленным на освобожденных территориях? Были ли случаи преследований религиозных групп, евреев и т.д.? Неудивительно, что первый переводчик так забеспокоился.

Во время разговора, длившегося около полутора часов, Валленберг повторил свое требование встретиться с маршалом Малиновским и попросил Данилаша передать это его командирам, чтобы те в свою очередь довели это до сведения вышестоящего начальства. "Валленберг говорил уверенно и требовательно", — вспоминал Данилаш. Он также помнит, как из кухни через застекленную дверь иногда заглядывали две русские девушки. "Их дали мне, чтобы готовить", — комментировал Валленберг.

Еще одним вопросом, занимавшим Валленберга в ходе беседы с Данилашем, была конфискация "студебеккера", который он во что бы то ни стало хотел получить обратно. "Я всеми силами просил возвратить мне ее, а они вместо моей пригнали мне какую-то трофейную, на что я не согласился и никогда не соглашусь, — заявил он. — Я требую возвращения моей машины и [ни] на какие сделки не пойду".

Если учесть содержимое бензобака, беспокойство Валленберга за судьбу "студебеккера" было вполне обоснованным. Чего он не знал, так это того, что машину реквизировал командир батальона капитан Буш, который, желая произвести впечатление на офицера-женщину, поехал на ней с такой скоростью, что она перевернулась. По сведениям Голуба, машину вернули, но лишь после срочного ремонта в 151-й пехотной дивизии[73]. Как и при каких обстоятельствах Валленберг получил обратно свой "студебеккер", который ему одолжил Дьёрдь Вильгельм, неизвестно. И что сталось с драгоценностями и золотом? Оказались ли они на месте, когда машину вернули? Удалось ли Валленбергу каким-то образом извлечь их из бензобака? И вообще, действительно ли машину вернули, как утверждал Голуб?

На эти вопросы у нас нет ответов. Но мы знаем, что на следующий день после разговора с Данилашем Валленберг вновь посетил швейцарскую миссию. Там он рассказал Миклошу Краусу, что передал русским два портфеля и приехал за третьим. Он сообщил, что в портфеле документы, но Краус был убежден, что в нем были и ценности, принадлежавшие его подзащитным. "Думаю, Валленберг считал, что не сможет спасти деньги и ценные вещи иначе, чем переправив их в надежное место", — полагал Крауса.

Посещение швейцарской миссии доказывает, что Валленберг пользовался определенной свободой передвижения по Пешту. Это он, надо думать, воспринимал как признание своего дипломатического статуса. Но его повсюду сопровождали советские офицеры. То, что ему позволили так свободно передвигаться и посещать места, связанные с его акцией по спасению евреев, скорее всего, объяснялось тем, что СМЕРШ хотел проверить сообщенную им информацию.

Шестнадцатого января — в тот день, когда Валленберг встретился с Краусом, — замнаркома иностранных дел Владимир Деканозов сообщил посланнику Швеции в Москве Сёдерблуму, что Валленберг "обнаружен" в Будапеште и что "меры по охране г-на Р. Валленберга и его имущества советскими военными властями приняты". Сведения в сообщении Деканозова основывались, судя по всему, на рапорте Дмитриенко от 14 января. Семнадцатого января Сёдерблум переслал ноту в МИД, который, в свою очередь, немедленно известил Май фон Дардель.

Советская подозрительность

Мысль установить контакт с временным правительством в Дебрецене возникла у Валленберга сразу после нападений нилашистов на шведскую миссию. Непосредственно перед тем, как перейти на советскую сторону, он получил сведения, убедившие его, что его присутствие в Дебрецене еще более необходимо, чем это представлялось ему ранее.

Арон Габор, номинальный владелец книжного издательства Кароя Мюллера, в начале декабря 1944 года бежал в Дебрецен, где установил контакт с премьер-министром образованного там временного правительства генералом Белой Миклошем-Дальноки. С его помощью и при поддержке советского маршала Климента Ворошилова, будущего председателя Союзной контрольной комиссии в Венгрии, Габор был назначен генеральным секретарем реорганизованного венгерского Красного Креста. Он хорошо знал Валленнербга по работе в Будапеште и решил с ним связаться. Поскольку венгры считали, что советское командование питает большое уважение к миссии Валленберга, они попросили русских передать ему письмо. Те, однако, категорически отказались, мотивируя свое решение тем, что "венгерский Красный Крест и особенно организация Валленберга — чисто шпионская организация".

Несмотря на отказ, Габор написал письмо, в котором рассказал о бесчинствах Красной армии в освобожденной части Венгрии — кражах, изнасилованиях и распространении венерических заболеваний. Он сообщил также о грубых нарушениях статей Женевской конвенции об обращении с военнопленными. В письме он просил Валленберга обратиться к шведскому королю и к папе, чтобы добиться оказания давления на Сталина. Кроме того, Габор просил Валленберга постараться переправить лекарства и другие предметы первой необходимости для Красного Креста в советской части Венгрии. Он настоятельно предлагал как можно скорее приехать в Дебрецен и попытаться повлиять на советское командование, чтобы оно лучше отнеслось к деятельности венгерского Красного Креста.

Письмо было подписано Габором и еще одним человеком, знавшим Валленберга[74]. Оно было отослано в Будапешт с секретарем премьер-министра Иштваном Тарнаи, который вручил его лично Валленбергу, по всей вероятности, 13 или 14 января. Валленберг пообещал скорейшим образом передать требования Габора в Стокгольм и попросил Тарнаи сообщить Габору, что он приедет в Дебрецен как только сможет.

Освобождение гетто

Пока Валленберг находился в расположении советских войск, борьба за жизнь обитателей гетто продолжалась. После смерти Элемера Милко администрацию Международного гетто возглавил Режё Мюллер, который вместе со своим соратником Эдёном Гергеем делал что мог для защиты интересов шведских подзащитных. Охранял гетто отряд полицейских из 25 человек. Двенадцатого января эти полицейские получили приказ явиться в штаб нилашистов на площади Сент-Иштван, чтобы принять участие в боях против наступающих советских частей. Мюллер и Гергей просили их не уходить: тем, кто останется на своем посту, было обещано значительное вознаграждение. Остались все, кроме троих. Решившие остаться получили шведские охранные паспорта.

Пятнадцатого января и немцы, и нилашисты ушли из гетто, и Режё Мюллер установил контакт с представителями Красной армии, чтобы попросить прекратить обстрел. 16 января советскими солдатами было освобождено Международное гетто. Одновременно было освобождено 300 подзащитных на улице Уллёй, где разыгрались ожесточенные бои между советскими и германскими войсками.

Уже через несколько часов после освобождения в гетто появился Валленберг. Начальник шведского госпиталя Аладар Фейгл увидел его около десяти часов утра на улице разговаривающим с двумя советскими офицерами. Фейгл подошел к нему и попросил заглянуть в госпиталь. Валленберг, "на вид несколько раздраженный", ответил, что это невозможно, но что он постарается прийти на следующий день. Вместе с Фейглом был завхоз госпиталя Пал Неви. Когда он попробовал пойти за Валленбергом, "русские его прогнали".

В день, когда было освобождено Международное гетто, Гуго Воль, сидя в подвале *Hazai Bank*, составил отчет об истории шведской спасательной миссии. Согласно его подсчетам, охранные паспорта были выданы примерно 8 тыс. человек, из которых около 2 тыс. за последние несколько недель были отправлены в Большое гетто. Отчет заканчивался следующими словами: "Так называемые подзащитные евреи и в еще большей степени те, у кого не было никакой защиты, оказались в нищете. Им пришлось пережить ужасные страдания психического, физического и финансового характера. Одной из самых больших наших задач будет вернуть этим людям нормальную жизнь".

То же самое касалось обитателей Большого гетто, которые в начале января стали жертвами постоянных грабежей и убийств, устраивавшихся нилашистами и эсэсовцами. Хотя Эрнё Вайна после протестов еврейских лидеров отдал приказ, чтобы на территорию гетто допускались лишь лица со специальными разрешениями, при одном таком нападении было убито 43 человека. В ответ на это Пал Салаи 12 января отправил в гетто 100 полицейских, которые должны были совместно с 15 специально отобранными нилашистами патрулировать улицы. Салаи также взял на себя личную ответственность за соблюдение порядка.

Вскоре стал распространяться слух о готовящемся истреблении обитателей гетто, что нилашисты и эсэсовцы собираются уничтожить гетто перед приходом Красной армии. Согласно одним источникам, это должен был быть воздушный налет, согласно другим — операция смешанного отряда СС и Скрещенных стрел, которые готовы были перебить всех обитателей на месте. Информированный юденратом Салаи 16 января посетил Вайну, чтобы убедить его принять меры к предотвращению готовящейся акции. Вайна заявил, что знаком с этим планом, но заявил, что не имеет возможности вмешаться. Тогда Салаи обратился к генералу Герхарду Шмидхуберу, командующему 13-й танковой дивизией, который, как и Вайна, отсиживался в убежище Ратуши. "По совету Сабо я предупредил его, что, по словам Валленберга, если он не остановит это преступление, то будет отвечать за него не как солдат, а как убийца", — вспоминал Салаи. По словам Салаи, аргумент произвел впечатление на Шмидхубера, он вызвал Вайну и начальника полиции Кубисси и приказал им отменить планы.

Нет доказательств, что именно угроза, высказанная от имени Валленберга, вынудила Шмидхубера поступить так. Однако тот факт, что Салаи воспользовался авторитетом Валленберга, свидетельствует о статусе шведского дипломата и об ожидаемом эффекте его слов. Два дня спустя, на рассвете 18 января, гетто было освобождено Красной армией. "В конечном итоге, — пишет Рэндольф Брэм, — важнейшим фактором освобождения гетто и всех евреев в других районах столицы стало быстрое наступление советских войск".

Освобождение стало свершившимся фактом. Но фактом было и уничтожение одной из самых крупных в Европе еврейских популяций. В Будапеште в начале войны проживало примерно 250 тыс. евреев. За годы войны еврейское население города сократилось на 100 тыс. человек, причем 85 тыс. приходятся на период после немецкой оккупации в марте 1944 года. После освобождения в Будапеште осталось 144 тыс. евреев.

Последнее посещение гетто

По одним сведениям, Валленберг и Лангфелдер провели ночь с 16 на 17 января на улице Бенцур вместе с Дмитриенко. По другим, они приехали туда утром 17 января, чтобы забрать чемоданы и другие вещи перед поездкой в советский штаб в Дебрецене. В числе прочего Валленберг забрал портфель с деньгами, оставленный им на хранение у Дьёрдя Вильгельма. "Он сказал, — вспоминал Вильгельм, — что не знает, гость ли он у русских или пленник, но он приехал за багажом, так как ему обещали встречу с Малиновским, вероятно, находящимся в Дебрецене". По словам Вильгельма, Рауль был "в хорошем настроении и отпустил несколько шуточных комментариев относительно ситуации".

С улицы Бенцур Валленберг поехал в освобожденное Международное гетто. Он был одет в серый спортивный твидовый костюм. Его сопровождали Дьёрдь Гергей, в чьем ведении находились пять домов Красного Креста в гетто, и Ласло Петё, за день до того приехавший в отдел Т, чтобы повидаться с друзьями. За рулем автомобиля, предоставленного русскими, сидел Вильмош Лангфелдер. Заднее сидение было забито чемоданами, спальным мешком Рауля и несколькими рюкзаками.

На мотоцикле с коляской машину сопровождали Дмитриенко и два солдата-узбека, однофамильцы Юлдашовы. По свидетельству Петё, пока они ехали, Валленберг был "в отличном настроении". Петё он рассказал, что от советского коменданта Будапешта генерала Чернышова получил разрешение ехать в Дебрецен. И добавил, что русские обращались с ним очень хорошо и даже выделили ординарца.

Валленберг приехал в гетто, чтобы попрощаться со своими сотрудниками и завершить некоторые дела. На улице Татра, 6 он повидался с Режё Мюллером и Эдёном Гергеем. Матьяш Бицкеи, еврей со шведскими охранными документами, проживавший в этом доме, вспоминал, как Валленберг вошел на первый этаж в сопровождении офицера, выглядевшего "милым и дружелюбным". В руке у Валленберга был мягкий портфель. Мюллеру и Гергею Рауль рассказал, что направляется в Дебрецен. Сказал, что не знает, когда вернется, но полагает, что это будет не раньше, чем через восемь дней. Для нужд подзащитных он оставил казначею отдела Йенё Биро 100 тыс. пенгё. Он также напомнил, что в секретном сейфе в *Hazai Bank* на депозите без квитанции лежат бриллианты и другие ценности. По словам Дьёрдя Гергея, в портфеле Валленберга были новенькие банкноты по 1000 пенгё на общую сумму в несколько миллионов[75].

"Их выделили то ли чтобы охранять меня, то ли чтобы стеречь", — сказал Валленберг Петё, указывая на советский эскорт, и повторил ранее сказанное Дьёрдю Вильгельму: "Не знаю, гость я или пленник". Режё Мюллер позднее говорил, что на ухо ему Рауль прошептал то же самое, но в более зловещих выражениях: "Я должен ехать, в качестве гостя или пленника, не знаю. Я должен ехать вместе с этими господами".

Разговор со служащими продолжался около четверти часа. После этого Валленберг отправился в шведский госпиталь, расположенный через несколько домов по той же улице. Там он столкнулся с водителем Пера Ангера Дьёрдем Либиком, зятем нобелевского лауреата Сент-Дьёрди. "Я собираюсь встретиться с русскими. У меня с собой деньги, я постараюсь помочь евреям", — сказал Рауль. В госпитале он встретился с Палом Неви и интересовался ситуацией. Он также взял с собой в дорогу немного продовольствия. На выходе Валленберг поскользнулся на обледеневшем тротуаре. В это время из ворот выходили три старика, все еще со звездами

Давида. "Я рад, что то, что я делал, было не напрасно", — сказал Рауль и пошел вместе с Неви по направлению к кафе "Дунапарк" на улице Пожоньи. Там он сел в свою машину.

Несмотря на риторический вопрос Валленберга, является ли он гостем или пленником русских, ничто не говорило в пользу второго варианта. "Он вел себя совершенно не так, как если бы всерьез думал, что он пленник, — вспоминал Петё. — Вероятно, это было проявлением его обычной иронии". Сопровождавший его офицер не следил за ним, он мог свободно передвигаться. Если бы он захотел бежать, это ему бы удалось, тем более что в отличие от своих спутников он знал эту часть Будапешта вдоль и поперек. "К тому же он попросил меня сопровождать его в Дебрецен, — рассказывал Петё. — "Пленник" никогда бы этого не предложил, и Валленберг никогда бы не попросил друга "сопровождать его в заключение".

По дороге из гетто машина Валленберга столкнулась с военным грузовиком, перевозившим советских солдат. Началась разборка. Виноват был Лангфелдер, и советские солдаты хотели забрать его с собой. Но Дмитриенко объяснил, что это иностранный дипломат, и им позволили уехать. Машина, на которой ехали Валленберг и Лангфелдер, получила повреждения, особенно крыло, и Валленберг волновался: "Смогу ли я проехать 200 км в этом автомобиле?"

В машине находились также Ласло Петё и Дьёрдь Гергей, которые хотели сопровождать Валленберга в Дебрецен. Но, когда Лангфелдер рассказал, что слышал, что в течение нескольких дней Буда будет освобождена, Петё передумал: он хотел как можно скорее увидеть своих родителей, скрывавшихся там. Поэтому его высадили из машины вблизи его дома. Что касается Гергея, то он еще раньше договорился с представителем Красного Креста Хансом Вейерманом, что если он первым вступит в контакт с русскими, то постарается добиться признания организаций Красного Креста на оккупированной советскими войсками территории. Однако Валленберг отклонил эту идею, мотивировав это тем, что у Гергея нет разрешения сопровождать его. Когда Гергей вышел из машины на углу улиц Арена и Бенцур, его место занял один из сопровождавших военных.

После этого они поехали в сторону городского парка, где их видел один из водителей Валленберга. Когда он спросил Лангфелдера, куда они едут, тот отвечал, что они "едут в Дебрецен". Это последнее надежное свидетельство о Валленберге и Лангфелдере в Будапеште.

Москва

Дебрецен расположен в восточной части Венгрии, неподалеку от румынской границы. Цель поездки Валленберга к маршалу Малиновскому состояла в том, чтобы побудить его взять под защиту "шведские дома"[76] в Будапеште и представить свой план по спасению послевоенной Венгрии. Однако события приняли иной оборот. Двадцатого января во время переговоров с представителями советских властей об одном задержанном сотруднике миссии коллега Валленберга Ласло Сулнер узнал, что Рауль так и не прибыл в ставку Малиновского, а, скорее всего, был арестован. Согласно другому источнику, Валленберг примерно в то же время прислал Палу Салаи сообщение из монастыря на улице Сент Домонкош, что у него "возникли проблемы". Однако при царившем хаосе Салаи не мог ничего сделать.

Дело в том, что в тот самый день 17 января, когда Валленберг в последний раз посещал Международное гетто, из Москвы пришел следующий приказ:

Обнаруженного в восточной части БУДАПЕШТА на улице БЕНЦУР РАУЛЯ ВАЛЛЕНБЕРГА арестовать и доста-

481

вить в Москву. Соответствующие указания контрразведке СМЕРШ даны.

Для выполнения этой задачи обеспечьте необходимые средства. Время отправки в МОСКВУ и фамилию старшего сопровождающего донесите.

Приказ был подписан заместителем наркома обороны Николаем Булганиным и направлен маршалу Малиновскому с копией начальнику СМЕРШа Виктору Абакумову. Приказ был исполнен два дня спустя, 19 января. Таким образом, Валленберг не преувеличивал, сообщая Салаи о "возникших проблемах". Одновременно с Валленбергом был арестован и Вильмош Лангфелдер.

После ареста Валленберга стало возможным допрашивать его уже не в качестве явившегося добровольно шведского дипломата, а как пленного. Двадцать второго января СМЕРШ 2-го Украинского фронта составил список, содержащий адреса иностранных миссий в Будапеште[77]. Список был составлен на основе сведений, поступивших от представителя Словакии, а также "задержанного секретаря шведской миссии Валленберга". В списке фигурировали адреса восьми филиалов миссии с указанием числа подзащитных, проживающих по соответствующим адресам.

С арестом Валленберга было конфисковано и его "имущество", находящееся под советской охраной. Что это за имущество? Нам известно, что с собой у него были документы по деятельности шведской миссии в Будапеште, его планы по восстановлению Венгрии, фотографии преступлений нацистов и нилашистов. Кроме того, мы знаем, что он взял с собой деньги в различных валютах, а также золото и драгоценности. По словам представителя "Шведских спичек" Ямника, "всем" было известно, что у Валленберга с собой в машине ценности. А Баюс, охранник Валленберга, считал, что "роковым для него" оказалось то, что свою поездку он

Купюры, конфискованные при аресте Валленберга.

готовил так долго: "За эти четыре-пять дней слишком много людей могли узнать о его миссии, столько людей видели его, множество нилашистов и все его враги"[78].

Вообще поразительно много людей знали о планах Валленберга и о его ценном грузе, что свидетельствует о наивности и неосторожности со стороны самого Рауля и его окружения. Если вначале этой информацией владел лишь сравнительно узкий круг лиц, то пару лет спустя она стала всеобщим достоянием. В июльском номере *Reader's Digest* за 1947 год можно было прочесть, что Рауля "посадили за то, что он пытался спрятать от русских большое количество ювелирных украшений, банкнот и другого еврейского имущества". Источниками информации были венгерские журналисты.

Как происходила конфискация, мы не знаем, но она подтверждается несколькими источниками. Согласно одному из них, арестованного Валленберга на советском броневике или танке доставили в подвальное помещение в Уйпеште на севере Будапешта. Когда днем позже туда переправили и его собственный автомобиль, в нем обнаружили "документы и достаточно много ценностей (украшений и т. д.)". Согласно другому источнику, на вопрос, есть ли у него с собой какие-то ценные вещи, Валленберг ответил отрицательно, показывая на наручные часы как на единственный предмет, который можно отнести к данной категории. Однако через доносчика в ближайшем кругу Валленберга советские разведывательные органы располагали информацией о наличии дрогоценностей и конфисковали их. То есть кто-то донес. В отличие от конфискованных денег, отправленных в Москву и зарегистрированных, никакой отчетности о том, что случилось с драгоценностями и золотом, не существует. По всей вероятности, они были присвоены тут же, на месте, солдатами или офицерами. Золото и драгоценности представлялись более желанной добычей, чем иностранная валюта, которой советский гражданин не мог воспользоваться, не подвергая себя значительному риску, и которая теряла свою ценность при пересечении советской границы[79].

Сведения о судьбе Валленберга после 17 января скудны и противоречивы. Сохранившиеся свидетельства содержат как вполне достоверную, так и менее надежную информацию. Нам известно лишь, что Валленберг был арестован 19 января и что до Дебрецена он, скорее всего, не доехал. После этого, согласно одному свидетелю, он был интернирован в бывший штаб полиции на улице Виг, 26 в VIII квартале Будапешта. Согласно рассказу Йожефа Мартона, он находился там в одной камере с венгерским евреем по имени Вильмош Ландлер, который заявил, что работает водителем и переводчиком шведского дипломата, содержащегося в заключении в том же месте. Трудно себе представить, чтобы "Ландлер" мог оказаться кем-то иным, кроме Лангфелдера.

У Мартона не было никаких личных контактов с этим шведом, но в окно камеры он иногда наблюдал, как тот ходил по двору в сопровождении советского офицера "с которым он, по-видимому, разговаривал". По утверждению Мартона, "Ландлер" находился "в хорошем расположении духа и не испытывал пессимизма по поводу своих перспектив выйти на свободу". Он "всецело полагался на влияние Валленберга и был убежден, что тот его не оставит, поскольку их связывало столь тесное сотрудничество". По словам Мартона, с Валленбергом, видимо, "обращались совсем по-другому", чем с прочими заключенными, и у Мартона сложилось впечатление, что швед содержится под "охранным арестом", чтобы до него не добрались немцы. Однако тот факт, что швед находится в заключении в тюрьме, вызывал удивление Мартона и других заключенных.

Продержав Валленберга некоторое время на улице Виг в качестве интернированного, его, возможно, отправили в город Гёдёллё, в 30 километрах к северо-востоку от Будапешта. Здесь находился советский лагерь военнопленных, размещенный в школе. Очевидец Ержи Трау, попавший в этот лагерь около 20 января, сообщил, что здесь он встретил шведа, показавшего ему свой дипломатический паспорт. Швед был одет в черный костюм, вспоминал он. Лагерь в Гёдёллё не был тюрьмой, заключенные могли свободно перемещаться по территории и у них не было закрепленных спальных мест — спали там, где находилось место. Несколько ночей Трау провел рядом с человеком, который, судя по всему, был Раулем Валленбергом. До сотрудника Красного Креста Александра Кассера в феврале тоже дошел слух, что в лагере Гёдёллё сидит "даже дипломат".

Источник других сведений о судьбе Валленберга и Ланг-феделера после 17 января — сам Лангфелдер. По его словам, в какой-то момент их отправили в "русский штаб в одной деревне, где с ними обращались доброжелательно". Но, когда они пожелали выехать в Будапешт, "их вопреки их протестам задержали и обращались с ними как с заключенными".

Единственное, что мы знаем с уверенностью, — то, что 25 января Валленберга отправили в Москву — это следует из телеграммы Булганину, посланной начальником штаба 2-го Украинского фронта Захаровым. В тексте телеграммы говорится лишь о Валленберге, но, судя по всему, с ним вместе ехал и Лангфелдер, однако возможно, что они содержались раздельно. Во время поездки Валленберга конвоировали капитан Зенков и четыре солдата. Поездка заняла почти две недели, что свидетельствует о том, что по пути делались остановки. На первом этапе ехали, видимо, на грузовике или автобусе, поскольку железнодорожный транспорт функционировал плохо. Другие военнопленные рассказали, как в эти же самые числа до румынской границы их везли на грузовиках. От румынской границы путешествие продолжилось поездом. Об этой поездке мы знаем только то, что на вокзале в Яссах Валленбергу позволили сойти с поезда и посетить ресторан "Лютер". Яссы — второй по величине город Румынии, во время Первой мировой войны в течение нескольких лет — столица страны. Он также известен произошедшим в нем погромом — одним из самых страшных за годы Второй мировой войны. В конце июня 1941 года за несколько дней здесь было убито свыше 13 тыс. евреев. Город находится в паре десятков километров от границы Молдавской советской республики и всего лишь в 200 км от Одессы, что говорит о том, что путь в Москву мог пролегать через нее.

Во время поездки Валленберг как будто бы писал "какие-то воспоминания" или, по другой версии, начал обдумывать "роман-триллер со шпионскими мотивами" и составил его план и перечень действующих лиц. По приезде в Москву 6 февраля Валленберг был зарегистрирован в Лубянской тюрьме. Лангфелдер тоже.

До этого им вроде бы показали московское метро, и до тюрьмы они добрались пешком. Если эти сведения соответствуют действительности, значит, с Валленбергом и Лангфелдером обращались не так, как с обычными заключенными. Они такими и не были — как им разъяснили, им следовало считать себя находящимися под охранным арестом[80].

Потерянная миссия

Семнадцатого января Красная армия начала решающее наступление на Пешт. В 19:25 того же числа командующий германскими войсками Пфеффер-Вильденбрух получил разрешение отступить в район Буды. Неразрушенными на тот момент оставались лишь два моста — Елизаветы и Цепной. Эвакуация шла всю ночь. Уходили не только военные, от советских войск бежало и немало гражданских лиц. В 7:00 следующего утра оба моста были взорваны, и связь между двумя частями города прервалась. С этого момента переправа через Дунай стала возможной только на лодке или пешком, когда несколькими днями позже река замерзла.

В Буде три ее холма: холм Геллерта, Замковый и Рожадомб (Розовый) — оставались в руках немцев, но их стали интенсивно обстреливать со стороны Пешта. Красная армия наступала и с запада, приближаясь к Буде. Немцы оказались в окружении. Одиннадцатого февраля началась атака на Буду. Предпринятая несколько дней спустя попытка прорыва закончилась тем, что тысячи немцев попали в засаду и были уничтожены.

В эти дни члены шведской миссии скрывались в убежищах по разным адресам Буды, там, куда они попали после нападений на здания миссии 24 декабря 1944 года: Пер Ан-

Цепной мост после его подрыва 18 января 1945 года.

гер и Ингве Экмарк у графини фон Берг на улице Ури, посланник Даниэльсон, Йёте Карлсон, Маргарета Бауэр и Аста Нильсон во дворце графа Эстерхази. Единственным, кто относительно свободно мог перемещаться по городу, оставался Ларс Берг, имевший немецкие охранные документы. Пер Ангер впоследствии рассказывал, что они выжили благодаря небольшому потайному запасу консервов, так как ежедневная норма питания в городе состояла из жидкого супа. В какой-то из дней в их меню внесла разнообразие лошадь, убитая прямо перед их дверью. "После налета мы сразу оказались в числе людей с ножами и другими орудиями, тут же набежавших со всех сторон в надежде разжиться куском конины. Зрелище было жуткое: пожилые и молодые, дамы в шубках и бедняки-работяги — все истово толкались вокруг конской туши, пытаясь отрубить себе кусок побольше".

Со временем бомбовые удары усилились настолько, что Ангер и остальные были вынуждены перебраться в подвал, составлявший часть системы подземных ходов, вырытых под Замковой горой еще в период Османской империи. "О разделении на мужскую и женскую половину речь не шла, — вспоминал Ангер. — Мы жили как пещерные люди, была лишь одна мысль — выжить". После того как они вместе с швейцарцами и нунцием Роттой тщетно пытались убедить германское командование капитулировать, Ангер принял решение постараться перебраться на Рожадомб, находившийся ближе к советским позициям. Там шведы и швейцарцы заранее подготовили эвакуационные пункты для персонала своих миссий. Вместе с Экмарком Ангеру удалось добраться туда. На путь, в нормальной ситуации занявший бы полчаса, ушло полдня — из-за опрокинутых машин и воронок от снарядов, которые пришлось обходить. Ангер вспоминает, как снова и снова им приходилось бросаться на землю, чтобы их не подстрелили с советского истребителя, парившего над городом на небольшой высоте. Оказалось, что здание на улице Саролта в пригодном для житья состоянии, но все же Ангер попросил сообщить Даниэльсону, что и ему, и швейцарцам лучше будет повременить с эвакуацией. Однако Йёте Карлсон присоединился к ним через несколько дней.

Тридцатого января Красная армия заняла их район, и в помещение миссии явилось несколько солдат. После того как Ангер подарил офицеру свои часы, русские ушли, а у дверей был выставлен караул. На следующий день Ангера, Карлсона и Экмарка по их желанию отвезли на джипе в ставку генерала Павлова в Шорокшар к югу от Будапешта. Там их расквартировали сначала в бараке, набитом советскими солдатами,

Денеш фон Мезеи, слева, охраняет помещение миссии
в январе—феврале 1945 года.

но после их протестов выделили им отдельный дом. С собой
у них был шифровальный аппарат шведской миссии. Им удалось его припрятать, и, когда их никто не видел, они раско-
лотили его топором. В середине февраля вместе со ставкой
они оказались в Дунавече, в 50 км к югу от Будапешта.

Стокгольм потерял связь с миссией еще 23 декабря.
"Крайне обеспокоены судьбой будапештской миссии", — телеграфировал МИД в шведскую миссию в Москве 9 февраля.
На самом деле в таком же неведении относительно судеб друг
друга пребывали и сами члены миссии. В то время как Даниэльсон, Бауэр и Нильсон оставались во дворце графа Эстер-

хази, а Ангер, Карлсон и Экмарк перебрались на Рожадомб, Берг и фон Мезеи находились в помещении миссии на улице Гийопар, где благодаря усилиям Ингве Экмарка по обеспечению продовольствиями положение с продуктами было вполне сносным. Когда 11 февраля Берг увидел, что советские солдаты устремились вверх по Замковому холму, он понял, что вскоре они появятся и в помещении миссии, и поспешил прикрепить над дверями большую вывеску на русском языке, гласившую: "Королевская шведская миссия — представитель Советского Союза в Венгрии". Вывески были подготовлены заранее, но хранились в тайном месте, чтобы их не обнаружили нилашисты во время одного из своих необъявленных визитов.

Ближе к вечеру того же дня первые советские солдаты уже колотили во входную дверь. Берг надеялся, что "час долгожданного освобождения пробил". Он ошибся — "немецкие преследования евреев, нилашистские погромы и даже ужасы блокады блекнут подобно невинным детским сказкам перед драмами террора, которые предстояло пережить городу". Дело в том, что после захвата Буды советские солдаты получили 48 часов на "свободное разграбление". Это привело к грабежам и изнасилованиям невиданных масштабов. Изнасилованиям подверглось около 10% населения Будапешта, пожилые и молодые, в первую очередь, конечно, женщины, но в некоторых случаях и мужчины тоже. Петер Цвак, семья которого пряталась в подвале "дома Валленберга" на улице Минервы, вспоминал, что большинство солдат были родом из Средней Азии, а на руках у них от запястий до подмышек красовались награбленные часы: "Они врывались в дома и уводили женщин, утверждая, что те нужны им, чтобы чистить картошку. Мы спасли нашу мать, уложив ее в кровать, накрыв одеялами и сев сверху. Солдаты выпили флакон ее одеколона и убрались прочь".

Само здание миссии тоже сильно пострадало. Длившиеся три дня бесчинства описаны в отчетах в МИД Берга и фон Мезеи. Советские солдаты поначалу показались "сравнительно неопасными", вспоминал фон Мезеи.

Но, едва они обнаружили винный погреб посланника, насчитывавший около 1 тыс. бутылок, из них 150 бутылок коньяка и других крепких напитков, все человек 100 личного состава напились. Солдаты бегали вокруг с бутылками вина и коньяка в руках в поисках добычи. Все протесты оказались тщетными. Солдаты отвечали, что война есть война. [...] Поначалу их интересовали золото, ювелирные драгоценности и спиртное. В последующие дни пришла очередь одежды и ковров и т. д. Самыми вожделенными вещами были наручные часы и зажигалки.
Около 19 часов офицеры собрались в кабинете атташе на ужин. [...] Ужин... постепенно перешел в безудержную попойку. К концу празднования сидевшие за столом и даже лежавшие под ним офицеры и подошедшие рядовые были в безнадежно пьяном состоянии. Дошло до того, что они загадили и пол, и кровати. [...] Кабинет министра... они превратили в уборную. [...] Даже хранившийся у нас чемодан со столовым серебром — собственность бывшей советской миссии в Будапеште, о чем ясно свидетельствовала надпись на нем, причем на каждом предмете были выгравированные серп и молот, — был вскрыт и разграблен.

Точно так же, как Валленберга лишили его "студебеккера", у миссии конфисковали восемь принадлежавших ей машин, стоявших во дворе и в гараже. После воздушных налетов бо́льшая их часть была в таком состоянии, что использовать их оказалось невозможно, и с помощью лошадей их увезли. Когда Берг и фон Мезеи стали протестовать против конфискации, советские офицеры предъявили документ, дававший им право отбирать все автомобили, которые встретятся на их пути. Таким же образом был разграблен запас продо-

В то время как Маргарета Бауэр скрывалась во дворце графа Эстерхази, во время бомбежки была разрушена ее комната в доме у Цваков.

вольствия, имевшийся в миссии. Опустошение довершилось 13 февраля, когда топорами, ломами и кувалдами они раскурочили три больших сейфа. "В течение одного часа все три наших сейфа были вскрыты, как банки с сардинами", — вспоминал фон Мезеи. Акции и прочие бумаги трогать не стали, но "золотые монеты, валюту, ювелирные украшения и драгоценные камни, частью принадлежавшие миссии и ее персоналу, а частью составлявшие депозиты, оставленные голландскими, иранскими, аргентинскими, румынскими и другими гражданами, интересы которых в Венгрии представляла миссия" забрали с собой. По свидетельству фон Мезеи, одну

Улица Уллёй, 32, где Ларс Берг возобновил деятельность шведской миссии в помещении Красного Креста в феврале 1945 года.

из девушек из обслуживающего персонала — его сестру — изнасиловали.

Ларс Берг покинул миссию 13 февраля, как только закончилась первая волна бесчинств. Его просьбу об охране здания советское военное командование отвергло, аргументируя отказ тем, что они не могут знать, кто такой Берг, поскольку им "уже на подступах к городу встречались тысячи "шведов" с удостоверениями различного рода". Поэтому на русском военном пароме его переправили к коменданту города генералу Чернышову в Пешт. В Пеште он добрался до штаба Красного Креста по улице Уллёй, 32. Супругов Лангле там не оказалось, они еще раньше отправились в Дебрецен, чтобы обсудить с временным правительством условия продолжения работы Красного Креста в Венгрии. В отсутствие Даниэльсона и остальных шведские интересы представлял русский эмигрант Михаил Толстой-Кутузов, который был в миссии начальником госпиталя для советских военнопленных. Кроме того, Чернышов поручил ему возглавить бюро, в компетенцию которого входила защита интересов иностранцев в Будапеште.

Берг встретился с Чернышовым, но разговор результатов не дал. Генерал сказал, что не несет ответственности за происходящее в Буде. В условиях, когда столько сотрудников миссии числились пропавшими, Берг не решился вернуться на улицу Гийопар. Вместо этого он принял решение открыть отделение миссии в помещении Красного Креста на улице Уллёй.

В отсутствие Валленберга гуманитарный отдел миссии возобновил работу под руководством Отто Флейшмана. Ему, как и раньше, помогали Форгач, Воль и Хегедюш. В их распоряжении были солидные денежные суммы. Однако продолжать прежнюю деятельность по защите евреев, по мнению Берга, теперь было бесперспективно, ведь нилашистский режим свергнут, а немцы бежали. Поэтому отдел был закрыт. Берг в присутствии д-ра Хегедюша и одного из директоров *Hazai Bank* распорядился вскрыть пакет, оставленный Валленбергом и при разграблении банка избежавший внимания русских. В свертке находилось 870 тыс. пенгё в банкнотах, обручальное кольцо Рауля (с крупным бриллиантом), медная тарелочка и книга об охранном паспорте, подаренная Раулю на Рождество его сотрудниками. Поскольку Берг не знал, кому принадлежат деньги, он оставил их новому главе шведского Красного Креста адвокату Ласло Йозефовичу. Кольцо, тарелочку и книгу он пока оставил у себя.

Отношения между миссией и советской городской комендатурой были сложными. Деятельность миссии не запретили, но нескольких сотрудников, в том числе Толстого-Кутузова, допросили. Миссию обвинили в шпионаже, изготовлении поддельных документов и выдаче охранных паспортов венграм-неевреям. По словам Берга, советские военные власти проявили "величайшую враждебность" по отношению к миссии, и тот факт, что Швеция представляет Советский Союз в Венгрии, не встретил "абсолютно никакой благодарности или признания". Наоборот, шведскую миссию обвинили в том, что она "недостаточно активно защищала интересы Советского Союза".

Берга и Валленберга изображали особо опасными немецкими шпионами. Берга дважды вызывали на допрос. "Во время этих допросов они постоянно пытались выдавить показания, особенно против Рауля, будто это он стоит за мнимой шпионской деятельностью миссии". В письме к Май фон Дардель несколько месяцев спустя Берг объяснил, что обвинения выглядели "чудовищными", учитывая "все трудности, которые были у миссии с немецкими и венгерскими нацистами".

Подозрения подогревались циркулировавшими в Будапеште шведскими охранными документами, подлинными и поддельными. К тому же и "шведские", и "швейцарские" евреи (как и многие другие жители Будапешта) украшали дома, в которых жили, соответственно шведскими и швейцарскими флагами и гербами, что, в свою очередь, как говорят, заставило маршала Малиновского задаться вопросом, это венгерский город, шведский или швейцарский... Согласно Бергу, обесценивание охранных документов означало, что "шведское имя стало пользоваться дурной славой, что все шведские документы объявлялись поддельными или недействительными и что любые акции в пользу шведских интересов сделалась невозможными”. Вследствие этого Берг опубликовал заявление в будапештской прессе, что все шведские паспорта, выданные до 1 февраля 1945 года, объявляются недействительными.

В то время как Берг налаживал работу миссии в Пеште, посланник Даниэльсон по-прежнему находился в Буде. Как только стало известно о капитуляции немцев, на разбомбленном здании дворца графа Эстерхази появилась табличка вроде той, что Берг прибил на улице Гийопар. “Посланник Даниэльсон пришел в несколько взволнованное, чтоб не сказать больше, состояние, когда это заявление стало фактом”, — рассказывала Маргарета Бауэр, которая вспомнила комическую сцену, разыгравшуюся при первой встрече с представителями державы-победительницы:

Он потерял один ботинок в темноте лабиринта [под зданием дворца] и так и не смог его найти. Мы все, исполненные серьезности момента, торжественно стояли вокруг посланника. Когда раздался стук в дверь, мы подумали, что какие-нибудь высокие русские чины пришли для официального представления, что будут рукопожатия и разные прочие формальности. Но нет. Вместо этого явилась орда русских солдат, мягко выражаясь, навеселе. Посланник, одна нога в носке, стоял на куче щебня, оставшегося после попадания бомбы.. Чуть ниже, рядом с высокой кучей щебня, стоял наш недавно нанятый переводчик Маргель, польский еврей, живший в Будапеште. […] Это был небольшого роста коренастый мужчина с энергичными жестами. Одно из моих по-настоящему комических воспоминаний — вид Маргеля, стоящего на каменном полу и смотрящего снизу вверх на посланника, возвышающегося на куче щебня, а посланник — в такой же, как всегда, позе напряженного внимания, в ожидании торжественного момента, когда русские офицеры высшего ранга явятся для представления. Куда там!.. Явилась чернь, да и только. Им нужны вино, женщины, пистолеты, немцы и часы.

Однако все обошлось мирно — получив свое вино, солдаты исчезли. Несколько дней спустя, по просьбе Даниэльсона, Маргарета Бауэр отправилась в здание миссии на улице Гийопар, чтобы посмотреть, что там происходит. Дойдя до миссии, она обнаружила полное разорение. Берг ушел в Пешт, но фон Мезеи был на месте. Первым делом Бауэр занялась уничтожением "оставшихся зашифрованных документов, досье, списков и прочих касающихся евреев бумаг, печатей и т. д." Через несколько дней советский охранник заявил, что у него приказ искать "важные документы", в результате чего были вскрыты чемоданы, хранившиеся в подвале, и начался "братский раздел найденной там одежды, новых сапог, белья, больших и малых серебряных изделий и т. д. между прислугой и русским охранником". Неделей позже они пришли и ограбили миссию еще раз, причем оставшиеся чемоданы (18 штук) и ковры были увезены на трех грузовиках. Новый, еще более основательный обыск был произведен в первых числах марта, и тогда в вентиляционном отверстии котельной нашли множество украденных и спрятанных охранником ценных вещей: швейцарские франки, доллары и пенгё, ювелирные драгоценности, в том числе 78 бриллиантов, четыре пары золотых часов, пять бриллиантовых перстней, золотые браслеты и наполеондоры. Все это русские конфисковали, выдав Маргарете Бауэр квитанцию. Бауэр также несколько раз допрашивали о "деятельности миссии вообще, о деятельности, связанной с евреями, об изготовлении миссией охранных писем для венгров-неевреев, работе посланника и т. д."

Двадатого или двадцать первого февраля советские военные власти забрали Ивана Даниэльсона из разбомбленного дворца графа Эстерхази. "Они пришли за мной, — вспоминала

Маргарета Бауэр слова посланника. — Не знаю, то ли я у них в плену, то ли меня берут под охрану". Знакомая формулировка.

На самом деле это Пер Ангер попросил русских найти Даниэльсона. На грузовике его доставили в Дунавече, где уже находились Ангер, Карлсон и Экмарк. В тот же день туда привезли и фон Мезеи. "Золотая клетка" — так характеризовал Даниэльсон деревушку, в которой оказались он сам и другие сотрудники миссии. Маргарета Бауэр предпочла остаться в помещении миссии.

"То, что главу миссии и, вероятно, прочих мужчин увезли, может быть мерой обеспечения их безопасности, поскольку на самом деле даже дипломат нейтральной страны не пользуется ни малейшей защитой ни дома, ни на улице, — писал Ларс Берг посланнику Швеции в Бухаресте Патрику Ройтерсвэрду. — Однако это может быть и мерой серьезного политического характера, которая в будущем способна привести к принудительной отправке персонала миссии домой". Именно на фоне этого хаоса и анархии следует рассматривать исчезновение Валленберга: в те зимние месяцы никто ни о чем не мог сказать ничего определенного.

В середине марта пленникам в "золотой клетке" объявили, что их отправят домой в Швецию через Румынию и Советский Союз. Берг оказался прав, миссия подлежала принудительной эвакуации. После переговоров сотрудникам разрешили в сопровождении советских солдат съездить в Будапешт и забрать вещи из миссии, а также взять с собой коллег с улицы Уллёй. "Будапешт, представший нашим глазам, был угрюм, — вспоминал Ангер. — Ни одного целого дома на всем пути нашего следования через город. Бóльшая часть Буды лежала в руинах, и русские повсюду привлекли

Следующий разворот: в мае 1945 года газета Se опубликовала фоторепортаж о судьбе шведской миссии в Будапеште. Он не был подписан, но его автором был Ларс Берг, ему же принадлежат и фотографии.

8 «Nya besök» komma. Utbombade tyskar söka överallt ny inkvartering. Som tur är räcker dock denna gång som argument beskickningsskyltarr «Königl. Schwedische Gesandtschaft». Legationen är emellertid en nagel i ögat på tyskarna och pilkorsmännen, som är på jakt efter nya judeoffe

9 Tyskarna fara med oförrättat ärende. Det är inte lätt att behöva stå till svars inför sina överordnade för inträng på neutralt lands område. Inte alltid, åtminstone.

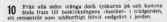

10 Från alla sidor tränga dock tyskarna på och komma ända fram till beskickningens «bunker» i trädgården, ett cementrör som nödtorftigt blivit nedgrävt i jorden.

11 Men det hjälper inte ba med vakt mot pilkors och tyskar. De ryska bomb na och granaterna ha bör sitt förstörelsebringande ar te. Huset träffas av en bor splitter sprides över gård Nedramlade tegelstenar ra ponera ministerbilen. Gra efter granat briserar, bo plan efter bombplan störta med nervslitande dån, lä nande efter sig ny förstöre

(FORTS. NÄSTA SID

FORTS.)

Befolkningen sitter dag och natt i pannrum o. vedkällare, nödtorftigt om-
byggda till skyddsrum. Hus efter hus störtar samman. Beskicknings-
nexet, kanslipersonalens bostad, blir ett av offren för bomberna.

13 En 500-kilosbomb kreverar omedelbart framför huset, slår upp en jätte-
krater i gatan, sprider ett moln av jord, sten och splitter omkring sig.
Krevaden är fruktansvärd, marken skälver. Skyddsrummen vibrera av trycket.

Nästa bombplansvåg väntas inte förrän om 10—12 minuter. Under denna paus inspekteras skadorna. Den vackra entrén med sin rosenhäck
kar en smula ostädad och även på andra sätt är huset »märkt».

15 Och beskickningens svenska skrivbiträde, fröken
Margareta Bauer, kan tacka
sin lycka, att hon inte var i
sitt rum, när bomben föll,
utan vid ministerns sida i en
Buda-borgens källare. Vecka
efter vecka bo där tolv meter
under jorden minister Da-
nielsson, fröken Asta Nilsson
och fröken Bauer. Fukten
dryper från de nakna sten-
väggarna, en fladdrande låga
från ett improviserat svinfett-
ljus försöker ett par timmar
om dagen att skingra det evi-
ga mörkret. Mat är en säll-
synt företeelse i »fästningen».

Attaché Berg har just kört fram bilen för ett av sina rapporterings-
besök hos ministern, när bomben faller. Ett par glömda handskar gör
svensken i samma ögonblick befinner sig bakom beskickningens hastanta
ar. Bilen ramponeras, men färden anträdes i stället till fots.

17 På vägen passeras fin-
ska legationen, där sven-
ska beskickningens B-avdel-
ning varit installerad. Ut-
bränd, sönderskjuten står den
en gång så stolta byggnaden.

501

гражданское население к работам по расчистке улиц. Русские инженерные службы построили деревянный мост через Дунай на месте старого моста Маргареты и украсили его огромными портретами Сталина и Молотова".

В здании Красного Креста на улице Уллёй 14 марта оказались Ларс Берг и Маргарета Бауэр, а также супруги Лангле с Астой Нильсон. Никто не знал местонахождение Валленберга. В первых числах февраля Лангле уже сообщил в МИД, что Валленберг находится "вне досягаемости" начиная с 16 января, когда он, согласно рассказам очевидцев, "выехал из города с целью, неизвестной даже его ближайшим сотрудникам". В конце марта Лангле передал новую информацию, более конкретную, но также и более зловещую: Валленберга "в последний раз видел 17 или 18 января один из его подчиненных, которому тот сообщил, что его увозят на машине русские, и ему неизвестно, как гостя или как пленника". В том же письме Лангле позволил себе некоторые размышления по поводу судьбы Валленберга: "Каких-либо доказательств того, что в ходе этой поездки он был убит, нет. С другой стороны, никто из русских властей, с которыми я имел дело, по-видимому, ничего не знает о такой поездке, и поэтому, возможно, он угодил в лапы переодетых нилашистов, и в таком случае можно опасаться самого худшего".

Ночь члены миссии провели на улице Уллёй. Рано утром 15 марта на грузовике с прицепом их перевезли в Дунавече, откуда пять дней спустя началось их путешествие в Швецию. В группу помимо сотрудников миссии и Асты Нильсон входили Бела Фени, венгерский бизнесмен со шведским гражданством, с супругой и двумя детьми, некая госпожа Бурде и польский переводчик Маргель. Супруги Лангле предпочли остаться в Будапеште, поскольку Вальдемар еще не оправился от последствий воспаления легких. Лангле приехали домой несколькими месяцами позже.

Лубянка

К тому моменту, когда члены шведской миссии выехали из Венгрии, Валленберг уже в течение пяти недель находился в Москве. В тюремной регистрационной карточке Лубянки значится, что он является "военнопленным" и что он "прибыл 6/2 1945 из Будапешта в рас [поряжение] Главного Управления контрразведки СМЕРШ". В графе "Профессия (специальность)" написано: "Дипломатич[еский] надсмотр[щик]" — необычное определение, свидетельствующее о том, что не было уверенности в профессиональном статусе заключенного. Графа "Характер преступления" в карточке не заполнена.

Лубянка была следственной тюрьмой, то есть тюрьмой, где заключенный находится в ожидании суда, а не отбывает свой срок. Сюда доставляли особо важных заключенных. До Революции 1917 года здание принадлежало страховой компании "Россия", но после национализации она превратилась в штаб ЧК. На самом деле это комплекс зданий с внутренним двором, где когда-то была гостиница, принадлежавшая страховой компании. Ее превратили в тюрьму ("внутреннюю тюрьму") с 115 камерами, в которых могло содержаться до 500 заключенных. Поскольку здание в свое время было гостиницей, камеры отличались некоторым комфортом — например, там было центральное отопление, паркетные полы и настоящие кровати. Место для прогулок было устроено на крыше, но вид закрывали высокие стены. В подвалах находились помещения, специально приспособленные для пыток и расстрелов. Один заключенный, сидевший там приблизительно в то же время, что и Валленберг, рассказывал: "Во внутренней тюрьме Лубянки были паркетные полы и чистое белье — и одновременно пыточные камеры. [...] Были камеры, в которых батареи раскалялись докрасна, и за-

Регистрационная карточка с Лубянки, из которой, в частности,
следует, что Валленберг был арестован 19 января. В качестве домашнего адреса здесь указано: улица Дезё, 3 — один из тех
домов в Буде, где Рауль обычно ночевал.

ключенные падали в обморок от теплового удара, или же температура, наоборот, понижалась до нулевой отметки".

Стены тюрьмы были полыми, а это означало, что заключенные не могли воспользоваться "тюремным телеграфом",
то есть перестукиваться. Они также не знали, в какой части
тюрьмы находятся, потому что камеры были пронумерованы
не последовательно. Таким образом, Лубянка была отлично
оборудована для того, чтобы держать заключенных в изоляции друг от друга.

По прибытии на Лубянку Валленберга и Лангфелдера разлучили. Ирония судьбы заключается в том, что Валленберга поместили в камеру с немецким офицером по имени Густав Рихтер. Они оказались почти ровесниками — Рихтер был на год моложе. У немца также было высшее образование — юридическое, но это был нацист и эсэсовец (гауптштурмфюрер, что соответствует званию капитана). Несмотря на молодость, он с 1941 года служил полицейским атташе при германской миссии в Бухаресте, где был "советником по еврейским вопросам". Так называли того, кто отвечал за уничтожение евреев в странах — союзниках Германии, которые сохраняли суверенитет и с которыми приходилось обращаться с некоторой дипломатичностью. Рихтер непосредственно подчинялся Адольфу Эйхману и свои отчеты писал в "еврейский отдел" Главного управления федеральной безопасности Германии. Основной задачей Рихтера было очистить Румынию от евреев. Это должно было произойти сначала путем помещения 300 тыс. евреев страны в гетто, а затем их депортирования в лагерь смерти Белжец в юго-восточной Польше[81]. Чтобы упростить дело, Рихтер по приказу Эйхмана создал юденрат — точно так же поступил позже и сам Эйхман в Венгрии. Летом 1942 года Рихтер получил разрешение румынского правительства приступить к депортациям, однако они так и не состоялись: подобно Хорти два года спустя, румынское правительство уступило внутреннему и международному давлению.

Когда 23 августа 1944 года прогерманское правительство маршала Антонеску было свергнуто, члены германской миссии были переданы советским войскам. Среди пленных был и Густав Рихтер, после короткого периода содержания в Бухаресте отправленный в Москву, где 7 сентября он был помещен в Лефортовскую тюрьму. Примерно неделю спустя его перевели на Лубянку и поместили в камеру № 121. Там уже сидел австрийский военнопленный лейтенант Отто Шойер, специалист по радиотехнике, взятый в плен после Сталинграда в 1943 году.

Интерьер тюрьмы Лубянки. По лестницам и перилам, в частности,
видно, что это бывшая гостиница. Эта и следующая фотографии
сделаны в 1990-х годах.

Рихтер был полным антиподом Валленберга. Это был
почти румынский Эйхман — с той лишь разницей, что ему
не довелось увидеть реализации своего плана уничтожения
евреев. Рихтера выпустили в 1955 году, когда Германия и Советский Союз заключили договор об обмене военнопленными. Шесть лет спустя началась длительная подготовка

к процессу против него, и в 1981 году его приговорили к четырем годам тюрьмы — наказание, которое ему отбывать не пришлось, поскольку он провел в советском заключении более 11 лет.

После освобождения Рихтер несколько раз давал показания и высказывался в прессе о том, как вместе с Валленбергом провел три недели в камере № 121. В его рассказах не найти следов идеологических разногласий — с учетом своего прошлого Рихтер был крайне заинтересован выставить отношения с Валленбергом в наилучшем свете. Возможно, все было именно так — хотя они с Валленбергом были идеологическими противниками, их объединяло то, что теперь враг у них был общий. А возможно, что Валленберг не знал о прошлом Рихтера, о котором тот, со своей стороны, едва ли имел основания распространяться. Однако вероятность этого следует рассматривать как незначительную.

На Лубянке были конфискованы "наброски романа-триллера" Валленберга. Банки консервов, которые были у него с собой, тоже отобрали, но содержимое разрешили оставить себе. "Валленберг, — вспоминал Рихтер, — был в очень хорошем настроении, несмотря на долгую и изобиловавшую трудностями дорогу, и у него был волчий аппетит…" Рихтера и Шойера кормили по офицерской норме, в то время как Валленберга — только как рядового. Валленбергу, "видимо, прошедшему через голод", выдаваемой нормы не хватало, и Рихтер с Шойером делились с ним своими порциями. То же самое относилось к табаку. Валленберг как рядовой получал только трубочный табак, в то время как обоим офицерам выдавали сигареты — по 25 штук раз в два дня.

На первый допрос Валленберга вызвали через два дня после того, как он попал на Лубянку. Допрос проходил ночью, с 1:15 до 04:35, что было обычным делом. Допрос вел Яков Сверчук из 1-й секции (в компетенции которой находились допросы военнопленных) 4-го отдела 3-го Главного управ-

Камера на Лубянке. Справа уборная. Паркет заменен
клинкерной плиткой.

ления СМЕРШ. По словам Рихтера, это был "белокурый
офицер со скандинавской внешностью". Время от времени
он заходил в камеру, где сидели Рихтер, Шойер и Валленберг,
"чтобы выяснить обстановку". "Мы ведь вас знаем. Вы при-
надлежите к семье крупнейших капиталистов Швеции", —
по свидетельству Рихтера, сказал Сверчук Валленбергу
во время допроса, обвинив его в шпионаже. После такого

обвинения Рауль стал опасаться, что русские не поймут, что конфискованные наброски — только план романа-триллера о шпионах, и используют их как компромат против него самого. Рихтер вспоминал, что после допроса Валленберг сказал о Сверчуке, что это "страшный человек". Протокол допроса не сохранился.

Еще одно беспокоило Валленберга — возможная реакция его родных, когда они узнают, что он сидит в тюрьме. "Он, — вспоминал Рихтер, — чрезвычайно заботился о своей репутации". В утешение Рихтер сказал, что это вовсе не позор и даже может считаться "почти честью — сидеть в советской тюрьме". В целом Рауль мало рассказывал о своей семье, "однако упоминал мать и тетю" — по всей видимости, тетю Ниту, — к которым был очень привязан.

В феврале Валленберг написал на немецком языке заявление начальнику тюрьмы, где протестовал против своего ареста и того, как с ним обращались. Как шведский гражданин и дипломат он требовал возможности вступить в контакт с шведским представительством в Москве. Он также жаловался на питание и требовал его улучшить. (По словам Рихтера, в целом он не особенно обращал внимание на "материальную сторону".) Заявление сначала было сформулировано "в очень резких выражениях", но Валленберг смягчил формулировки, после того как Рихтер заметил, что "выдержанное в более объективном тоне заявление окажет значительно лучшее воздействие". Никакого ответа на свое заявление Валленберг не получил, во всяком случае за то время, пока они с Рихтером сидели в одной камере.

Несмотря на беспокойство по поводу обвинений в шпионаже, Рауль все время находился в "чрезвычайно хорошем настроении" и занимался физкультурой, шагая взад и вперед по камере. Он также часто пел английские и американские песни. "Мы замечательно шутили и веселились вместе", — отмечал Рихтер, вспоминая, что с Валленбергом было "очень забавно" и он никогда не проявлял "признаков сломленности духа". Они обменялись адресами, чтобы тот, кого освободят первым, мог сообщить родственникам другого. В записке, которую Рауль дал Рихтеру, он указал адрес Министерства иностранных дел. Записку позже отобрали при личном обыске.

По словам Рихтера, обращение в тюрьме "само по себе было неплохим", им разрешали гулять по прогулочному дворику ежедневно в течение 20 минут и мыться раз в десять дней. Время занимали игрой в шахматы и домино и "длинными разговорами, похожими на доклады". Валленберг рассказывал о Швеции и шведской истории, а Рихтер — о Румынии (надо думать, умолчав о собственной роли). Шойер, бывший военнопленным в России еще в годы Первой мировой войны, помогал Раулю освежить его познания в русском языке, которым тот не занимался со времен гимназии. Рауль брал и книги на русском языке в тюремной библиотеке — других там не было.

Валленберг и Рихтер просидели в одной камере три недели, до 1 марта, когда немца перевели в другую. Больше они никогда не виделись[82].

Вильмоша Лангфелдера на Лубянке поместили в камеру № 123, где он оказался вместе с бывшим советником германской миссии в Бухаресте Вилли Ределем и токарем Яном Лойдой. Лойда был чехом, который перебрался в Германию и стал немецким гражданином, он служил переводчиком в службе радиоперехвата. По мнению Лойды, Лангфелдер был убежден, что его и Валленберга арестовали по ошибке и скоро им дадут возможность начать переговоры с советскими властями. Поведение Лангфелдера было "в высшей степени утонченным и корректным", так что у Лойды осталось впечатление, что и он дипломат. По воспоминаниям Лойды, у Лангфелдера с собой был большой дорожный несессер с иголками, нитками и прочим — тем, что обычно отбирали[83]. В первый раз Лангфелдера допрашивали ночью

9 февраля, через день после Валленберга. Судя по всему, протокол этого допроса тоже не сохранился.

Восемнадцатого марта, после шести недель в камере №123, Лангфелдера перевели с Лубянки в Лефортово, где он три дня провел в одиночке, а затем был помещен в камеру №105. Его место на Лубянке занял Валленберг. Ян Лойда вспоминал, что Валленберг характеризовал свой арест как "необъяснимую ошибку" и что он, подобно Лангфелдеру, был убежден, что все "выяснится, и запланированные переговоры смогут начаться". Валленберг был человеком "очень милым, любезным и всегда готовым помочь". Он каждый день занимался гимнастикой и любил петь шведские народные песни. В отличие от Рихтера, утверждавшего, что он давал Валленбергу сигареты, Лойда рассказал, что тот не курил. Еще Валленберг работал над эскизом памятника в честь победы Красной армии (!). Кроме того, Лойда — точно так же, как и Шойер, — учил Рауля русскому языку, а тот в ответ давал уроки английского. Лойда впоследствии вспоминал, как записывал английские слова обугленным кончиком спички на бумажке, которую потом приклеил под табуреткой с помощью клейстера, сделанного из хлеба.

За два месяца, которые он сидел вместе с Валленбергом, Лойду допрашивали всего один раз. Допрос касался его деятельности, но когда следователь спросил о его сокамерниках, всплыло имя Валленберга. Когда Лойда ответил: "Немецкий дипломат Редель и шведский дипломат Валленберг", — ведущий допрос возразил: "Валленберг не дипломат, а швед, помогавший богатым евреям в Венгрии"[84]. Лойда потом пересказал Валленбергу эти слова, чтобы "тот лучше понимал свое положение по отношению к советским властям". Однако он не запомнил, как отреагировал Валленберг.

За время, которое Валленберг провел вместе с Ределем и Лойдой, его вызывали на допрос всего один раз, 28 апреля. На этот раз допрос проходил в дневное время, с 15:35 до 17:00. Допрос вел Кузьмишин — тот самый, который допрашивал

Лангфельдера 9 февраля. По сведениям Лойды, во время допроса Валленберг сказал, что "у русских нет никаких причин держать его в заключении", поскольку он "работал на пользу русских в Будапеште". Однако Кузьмишин не хотел этому верить. Он утверждал, что Валленберг — "богатый шведский капиталист, и что бы такой человек мог делать для русских?".

Интересно, что Валленберга в течение четырех месяцев, которые он просидел на Лубянке, вызывали на допрос только два раза, в то время как, например, Рихтера за тот же период допрашивали не менее 21 раза, иногда по три раза в день[85].

Советский отвлекающий маневр

За пределами Лубянки — и Кремля — о том, где находится Рауль Валленберг, по-прежнему не знал никто — ни шведский МИД, ни его семья. МИД располагал лишь сообщением Деканозова от 16 января о том, что Валленберг взят под советскую охрану. Через месяц, 17 февраля, МИД обязал Стаффана Сёдерблума в Москве выразить комиссариату иностранных дел свою обеспокоенность судьбой будапештской миссии. Его попросили также передать письмо для Валленберга. В письме говорилось: "Примите искреннюю признательность МИДа. Ваша семья шлет Вам самые сердечные приветствия. Все необходимые инструкции будут даны, как только найдется посланник Даниэльсон". Само собой, письмо так и не было передано Валленбергу.

О том, что Валленберга, судя по всему, уже нет в Будапеште, МИД узнал 2 марта, когда до министерства дошли две телеграммы шведского посланника в Румынии Патрика Ройтерсвэрда. Первая была датирована 28 февраля и сообщала, что члены будапештской миссии, за исключением Валленберга, находятся в помещении нунциатуры. (Сведения о нунциатуре были неточны, но самым важным было сообщение, что персонал миссии в безопасности, к тому же нунциатура находилась в соседнем здании с дворцом Эстерхази.) Во второй телеграмме Ройтерсвэрд пересылал информацию, согласно которой "Валленберг 17 января в Пеште намеревался выехать на машине в неизвестном направлении".

В обстановке царившего хаоса, конечно, нельзя было исключить, что Валленберга — как предположил Лангле — уже нет в живых, что его убили или он погиб каким-то иным образом. Эту идею обнародовала 8 марта находившаяся под контролем советских властей венгерская радиостанция "Кошут": "Одной из главных фигур в деятельности Красного Креста [sic] в Будапеште... был Рауль Валленберг, бесследно исчезнувший 17 января. Все говорит о том, что он был убит агентами гестапо". В передаче было сказано, что информация основывалась на сведениях, полученных от Валдемара Лангле в одном из его интервью этой радиостанции. Лангле действительно давал такое интервью, но нет подтверждений, что в нем он касался судьбы Валленберга.

Это сообщение по радио, судя по всему, являлось ложным следом, исходившим из Москвы с целью заставить Швецию перестать задавать вопросы о Валленберге. Старания оказались напрасными. Неделю спустя МИД дал распоряжение Сёдерблуму в свете "противоречивых слухов касательно членов будапештской миссии", распространяющихся в Стокгольме, "энергично потребовать ответ на вопрос, где находятся Даниэльсон, Ангер и Валленберг".

Александра Коллонтай

В то время как шведский МИД через свое московское представительство пытался выяснить, что случилось с будапештской миссией, в Стокгольме были предприняты частные инициативы для получения информации о судьбе Валленберга. В се-

Мадам Коллонтай в окружении посла Швеции в Москве с 1947 года
Рольфа Сульмана (слева) и члена правительства Хермана Эриксона.
Фото 1940 года.

редине февраля его мать посетила советского посла в Швеции Александру Коллонтай. Коллонтай пользовалась известностью и популярностью в Стокгольме и тесно сотрудничала с Маркусом Валленбергом-младшим во время переговоров о прекращении военных действий между Советским Союзом и Финляндией. Кроме того, в периоды болезни она часто бывала в спа-санатории в Сальтшёбадене, принадлежавшем семье Валленберг. К тому моменту она служила послом в Стокгольме уже 15 лет и была дуайеном дипломатического корпуса.

Май фон Дардель тоже раньше встречалась с советским послом. "Несколько минут мы сидели за письменным столом и разговаривали, — вспоминала она. — Я задала вопрос о сыне. К сожалению, я не записала впоследствии весь разговор. Но самым важным было то, что мадам Коллонтай сказала, что Рауль находится в Советском Союзе и что с ним все хорошо". Приблизительно в то же время Коллонтай попросила прийти к ней на прием супругу министра иностранных дел Кристиана Гюнтера, Ингрид. В этом разговоре она сообщила, что "Рауль Валленберг жив и находится в России и что для него будет лучше, если шведское правительство не будет подымать из-за этого шум". Коллонтай также заверила, что с Валленбергом "обращаются хорошо".

Сведения, исходящие от советского посла, стали сенсацией, поскольку до сих пор не было известно, что Валленберг находится в Советском Союзе. Просьба, обращенная к госпоже Гюнтер, — "не подымать шум" (если Коллонтай действительно выразилась именно так), — была намеком на то, что с точки зрения советской стороны вопрос лучше всего решить посредством тихой дипломатии. Возможно, это означало и то, что Коллонтай было известно, что Валленберг находится в руках у СМЕРШа, поэтому дело носит особо щекотливый характер. Во всяком случае, выглядит малоправдоподобным, чтобы Коллонтай сама решила сообщить данные сведения супруге министра иностранных дел. Дипломаты редко дают волю собственному мнению. Тем более советские дипломаты. Тем более дипломаты сталинских времен.

Сообщение Коллонтай, конечно же, в первую очередь предназначалось для мужа Ингрид Гюнтер, министра иностранных дел, которому оно и было немедленно передано. Семье Валленбергов, напротив, эта информация стала известна лишь три года спустя, когда Игрид Гюнтер рассказала о беседе в письме сестре Рауля Нине Лагергрен.

В этом письме госпожа Гюнтер отметила, что "Кристиан старался следовать [просьбе Коллонтай] настолько, насколько мог". До такой степени, что даже не сообщил новость о том, что Валленберг жив и находится в Советском Союзе, собственным сотрудникам по МИДу! Когда в 1951 году о заявлении Коллонтай стало широко известно (из газетной статьи), Гюнтер прокомментировал его так: "Я вполне верю, что посол Советского Союза, передавая эту информацию, была убеждена в том, что говорила. Мы оба хорошо ее знали. [...] Но действительно ли Валленберг в тот момент находился в Советском Союзе — это, разумеется, совсем другой вопрос"[86].

Ни слова о русских!

Дорога сотрудников будапештской миссии домой проходила через Румынию. Ехали то автобусом, то поездом. В Бухаресте их разместили в гостинице "Атен Палас", где, кстати, проживало много венгерских евреев, бежавших из Будапешта. В румынской столице впервые после Рождества шведы получили возможность связаться со Стокгольмом, где уже почти потеряли надежду когда-либо увидеть членов миссии живыми.

Пробыв некоторое время в Бухаресте, 4 апреля они продолжили путь в Одессу, где прожили три дня. Потом они отправились в Москву, куда прибыли в первой половине дня 13 апреля. Посланник Сёдерблум "явно нервничал при нашем прибытии", вспоминал Ангер. Его главной просьбой к сотрудникам миссии, когда они вернутся домой в Швецию, было: "Ни слова о русских!" Остановка в Москве оказалась короткой, всего восемь часов. "Посланник пригласил нас на обед, после чего мы поехали осматривать достопримечательности и видели Кремль с разных сторон, но так и не побывали внутри", — вспоминала Маргарета Бауэр. Сёдерблум поговорил с сотрудниками миссии, а затем он и Даниэльсон уединились для разговора, во время которого Даниэльсон рассказал, как шведская будапештская миссия подверглась разграблению. Относительно Валленберга Даниэльсон, по всей видимости, выдвинул предположение, что его могли убить, возможно с целью грабежа.

Будапештские шведы спрашивали, не имели ли их коллеги в Москве известий от Валленберга или о нем, вспоминал Ингемар Хэгглёф, первый секретарь московской миссии: "Его отсутствие и его судьба беспокоили их сильнее всего остального. Они многое рассказали нам о деятельности Валленберга в Венгрии, о которой мы ничего не слышали, о тамошней ситуации во время германской оккупации и о том, что случилось, когда русские войска захватили Будапешт".

Сёдерблум и Даниэльсон во второй половине дня нанесли визит Михаилу Ветрову, начальнику скандинавского отдела наркомата иностранных дел. В течение пятиминутного разговора Ветров заявил, что сотрудники шведской миссии были эвакуированы из Будапешта ради их безопасности, поскольку Венгрия находится в военной зоне. Согласно записям Ветрова, сделанным после беседы, имя Валленберга не было упомянуто ни разу.

В Москве члены шведской миссии все время находились в каком-нибудь километре от камеры Валленберга на Лубянке, а часто еще ближе. Вечером того же дня, в 19:45, путешествие в Стокгольм продолжилось, на очереди были Ленинград и Турку.

Стокгольм

Еще до того, как члены будапештской миссии выехали из Венгрии, в одной из главных стокгольмских газет, "Дагенс нюхетер", появилась пространная статья под заголовком "Шведский подвиг в Венгрии". В основе статьи лежала информация венгра, приехавшего в Стокгольм после "рискованного путешествия через Германию", у которого "нет слов, чтобы выразить благодарность за жертвенность, неутомимость и геройство, проявленные всей шведской будапештской миссией и отдельными шведами в городе в момент самых жестоких преследований". Венгр выделял Лангле и Валленберга, но особенно последнего. "Для Валленберга не было ничего невозможного, — писал автор статьи. — В дни бесчинств в анонимных письмах ему угрожали смертью, его машину забрасывали камнями, пытались всеми способами помешать ему посещать его подзащитных, подсылали к нему вооруженных бандитов, но ничто не могло заставить его сдаться".

Кроме этой статьи, никакой другой информации о Валленберге в Швеции еще не было, когда на финском пароходе "Арктурус" рано утром 18 апреля 1945 года в Стокгольм прибыли сотрудники будапештской миссии.

Днем раньше заместитель министра иностранных дел Вильхельм Ассарсон позвонил по телефону Май фон Дардель и сообщил ей, что ее сына не будет среди пассажиров парохода. Но, когда пароход вошел в гавань, она все-таки была среди встречавших в надежде, что несмотря ни на что Рауль тоже прибудет. Его не было. Единственной весточкой, полученной ею, были предметы, найденные Ларсом Бергом в подвале *Hazai Bank*: медная тарелочка, обручальное кольцо и книга об охранном паспорте. "Я отдал ей сверток, — вспоминал Берг. — Из глаз ее лились слезы, слезы глубочайшей скорби".

Дипломатическое фиаско

Возвращение в Швецию персонала будапештского дипломатического представительства при-
влекло большое внимание и положило начало
активным действиям на разных уровнях МИДа,
прессы и родственников Рауля Валленберга.
Сразу по приезде дипломатов Министерство иностранных дел устроило пресс-конференцию, на которой Даниэльсон и Ангер рассказали о деятельности миссии, и прежде
всего Валленберга в Будапеште, о нападении нилашистов
в сочельник и прочем. О февральском разграблении миссии
советскими солдатами и офицерами, однако, не было сказано ни слова. Ангер закончил свой отчет словами: "Потом
пришли русские, и вот мы здесь". Предупреждение Сёдерблума еще звучало у него в ушах! Разумеется, они сразу же
информировали о грабеже МИД, но всеобщим достоянием
это стало лишь месяц спустя, после того как в двух газетах
были опубликованы гневные статьи о явных нарушениях дипломатического иммунитета.

Репортаж другой стокгольмской газеты, "Свенска дагбладет", о возвратившихся шведах появился на следующий день

после их приезда. Он имел заголовок "Будапештская миссия жила в подвале в Буде" и подзаголовок "Исчезновение атташе миссии". Репортаж иллюстрировался фотографиями членов миссии по приезде и фото Рауля, взятым из статьи о его проекте купальни в 1935 году. Радость возвращения домой, говорилось в статье, оказалась "небезоблачной", поскольку атташе миссии Рауля Валленберга, "шведского дипломата, вызывавшего восхищение всего Будапешта своими героическими действиями по спасению евреев", на пароходе вместе со всеми не было.

В статье говорилось о неустанной борьбе Валленберга за его подзащитных, как он "трудился день и ночь... защищая их права, на своей машине вывозил из тюрем людей, которых забрали [немцы и нилашисты], ездил за лекарствами и продуктами для шведских домов и т. д.". О его исчезновении сообщалось, что один из его сотрудников заявил, будто видел его "на русской стороне фронта" 17 января.

Двумя днями позже вклад Валленберга был высоко оценен в длинной и подробной статье в газете "Дагенс нюхетер". Текст основывался на данных, полученных от Ангера и Даниэльсона. Оба подчеркивали подвиг Валленберга — не только работу с охранными паспортами и спасение людей во время маршей смерти, но и выдающуюся организационную работу (склады продовольствий и лекарств, госпиталь, суповые кухни и прочее). Ангер рассказал, что многим членам миссии нилашисты угрожали смертью, но больше всего они ополчились против Валленберга. По словам Ангера, все-таки оставалась надежда, что он жив. "Возможно, его взяли под охрану русские... и еще есть небольшой шанс, что он мог отправиться в место расположения нового венгерского правительства". В другой газете, "Свенска моргонбладет", в тот же день появилась гипотеза, что Валленберг мог "погибнуть от пули нилашистов или в одном из боев между русскими и немцами. Никто ничего не знает".

Письмо Маркуса Валленберга

Девятнадцатого апреля Стаффан Сёдерблум дал телеграмму в МИД, в которой предложил, чтобы "Додде или Якоб" написали письмо Александре Коллонтай "относительно пропавшего родственника". На следующий день в письме он объяснил причину высказанного предложения тем, что "одним из беспокойств, омрачающих сердце, естественно, является трагическое исчезновение Валленберга". Свою инициативу Сёдерблум мотивировал так: "Мне известно, что госпожа Коллонтай высоко ценит Додде, и, думаю, по его просьбе она сделала бы все от нее зависящее для выяснения данного вопроса". Поводом для оптимизма Сёдерблума послужило то, что в разговоре 20 марта Александра Коллонтай пообещала ему "постараться ускорить розыски будапештских шведов".

Письмо предполагалось послать с диппочтой в Москву, где уже месяц находилась Коллонтай. Вскоре после разговоров с Май фон Дардель и Ингрид Гюнтер посол заболела тяжелым восполением легких. Как только она выздоровела, Сталин отозвал ее в Москву. Сообщение об этом пришло 13 марта, а уже через шесть дней она покинула Стокгольм на советском военном самолете. Отзыв был таким поспешным и неожиданным, что дуайен дипломатического корпуса едва успела попрощаться с коллегами-дипломатами, друзьями и знакомыми.

Неясно, почему Коллонтай так внезапно отозвали домой, но трудно поверить, чтобы решение было продиктовано заботой о ее здоровье. Само собой напрашивается объяснение, что приказ был связан с ее близкими и доверительными отношениями с семейством Валленбергов. В ситуации, когда один из членов семьи находился в заключении в СССР, она могла не справиться с конфликтом лояльности. Незадолго до Коллонтай был отозван и самый близкий ей человек, советник посольства Владимир Семенов, — без всяких объ-

яснений и столь же поспешно. Эти меры свидетельствуют
о том, что Сталин хотел быстро сменить руководство советского посольства в Стокгольме.

Не Якоб, а Додде взял на себя исполнение задачи. У него
были самые тесные контакты с Александрой Коллонтай, он
знал ее лучше всех. В тот день, когда МИД информировал его
о предложении Сёдерблума, он связался с Коломаном Лауэром
и попросил, чтобы тот снабдил его фактами. В длинном письме,
датированным 20 апреля, Лауэр рассказал, как Рауля привлекли
к будапештскому делу и о его деятельности в Венгрии. Сведения об участии американской стороны он попросил рассматривать как "строго конфиденциальные", поскольку был не вправе
об этом упоминать. О судьбе Рауля он сообщил следующее:

> Свою работу Рауль исполнял до последнего. Даже когда
> Будапешт стал ареной военных действий и на улицах шли
> бои, он делал все, чтобы спасти людей, — сотрудникам он
> сказал, что не может оставить своих подзащитных.
> Можно констатировать следующее:
> 1) посланник Даниэльсон получил секретную информацию
> о том, что гестапо и СС хотят положить конец деятель-
> ности Рауля и готовы на радикальные меры. Он сказал
> об этом Раулю, и было решено, что тот попытается перейти
> к русским с некоторыми своими сотрудниками;
> 2) первый секретарь миссии Пер Ангер в последний раз
> говорил с Раулем 10 января 1945 года;
> 3) согласно заявлениям двух достойных доверия лиц, они
> видели Рауля 17 января в сопровождении его водителя
> и двух русских офицеров;
> 4) МИДом была получена телеграмма с информацией о том,
> что, по сообщению наркомата иностранных дел, Рауль и его
> имущество находятся под русской охраной.
> Из вышеприведенного можно заключить, что Рауль благо-
> получно прибыл к русским, которые будут следить, чтобы

с ним не случилось ничего дурного, потому что и лично он, и его миссия пользовались у них величайшей симпатией. Об этом я узнал в ноябре прошлого года от сотрудника русской торговой делегации.

Скорее всего, сведения Лауэра о последнем периоде жизни Рауля в Будапеште основывались главным образом на информации Ангера, с которым тот, вероятно, встретился в первый же день по прибытии в Стокгольм. Детали совпадают с написанным Ангером в тот же день письменным отчетом, возможно, предназначенным для Лауэра.

Получив от Лауэра информацию, Маркус Валленберг тут же написал Коллонтай письмо на французском языке "по строго конфиденциальному делу". Речь идет, писал он, о Рауле Валленберге, его родственнике, который в Будапеште "с большой смелостью боролся за спасение евреев из рук гестапо и Скрещенных стрел". Далее Валленберг подробно пересказывает ноту Деканозова от 16 января и продолжает: "Теперь, по прошествии трех месяцев, семейство Валленбергов и особенно близкие родственники г-на Валленберга, естественно, чрезвычайно обеспокоены и были бы в высшей степени признательны, если бы Вы во время пребывания в Москве использовали свое влияние для розысков по этому делу". Письмо было отослано 21 апреля и пришло в Москву 27-го. На следующий день Стаффан Сёдерблум вручил его Коллонтай.

Отношение самого Сёдерблума к этому делу явствует из его разговора с заместителем министра иностранных дел Деканозовым, состоявшегося накануне визита к Коллонтай. Во время беседы посланник высказал предположение, что с Валленбергом могло случиться "какое-то несчастье". Когда Деканозов попросил Сёдерблума уточнить, что он имеет в виду, тот сказал, что Валленберг, по сведениям, полученным от венгерских евреев, бежавших в Бухарест, "погиб в автокатастрофе".

Разговор Сёдерблума с Деканозовым был результатом "решительного указания" МИДа "посетить Деканозова и… обязать соответствующие русские военные власти, под охраной которых оказался Валленберг, произвести тщательное расследование его судьбы". Резкая формулировка принадлежала министру иностранных дел Гюнтеру и, судя по всему, была вызвана информацией, полученной от сотрудников будапештской миссии.

Предположение Сёдерблума о том, что Валленберга нет в живых, оказалось ошибочным, но в то время его разделяли многие. Арест дипломата был почти немыслимым нарушением международного права. Гипотеза, что Валленберг попал в автокатастрофу или был убит, представлялась поэтому вполне оправданной — особенно на фоне хаоса, царившего в Венгрии в январе — феврале 1945 года.

Ответа Александры Коллонтай на письмо Маркуса Валленберга так и не последовало — или же он не сохранился.

Посланник Даниэльсон и его проблемы с одеждой

Сведений от возвратившихся домой будапештских шведов ждал не только Коломан Лауэр. Естественно, этого в еще большей степени ждала и семья Рауля. Двадцать четвертого апреля его мать пригласила Даниэльсона домой для разговора. Однако он отклонил предложение, на том основании, что у него "нет подходящей одежды".

Это странный аргумент. В результате всего пережитого одежда Даниэльсона действительно могла поизноситься, но ведь он мог бы обзавестись новой. И уж конечно, Май фон Дардель согласилась бы потерпеть "плохо одетого" Даниэльсона ради столь желанной для нее информации о сыне! Этого Даниэльсон не мог не понимать. Тем не менее он решил отказаться от визита. Почему?

Реакция Даниэльсона, конечно, не имела никакого отношения к одежде. Объяснение следует искать в другом.

Все члены будапештской миссии — Пер Ангер, Ларс Берг, Маргарета Бауэр и Денеш фон Мезеи — после возвращения в Швецию писали в МИД подробные отчеты о нападении Скрещенных стрел на миссию в сочельник и о разграблении советскими войсками в феврале. Все, кроме Даниэльсона. Единственные, кому он, судя по всему, послал отчет, — это американский посланник Хершель Джонсон и Айвер Олсен из Управления по делам военных беженцев. Тот факт, что МИД не потребовал от Даниэльсона письменного отчета и даже, по всей видимости, не заслушал его устно, поразителен.

Поведение Даниэльсона в отношении Май фон Дардель нужно рассматривать вкупе с его молчанием о времени, проведенном в Будапеште, — молчанием, которое, возможно, объясняется его взглядом на деятельность Валленберга. Миссия Рауля была санкционирована Стокгольмом, и Даниэльсон принял ее условия. Однако как дипломат старой школы он — впрочем, как и Берг и Ангер, — критически относился к свободному толкованию Валленбергом границ своего мандата. Судя по всему, противоречия между профессиональными дипломатами и Валленбергом были гораздо глубже, чем те позволяли себе признавать после исчезновения Рауля. В мемуарах это читается между строк, например, в следующей формулировке в письме Ларса Берга: "Все наши силы днем и ночью были сосредоточены на борьбе за дело Швеции и Рауля, хотя его дело шло скорее во вред шведским интересам, чем наоборот, из-за все более масштабного найма людей на работу и производства охранных документов вопреки распоряжениям Даниэльсона".

Все же, вероятно, не эти критические взгляды на нетрадиционные методы дипломатии заставили Даниэльсона отклонить приглашение Май фон Дардель. Причина, скорее всего, была иной: он думал, что располагает информацией, которая, будь она правдой, сильно повредила бы репутации Валленберга. Дело в том, что у Даниэльсона сложилось представление, будто Рауль не собирался возвращать ценности, которые взял с собой, когда перешел к русским, а думал их присвоить. После падения Буды к Даниэльсону приходили люди, требовавшие свои депозиты, которые, по их утверждениям, они оставили на хранение Валленбергу. Об этом говорил Миклош Краус, видевшийся с Даниэльсоном после войны. При этом, по словам Крауса, посланник не питал никакой "злобы" против Валленберга. Он был "искренне опечален и разочарован ходом событий" и "почти плакал", рассказывая об этом[87].

Информация Даниэльсона основывалась на сведениях из вторых рук, ведь он не имел никакой связи с Валленбергом в течение трех последних недель в Будапеште. О том, что у Валленберга были с собой деньги и драгоценности, знали многие. Но то, что Даниэльсон мог поверить, что вещи были украдены, удивительно. Ни характер, ни поступки Валленберга не давали никакого повода подумать, что он способен на нечто подобное. Даниэльсон должен был знать Рауля достаточно хорошо, чтобы это понимать. Кроме того, он был в курсе, что ценности исчезли во время советских грабежей в помещениях миссии в феврале — марте.

Не может быть сомнений, что драгоценности, которые оставались у Рауля в последние дни его пребывания в Будапеште, он собирался возвратить законным владельцам. Но, если Даниэльсон полагал, что у Валленберга были иные намерения, это могло быть достаточным основанием, чтобы избегать встречи с его матерью.

Лефортово

Двадцать четвертого мая Рауль Валленберг был переведен с Лубянки в Лефортово. Одновременно с ним туда перевели и Вилли Ределя, а Яна Лойду отправили в Бутырку. Валленберга и Ределя поместили вместе, в камере №203. (Вильмоша Лангфелдера перевели в Лефортово еще в марте.) Интересно заметить, что Валленберг никогда не сидел в одиночке. Чаще всего в камеру помещали по трое заключенных. Еще интереснее то обстоятельство, что его сокамерниками в большинстве случаев оказывались высокопоставленные немецкие дипломаты или чиновники. Если учесть, что Валленберга обвиняли в шпионаже в пользу Германии, трудно увидеть в этом случайность.

Тюремные будни были одинаковыми что в Лефортово, что на Лубянке. В 6:00 или 6:30 подъем, в 7:00 завтрак, состоящий из чая, хлеба и нескольких кусочков сахара. В 10:00–10:30 некоторым категориям заключенных, в том числе дипломатам, полагалась дополнительно каша. Обед (суп и кашу) давали в 13:00–14:00, а ужин (также состоящий из каши) в 18:00–19:00. Так же как на Лубянке, заключенные имели право на ежедневную 20-минутную прогулку в тюремном прогулочном дворике, но это право часто не соблюдалось — ограничивались несколькими прогулками в неделю. В Лефортово тоже была библиотека с литературой на русском языке и душ, находившийся на первом этаже. Раз в десять дней выдавалось нижнее белье и постельные принадлежности. Были аптека и врачи, в том числе стоматолог.

В остальном условия в Лефортово были значительно хуже, чем на Лубянке[88]. Камеры маленькие, 3 × 2,4 м, то есть около 7 кв. м. Основную часть пространства занимали нары и стол шириной 50 см. Поскольку нары были размером 1 × 2 м, в камере с двумя спальными местами оставалось каких-нибудь пара квадратных метров свободной площади. Возле двери располагались ведро-параша и раковина с проточной водой. Окно зарешечено и закрыто сверху металлическим щитком, так что свет проникал только снизу. Если бы не свет, горевший днем и ночью, в камере царил бы вечный полумрак. Толстые стены сложены из оштукатуренного красного

кирпича. Пол каменный, холодный. Итальянский дипломат Клаудио де Мор, сидевший в Лефортово в то же время, что и Валленберг, с ужасом вспоминал условия в этой тюрьме: грязь, плесень, вонь, холод — зимой температура в помещении не выше плюс пяти, — прогулки во дворике в 30-градусный мороз в рванье и худых ботинках, пища, состоящая в основном из каши и кислой капусты.

В целом условия в Лефортово были значительно хуже, чем на Лубянке. Но в одном Лефортово выгодно отличалось: местные заключенные могли общаться друг с другом. Это происходило главным образом путем перестукивания. Кроме того, в летнее время на верхних этажах тюрьмы в водопроводных трубах из-за недостаточного напора часто не было воды. Открыв краны, заключенные, чьи камеры питались от одного водопровода, могли использовать трубы в качестве своеобразного телефона и говорить друг с другом. Заключенные камеры № 203 Валленберг и Редель могли общаться со своими соседями и перестукиванием, и по водопроводным трубам. В банные дни, находясь в душе, заключенные могли еще и прокричать друг другу свою фамилию, а иногда даже обменяться несколькими словами.

Для перестукивания существовали две разные методики. Самый обычный вариант: один удар означает латинскую *A*, два удара — латинскую *B*, три раза — *C* и так далее. Метод простой, но затратный по времени. Другой способ — по квадратной табличке, в которой буквы распределены по рядам и колонкам. Первый удар обозначает строку, второй колонку и тем самым дает возможность узнать букву. По этому методу, чтобы передать *B*, нужно простучать один раз, указывая тем самым на первую строку, и затем два раза, чтобы обозначить номер колонки:

Камера № 203 в Лефортово, в которой Валленберг сидел вместе с Вилли Ределем. Фото 1991 года.

	1	2	3	4	5
1	A	B	C	D	E
2	F	G	H	I	J
3	K	L	M	N	O
4	P	Q	R	S	T
5	U	V	X	Y	Z

Квадратная буквенная табличка.

Обычно в качестве инструмента для перестукивания использовали зубную щетку. Поскольку все формы общения между камерами были запрещены, перестукиваться приходилось с величайшей осторожностью. Чтобы скрыть свое занятие, заключенный садился спиной к стене с книгой в руке, при этом перестукиваясь другой рукой. Эту руку он вытаскивал из рукава, но рукав укладывал так, что казалось, будто рука по-прежнему там. Надзиратель, наблюдавший через дверной глазок, не замечал ничего подозрительного.

Благодаря Густаву Рихтеру у нас есть сведения из первых рук о Валленберге на Лубянке. С Лефортово дела обстоят хуже, поскольку сокамерник Рауля Вилли Редель осенью 1947 года был убит. Поэтому информация, которой мы располагаем, скудна. Она основывается на немногочисленных тюремных документах, на перестукиваниях и разговорах через трубы (по свидетельству сокамерников, Валленберг "перестукивался очень активно", "говорил и перестукивался на отличном немецком"). Информация, полученная в результате перестукивания, стала известна в середине 1950-х годов, когда были освобождены некоторые из сокамерников Валленберга и Лангфелдера.

Валленберг провел в Лефортово почти два года. За это время его допрашивали всего два раза. Первый допрос состоялся 17 июля 1946 года (к тому моменту его не вызывали на допрос уже 15 месяцев), а второй 30 августа. Никаких протоколов этих допросов не сохранилось. Но из информации, сообщенной Валленбергом при перестукивании и переговорах через трубы, следует, что обвинения в шпионской деятельности остались в силе. "Валленберг обвинялся русскими в шпионаже, но сидел потом годами и днями без допросов" (Карл Зупприан, генеральный секретарь германского научного института в Бухаресте). "Валленберга арестовали по подозрению в шпионаже, поскольку он находился на оккупированной русскими территории" (Эрнст Людвиг Валленштейн, научный сотрудник при германском представительстве в Бухаресте). Валленберг "13 января 1945 года в качестве референта по еврейским делам поехал в советскую ставку для переговоров с русскими об улучшении условий жизни еврейского населения Будапешта. В этот момент Валленберга задержали и отправили в Москву по подозрению в шпионаже" (Вилли Бергеман, сотрудник германского представительства в Бухаресте). "Советские власти, по-видимому, обвинили его в шпионаже в пользу Германии" (Вильгельм Монке, комендант правительственного квартала Берлина). "Лангфелдера обвиняли в шпионаже в пользу американцев или, возможно, англичан. Эти обвинения распространялись также и на Валленберга" (Эрнст Хубер, капрал, телеграфист в Румынии).

Сидевшие вместе с Валленбергом заключенные свидетельствовали о том, что он "как шведский дипломат неоднократно очень резко протестовал против своего задержания" (Хайнц Гельмут фон Хинкельдей, майор немецкого генштаба, взятый в плен в Бухаресте). Он также продолжал требовать, чтобы ему разрешили вступить в контакт с шведским представительством или Красным Крестом. В качестве ответа офицер, который вел допрос, сказал: "Ни один человек не вспоминает о Вас". И еще: "Если бы правительство или посольство Швеции проявляли к Вам хоть какой-то интерес, они бы уже давно установили с нами связь" (Бернхард Ренсингхоф, экономический советник германского представительства в Бухаресте). Валленбергу было сказано, что отсутствие интереса шведских властей к нему есть "лучшее доказательство его вины", и теперь уже его дело доказывать свою невиновность. Аргумент о равнодушии Швеции был способом сломить Валленберга психологически, он же использовался и против других шведов, попавших в советское заключение: им также пришлось услышать, что "шведское посольство в Москве не проявляло к ним интереса".

Поскольку Валленберга не вызывали на допросы и в то же время не давали возможности связаться со шведским посольством, он решил обратиться к Сталину. Письмо было написано по-французски и начиналось обращением: "Месье Президент". Формулировки письма Валленберг обсудил путем перестукивания с Валленштейном и Ренсингхофом. Оба независимо друг от друга впоследствии засвидетельствовали факт заявления. Валленштейн датирует его рубежом 1945–1946 годов, Ренсингхоф — летом 1946-го. В этом заявлении Валленберг ссылался на свой дипломатический статус и требовал, чтобы его допросили и дали войти в контакт с представителями Швеции. Заявление было передано охраннику и, судя по всему, отослано. Разумеется, никакого ответа не последовало.

Когда Валленберг спросил, что с ним будет дальше, допрашивавший его офицер (иногда заходивший в камеру) ответил, что его судьба и судьба других заключенных будет решаться на встрече в марте. Имелось в виду совещание министров иностранных дел, которое должно было состояться в Москве в марте 1947 года, в его задачу входило в том числе решение вопросов о репатриации военнопленных. Если это заявление могло послужить некоторым утешением, то ответ офицера на другой вопрос Валленберга, будут ли его судить или нет, звучал более зловеще: "По политическим причинам Вас никогда не будут судить". То есть его дело было не юридического характера[89].

Феллер и Майер

В тот день, когда был отдан приказ об аресте Валленберга, 17 января 1945 года, такой же приказ был выписан в отношении швейцарских дипломатов Харальда Феллера и Макса Майера, а также словацкого посланника Яна Спишака. Предписывалось отправить их в Москву "таким же образом, как Валленберга". Приказ тоже подписал заместитель наркома обороны Булганин, направив его командующему 2-м Украинским фронтом Малиновскому. При этом из докладной записки начальника СМЕРШа Абакумова министру иностранных дел Вячеславу Молотову следует, что решение об аресте швейцарцев было принято "в соответствии с указаниями товарища Сталина", что является косвенным доказательством того, что и арест Валленберга был санкционирован на самом верху. Трудно поверить, чтобы Булганин, лояльный, но малокомпетентный партийный работник, к январю 1945 года всего лишь три месяца находившийся на посту замнаркома обороны, по собственной инициативе мог отдавать приказы об аресте иностранных дипломатов.

После подрыва мостов через Дунай Феллер попросил Макса Майера взять на себя защиту швейцарских интересов в Буде, а сам, как и Валленберг, остался представителем своей страны в Пеште. Феллер и Валленберг тесно сотрудничали в борьбе за спасение будапештских евреев. В последний раз они виделись в швейцарской миссии в Пеште во вторую неделю января. По словам Феллера, "Валленберг тогда сказал, что постарается через Пешт добраться до русских частей".

Феллер и Майер были арестованы не сразу, а лишь через несколько недель после приказа. Майера забрали в швейцарской миссии 10 февраля, а Феллера на шесть дней позже, во время его посещении советской комендатуры. После нескольких дней в Будапеште и его окрестностях их через Львов и Киев отправили в Москву. Их регистрация на Лубянке датирована 4 марта. На следующий день после первого допроса их перевели в Лефортово.

Еще при аресте Феллеру сообщили, что он задержан не "потому, что чем-то неугоден, а исключительно с целью использования его позднее, возможно, при обмене". В тот момент в Швейцарии находились около 10 тыс. интернированных советских граждан, главным образом военные беженцы. Одновременно около 6 тыс. швейцарских граждан оказалось по ту сторону фронта. Как только швейцарское правительство осенью 1945 года получило информацию, что их дипломаты находятся в заключении в СССР, оно начало переговоры об обмене. Поскольку Швейцария и Советский Союз не имели дипломатических отношений, переговоры велись со специально созданной советской комиссией по репатриации. Советская сторона хотела получить обратно двух боевых летчиков, бежавших в Швейцарию и обратившихся за получением убежища в этой стране, Владимира Новикова и Геннадия Кочетова. Этому требованию швейцарцы пойти навстречу не захотели ввиду действующих в стране законов о праве на убежище. Вместо этого они предложили обменять Феллера и Майера на шестерых советских граждан, находившихся в заключении в Швейцарии за небольшие правонарушения. Русские не соглашались, и Швейцария решила экстрадировать Новикова. Но, когда русские заявили, что не выпустят швейцарских дипломатов, если не будут переданы оба летчика, швейцарцы сдались, и русские получили обратно и Новикова с Кочетовым, и других шестерых советских граждан. В обмен на это Феллер и Майер были освобождены и переданы швейцарским властям 27 января 1946 года, почти через год после того, как был отдан приказ об их аресте.

После освобождения Феллер рассказал, что с ним обращались хорошо, но интересно, что на его вопросы, что с ним будет, русские месяцами говорили, что не знают. Это нежелание сообщить заключенному хотя бы какую-то информацию о его будущем присутствовало и в случае Валленберга. Еще одна примечательная деталь — в ходе четырех допросов, которым подвергся Феллер, русские ни разу не проявили интереса к личности Валленберга или его деятельности в Будапеште.

Итак, Феллера и Майера арестовали, чтобы использовать при обмене. Может быть, то же самое было и с Валленбергом? К данному вопросу мы еще вернемся.

Монастырь Св. Бригиды: альтернативный след

Принято считать, что Валленберг провел в Лефортово почти два года. Так ли это? Если исходить из того, что доступные нам документы соответствуют действительности, то да. Документы состоят из регистрационных карточек и свидетельств других заключенных и сокамерников. Согласно регистрационной карточке, Валленберг поступил в Лефортово 29 мая 1945 года и выбыл из этой тюрьмы 1 марта 1947-го. Сидевший одновременно с ним Вилли Бергеман свидетельствовал, что перестукивался с Валленбергом и Ределем вплоть до момента их перемещения из Лефортово весной 1947 года. Однако другие заключенные свидетельствуют, что связь с ним прекратилась в конце 1946 года.

В гигантском материале, собранном шведским МИДом и начинающемся 1945 годом, содержится бесчисленное количество сведений от лиц, утверждающих, что встречали

Валленберга в разных тюрьмах и лагерях. Некоторые свидетельства представляют собой явный плод фантазии или основаны на недоразумении и недопонимании. Однако в обширном архиве имеются и показания очевидцев, несущие на себе отпечаток достоверности. Одним таким делом шведский МИД занимался десять лет и так и не пришел к окончательным выводам. Достоверные или нет, эти сведения настолько поразительны, что уместно предоставить возможность читателю судить о них самому. Кроме того, они дают представление о трудностях, связанных с розысками правды о судьбе Рауля Валленберга.

Адольф Коэн (или Кон), польский еврей 1910 года рождения, после войны помогал евреям в "советской Польше" (то есть в той части страны, которая после 1939 года вошла в состав Украины) эмигрировать в Палестину. Он работал в разных сионистских организациях. В ноябре 1946 года его арестовали и отправили в тюрьму Бригидки, находившуюся в здании бывшего монастыря Св. Бригиды в городе Львове. По его предположениям, причиной была его связь с польским офицером, подозреваемым в заговоре против Советского Союза.

Коэн сидел в тюрьме Бригидки с ноября 1946-го по март 1947-го. После освобождения он уехал в Париж, где 9 июля посетил шведское посольство. Причина его визита заключалась в том, что во время заключения он контактировал со шведом по имени Рауль, чью фамилию он опознал как Валленберг, когда посол Карл Иван Вестман назвал ему ее. По словам Коэна, Валленберг сидел в камере №149, а он — в соседней. Коэн никогда не видел шведа, но они перестукивались и разговаривали через открытые окна камер. Разговор велся по-английски. Коэн получил посылку с продуктами от семьи одного профессора по фамилии Риньевич и сумел с помощью веревки, сделанной из ремешков обуви, поделиться едой с Валленбергом через окно его камеры.

Валленберг рассказал Коэну, что он швед, служил в шведской миссии в Будапеште и в момент прихода русских "отправился к знакомым, чтобы защитить их от насилия, и что при этом у него был при себе портфель, который русские забрали". Когда оказалось, что в портфеле драгоценности и деньги, русские заявили Валленбергу, что он "пытался утаить имущество, принадлежащее антидемократическим лицам". По словам Коэна, после этого Валленберга "арестовали и жестоко избили, побоями вынудив подписать протокол на русском языке, о содержании которого он остается в неведении". В письме, направленном посланнику Вестману двумя неделями позже, Коэн написал: "Из различных бесед, которые мы вели с г-ном Р. В., я сделал вывод, что единственной причиной, по которой РКВД[90] продолжает держать его у себя, является то, что во время его содержания под стражей у него конфисковали большую сумму денег, а также драгоценности, переданные ему его друзьями на хранение". Несколько лет спустя Коэн передал рассказ Валленберга в еще более конкретных словах: "В последний день один еврей оставил ему портфель с драгоценностями, золотыми монетами и иностранной валютой большой ценности. Когда вскоре после этого его задержали русские, у него забрали и драгоценный портфель, и его собственные наручные часы".

Коэн передает ход событий более или менее правильно. Его сведения, что один еврей "в последний день" передал Валленбергу "портфель с драгоценностями, золотыми монетами и иностранной валютой большой ценности", соответствуют свидетельству Крауса о посещении Валленбергом швейцарской миссии: это действительно было "в последний день", 16 января, после чего Валленберга увезли. Как мы помним, он заехал забрать портфель, в котором были, как подозревал Краус, ценные вещи, принадлежавшие его подзащитным.

Еще одна подробность, заставляющая отнестись к свидетельству Коэна всерьез: "Я также помню, что господин

Р. В. рассказал мне, что одновременно с его арестом офицер русской разведки сообщил ему, что арестован и швейцарский дипломат". Что с ним случилось потом, Валленберг не знал. И это заявление соответствует действительности — хотя Харальда Феллера и Макса Майера арестовали лишь несколько недель спустя после задержания Валленберга, приказ об их аресте датирован тем же числом, что и приказ об аресте Валленберга, 17 января. Поскольку документ стал известен лишь в 1990-е, эта информация не могла исходить от кого-то иного, кроме самого Валленберга.

Валленберг сообщил Коэну и личные сведения о себе, в частности, что он принадлежит к "семье банкиров, имеющей большое влияние", что у него есть замужняя сестра (чью фамилию Коэн записал на обрывке сигаретной пачки, который пропал в связи с освобождением). Валленберг также сказал, что у него есть брат в Америке, но тут, скорее всего, закралась ошибка или недопонимание — возможно, он рассказывал Коэну об учебе в Америке. (Что Ги в тот момент находился в США, Рауль знать не мог.)

В рассказе Коэна есть несколько менее достоверных подробностей. Но информация, почерпнутая в условиях тюрьмы, почти всегда отличается непоследовательностью, противоречивостью и содержит неправильно понятые факты. Коэн интересен тем, что два из приводимых им фактов — портфель с деньгами и драгоценностями и арест швейцарского дипломата — не только являются правдой, но, помимо прочего, могли исходить лишь от самого Валленберга. Чтобы сообщить Коэну эту информацию, Валленберг должен был одновременно с ним оказаться в тюрьме Бригидки. Возможно ли это?

Как уже говорилось, наши знания о пребывании Валленберга в Лефортово отрывочны. Мы знаем, когда его привезли и когда увезли. Знаем, когда вызывали на допрос. Мы располагаем свидетельствами заключенных, сидевших одновременно с ним. Но их датировки не совсем надежны. Дни в тюрьме отличаются монотонностью, границы времени стираются: один из заключенных относит заявление Валленберга на имя Сталина к концу 1945 — началу 1946 года, в то время как другой называет лето 1946-го. Что касается регистрационных журналов, содержащих отметки о прибытии и убытии или о допросах, нет никаких гарантий, что они полны или не подвергались правке.

Последний допрос Валленберга в Лефортово, согласно доступным нам документам, имел место 30 августа 1946 года. В следующий раз его вызвали на допрос лишь 11 марта 1947 года — на Лубянке, куда его перевели 1 марта. Таким образом, существует возможность того, что в шестимесячном промежутке между этими двумя датами он мог оказаться где-то в другом месте. Отсутствие в регистрационном журнале записи о таком переводе может ничего не значить.

Таким образом, не исключено, что Валленберга могли увезти из Лефортовской тюрьмы где-то в конце 1946 года. Бернхард Ренсингхоф сообщает, что однажды с помощью перестукивания получил из камеры Валленберга и Ределя сообщение: "Нас увозят". "Это произошло в 1946 году, насколько я помню, осенью". Другой немецкий военнопленный, Антон Морман, бывший советник при представительстве Германии в Софии, который, подобно Ренсингхофу, сидел этажом ниже под камерой Валленберга и Ределя, сообщает, что, насколько он помнит, не имел с ними никаких контактов начиная с декабря 1946 года. А Карл Зуппориан говорит, что перестукивался с Ределем и Валленбергом "вплоть до 1947 года".

Поскольку сведения, сообщенные Коэном, могли исходить только от самого Валленберга, не кажется невероятным, что Валленберг на какое-то время на рубеже 1946–1947 годов мог оказаться в тюрьме Бригидки во Львове. Гипотеза о содержании Валленберга там подкрепляется знакомым Валленберга по Будапешту Ароном Габором, которого привезли во Львов в феврале 1947 года. На его вопрос, не сидит или не сидел ли там Валленберг, многие из его товарищей по заключению, которых он считал "абсолютно надежными", ответили положительно.

Шведский посланник в Париже Вестман отнесся к свидетельству Коэна всерьез. "Лично я убежден, что этот след серьезен, — писал он в шведский МИД. — Столько деталей, сколько привел этот информант, невозможно выдумать". Вестман также подчеркнул, что Коэн не имел никакого представления о том, "какой интерес вызвало в Швеции дело Валленберга", а это гарантия того, что он действовал не в целях саморекламы. А начальник шведской полиции безопасности Отто Даниэльсон — человек, отличавшийся большим умом и крайней проницательностью, — писал, что "склонен поверить заявлению, прежде всего из-за того, что тот не предъявил вообще никаких требований компенсации или вознаграждения за свою помощь, например, в виде разрешения на въезд в Швецию или какой-либо помощи нашего представительства. Если сведения Коэна — фантазия, то зачем он фантазирует?"

Когда четыре года спустя, в 1951-м, посланник Швеции в Брюсселе Гуннар Ройтершёльд встретился с Коэном, тот подтвердил свои показания о Валленберге. Однако МИД не стал раскручивать эту нить, главным образом потому, что Коэн оказался замешанным в мошеннической деятельности и попал в тюрьму в Бельгии. Тем не менее Отто Даниэльсона не оставляла мысль, что Коэн, возможно, говорил правду. "Я вполне сознаю, что Коэн — человек, в большой степени живущий мошенничеством, но вопрос в том, можно ли из-за этого отмахнуться от его заявления как лишенного всякой ценности", — писал Даниэльсон через десять лет после того, как Коэн впервые появился в шведском представительстве в Париже. Поэтому он предлагал, чтобы шведское правительство попросило советские власти провести расследование на предмет того, не содержался ли Валленберг в камере № 149 в тюрьме Бригидки. Однако это так и не было сделано.

Дипломатическое наступление

Если Валленберга действительно перевезли во Львов поздней осенью 1946 года, какими мотивами могли руководствоваться при этом советские власти? Одним из мотивов могло быть желание убрать его из Москвы по причине усилившегося в тот момент давления шведского правительства. Дипломатическое наступление было обусловлено тем, что за прошедший 1946 год выявились факты и свидетельства, ясно указывающие, что Валленберг находится в советском заключении.

До этого момента позиция Швеции по вопросу о Валленберге была оборонительной. Когда американский посол в Москве Аверелл Гарриман в апреле 1945 года предложил американскую помощь в выяснении судьбы Валленберга, эта помощь была отклонена под тем предлогом, что нет оснований сомневаться, что русские и так делают все от них зависящее, поэтому американское вмешательство было бы "нежелательным". Предложение отклонил Стаффан Сёдерблум, даже не потрудившийся сообщить о нем своему начальству в Стокгольм.

Поскольку Сёдерблум в контактах с советским МИДом не раз выдвигал теорию, что Валленберг, скорее всего, погиб, его с годами стали рассматривать как главный символ бессилия и пассивности, отличающих шведскую дипломатию того времени. Во время встречи с новым начальником скандинавского отдела советского наркомата иностранных дел Александром Абрамовым 26 декабря 1945 года Сёдерблум представил эту идею как свое "личное мнение":

Я, естественно, знаю, что мое мнение не может иметь личного характера, но в этом случае я хотел бы попросить Вас воспринимать его как мое личное. Я предполагаю, что Валленберга уже нет в живых. Возможно, он погиб в результате бомбардировки германской авиации или при нападении венгерских или немецких военных, переодетых в советскую форму. [...] Было бы оптимально, если бы миссия теперь смогла получить ответ именно в таком духе, то есть что Валленберг погиб. Это необходимо в первую очередь матери Валленберга, которая все еще надеется, что ее сын жив, и напрасно тратит силы и здоровье на бессмысленные поиски. [...] Я хотел бы еще раз подчеркнуть, что моя просьба об ответе советского правительства и о содержании этого ответа, естественно, представляет собой личную просьбу и личное мнение.

Сёдерблум повторил свою гипотезу и во время встречи со Сталиным 15 июня 1946 года. Собираясь покинуть свой пост в Москве после всего лишь двухлетней службы, он получил редкую привилегию — аудиенцию у советского лидера. Согласно записи разговора, сделанной Сёдерблумом, он сказал, что "лично убежден, что Валленберг стал жертвой несчастного случая или бандитов" и что он считает "вероятным, что советские военные власти не располагают какими-либо сведениями о его дальнейшей судьбе". Однако он предпочел бы получить "официальное сообщение о том, что приняты все возможные меры для его розыска, хотя до сих пор они, к сожалению, остаются безрезультатными" и "заверение в том, что мы получим дополнительные известия в случае, если о судьбе Валленберга что-то станет известно". "Это в Ваших собственных интересах, — подчеркнул Сёдерблум, — поскольку есть люди, которые в отсутствие информации могут сделать неправильные выводы". Сталин пообещал проследить за этим делом.

Вложив ранее слова в уста Абрамову, Сёдерблум теперь вложил их и в уста Сталина. Тем самым он дал возможность советской стороне поставить точку в деле Валленберга, сославшись на его мнимую смерть. Зачем беспокоиться о Валленберге, если сами шведы исходят из того, что его уже нет в живых?

Как же объяснить позицию и поведение Сёдерблума? Трудно отделаться от мысли, что шведской стороне хотелось избавиться от дела Валленберга, поскольку оно угрожало испортить отношения между двумя странами. Несколько лет шло обсуждение торгово-кредитного соглашения между Швецией и Советским Союзом. Переговоры вошли в интенсивную фазу в марте и закончились в октябре 1946 года. На фоне этих обстоятельств было ли "личное мнение" Сёдерблума действительно лишь его собственным? Или оно имело поддержку шведского правительства? Как перед встречей с Абрамовым, так и перед приемом у Сталина Сёдерблум подолгу находился в Стокгольме. Не могло ли быть так, что во время этих визитов он получил инструкции от нового министра иностранных дел Эстена Ундена выдвинуть теорию о смерти Валленберга? Или, по крайней мере, пришел к выводу, что такое заявление не вызовет неудовольствия Стокгольма?

В пользу того, что "личное мнение" Сёдерблума имело поддержку руководства, говорит то, что Унден, во-первых, не поправил его, прочтя запись беседы со Сталиным, а во-вторых, и сам не поднял этого вопроса при встрече с Молотовым в Нью-Йорке в ноябре того же года. Как пишет шведский историк, все это "едва ли могло быть истолковано советской стороной иначе как подтверждение — если еще нужны были подтверждения — того, что заявление Сёдерблума о смерти Валленберга отражает истинное мнение его правительства". При этом следует еще раз подчеркнуть: мнения, что Валленберга уже нет в живых, в то время придерживались многие.

То, что взгляд Сёдерблума на дело Валленберга, возможно, не был исключительно его собственным, а отражал взгляд МИДа, следует еще и из того, что во время посещения Стокгольма в мае 1946 года он вновь попросил Маркуса Валленберга-младшего обратиться к мадам Коллонтай. Зачем бы он стал это делать, если бы действительно был абсолютно убежден, что Валленберга нет в живых? Когда 23 мая

Сёдерблум вернулся в Москву, с собой он привез и письмо, и подарок от Додде: картину шведского художника принца Евгения, знакомого Коллонтай. Письмо найти не удалось, но из ответного письма Коллонтай мы знаем, что картина пришлась ей по вкусу и отныне украшала ее рабочий кабинет, наводя на мысли о Швеции. Что касается вопроса о судьбе Рауля, ее ответ не давал оснований для оптимизма: "Я сделаю то, о чем Вы просите, но, не будучи более на службе, не имеешь уже и прежних возможностей действовать"[91]. Когда Гуннар Хэгглёф, сменивший Сёдерблума на посту шведского посланника в Москве, в апреле 1947 года посетил Коллонтай, он получил тот же ответ: "Я бы очень хотела помочь, но что я могу сделать?"

Новые свидетельства

Весной 1946 года возникли некоторые новые обстоятельства, указывающие на то, что Валленберг, возможно, жив и находится в СССР. В конце марта из заключения в Советском Союзе был освобожден шведский гражданин Эдвард аф Сандеберг. Журналист, работавший в Скандинавском телеграфном бюро в Берлине, в апреле 1945 года он был эвакуирован в Москву вместе с персоналом шведской миссии в Берлине. В то время как сотрудникам миссии, как и будапештскому представительству, позволили продолжить путь в Швецию, куда они прибыли 25 мая 1945 года, Сандеберга вместе с рядом других шведских граждан оставили в заключении в Советском Союзе. После многочисленных дипломатических шагов со стороны Швеции советские власти подтвердили этот факт. Двадцать второго марта 1946 года Сандеберга выпустили, и он смог вернуться в Швецию.

Несколько месяцев спустя, 28 июня, в интервью газете "Стокгольмстиднинген" Сандеберг рассказал, что его сокамерником был немец по имени Эрхард Хилле. А тот, в свою очередь, раньше сидел в одной камере с Вильмошем Лангфелдером и Яном Лойдой, которые рассказывали ему о Валленберге. Это стало первым серьезным свидетельством в пользу того, что Валленберг находится в советском заключении. Несмотря на то что МИД по ряду причин отнесся к сведениям Сандеберга скептически, их переслали в московское представительство, которое 12 июля вручило эту информацию советскому МИДу. В день, когда вышло интервью, мать Рауля вместе с Сандебергом получила аудиенцию у короля Густава V, который обещал поговорить с министерством иностранных дел о ее сыне[92].

Убеждение, что Валленберг жив и находится в Советском Союзе, получило новое подкрепление в середине ноября, когда вышла книга "Рауль Валленберг. Дипломат, борец, самаритянин". Она была написана австрийским беженцем, журналистом и писателем Рудольфом Филиппом, с 1930-х годов проживавшим в Швеции. Здесь впервые подробно были описаны деятельность Валленберга в Будапеште и события 17 января 1945 года, когда он уехал в Дебрецен, чтобы встретиться с Малиновским. В книге говорилось также о роли, которую сыграло Управление по делам военных беженцев в рекрутировании Валленберга и финансировании его миссии по спасению евреев. Кроме того, книга содержала подробный рассказ о действиях шведского МИДа по этому делу, основанный на внутренних докладных записках и охватывающий период с января 1945 по март 1946 года.

Книга Филиппа вызвала бурную реакцию в министерстве, пытавшемся убедить прессу не использовать информацию о том, что Валленберг, возможно, жив, "в качестве исходного пункта для критики русских". Узнаем тактику: ни слова о русских!

Публикация в один миг изменила общественное мнение по поводу дела Валленберга, и прежде всего острой критикой МИДа. Доказательства того, что Валленберг содержится в заключении в Советском Союзе, были теперь настолько убедительными, что в ноябре Филиппа попросили представить результаты своих исследований Совету министров. В том же месяце дело Валленберга обсуждалось в парламенте в связи с запросом депутата Элиса Хостада, который потребовал подробного отчета по действиям правительства. Он также выразил свое недоумение по поводу отношения МИДа к семье Рауля, "самой законной стороне в этом деле". Премьер-министр Таге Эрландер в своем ответе заверил членов парламента, что МИД "проверял все версии и следы, тем или иным образом ставшие ему известными" и что правительство "отнюдь не считает дело Рауля Валленберга закрытым".

Чтобы убедить парламент и общественность в том, что правительство занимается этим делом, шведской миссии в Москве 28 ноября было дано распоряжение потребовать от советского МИДа "определенного ответа о результатах поисков, неоднократно обещанных советскими властями". В течение нескольких недель за этим демаршем последовали новые визиты с тем же вопросом. При встрече Ульфа Барк-Хольста с Александрой Коллонтай 8 декабря советник шведской миссии, сославшись на дебаты в парламенте, подчеркнул "необходимость без проволочек предоставить отчет о розысках Валленберга". Он сослался на обещание, данное Сталиным Сёдерблуму, и сказал, что шведско-русские отношения могут быть "омрачены" из-за этого непроясненного вопроса. Коллонтай посоветовала ему нанести визит Деканозову, хотя и сомневалась, что тот "осмелится самостоятельно дать ответ о Валленберге — вероятнее всего, он будет ожидать возвращения Молотова". В отчете о встрече с Коллонтай Барк-Хольст написал, что, "может быть, г-н Унден найдет возможность затронуть этот вопрос в разговоре с Молотовым в Нью-Йорке". Но, как мы видели, такой возможности шведский министр иностранных дел не нашел.

Шведское дипломатическое наступление привело к внезапной перемене отношения советских властей к делу Валленберга. Так, например, начиная с первых чисел декабря Деканозов вообще стал отказывать шведским дипломатам в приеме. Когда Барк-Хольст 13 января 1947 года устроил новый демарш, его принял не Деканозов, а чиновник более низкого ранга. То же самое произошло с Гуннаром Хэгглёфом, попытавшимся повторить демарш через пару недель. Согласно записи беседы, сделанной советской стороной, Хэгглёф во время этого визита заявил, что "не исключает того, что Валленберг стал жертвой несчастного случая в Будапеште, но что он также мог по ошибке исчезнуть в лагерях".

Из всего этого можно заключить, что на рубеже 1946–1947 годов советская сторона приняла какое-то важное решение по делу Валленберга. Может быть, в связи с этим его и убрали из Москвы? В докладной записке шведского МИДа констатируется: "нельзя исключить" того, что Валленберг мог находиться во львовской тюрьме в период, о котором говорил Коэн. "В тот период, о котором идет речь, в Москве был предпринят ряд очень энергичных дипломатических демаршей по делу Валленберга. Быть может, не будет слишком дерзко предположить, что в связи с этим определенные советские органы могли решить, что самое безопасное — на время убрать Валленберга из Москвы". К тому же заключению пришел и глава службы безопасности Отто Даниэльсон: "Бесспорно, многое свидетельствует в пользу того, что Коэн говорил правду, утверждая, что видел Валленберга во Львове. Ведь сегодня нам ясно, что именно в 1947 году НКВД предпринял некоторые маневры, чтобы надежно спрятать Валленберга. Что могло быть естественнее, чем отправить его в маленький монастырь в Восточной Польше?"

"В чем дело по существу?"

Политика советской стороны в отношении дела Валленберга на рубеже 1946–1947 годов вступила в новую фазу. На многочисленные шведские запросы о его судьбе советский МИД каждый раз отвечал утверждением, что не располагает информацией. Открывшиеся после распада Советского Союза факты указывают на то, что это могло быть правдой: ни замминистра иностранных дел Вышинский, ни чиновники министерства, по всей видимости, не знали, что Валленберг находится в тюрьме в СССР. Когда начальник отдела Северной Европы МИДа Кирилл Новиков при встрече с Хэгглёфом 30 января уверял, что розыски Валленберга были безрезультатны, он, судя по всему, не лгал. СМЕРШ, летом 1946 года ставший частью МГБ, был государством в государстве и не считал себя обязанным отвечать на запросы МИДа о судьбе Валленберга. На отчете Новикова о встрече с Хэгглёфом замминистра Андрей Вышинский 2 февраля оставил запись: "В чем дело по с[ущест]ву? Нужно [?] найти удовлетв[орительные] объяс[нения]"⁹³.

Только после этого советское Министерство иностранных дел получило информацию, что Рауль Валленберг находится в заключении в СССР. Сообщение МГБ, сделанное устно. было передано в докладной записке Молотову, который был одним из немногих, знавших об аресте Валленберга, — надо полагать, ему было известно и то, что Валленберг находится в заключении в Советском Союзе. О деле Валленберга знали также Сталин и, вероятно, Деканозов, сделавший карьеру в органах безопасности и лишь в 1939 году назначенный заместителем наркома иностранных дел.

Сведения о Валленберге были направлены Вышинскому, который 14 мая в докладной записке информировал Молотова, что шведское представительство начиная с апреля 1945 года сделало восемь письменных и пять устных запросов о Валленберге. Он также сообщил о приеме Сёдерблума Сталиным, о запросе Хостада в шведском парламенте и о "кампании в прессе" после публикации книги Рудольфа Филиппа. Кроме того, он указал, что Министерство иностранных дел неоднократно запрашивало СМЕРШ и МГБ по поводу Валленберга. В заключение Вышинский просил Молотова обязать министра безопасности — бывшего начальника СМЕРШа Виктора Абакумова "представить справку по существу дела и предложения о его ликвидации". Когда спустя четыре дня Молотов направил докладную записку Вышинского Абакумову, он добавил к ней свою резолюцию: "Прошу доложить мне".

Седьмого июля Вышинский пишет письмо непосредственно Абакумову, в котором сообщает о состоянии дела Валленберга. Он получил запрос от министра торговли США Генри Уоллеса, а "шведы усиленно муссируют этот вопрос", желая "хотя бы какого-нибудь ответа о его судьбе". Необходимо приемлемое объяснение того, что случилось с Валленбергом:

> Для решения вопроса об ответе и его содержании было бы важно иметь сведения о месте взятия под охрану советскими военными властями Валленберга, где помещался в это время Валленберг, куда перемещался Валленберг и были ли в этих местах бои или бомбардировки, имел ли Валленберг возможность свободно передвигаться или находился под непрерывной охраной, а также имел ли в это время Валленберг связи или свидания с членами шведской миссии в Вене (!) или с какими-либо другими иностранцами.

Поскольку Вышинский уже знал, что Валленберг находится в распоряжении МГБ, его письмо следует рассматривать как перечень возможных ответов шведскому правительству. Может быть, Валленберг был убит в ходе боев? Или в Будапеште во время бомбардировки, уже после того, как оказался под охраной советских войск? Шестнадцатого июля при встрече с Михаилом Ветровым Рольф Сульман, сменивший Гуннара Хэгглёфа на посту шведского посланника (в те годы шведские посланники в Москве менялись часто), получил ответ как раз в таком духе. Ветров заявил, что "многое говорит в пользу того, что Рауль Валленберг погиб во время интенсивной бомбежки или стрельбы" в Будапеште.

Вышинский не получил запрошенной информации от Абакумова, поэтому в следующем письме просил его "в связи с новой активизацией в Швеции вопроса о судьбе секретаря шведской миссии в Венгрии Р. Валленберга" ответить как можно скорее. Но и на этот раз не получил ответа. На самом деле Абакумов ответил на письмо Вышинского, но ответ направил не ему, а Молотову, который просил министра безопасности докладывать непосредственно ему. Это явствует из пометки на письме Вышинского: "Ответ дан Аб[акумовым] 17/VII 1947 личным письмом на имя т. В. М. Молотова за № 3044/а". Из журнала исходящих бумаг министра госбезопасности явствует, что темой данного письма было "дело шведского подданного Валленберга". Хотя и зарегистрированное как полученное в секретариате Молотова письмо не было найдено, что свидетельствует об особом характере информации, содержавшейся в нем: вероятно, письмо было уничтожено.

Следующий этап в разработке дела Валленберга стартовал в начале августа, когда Вышинский послал Молотову набросок ответа шведскому правительству. Этот набросок лег в основу официальной ноты, направленной Вышинским Сульману 18 августа. В "личной ноте" заместитель министра иностранных дел пишет, что "в результате тщательной проверки установлено, что Валленберга в Советском Союзе нет и он нам неизвестен". Несмотря на разыскные мероприятия, "в лагерях для военнопленных и интернированных Валленберг также обнаружен не был". И далее объяснение, которое советское руководство отшлифовывало, начиная с февраля:

> ...нельзя, конечно, упускать из вида того, что Валленберг оказался в расположении советских войск в период жестоких боев в Венгрии, когда могли иметь место всякого рода случайности — самовольный уход Валленберга с места расположения советских войск, налет вражеской авиации, гибель от вражеского обстрела и т. п.

"Остается лишь предполагать, — писал Вышинский в конце своей ноты, посланной для ознакомления всему советскому руководству, — что Валленберг во время боев в городе Будапеште погиб либо оказался захваченным салашистами".

Эта нота — ложь, но она сформулирована самым хитрым образом. Вышинский не утверждает, что Валленберга никогда не бывало в Советском Союзе, лишь что теперь его в СССР нет. Далее, он говорит, что Валленберг не был обнаружен "в лагерях для военнопленных и интернированных" — и это правда, ведь он сидел в тюрьме. Утверждение, что Валленберг "неизвестен" советскому руководству, однако, было наглой ложью, а "предположение", что он погиб в Будапеште, — верхом цинизма.

Камера №7

На момент ноты Вышинского дело Валленберга уже было "ликвидировано". Еще 1 марта 1947 года Валленберга перевели обратно на Лубянку. Судя по регистрационному журналу, его должны были перевезти туда 26 февраля, одновременно с Вилли Ределем, но перевод был отложен — может быть, потому что Валленберг находился не в Лефортово, а во Львове и сначала его нужно было транспортировать в Москву? На Лубянке Валленберга и Ределя поместили вместе в камеру № 7 и дали обоим офицерский паек.

Трудно поверить, чтобы перевод на Лубянку не был связан с активизацией дела Валленберга. Ведь именно в начале февраля советский МИД узнал, что Валленберг находится в распоряжении МГБ, и понял, что необходимо добиться разрешения дела. Как известно, Вышинский стал искать "удовлетворительных объяснений" и весной того же года принялся оттачивать их. Возможно, в тот момент рассматривались альтернативные решения, одним из которых могло быть освобождение Валленберга. Это объяснило бы, зачем его перевели в тюрьму с более мягким режимом и дали офицерский паек. Согласно одному источнику, Валленберга вскоре после прибытия на Лубянку перевели в особое помещение — в здание комендатуры МГБ, где распорядились выдать ему одежду получше и следить за состоянием его здоровья.

Информацию, что после перевода на Лубянку условия содержания Валленберга улучшились, подтверждает переводчик, участвовавший в допросе Валленберга, имевшем место 11 марта. Вел допрос все тот же Кузьмишин, однажды уже допрашивавший Рауля. Переводчик лейтенант Кондрашов был поражен тем, что одетый в темный костюм Валленберг "вел себя очень уверенно, очень спокойно", даже "самоуверенно" и отвечал "спокойно, уверенно и… подробно" на все вопросы. Он выглядел "вполне здоровым", "ни тени удрученности, ни болезни не ощущалось". По свидетельству Кондрашова, это был контрольный допрос, уточнение обстоятельств, о которых раньше его, видимо, уже допрашивали: "Речь шла о документах, которые были у него обнаружены при аресте. Самих документов, которые в большом количестве лежали на столе, я не читал, но, насколько я помню, речь шла о каких-то списках, о списках каких-то людей". Говорили также о контактах Валленберга с германскими властями и представителями других государств. Однако у Кондрашова не сложилось впечатления, что его обвиняли "в каких-то тяжелых преступлениях".

Возможно, Валленберг потому производил впечатление человека, столь уверенного в себе, что видел в перемене обстоятельств признак того, что "недоразумение" с его арестом вскоре разъяснится. Возможно, его даже уверили, что именно так дело и обстоит и что скоро его выпустят. Мы не знаем. Единственное, что мы знаем, — что четыре месяца спустя последовал рапорт о его смерти.

Сов. секретно. 59

Министру Государственной безопасности
Союза ССР — Генерал-полковнику
тов. Абакумову В.С.

Рапорт.

Докладываю, что известный Вам заключенный Валенберг сегодня ночью в камере внезапно скончался предположительно вследствие наступившего инфаркта миокарда.

В связи с имеющимся от Вас распоряжением о личном наблюдении за Валенбергом прошу указания, кому поручить вскрытие трупа на предмет установления причины смерти.

Начальник санчасти тюрьмы
полковник медицинской службы

17/VII-47г.   Смольцов

Доложено лично министру
Приказано труп кремировать без вскрытия
                17/VII

Смольцов

Ликвидация

17. июля 1947 года начальник санчасти Лубянской тюрьмы Александр Смольцов направил рапорт министру Государственной безопасности Виктору Абакумову:

Докладываю, что известный Вам заключенный Валенберг [*sic*] сегодня ночью в камере внезапно скончался предположительно вследствие наступившего инфаркта миокарда. В связи с имеющимся от Вас распоряжением о личном наблюдении за Валенбергом прошу указания, кому поручить вскрытие трупа на предмет установления причины смерти.

На рапорте есть следующая приписка, сделанная рукой Смольцова: "Доложил лично министру. Приказано труп кремировать без вскрытия. 17/VII Смольцов".

Рапорт Смольцова, удостоверяющий, что Рауль Валленберг скончался от инфаркта миокарда 17 июля 1947 года.

Таким образом, получается, что Рауль Валленберг умер от инфаркта в ночь на 17 июля 1947 года, за месяц до того, как Вышинский в личной ноте Сульману высказал свое предположение, что Валленберг "во время боев в городе Будапеште погиб либо оказался захваченным салашистами".

Рапорт Смольцова был предан гласности в 1957 году в связи с тем, что советское руководство впервые признало, что Валленберг находился в заключении в СССР. Подлинность рапорта была тут же поставлена под вопрос, тем более что Смольцова уже не было в живых, и спросить его было невозможно. К тому же почему рапорт всплыл лишь в этот момент? Не было ли других документов по делу Валленберга? Вопросов много. Однако криминалистическая экспертиза почерка, качества бумаги и других особенностей, произведенная как русскими, так и шведскими экспертами в начале 1990-х годов, свидетельствует о том, что документ, судя по всему, подлинный.

Хотя стопроцентной уверенности относительно подлинности рапорта нет, гипотеза, что Валленберг действительно умер в 1947 году, очень похожа на правду. По словам секретаря и доверенного лица Александры Коллонтай, шведки Эмми Лоренсон, Коллонтай в 1948 году было предложено прекратить поиски по делу Валленберга, поскольку он умер в тюрьме от болезни в 1947 году. Если память не изменила Эмми Лоренсон, сведения о том, что Коллонтай сообщили о кончине Валленберга в 1948 году, — сильный аргумент в пользу предположения, что к тому моменту его уже не было в живых. Лейтенанту Кондрашову, переводившему при последнем допросе Валленберга, сказали то же самое. Когда через пару лет он случайно встретил Кузьмишина, который вел этот допрос, и спросил его, что сталось с Валленбергом, тот ответил, что его расстреляли. Среди лиц, связанных с советскими органами безопасности, распространено мнение, что жизнь Валленберга действительно оборвалась в 1947 году.

Однако представляется маловероятным, чтобы человек, которому не исполнилось и тридцати пяти, которого его товарищи по заключению и даже лейтенант Кондрашов еще в марте 1947 года считали абсолютно здоровым, вдруг умер от инфаркта. Согласно журналам медицинской помощи на Лубянке и в Лефортово, Валленберг обращался к врачу лишь два-три раза, и речь шла о банальных проблемах типа зубной боли и простуды. О том, что это была не естественная смерть, свидетельствует приказ Абакумова кремировать труп без вскрытия.

По словам Кузьмишина, Валленберга расстреляли, на что намекали и многие лица, в прошлом имевшие отношение к органам безопасности. Это подразумевает, что Смольцов был посвящен в план убийства — непосвященный вряд ли бы написал свидетельство о смерти от инфаркта при явном наличии пулевого отверстия. Более правдоподобное объяснение видвинул бывший генерал КГБ Павел Судоплатов: Валленбергу сделали смертельную инъекцию в так называемой лаборатории X, находившейся в соседнем здании. Лабораторию возглавлял профессор, специалист по токсикологии Григорий Майрановский, занимавшийся исследованием воздействия ядов и отравляющих газов на злокачественные опухоли. В 1939 году исследовательская группа Майрановского перешла в подчинение Министерства внутренних дел и выполняла контролируемые казни в экспериментальных целях. Использовался, по-видимому, яд кураре. Инъекция как раз и могла вызвать инфаркт миокарда, который предварительно констатировал Смольцов, вероятно, не осознававший его причины — в отличие от Абакумова, который именно поэтому запретил вскрытие. "Инфаркт миокарда", кстати, часто назывался в качестве причины смерти, когда на самом деле имели место расстрел или в результате побоев.

Именно у Виктора Абакумова следует искать правду о смерти Валленберга. Или, вернее, в написанном им Молотову письме о "шведском подданном Валленберге", которое было принято как входящее в секретариате МИДа, но так и не нашлось. Письмо было написано в тот самый день, когда Смольцов составил рапорт. Что было в письме, мы не знаем, но, поскольку это был ответ на просьбу Вышинского предложить меры по ликвидации дела Валленберга, можно думать, что письмо содержало сообщение, что дело ликвидировано в буквальном смысле, то есть объекта дела более нет в живых.

О том, что в середине июля в Лубянской тюрьме произошло нечто исключительное, свидетельствует и тот факт, что все когда-либо сидевшие в одной камере с Валленбергом или Вильмошем Лангфелдером через несколько дней — 22 или 23 июля — были вызваны на допрос: Рихтер, Редель, Хубер, Китшман, Хилле и другие. Их спрашивали, с кем они сидели, что им рассказывали Валленберг и Лангфелдер и кому они рассказывали об этих двоих. Допросы вели высокопоставленные офицеры госбезопасности, например Сергей Карташов — глава военной контрразведки в составе СМЕРШа и человек, ответственный за дело Валленберга. Лангфелдера тоже допрашивали два дня подряд, во второй раз в течение 16 часов и именно Карташов. После этих допросов всех, кто сидел в одной камере с Валленбергом или косвенным образом знал о нем, поместили в одиночные камеры на восемь и более месяцев. Впоследствии им запрещали контактировать с другими заключенными, их сажали только с теми, с кем они сидели раньше.

Вилли Редель и Вильмош Лангфелдер "скончались" вскоре после казни Валленберга. Первый умер 15 октября во время транспортировки в другую тюрьму. В качестве причины смерти назван паралич сердца в результате склероза. (В случае Ределя имеется протокол о вскрытии, но это не является гарантией того, что указанная причина смерти соответствует действительности.) О Лангфелдере в 1957 году было заявлено, что он скончался 2 марта 1948 года, но эти сведения не подтверждены никакими документами и, судя по всему, просто выдуманы. Очевидно, он тоже был ликвидирован летом или осенью 1947 года. Таким образом, за нескольких месяцев исчезли двое из числа тех, кто знал о Валленберге больше всех. Если это и была случайность, то в высшей степени советская[94].

Альтернативы

Все говорит о том, что советское руководство зимой 1947 года не знало, как поступить с Раулем Валленбергом. Давление со стороны Швеции усиливалось. В Москве информация о том, что Валленберг сидит в тюрьме в Советском Союзе, перестала быть достоянием лишь одного МГБ и горстки высокопоставленных политиков. В этой ситуации выбирать пришлось между двумя альтернативами: избавиться от него или освободить. Второй вариант был сопряжен с большим риском. В нарушение международного права был арестован, увезен и заключен в тюрьму иностранный дипломат, к тому же представитель нейтральной державы. Освобожденный Валленберг наверняка рассказал бы об обстоятельствах своего ареста и обо всем, что пережил в советском заключении, может быть, подобно Эдварду аф Сандебергу, написал бы об этом книгу. Поэтому, возможно, была предпринята попытка его завербовать.

Если такая попытка предпринималась, это должно было происходить весной 1947 года, после того как Валленберга перевели в особое помещение Лубянки, где, по словам Судоплатова, содержались особо важные заключенные, которых хотели завербовать. Как утверждает бывший начальник скандинавского отдела 1-го Управления КГБ Елисей Синицын, он и его начальник Павел Фитин пытались убедить Авакумова передать Валленберга в распоряжение их ведомства как раз в этих целях, но тот отказался, поскольку сам имел в отношении Валленберга подобные планы. (Синицын хорошо знал

Швецию, так как был резидентом при советском посольстве в 1944–1945 годах.) Попытки завербовать Валленберга, надо думать, имели целью сделать из него не обычного шпиона, а агента влияния, имеющего связи в среде шведской политической и экономической элиты, включая собственную семью. Дело в том, что Советский Союз в послевоенные годы был крайне заинтересован в выгодных торговых соглашениях. По словам начальника фронтового управления СМЕРШа последних месяцев войны, генерала Александра Белкина, советская сторона была убеждена, что Валленберг связан с германской военной контрразведкой, Абвером. Этой информацией теперь постарались воспользоваться, чтобы склонить его к сотрудничеству. Если бы удалось завербовать Валленберга, его контакты с еврейскими организациями тоже оказались бы полезны, как и его американские связи.

Сведения о предполагаемой вербовке взяты из мемуаров и устных комментариев ветеранов советских органов безопасности. Если такие планы существовали, это могло бы объяснить, зачем Валленберга в марте 1947 года посадили на особое питание и распорядились внимательно следить за его здоровьем. Против "теории вербовки" выдвигался тот аргумент, что никто из его товарищей по заключению ничего не рассказывал о таких попытках. Но этот довод не работает, поскольку сокамерник того периода Вилли Редель умер в том же году и и не мог свидетельствовать о своих разговорах с Валленбергом. Кроме того, тот не обязательно стал бы информировать Ределя. Более существенное возражение против теории вербовки состоит в том, что трудно представить, каким компроматом советские органы надеялись помешать Валленбергу нарушить обещание о сотрудничестве после освобождения из Советского Союза.

Те, кто придерживается мнения, что Валленберга пытались завербовать, предполагают, что Рауль отклонил предложение. Это объясняет, почему советское руководство не видело для себя иного выбора, кроме "ликвидации" дела таким образом, каким это было сделано.

В любом случае колебания советских властей перед таким способом разрешения проблемы объяснялись не укорами совести, а тем, что жертва была иностранцем и к тому же дипломатом. Однако в конечном итоге эти обстоятельства не мешали советскому руководству принимать меры, которые оно считало необходимыми. Это явствует из нескольких параллельных случаев, поразительно похожих на дело Валленберга. Лейтенант голландской армии Геррит ван дер Ваальс сумел бежать из немецкого лагеря в Польше и добраться до Будапешта. Там он, как и Валленберг, перешел в расположение русских, чтобы поделиться с ними важной, по его мнению, информацией. Как и Валленберг, он был заподозрен в шпионаже и арестован. Его отправили в Москву и в феврале 1945 года поместили на Лубянку, а потом в Лефортово (где он, кстати, во время допроса показал, что встречался с Валленбергом, чтобы по просьбе Салаи помочь одной еврейке). Хотя голландское правительство неоднократно запрашивало Москву о ван дер Ваальсе, оно, как и шведское в случае с Валленбергом, получало ответ, что названное лицо Советскому Союзу неизвестно. Лишь в 1956 году советские власти признали, что ван дер Ваальс находился в заключении в Советском Союзе, но умер в 1948 году от туберкулеза легких и болезни кишечника и что тело было кремировано.

Подобная же судьба постигла австрийского посланника в Праге Фердинанда Марека, арестованного советскими военнослужащими в мае 1945 года. На протяжении последующих девяти лет советские власти отрицали, что им что-либо известно о Мареке и его судьбе. В результате давления со стороны австрийского правительства в 1954 году они признали, что он был задержан советскими войсками, но скончался от болезни сердца и хронического воспаления легких в мае 1947 года. Наконец, был американский гражданин Исайя Оггинс, арестованный в 1939 году и приговоренный к восьми годам заключения в лагере. Хотя американцы знали об этом, советское руководство сочло невозможным выпустить Оггинса после отбытия срока в 1947 году — Оггинс был советским агентом, но в Москве подозревали, что он двойной агент. Абакумов предложил Сталину и Молотову казнить его, но сообщить американцам, что он страдал туберкулезом и, согласно свидетельству о смерти, умер в лагере в 1946 году. На самом деле Оггинс был убит летом 1947 года таким же образом, как, судя по всему, и Валленберг, в лаборатории Майрановского.

Подозрения против Валленберга

Столь же неясным, как и обстоятельства ареста и смерти Валленберга, остается вопрос, почему он вообще был задержан. Во время советской оккупации Венгрии через допросы прошли десятки тысяч людей, но арестованы были лишь немногие. Согласно одному отчету, СМЕРШ 2-го Украинского фронта за период между 1 и 20 января 1945 года арестовал 48 человек, в том числе троих не названных по фамилии дипломатов, двое из которых состояли в штате шведской миссии в Будапеште. Речь идет о Валленберге и Генри Томсене — подробнее о нем будет рассказано ниже.

Как уже говорилось, приказ об аресте Валленберга был отдан из Москвы, где органы безопасности давно собирали информацию о шведской миссии в Будапеште и акции по спасению евреев, возглавляемой Валленбергом. Однако решение о задержании иностранного дипломата не могло быть легким даже в сталинском СССР. Многие обстоятельства говорят о том, что решение об аресте было принято на основе не только московской информации, но и сведений от СМЕРШа в Будапеште. Эти сведения были почерпнуты из бесед с Валленбергом 14 января и дополнены общим впечатлением о нем.

На самом деле в поведении и рассказах Валленберга содержалось много такого, что офицерам советской разведки, с которыми он столкнулся, было крайне сложно понять. Его словам об операциях по спасению евреев они верили с трудом, а его проект восстановления послевоенной Венгрии не соответствовал планам советского руководства относительно будущего этой страны. Может быть, он просто вел себя так, что вызвал подозрение офицеров СМЕРШа, наученных везде видеть шпионов? Если верить информации, переданной Валленбергом путем перестукивания Эрнсту Валленштейну, он был арестован, *потому что* находился на оккупированной русскими территории" (курсив Б. Я.) — уже одного факта того, что он по собственной инициативе установил связь с Красной армией, таким образом, было достаточно, чтобы возбудить подозрения в шпионаже. Обронил ли общительный и разговорчивый Валленберг парочку русских фраз, которые помнил с гимназических времен? Это тоже могло показаться подозрительным. "Должен сознаться, что, хотя Валленберг нам понравился, он показался нам немного подозрительным", — вспоминал Яков Валах, переводивший во время этих бесед.

Возможно, была и более конкретная причина ареста Валленберга. Нельзя исключить, что деньги и ценности, которые у него при себе имелись, были обнаружены не после получения приказа об аресте, а как раз наоборот, их обнаружение привело к решению об аресте. Международное право запрещает подвергать личному обыску дипломата, но с чего бы СМЕРШ соблюдал эти правила? Багаж Валленберга вполне могли открыть, когда никто не видел, — например, пока он спал. Обнаружив кучу денег и драгоценностей, органы безопасности могли известить Москву.

Может ли арест Рауля Валленберга объясняться так просто? Разведка нашла в машине вещи, которые сочла компенсацией от нацистов или ценностями, которые Рауль пытался вывезти по их заданию? А потом несколько дней его пасла в Будапеште в ожидании приказа об аресте, чтобы он за это время раскрыл свои карты и, может быть, навел на след и других кладов?

Как бы то ни было, тот факт, что был арестован и Вильмош Лангфелдер, доказывает, что решение об аресте было принято после донесения СМЕРШа. Едва ли решение арестовать Лангфелдера могло основываться на разведданных, уже имевшихся в Москве. Вероятно, имелось досье на Валленберга, но трудно поверить, что было досье и на его шофера. По воспоминаниям Якова Валаха, русские восприняли Лангфелдера как "слишком умного, чтобы быть водителем" и, возможно, сообщили об этом своем впечатлении в Москву. Однако главная причина того, что Лангфелдера арестовали и отправили в Москву вместе с Валленбергом, надо думать, была тривиальнее, чем мысль о его возможной двойной игре: поскольку Лангфелдер знал, что случилось с Валленбергом, его просто нельзя было отпустить.

Как показывают допросы Ларса Берга, шведскую миссию обвинили в выдаче охранных паспортов лицам, не связанным с Швецией. Согласно "спецсообщению" заместителя начальника управления СМЕРШ 2-го Украинского фронта Мухортова от 19 февраля 1945 года, среди таковых были "скрывающиеся от советских органов видные участники фашистских формирований Венгрии, некоторые сотрудники и агенты разведывательных и контрразведывательных органов противника и другой контрреволюционный элемент".

Это донесение основывается, в частности, на сведениях, полученных в ходе допросов Михаила Кутузова-Толстого и некоего Генри Томсена, также работавшего в шведской миссии. Он был принят на работу в отдел Б, поскольку Швеция представляла интересы Советского Союза в Венгрии и миссии нужны были люди, говорившие по-русски. Томсен назвал себя русскоязычным норвежцем, но на самом деле его звали Гроссхейм-Криско и он родился в Советском Союзе. Во время допроса 24 января он утверждал, что многие члены миссии якобы занимались продажей охранных паспортов, в том числе Форгач, Флейшман, графиня Нако, фон Мезеи и, может быть, даже сам глава миссии Даниэльсон. Как и другие члены миссии, последний якобы проявлял крайне антисоветские взгляды, однако наиболее враждебно к СССР относились Ингве Экмарк и Йоте Карлсон.

Если не считать Валленберга и Лангфелдера, Томсен был единственным сотрудником шведской миссии, арестованным и отправленным в Москву. Еще несколько человек, связанных с миссией, были задержаны и допрошены, а потом отпущены. В числе них был начальник шведского госпиталя на улице Татра Аладар Фейгл. Его допросили в тот день, когда Валленберг посетил гетто, 17 января. Русские сказали, что располагают доказательствами, будто персонал шведской миссии занимался разведывательной деятельностью в пользу немцев. Они также заявили, что "Валленберг у них уже есть" и что Фейглу будет лучше предоставить в их распоряжение свои услуги в качестве агента. Фейгл ответил, что Валленберг "видел своей задачей исключительно защиту интересов евреев в Венгрии".

Сведения о шпионаже в пользу Германии высосаны из пальца, но в остальном допросы Фейгла показывают, что офицеры СМЕРШа были очень неплохо информированы о ситуации в шведской миссии. Так, об Иване Даниэльсоне они сказали, что он едва ли дружески расположен к англичанам после того, как в бытность главой миссии в Каире "имел личный конфликт на семейном уровне" с британским дипломатом. Вообще-то это правда, Даниэльсон был объявлен персоной нон грата "по политическим причинам" и выслан из Каира в марте 1942 года, но по какому именно поводу, неясно. По-видимому, он допускал неосторожные политические высказывания и имел отношения с молодой женщиной (после войны ставшей его женой), подозревавшейся в шпионаже в пользу немцев. Но об этом знали только в узком мидовском кругу в Швеции! Откуда у СМЕРШа была эта информация? От советского посольства в Стокгольме? Или от своих людей в шведской миссии в Будапеште?[95]

Несколько раз допрашивали и Пала Хегедюша. Ему задавали вопросы об отношениях внутри шведской миссии и особенно о Валленберге. О нем было сказано, что он немецкий шпион, а акция по спасению евреев — лишь камуфляж, предназначенный для того, чтобы скрыть этот факт. Все время повторялся вопрос: кто такой Валленберг и что он делал в Будапеште? Объяснение Хегедюша, что задача Валленберга носила гуманитарный характер, отметалось. Зачем представителю нейтральной страны посвящать себя акции по спасению евреев? "Высокопоставленный чиновник заявил, — вспоминал Хегедюш, — что совершенно немыслимо, чтобы Рауль приехал из спокойной Швеции в смертельно опасный Будапешт только для того, чтобы спасать людей". И к тому же евреев? Советским офицерам понять такое было невозможно.

Граф Кутузов-Толстой

Если решение об аресте Валленберга было принято на основе донесения из СМЕРШа в сочетании с разведданными, уже имевшимися в Москве, откуда тогда взялись эти данные и каково были их содержание?

Одним источником было советское посольство в Стокгольме. Отсюда передавали информацию Александра Коллонтай, а более всего — легендарные супруги-разведчики Борис Рыбкин и его жена Зоя, которые с 1941 года находились в Стокгольме под фамилией Ярцевы: Борис под прикрытием должности советника посольства, а Зоя в качестве пресс-атташе. Главной их задачей в Швеции был сбор и анализ информации о Германии.

Супруги Рыбкины были общительными людьми, и Зоя к тому же была очень хороша собой и бегло говорила по-немецки и по-фински. Они пользовались популярностью и имели хорошие связи в кругах шведских дипломатов и высшего общества, в том числе и в семействе Валленбергов. Вместе с Александрой Коллонтай Зоя Рыбкина активно участвовала в попытках вынудить Финляндию порвать с Германией и заключить сепаратный мир с Советским Союзом, что и произошло в сентябре 1944 года. Как уже упоминалось, в этих переговорах, частично проходивших в принадлежавшем Валленбергам отеле "Сальтшёбаден", важную посредническую роль играл Маркус Валленберг-младший. Поскольку и Коллонтай, и Рыбкина были лично знакомы с братьями Валленбергами, их московские работодатели были прекрасно информированы об экономическом положении семьи, ее политическом весе и сети контактов. Больше всего они общались с Маркусом-младшим, но не подлежит сомнению, что отчеты о миротворческой деятельности Якоба (подробности об этом ниже) тоже доходили до Москвы. Неясно, какая информация о деятельности Рауля в Будапеште была передана из Стокгольма, — его имя не упоминается в шифрованных телеграммах посольства в московский МИД в период между 1944 и 1947 годами.

Другим источником информации служил Михаил Кутузов-Толстой, 1896 года рождения, который, как и Гроссхейм-Криско, был сотрудником отдела Б миссии. Бывший граф, он принадлежал к высшему дворянству России. Его полная фамилия была Голенищев-Кутузов-Толстой, один из его предков — фельдмаршал Михаил Кутузов, победитель Наполеона. Его мать (Шереметьева) и жена (Волконская) тоже принадлежали к старейшим дворянским родам. Как и многие другие русские аристократы, Кутузов-Толстой покинул родину после революции 1917 года. Он обосновался в Брюсселе, где в 1920-е была значительная русская колония. В начале

1930-х годов он был завербован советской разведкой. Может быть, его сразила та же тоска по родине, что и многих других русских эмигрантов в то время. А может, у решения начать работать на Советский Союз были иные причины — не столь важно. Но нет сомнения, что, когда Михаил Кутузов-Толстой осенью 1944 года поступил на шведскую службу, он был советским агентом. Человек с его родословной не был бы назначен начальником иностранного бюро Будапешта, не сотрудничай он с советскими органами. Тот факт, что его не арестовали и не отправили в Москву, как это сделали с Томсеном, также свидетельствует о его особом статусе. Согласно переданным Кутузовым-Толстым в Москву сведениям, Валленберг тесно сотрудничал с германской разведкой[96].

Третий возможный источник — это Вильмош Бём, работавший на британцев, но, похоже, снабжавший информацией и советскую сторону. Через Бёма советская разведка могла быть в курсе задания, полученного Валленбергом от Управления по делам военных беженцев. Конечно, он информировал советскую сторону не с целью причинить вред западным союзникам или Валленбергу. Советский Союз был союзником в борьбе с нацизмом, и возможное сотрудничество Бёма следует рассматривать как проявление той политической наивности, которая заставила и Валленберга обратиться к командованию Красной армии. После войны социал-демократ Бём, одно время посол Венгрии в Швеции, признался, что был "обманут сотрудничеством с силами демократии, которое во всем мире осуществляли коммунисты во время войны".

След Гиммлера

Хотя Валленберга подозревали в сотрудничестве и с американской и британской разведками, во время допросов его сотрудников по Будапешту самым горячим был германский след.

Уже одного того факта, что Швеция сохраняла дипломатические отношения с Венгрией после немецкой оккупации, было достаточно для возбуждения подозрений советской стороны. После четырех лет войны, принесшей неисчислимые потери, любые контакты с нацистской Германией были для советского руководства неприемлемыми. В первую очередь это относилось к попыткам торговать с нацистами. Пример подобного торга — переговоры об обмене евреев на грузовики, за которыми советское руководство справедливо увидело попытку, прежде всего со стороны Гиммлера, начать переговоры с западными державами с целью заключения сепаратного мира.

Может быть, именно здесь следует искать более осмысленные объяснения подозрений против Валленберга. Часто прощупывание почвы на предмет заключения мира, предпринимавшееся Генрихом Гиммлером в 1943–1944 годах, происходило через Стокгольм и Якоба Валленберга, у которого были обширные связи и в Германии, и среди западных союзников[97]. Он также был членом шведской правительственной комиссии, которая вела переговоры о торговом соглашении с Германией и во время войны часто ездил в Берлин. Семейство Валленбергов помогало Советскому Союзу в переговорах о сепаратном мире с Финляндией, но тот факт, что шведское правительство согласилось на продажу шарикоподшипников Германии, с советской стороны мог быть истолкован отрицательно и повлиять на отношение к семье, контролировавшей производителя шарикоподшипников. Братья Валленберги были антинацистами, но, как и многие другие "капиталисты", видели, по словам шведского историка, в постгитлеровской, демократической Германии "ценный бастион против большевистского Советского Союза". Поэтому советское руководство относилось скептически к "нейтралитету" этой семьи и Швеции в целом. Через супругов Рыбкиных оно было хорошо информировано о попытках немцев заключить договор о мире с западными странами без участия Советского Союза.

Естественно, в поле зрения Советов попал и Рауль. Глядя на шведскую акцию по спасению будапештских евреев, советское руководство видело за ней нечто иное, большее. Оно видело акцию, рассчитанную на то, чтобы угодить западным державам и тем самым привести их за стол переговоров. Как иначе объяснить то, что немцы позволяли Швеции — как и Швейцарии и другим нейтральным государствам — заниматься деятельностью, которая противоречила нацистской идеологии и задаче Эйхмана? Пер Ангер считал: нет сомнения, что немцы "сквозь пальцы смотрели на то, что шведы спасают евреев". А делали они это потому, что, особенно на заключительном этапе войны, всячески старались не испортить дипломатические отношения между двумя странами. Поэтому, по мнению Ангера, они и допускали существование в Будапеште "шведской миссии... включая и Валленберга". Для советского наблюдателя нетрудно было истолковать немецкую терпимость в отношении акции Валленберга как часть стратегии, направленной на мирный договор между гитлеровской Германией и западными союзниками, — договор, конечной целью которого было остановить советское наступление в Европе и, возможно, даже добиться падения большевизма.

То, что толкование спасательной акции как части более крупного заговора, направленного против Советского Союза, сыграло важную роль в решении об аресте Валленберга, явствует и из книги Артура Айзенбаха о переговорах западных союзников с немцами по поводу помощи евреям, вышедшей в Варшаве в 1955 году. Не подлежит сомнению, что текст был санкционирован сверху и отражал официальную советскую точку зрения на Валленберга.

Автор книги пишет, что миссия Валленберга в Будапеште официально состояла в помощи евреям, но на самом деле была "как и другие акции того времени, пропагандистской аферой, организованной с политическими целями". Валленберг был американским агентом, а деятельность

Управления по делам военных беженцев — прикрытием для "подлинных американских целей, которые состояли в ведении переговоров с немцами, направленных против Советского Союза". Мысли Айзенбаха разделяет американо-венгерский историк Джон Лукаш, по мнению которого, Гитлер иногда позволял Гиммлеру по финансовым или политическим причинам отступать от политики уничтожения евреев. Таким отступлением была акция Валленберга, которую немцы терпели с целью внести раскол в среду союзников. К этой мысли присоединяется и историк Гитта Серени, по мнению которой, "даже Гиммлер использовал венгерских евреев как приманку, чтобы инициировать переговоры с союзниками... через контакты в Швеции".

То, что Валленберга подозревали в участии в заговоре, направленном против советских интересов, отчасти было результатом его тесных связей с немецкими нацистами в Будапеште, и прежде всего с Куртом Бехером, роль которого в акциях "кровь за товары" и "поезд Кастнера" была хорошо известна в Москве. Как мы видели, именно с Бехером Валленберг торговался по поводу репатриации шведских подзащитных в ноябре — декабре 1944 года. Задание, данное Валленбергу Управлением по делам военных беженцев, тоже могло привлечь к себе интерес советского руководства. Переговоры Айвера Олсена с представителями Гиммлера о выкупе нескольких тысяч латышских евреев за 2 млн долларов были известны — и критиковались — в Москве.

В этой связи представляет интерес параллель, проведенная в 1988 году Александром Яковлевым, одной из главных фигур перестройки, между Валленбергом и переговорами "кровь за товары". Яковлев заявил, что слышал, будто Валленберг был арестован в связи с обменом грузовиков на евреев. Информация ошибочна по существу, но верна в общем смысле: с советской стороны деятельность Валленберга ассоциировалась с направленными против интересов СССР переговорами.

В архиве шведского МИДа хранится документ, подкрепляющий теорию о советском толковании акции Валленберга как прикрытия возглавляемого Гиммлером заговора. Документ представляет собой написанный в августе 1950 года рассказ судетского немца Отто Праде[98], которого насильно забрали в германскую армию, и зимой 1945 года он скрывался в шведской миссии в Будапеште. Документ изобилует такими деталями (разграбление миссии, подрыв кассовых сейфов, изнасилование сестры фон Мезеи и т.д.), что история этого солдата заслуживает самого серьезного отношения. В марте 1945 года СМЕРШ несколько раз допрашивал Праде. У него хотели узнать, почему шведы сотрудничали с венграми и особенно с немцами и что делал в миссии "англичанин" (то есть Джон Дикинсон). Когда Праде ответил, что нилашисты, наоборот, угрожали шведам, ведший допрос заявил, что имеются доказательства того, что в миссии находились иностранные агенты. По словам Праде, представление русских о шведской деятельности в Будапеште "относилось к миру фантазии".

На следующем допросе Праде стали угрожать смертью, если он не расскажет, что творилось в миссии. Когда он дал тот же ответ, что и раньше, ведший допрос спросил, что он может рассказать о деятельности Рауля Валленберга. "Мое заявление, что я никогда не видел господина Валленберга и только знаю, что он помогал преследуемым людям, особенно евреям, чтобы их не схватило гестапо или нилашисты, вызвало гомерический хохот всех присутствующих". Тогда один офицер вытащил пистолет, приставил его к голове Праде и сказал, что у него есть всего несколько минут, чтобы сказать правду о Валленберге. Праде повторил то, что уже говорил, после чего его вывели в соседнюю комнату. Когда допрос возобновился, его спросили, не может ли Праде "по крайней мере назвать сумму, полученную Валленбергом от Гиммлера за его деятельность". Когда они в конце концов убедились, что немец ничего не знает, ему сказали, что уже "позаботились о том, чтобы этот "фрукт" [то есть Валленберг] больше никогда не смог выдавать паспортов и никогда больше не увидел Венгрии или Швеции".

Кампания дезинформации

Допрос немецкого солдата — еще одно косвенное свидетельство того, что советское руководство видело в Валленберге актера на сцене политической игры, конечной целью которой являлось падение коммунистического режима. Когда 19 января Валленберг был арестован и в руки СМЕРШа попали его адресная книжка и карманный календарь, это лишь усилило подозрения по поводу его контактов с германскими властями. В записной книжке есть номера телефонов Адольфа Эйхмана, специалиста представительства Германии по еврейским вопросам Теодора Грела, генерала Ваффен СС Августа Цеендера, Курта Бехера, комендатуры гестапо в Будапеште и Вермахта. Вильмош Биллиц и швейцарский банк в Цюрихе тоже были в списке контактов Валленберга. В карманном календаре имелись записи о встречах с Бехером и Биллицем (один раз, как уже упоминалось, "с гестапо") и с высокими венгерскими чинами, такими как Ласло Ференци, Габор Кемень и Петер Хайн. К тому же портфель Валленберга был набит деньгами, драгоценностями и золотом. Что еще требовалось советской контрразведке, чтобы убедиться, что он работал на немцев или сотрудничал с ними?

Никаких протоколов допросов Валленберга не сохранилось, поэтому мы можем только догадываться об их содержании. Как уже упоминалось, первый допрос состоялся 8 февраля, через два дня после его регистрации на Лубянке. Согласно имеющимся устным свидетельствам, Валленберг ссылался на свой дипломатический статус и отказывался говорить. Но, даже если бы он отвечал на вопросы, маловероятно, что его ответы удовлетворили бы тех, кто вел допрос.

Поэтому не исключено, что советское руководство довольно рано осознало, что поставило себя в сложную ситуацию. Шведского дипломата арестовали на основаниях, которые оказались достаточно шаткими. Когда после первых допросов стало понятно, что Валленберг не в состоянии предоставить никакой важной информации — или отказывается это сделать, — они не знали, что с ним делать. Поэтому и стали обдумывать возможность того, чтобы он "исчез". Однако нота Деканозова и сообщение Александры Коллонтай о том, что Валленберг находится не только под советской охраной, но и в Советском Союзе, осложняли ситуацию. Надо было нейтрализовать эффект сообщенной Деканозовым и Коллонтай информации. Именно на этом фоне следует рассматривать заявление венгерской радиостанции "Кошут" о том, что Валленберг, скорее всего, был убит агентами гестапо. Одновременно советские дипломаты в Бухаресте сообщили шведским коллегам, что в Москве ничего не знают о Валленберге и что он, вероятно, "где-то пропал"[99].

Для проведения операции по дезинформации необходимо было убедиться, что не осталось никаких свидетелей того, что случилось с Валленбергом после его перехода к русским. Арест Лангфелдера был звеном цепи. В этом свете следует рассматривать и допросы Валдемара и Нины Лангле в конце февраля 1945 года. Супруги Лангле в письме в советский комиссариат внутренних дел попросили содействия в оказании помощи одному человеку, имеющему отношение к Швеции, поскольку Валленберг "уехал в ставку маршала Малиновского и поэтому не может вмешаться". Ведущий допрос спросил супругов Лангле, где находится Валленберг — как будто он сам не знал! — и откуда они узнали о его поездке к Малиновскому. Когда они ответили, что не знают ничего, кроме того, что написано в их письме, и не имеют представления, где Валленберг сейчас, офицер сказал: "Тогда и нечего было так писать, вы же не знаете, правда ли это!" Поскольку русские планировали кампанию дезинформации, суть которой состояла в том, что Валленберг исчез по дороге в ставку Малиновского, им было важно выяснить, что известно супругам Лангле о Валленберге после того, как он перешел к русским.

Хотя все меры предосторожности были приняты, дело Валленберга, разумеется, было не таким уж важным в стране, в которой десятки миллионов ее граждан погибли в войне, к тому же еще не закончившейся. "Надо полагать, что на фоне других крупных проблем в связи с завершением войны Рауль Валленберг мог лишь в небольшой степени привлечь внимание Сталина и других руководителей", — отмечает шведско-российская рабочая группа по делу Валленберга.

Это объясняет, почему Валленберга месяцами и годами держали в заключении, не вызывая на допрос. От него не было никакой пользы, а к тому же было непонятно, что с ним делать. Поэтому его оставляли за решеткой. К такому мнению склоняется офицер советской разведки Евгений Питовранов: вначале о Валленберге было известно не так много, но его продолжали держать, чтобы выяснить побольше и разузнать, как его лучше использовать. Когда из-за усилившегося давления со стороны шведского правительства вопрос встал ребром, оставалось два варианта: выпустить Валленберга, но только в качестве сотрудника (в той или иной форме), или избавиться от него и замести следы.

Обмен?

Прежде чем зимой 1947 года принять решение о "ликвидации" дела Валленберга, советское руководство могло рассматривать и другое решение проблемы — обменять Рауля на советских граждан, по разным причинам попавших в Швецию во время войны. Если мысль об обмене была решающей причиной ареста швейцарцев Феллера и Майера, в случае Валленберга это было не так. Но, даже если обмен не был движущим мотивом в тот момент, когда отдавался приказ об аресте, не исключено, что тема приобрела актуальность на более поздней стадии.

В момент ареста Валленберга в Швеции находилось несколько сотен прибалтийских граждан, воевавших на стороне Германии, выдачи которых требовали русские, поскольку государства Балтии были присоединены к Советскому Союзу. Всех их отправили обратно, за исключением немногих, которым разрешили остаться из-за проблем со здоровьем. Кроме того, в Швеции находилось пять советских моряков-перебежчиков и пятнадцатилетняя девочка Лидия Макарова, которая осенью 1944 года приехала из Эстонии в Швецию, где оказалась в детском доме. Ее мать была советской гражданкой — как и отец, считавшийся умершим. Однако оказалось, что отец жив, и в течение всего 1945 года советское посольство в Стокгольме предпринимало попытки добиться высылки девочки в Советский Союз. Однако Макарова ни за что не хотела возвращаться, а шведский МИД отказывался ее высылать. С начала 1946 года вопрос поднимался советским посольством не только в Стокгольме, но также и в Москве, в ходе разговора Сёдерблума с представителем советского МИДа. Когда Сёдерблум упомянул в разговоре Валленберга или других шведов (например, Сандеберга), советская сторона парировала упоминанием Лидии Макаровой. Это можно было бы истолковать как приглашение к разговору об обмене, но так же естественно видеть в этом просто способ сменить тему. Кроме того, могла ли девочка-подросток считаться достаточной платой за Рауля Валленберга?

То, что Советский Союз позднее пожелал и возвращения советского моряка (и агента НКВД), перебежавшего в Швецию осенью 1946 года, не меняет сути. Вплоть до февраля 1947 года лишь высшее руководство знало о том, что Валленберг содержится в тюрьме в СССР. Это означает, что вопрос об обмене мог поднять лишь Сталин и, возможно, Деканозов, а не кто-то из чиновников МИДа, с которыми общался Сёдерблум и другие шведские дипломаты. Собственно говоря, только во время беседы Сёдерблума со Сталиным этот вопрос, возможно, прозвучал всерьез. Тот факт, что Сталин отступил от принципа не принимать иностранных дипломатов, мог быть вызван тем, что он думал, что Сёдерблум собирается предложить что-то важное — может быть, относительно Валленберга. Когда Сёдерблум сказал, что он "лично убежден, что Валленберг стал жертвой несчастного случая или разбойников", Сталин спросил: "А вы не получили сообщение от нас?"

Под этим "сообщением" имелась в виду информация, переданная Александрой Коллонтай Май фон Дардель и Ингрид Гюнтер, или, может быть, нота Деканозова. Вопрос послужил очевидным сигналом Сёдерблуму продолжить разговор о Валленберге. Но Сёдерблум пропустил подачу: "Нет, но я полагаю вероятным, что советские военные власти не имеют никаких сведений о дальнейшей судьбе Валленберга". Если бы вместо этого он напомнил, что Александра Коллонтай говорила, что Валленберг находится в Советском Союзе, как бы отреагировал Сталин? Этого мы никогда не узнаем. Ответ Сёдерблума был непрофессиональным, если не преступным. Если и была когда-либо возможность продвинуться в деле Валленберга, то именно в тот момент, во время разговора со Сталиным. Но Сёдерблум оказался глух к тому, что Сталин, по всей видимости, хотел ему передать. Сталин выделил для аудиенции целый час, но прервал ее уже через пять минут, когда понял, что Сёдерблум не собирался сказать ничего важного.

Думало ли советское руководство когда-либо всерьез об обмене Валленберга? На этот вопрос ответить невозможно. Не исключено, что Сталин — и, может быть, Деканозов — хотели заставить шведов поверить, что обмен возможен, но, скорее всего, он никогда не был актуален. После заключения и допросов Валленберг знал слишком много.

Чего добивалось советское руководство?

Не подлежит сомнению, что арест Валленберга был вызван подозрениями в "шпионаже" или каких-то иных формах сотрудничества с нацистами. Вероятно, его подозревали и во взаимодействии с американской и британской разведками. Для такого параноика, как Сталин, подробности вряд ли играли большую роль. Важно было, что в обоих случаях деятельность Валленберга рассматривалась как направленная против интересов Советского Союза.

Имея доступ только к косвенной информации, мы с определенной долей уверенности все же можем ответить на вопрос, в чем подозревали Валленберга. Но если объяснение его ареста и содержания в тюрьме кроется в его предполагаемой роли в большой политике, направленной против Советского Союза, то чего надеялось достичь советское руководство, арестовав его? Какую цель преследовало?

О мотивах вербовки и обмена говорилось выше. Хотя завербовать Валленберга для использования его положения и связей в Швеции и было соблазнительно, не это, похоже, служило основным мотивом. Усилия в этом направлении наверняка были бы предприняты сразу и более целенаправленно, но признаков этого нет. Если вопрос об обмене вообще вставал, это тоже произошло на более поздней стадии — поначалу просто не было достаточно ценных объектов для торговли.

Из всех возможных объяснений цели ареста Валленберга самое правдоподобное — то, что связано со "следом Гиммлера". Валленберг сотрудничал с главными действующими лицами — прежде всего, с Бехером и Кастнером — в ходе связанных с именем Гиммлера акций "кровь за товары". Поэтому советское руководство могло думать, что он располагает важной информацией о возможной двойной игре западных держав — информацией, которую можно было бы использовать против них в мирных переговорах после войны. То, что Валленберг воспринимался как источник важной информации, следует из раннего свидетельства сотрудника Венгерского национального банка Такачи, по словам которого, "записи и документы", конфискованные при задержании, должны были использоваться "на будущих процессах против скомпрометировавших себя венгров".

Но, может быть, все эти рассуждения о тех или иных вероятных причинах и целях ареста Валленберга просто взяты из воздуха? Не являются ли они результатом потребности Запада в рациональных объяснениях и понятных моделях? Может быть, обстоятельства его задержания слишком случайны и тривиальны, чтобы мы могли их принять? Может быть, все было много проще и деятельность Валленберга была настолько непонятной, что с советской стороны можно было дать ей лишь одно объяснение? "Его действия в последние месяцы войны легко могли внушить офицерам комиссариата внутренних дел впечатление, что он какой-нибудь шпион", — говорил Айвер Олсен в интервью еще в 1947 году[100]. Может быть, приказ об аресте был следствием трагического стечения обстоятельств, случайностей и подозрений. А может, роковую роль сыграли деньги и драгоценности? Может быть, оказалось достаточно донесения СМЕРШа, основанного на превратном понимании деятельности Валленберга в Будапеште в сочетании с параноидальной реакцией паранойей советского руководства? "На самом деле могло хватить некоторых немногочисленных мотивов, которые не обязательно имеют слишком глубокую природу", — пишет шведско-российская рабочая группа.

Последствия

Будапешт

В то время как Валленберг находился в изоляции от внешнего мира в советских тюрьмах, его подвиг получил признание и в Швеции, и в Венгрии. В мае 1945 года еврейская община Стокгольма выразила Ивану Даниэльсону и остальным членам будапештской миссии "горячую признательность шведских евреев за выдающуюся гуманитарную деятельность миссии по спасению венгерских евреев". В телеграмме Май фон Дардель председатель Гуннар Юсефсон писал, что мысли членов общины обращаются "совершенно особым образом к Раулю Валленбергу и его героическому подвигу". Он выражал "горячую надежду, что ему [Раулю] удастся спастись и он вернется". Одновременно МИД по просьбе ребе Эренпрайса обязал шведскую миссию в Бухаресте навести справки о судьбе Валленберга у еврейской общины Будапешта.

План Рауля Валленберга по возвращению собственности и восстановлению Венгрии после войны исчез вместе с ним и так никогда и не был воплощен. Однако усилия по оказанию помощи жертвам нацизма получили продолжение, хотя и в меньшем масштабе. Весной 1945 года выжившие узники немецких концлагерей под эгидой Красного Креста прибыли в Швецию в так называемых белых автобусах. В середине мая Коломан Лауэр совершил поездку в южную Швецию, где посетил лагерь беженцев. Среди беженцев было около сотни венгерских женщин. Увиденное произвело на Лауэра очень тяжелое впечатление. "Более 20% женщин больны настолько тяжелой формой туберкулеза — в основном костного туберкулеза, — что вряд ли выживут, — писал он Маркусу Валленбергу-младшему. — Я видел женщин, страшно избитых и покрытых гноящимися ранами, девушек, которые выглядят как сорокалетние. Средний вес 31–35 кг". Поэтому Лауэр решил постараться "продолжить дело Рауля" и выступил с инициативой создания Комитета Рауля Валленберга с целью помочь венгерским депортированным.

Комитет был представлен на пресс-конференции в Стокгольме 24 мая. В правление вошли Маркус Валленберг-младший и люди, так или иначе связанные с Венгрией и Раулем, в том числе Свен Сален (председатель), Ингве Экмарк, Эрик Бьёркман, Коломан Лауэр, Эбба Бунде и Май фон Дардель. Задачей комитета было "протянуть руку помощи женщинам, ныне находящимся на шведской земле, — тем, кого он своей борьбой спасал от палачей". Одежду и другие вещи можно было приносить в универсальный магазин НК в Стокгольме, а деньги класть на специальный счет. Среди спонсоров были Ивар Олсен и Управление по делам военных беженцев (10 тыс. крон) и Амалия Валленберг.

Если дело Валленберга пока было известно в Швеции лишь в общих чертах, о нем помнили те, кто выжил в Будапеште. Двадцать первого июня еврейская община венгерской столицы организовала собрание, в программе которого был всего один пункт — воздать славу Валленбергу:

Мы видели, как узников отпускали на свободу, и своими глазами наблюдали счастье терпящих бедствие, когда среди них появлялся господин Валленберг и приносил облегчение. Нечеловеческим напряжением всех сил, не сдаваясь перед усталостью и подвергая себя всевозможным опасностям, он возвращал домой угнанных детей и освобождал стариков родителей. Мы видели, как он приносил пищу голодающим и лекарства больным. Мы никогда его не забудем и вечно будем благодарны ему и всему благородному шведскому народу, потому что шведский флаг даровал спокойный сон тысячам евреев, развеваясь над охраняемыми домами. Валленберг был праведником, да благословит его Б-г.

Председатель общины Микша Домонкош выступил с речью, в которой изобразил Валленберга чуть ли не мифологическим героем:

Об этом молодом человеке рассказывают легенды. Однажды в мучительные месяцы смертельной агонии он внезапно появился среди нас. Его худощавая фигура возникала повсюду. Он восстал против безумия, он заслонил собой пулеметы убийц. Он поднял руку в защиту жертв маршей смерти, чтобы остановить жаждущих крови дикарей и шведским флагом прикрыть осужденных на смерть. Быть может, когда-нибудь о нем будут рассказывать только легенды и следующее поколение не будет знать, что в этой истории правда, что в ней достоверно. Найдутся такие, кто будет сомневаться, и такие, кто улыбнется. Мы, свидетели тяжкого исторического времени, мы, выжившие, знаем, что этот скромный молодой швед — живая правда. Он как лев сражался за спасение жизни

"Убивающий змею" в парке Сент-Иштван, до того как памятник был увезен.

евреев, ему незнакомых. […] Валленберг был человеком, не знавшим покоя, фанатиком справедливости, проклятием для предателей-убийц, человеком, заботившимся о падших. Его присутствие ощущалось повсюду, где было опасно. Ему была безразлична собственная безопасность, он спорил, угрожал, ставил условия, он один стоил целой армии, когда выходил навстречу тупым палачам фашистского режима. […] Мы видели Валленберга в гетто. Он заботился о том, чтобы у всех была еда, заботился о нуждах детей. Он не знал, что такое отдых, не останавливался ни перед чем, не давал запугать себя никакой опасностью. […]

Венгерские евреи знают, кем он был. Легенда правдива. Когда бы мы ни задумались о трагическом прошлом, прекрасное воспоминание об этом выдающемся шведе будет жить в сердце тех, кто страдал.

Собрание решило присвоить отделению только что открывшейся отстроенной заново еврейской центральной больницы название Павильон Рауля Валленберга. Резолюции собрания были посланы Валленбергу на его стокгольмский адрес в надежде, что он вернулся домой.

Зримым выражением благодарности будапештских евреев стало переименование осенью 1945 года одной из улиц в бывшем Международном гетто, улицы Феникс, в улицу Валленберга (потом — Рауля Валленберга). Там была установлена мемориальная доска. Одновременно был создан венгерский Комитет Валленберга, состоявший из его ближайших сотрудников. В июне 1946 года был организован гала-концерт в большом зале Музыкальной академии "во славу и в память Рауля Валленберга". Зал был убран в цвета венгерского и шведского флагов, концерт передавался по венгерскому и, неделей позже, по шведскому радио. Исполнялись произведения Баха, Генделя, Кодая, Бартока, Вивальди и Шо-

Памятная доска Вильмошу Лангфелдеру на бульваре Андраши, 36.

пена, а также шведские песни. Это было первое выступление в Будапеште выдающейся пианистки Анни Фишер, бежавшей в Швецию после немецкого вторжения и теперь вернувшейся на родину. В начале концерта прозвучали речь шведского посланника в Венгрии Рольфа Арвидсона и исполненное чувств приветствие Валленбергу, написанное младшим сыном Вильмоша Форгача Палом[101].

Вырученные от концерта средства пошли на памятник Валленбергу скульптора Пала Пацая. Скульптура, изображающая человека, убивающего змею, была установлена в апреле 1949 года в парке Сент-Иштван, посреди бывшего Международного гетто. Место было выбрано удачно: именно сюда нилашисты и нацисты сгоняли евреев перед депортацией. Однако накануне открытия памятника он был демон-

585

В 2001 году на доме 16 по улице Бенцур была установлена доска:
"Шведский дипломат, спасший тысячи преследуемых венгерских евреев,
был уведен из этого дома в январе 1945 года и отправлен
в Советский Союз, где пал жертвой сталинизма".

тирован мэром Будапешта. "Я сам видел накрытый памятник
и оказался рядом, когда вечером накануне церемонии открытия появилась запряженная лошадью телега с тремя рабочими, и они с помощью ломов сбили памятник с постамента
и увезли, — писал репортер *Macnhester Guardian*. — Через
два дня не стало и постамента. Имя господина Валленберга
больше никогда не упоминалось в газетах. Русские в конце
концов догнали и его славу"[102]. Памятник появился снова
три года спустя перед медицинским научным центром в Дебрецене. Если сам Валленберг так и не доехал до Дебрецена,
это путешествие совершил его памятник — без постамента,
на котором было написано, кому он посвящен.

К тому моменту представители того же режима, как и тот, что арестовал Рауля Валленберга, захватили власть в Венгрии, и о Рауле забыли вплоть до зимы 1952–1953 годов, когда его имя вновь приобрело актуальность, на этот раз в страшном контексте. Готовился показательный процесс, который должен был продемонстрировать, во-первых, что Валленберга убили по наущению "Джойнта", а во-вторых, что эта организация, финансировавшая его акцию по спасению евреев, была лишь прикрытием шпионско-террористической деятельности, направленной против Советского Союза и других коммунистических стран Европы. Вальдемара Лангле обвинили в том, что он был одним из лидеров разведывательной деятельности в Будапеште. Были схвачены и подвергнуты пыткам многие выдающиеся еврейские лидеры, работавшие с Валленбергом, в том числе Микша Домонкош, Лайош Штёклер и Ласло Петё. Обвинялся и Карой Сабо. Валленберг якобы был убит потому, что уличил "Джойнт" в каких-то "грязных делах", и поэтому евреи приняли решение убрать его (и Лангфелдера). Утверждалось, что убийство совершил Пал Салаи где-то между 15 и 17 января 1945 года.

Готовившийся процесс преследовал две цели: показать, что Валленберга и Лангфелдера нет в живых (и, таким образом, нет в Советском Союзе) и что подстрекателями убийства были лица на "зарплате" мирового еврейства, стремившегося, стремившимся нанести ущерб Советскому Союзу. Венгерский процесс, выражение растущего антисемитизма Сталина, был увязан с московским "делом врачей". Оба процесса были остановлены после смерти Сталина в марте 1953 года.

Персоной грата в Венгрии Рауль Валленберг стал лишь в период политической оттепели в конце 1980-х. В 1988 году ему был поставлен новый памятник, а в 1999-м копия "Убивающего змею" установлена на том месте, где монумент должен был стоять, причем на постаменте с первоначальной надписью. В Будапеште было также установлено несколько памятных досок: на фасаде здания *Hazai Bank* (ныне британское посольство)

и дома 16 по улице Бенцур (ныне австрийское посольство).
Памятная доска в честь Вильмоша Лангфелдера установлена
на доме 36 по бульвару Андраши, где он жил.

Стокгольм — Москва

В то время как в Москве осбуждали, как ответить шведскому
правительству, семья Рауля тоже не бездействовала, пытаясь
добиться ясности в вопросе о его судьбе. Зимой 1947 года его
сводный брат Ги, учившийся в США, воспользовался случаем,
чтобы информировать не только американскую общественность (в газетных статьях), но и президента Гарри Трумэна
об истории брата. Письмо к Трумэну заканчивалось просьбой:

> Учитывая очевидную неспособность традиционной дипло-
> матии пробиться сквозь чащу бюрократии и непонимания,
> возможно, еще удерживающих моего брата в заключении —
> через два с лишним года после того, как он завершил свою
> инициированную Соединенными Штатами гуманитарную
> миссию, — прошу Вас, господин президент, помочь до-
> биться фактов по этому делу[103].

Одновременно Май фон Дардель пыталась действовать через Красный Крест. Она написала письмо в советский Красный Крест, а Фольке Бернадот обратился в комитет Международного Красного Креста. Когда все попытки оказались
безрезультатными, фон Дардель 26 июля написала письмо
непосредственно "могущественному правителю Советского Союза", генералиссимусу Иосифу Сталину. В письме
она описала борьбу сына за спасение будапештских евреев
во время нацистского террора. Она сообщила также о ноте
Деканозова и о "радостной новости" госпожи Коллонтай
в феврале 1945 года. Далее она писала:

С тех пор прошло два с половиной года, а власти Советского Союза так и не дали никаких дополнительных сведений о нем. Мое доверие к могущественному Советскому Союзу все это время было так велико, что, несмотря на свое великое беспокойство, я была убеждена, что однажды смогу вновь увидеть Рауля.

Поскольку я предполагаю, что задержка с его возвращением домой объясняется недопониманием нижестоящих органов, я обращаюсь теперь к правителю Советского Союза с просьбой, чтобы моего сына отправили обратно в Швецию к его тоскующей матери.

Письмо должен был вручить Сталину шведский посол в Москве Рольф Сульман, но этого не произошло. Сульман получил письмо одновременно с нотой Вышинского, в которой говорилось, что Рауль "нам неизвестен". Посоветовавшись с МИДом, он решил не передавать письма Май фон Дардель, которое "было сформулировано исходя из ситуации, что советские органы не отвечают на шведское обращение по этому делу". В письме к матери Валленберга он добавил: "Я убежден, что советские власти предприняли серьезные усилия, чтобы добиться ясности относительно судьбы Вашего сына, и сожалею, что результат оказался отрицательным".

Если нота Вышинского была встречена без критического разбора шведскими МИДом и прессой, то семья Рауля и неутомимый Рудольф Филипп отказывались верить этим сведениям. Ведь от сокамерника Лангфелдера Эрхарда Хилле было известно, что Рауль находился в Лефортово! Поэтому они не оставили усилий, чтобы добиться ясности в том, что уже превратилось в "дело". В ноябре 1946 года семья получила пожертвование в размере 2500 долларов (по современному курсу около 50 тыс.) от "Джойнта" на проведение изысканий по поводу судьбы Рауля, и летом 1947 года появилось объединение, состоящее из нескольких обществ и организаций.

В середине июля в советское посольство в Стокгольме была передана адресованная Сталину петиция с призывом освободить Валленберга. Ее подписало 60 тыс. членов 17 шведских женских организаций.

Образование этого объединения в корне изменило общественное мнение в отношении дела Валленберга. Помимо МИДа и прессы теперь существовала организация, делавшая все возможное, чтобы добиться правды о его судьбе. Для МИДа, по естественным причинам предпочитавшего более дипломатические методы, организация стала постоянным раздражителем, и отношения между ней и министерством временами бывали весьма прохладными. Для Пера Ангера, который с 1948 года отвечал за дело Валленберга в МИДе и во многом разделял взгляды организации, возник конфликт лояльности, и в январе 1951 года он отказался от задания.

Следствием напряженной атмосферы, царившей в те годы, стала судьба книги венгерского журналиста Йено Леваи "Рауль Валленберг: герой Будапешта", которая вышла в 1948 году сначала на венгерском, потом на шведском. Леваи имел в свое время шведский охранный паспорт, хорошо знал деятельность Валленберга в Будапеште, его книга тщательно документирована. Но автор был сторонником нового, коммунистического режима и поддержал тезис радиостанции "Кошут" о том, что Валленберга убили нилашисты. Хотя этот пассаж был вычеркнут в шведском издании, Ги фон Дардель и настроенный резко антикоммунистически Рудольф Филипп вынудили издательство отозвать все экземпляры книги из книжных магазинов и уничтожить остаток тиража. Та же судьба постигла книгу, написанную Ларсом Бергом и изданную в следующем году, — "Что случилось в Будапеште?". Спорным в этой книге было откровенное изображение ее

Май и Фредрик фон Дардель.

590

автором бесчинств Красной армии после оккупации Будапешта, грабежей и изнасилований. Книга едва успела попасть на прилавки магазинов, как полностью исчезла. Видимо, только около 300 экземпляров дошли до читателей. Что стояло за этой молниеносной акцией, советские агенты или шведские интересы (семьи или МИДа), остается неясно.

С приходом Арне Лундберга на пост первого заммистра иностранных дел в 1951 году многое изменилось и в работе с делом Валленберга, и в отношениях МИДа с семьей Рауля и их организацией. Осенью 1952 года Раулю Валленбергу была присуждена королевская медаль *Illis quorum* "За самоотверженную и успешную деятельность, которую он осуществлял в чрезвычайно трудных условиях 1944 — начала 1945 года ради преследуемых евреев Венгрии".

В 1950-е годы появился целый ряд свидетельств немецких и итальянских военнопленных, что позволило шведскому правительству поставить СССР перед лицом неоспоримых доказательств того, что Рауль Валленберг в 1945–1947 годах находился в тюремном заключении в Советском Союзе, несмотря на заверения Вышинского в обратном. Давление имело результатом новую советскую ноту в феврале 1957 года, "Меморандум Громыко", названный так по фамилии тогдашнего министра иностранных дел Советского Союза Андрея Громыко. В нем цитировался рапорт Смольцова о смерти Валленберга. В меморандуме говорилось, что документ был найден в архиве санитарной службы Лубянки. Вину за арест и смерть Валленберга возложили на органы безопасности и особенно на Виктора Абакумова, в 1953 году осужденного и расстрелянного за свою "преступную деятельность".

В меморандуме утверждалось, что никаких других документов или свидетельств, кроме рапорта Смольцова, обнаружено не было. Однако шведская сторона отказалась верить в то, что "вся прочая документация, — как написано в шведском ответе, — касающаяся пребывания Валленберга в советских тюрьмах, кроме этого рапорта, упомянутого в меморандуме советского правительства, якобы полностью уничтожена". Поэтому шведское правительство "ожидает, что, если в Советском Союзе появятся еще какие-то материалы, могущие пролить свет на то, что случилось с Валленбергом, шведское Министерство иностранных дел будет уведомлено".

Неясности относительно рапорта Смольцова, оригинал которого даже не предъявили, привели к тому, что и шведское правительство, и семья фон Дардель решили продолжать борьбу за правду о судьбе Валленберга. Время от времени появлялись сведения, что Валленберг жив и находится в тех или иных тюрьмах, лагерях или психиатрических лечебницах. Однако ни одно из этих свидетельств не подтверждалось двумя независимыми источниками или документально. На все запросы шведского правительства ответ был отрицательным. В отчаянии от отсутствия информации Май и Фредрик фон Дардель в 1979 году с промежутком в два дня покончили с собой.

Лишь в 1989 году, во время перестройки, советское правительство представило "еще какие-то материалы", на которых настаивало шведское правительство в своем ответе на меморандум Громыко. Внезапно обнаружились личные вещи Валленберга, конфискованные при задержании: его карманный календарь и адресная книжка, паспорт и венгерские водительские права, деньги в различной валюте, портсигар. Было сказано, что пакет с этими вещами свалился с полки во время ремонта на Лубянке. Вещи были вручены сестре и брату Рауля, которые после смерти родителей взяли на себя ответственность за поиски.

Новая политика открытости в Советском Союзе привела к тому, что в 1991 году была образована общая шведско-российская рабочая группа, задачей которой было постараться выяснить правду о том, что случилось с Раулем Валленбергом. Группа провела обширные архивные изыскания и взяла множество интервью у людей, имевших отношение к советской службе госбезопасности и МИДу в период исчезновения Валленберга и его предполагаемой смерти. Появились новые материалы, которые часто используются в данной книге: разведданные из Будапешта, регистрационные карточки Лубянки и Лефортово и т.д. Группа также получила доступ к оригиналу рапорта Смольцова. Сделанные как в Швеции, так и в России криминалистические экспертизы показали, что рапорт, по всей вероятности, подлинный, что, разумеется, не означает его правдивости.

Проделанная работа зафиксирована в документе "Рауль Валленберг: отчет шведско-российской рабочей группы", опубликованном в 2000 году. В отчете подчеркивается, что отныне "бремя доказательства факта смерти Рауля Валленберга лежит на российском правительстве". Эта формулировка обусловлена, во-первых, сомнениями в правдивости свидетельства о смерти, а во-вторых, наличием свидетельств о том, что Валленберг мог быть жив и после 1947 года. В последнее время появились сведения, указывающие, что Валленберга, возможно, вызывали на допрос на несколько дней позже даты смерти, указанной в рапорте Смольцова. Однако обсуждение новых сведений и их достоверности выходит за рамки этой книги, которая является в первую очередь биографией, а не расследованием "дела Валленберга". Ее автору гипотеза, что Рауль Валленберг умер в июле 1947 года — хотя, возможно, не в тот день, который указан в рапорте Смольцова, — представляется наиболее правдоподобной.

Кто спасает одну жизнь — спасает целый мир

За пределами Будапешта, Москвы и Стокгольма Рауля Валленберга постепенно стали признавать одним из героев XX века. Уже в 1948 году он был выдвинут на Нобелевскую премию мира с мотивировкой, что его "рыцарский поединок" за еврейский народ есть "один из самых блестящих примеров нашего времени" того, что может сделать отдельный человек "ради дела мира и гуманизма"[104]. Пятнадцать лет спустя государство Израиль присвоило ему звание праведника народов мира, которое дается неевреям, с риском для собственной жизни спасавшим евреев во время Второй мировой войны. Звание присваивается тем, чья помощь была многократной или особо выдающейся и при этом безвозмездной. Праведник народов мира получает медаль и диплом, а его имя теперь наносится на стену почета в Саду праведников в музее холокоста Яд ва-Шем в Иерусалиме — раньше в честь праведника сажали дерево. На медали есть надпись: "Кто спасает одну жизнь — спасает целый мир". Это цитата из Талмуда. Рауль Валленберг получил звание праведника народов мира одним из первых, в 1963 году — в год, когда это звание начали присваивать. В последующие годы его получили и остальные будапештские шведы[105].

В 1981 году Рауль Валленберг стал почетным гражданином Америки — вторым после Уинстона Черчилля. Это звание было присвоено ему за то, что "с исключительным мужеством и полным небрежением постоянно угрожавшей ему самому опасности он спас жизнь почти 100 тыс. ни в чем не повинных мужчин, женщин и детей". Инициатором выступил сенатор Том Лантос, вместе с женой Аннетт спасенный Валленбергом в Будапеште в 1944 году: Тому было найдено укрытие в одном из шведских домов, Аннетт и ее семья получили охранные паспорта.

В 1985 году Валленберг стал первым почетным гражданином Канады, в 1986 году — Израиля, в 2003-м — Венгрии, в 2013-м — Австралии.

После того как улицы и площади во всем мире были названы именем Рауля Валленберга, его в конце концов таким же образом почтили и на родине, в том числе в Мальмё (парк Рауля Валленберга), Гётеборге (улица Рауля Валленберга) и Стокгольме (площадь Рауля Валленберга). Были созданы новые памятники: в 1999 году в парламенте Швеции был открыт памятник, созданный Ленке Ротман — венгерской еврейкой, с 1945 года проживающей в Швеции, в том же году появилась скульптура Вилли Гордона "Подвиг Рауля Валленберга" (Лидингё), в 2001-м — "В честь Рауля Валленберга" Кирстен Ортвед (площадь Рауля Валленберга), в 2002-м — бронзовая версия портфеля Валленберга Уллы Крайтц (на месте фундамента дома в Капсте), в 2007-м — "В память о деянии Рауля Валленберга" Шарлотт Юлленхаммар (Гетеборг). В августе 2012 года в связи со 100-летием со дня рождения Валленберга был открыт памятник у здания МИДа в Стокгольме (скульпторы Улла и Густав Крайтц): бронзовый портфель на скамейке из черного гранита.

Сделать честь своей семье

ауль Валленберг был одарен многими талантами. Человек восприимчивый, творческий, инициативный и изобретательный, он был умелым организатором, блестяще вел переговоры, обладал особым шармом и чувством юмора, способностями к языкам и красноречием. Некоторые из этих качеств скорее мешали ему строить отношения с семьей — его считали слишком "красноречивым" и поэтому неподходящим для серьезной работы в банке или бизнесе.

Эти таланты нашли применение в экстремальных условиях в Будапеште. Раулю пригодилась не только способность вести переговоры, которую он проявил еще в юном возрасте, будучи начинающим бизнесменом в Южной Африке. Он проявил и лидерские качества, о существовании которых в себе сам, вероятно, не знал. За короткое время он выстроил большую разветвленную организацию, охватывавшую все, от выдачи охранных паспортов до закупки продовольствия, решения жилищных вопросов и лечения больных. Лучше всего Валленберг известен благодаря охранным паспортам, но, если бы он не позаботился о том, чтобы у его подзащитных была еда и крыша над головой, охранные паспорта оказались бы бесполезны. Данной стороне его деятельности в Будапеште обычно не уделяют должного внимания.

Однако не только благодаря этим талантам и качествам акция Валленберга оказалась столь успешной. Успех был результатом его бесстрашия и готовности идти на риск. История с грабителями в США 1933 года свидетельствует о том, что эти качества были чертами его личности, а не чем-то вызванным обстоятельствами. Иногда его дерзость граничила с безрассудством, примером может служить идея привить своим подзащитным тиф, чтобы их не депортировали. Но в условиях Будапешта осени 1944 года осторожничать не приходилось.

Выражением все того же безрассудства стало решение Валленберга перейти к русским. Со стороны Рауля было наивно думать, что представители коммунистической диктатуры примут его с распростертыми объятиями. Его предостерегали от этого шага. Но для Валленберга альтернатива остаться на немецко-венгерской стороне была по меньшей мере столь же опасной. Быть может, за его решением довериться русским стояло и ощущение неуязвимости, непобедимости. Он сознавал значимость того, что сделал, знал, что спас тысячи людей. Он принадлежал семейству Валленбергов, воспитанный дедом в сознании своей избранности — человек, в силу своего происхождения имеющий особую миссию.

Что бы случилось, если бы Рауль Валленберг не попал в советский плен, вернулся в Швецию? Подвергся бы он остракизму за то, что превысил свои полномочия, нарушив правила дипломатии, как Карл Лутц, которого швейцарский МИД обвинил в превышении полномочий и фактически лишил работы на десять лет? С другой стороны, Валленберг не был профессиональным дипломатом и наверняка пережил бы такую кару. У него имелись альтернативы. Может быть, он согласился бы на должность в Банановой компании, предложенную ему Свеном Саленом. А может, показав, на что способен, он сумел бы сделать карьеру в семейной бизнес-империи.

Мы не знаем. Мы знаем только, что Рауль Валленберг превратился в легенду, миф. Не в миф, сотканный из сказок и мистификаций, а в миф, имеющий крепкое, как алмаз, ядро реальности и правды. Начало мифологизации положили его ближайшие соратники, дав ему имя Валленбергус Санктус, Святой Валленберг, еще когда он был в Будапеште, а также вскоре после его исчезновения назвав его именем улицу и больницу. Образ Валленберга как спасителя и героя не есть творение агиографов, он отражает представление о нем тех, кто обязан ему жизнью. То, что сделал Рауль Валленберг в Будапеште, было деянием исключительным, какой бы мерой мы его ни мерили. За эти шесть месяцев он показал, что достоин сорочки, в которой родился.

Рауль Валленберг не вернулся домой, и вопрос "почему" так и остался без ответа. Основная вина за это, разумеется, лежит на советской стороне. Но могла ли коммунистическая диктатураповести себя иначе? Для советского руководства Валленберг был лишь пятнышком на окне, через которое оно смотрело в мир, не более того. Понятие уважения к ценности человеческой жизни в словаре советских руководителей отсутствовало. Но от шведской стороны имелись все основания ожидать большего. Выше уже говорилось о том, как вело себя Министерство иностранных дел в отношении Валленберга в первые годы, и о действиях Маркуса Валленберга в этом направлении. Однако остаются незаданными несколько вопросов. Вопросы неприятные, а возможные ответы еще неприятнее.

Первый вопрос касается правительства и МИДа. Какую роль сыграли социалистические убеждения министра иностранных дел Ундена, его антиамериканизм и доверчивость по отношению к Советскому Союзу? (Известно, что он считал, что в Советском Союзе уважается закон.) Может быть,

МИД действовал бы иначе, если бы речь шла о профессиональном дипломате, коллеге, а не о малознакомом человеке? Не сказалось ли отрицательно на судьбе Валленберга то, что он носил фамилию, которую носил, — символ шведского капитализма? Не пожертвовали ли им ради добрых отношений с СССР, ради того, чтобы было благополучно заключено торгово-кредитное соглашение с Советским Союзом? "Ужасно говорить, что Валленбергом пожертвовали, — сказал в интервью Пер Ангер после того, как незадолго до смерти ознакомился с документами, которые были ему недоступны, когда он в 1948–1950 годах отвечал за дело Валленберга в МИДе, в том числе с записью беседы Сёдерблума со Сталиным. — Но факт остается фактом: министр иностранных дел Эстен Унден не мог не понимать, что Валленберг находится в русской тюрьме"[106].

Что касается семейства Валленбергов, то их пассивность поражает. Благодаря тесным связям с Александрой Коллонтай Маркус-мл. имел уникальную возможность повлиять на ход дела. Правда, он написал два письма, но в обоих случаях это было сделано по инициативе Стаффана Сёдерблума. Пассивность можно объяснить тем, что он был убежден, что Рауля нет в живых. Но это объяснение годится для истолкования его позиции лишь в первые годы, когда о Рауле ничего не было известно. В 1950-е, когда стало ясно, что Рауль содержался — и, возможно, все еще содержится — в советской тюрьме, Маркус Валленберг, насколько известно, не сделал никаких попыток выяснить судьбу Рауля. Правда, некоторые инициативы предпринимались Якобом Валленбергом[107].

Учитывая положение и влиятельность семейства Валленбергов, они могли бы задействовать куда бо́льшие ресурсы. "Теоретически должно было... быть возможным для братьев Валленбергов использовать свое влияние на ключевые политические фигуры для освобождения Рауля Валленберга, — пишет шведский историк, специально изучавший этот вопрос. — Правда, всегда можно сказать, что не подобает смешивать личные, экономические и политические интересы, но Маркус Валленберг в годы войны не останавливался перед тем, чтобы смешивать эти свои роли"[108]. Неактивность в отношении Рауля Валленберга предстает особенно странной на фоне усилий, которые были предприняты, когда шесть сотрудников АСЕА и "Л. М. Эриксон" — двух фирм, находившихся под контролем Валленбергов, — в 1942 году были арестованы гестапо в Польше. Тогда по директиве Якоба Валленберга в течение двух лет велись переговоры, и в конце концов арестованные было освобождены.

Какими бы мотивами ни руководствовались члены семейства Валленбергов, ясно одно: будь дедушка Густав жив, все было бы иначе. Рауля он берег как зеницу ока, тот был проекцией его амбиций, его мечты. Густав Валленберг не пожалел бы никаких трудов, чтобы установить судьбу внука и освободить его. Накануне 23-летия Рауля он выразил надежду, что тот станет "способным человеком и не посрамит честь нашей семьи"[109]. Раулю это удалось. Если бы Густав Валленберг был жив, он бы констатировал, что его идеи воспитания внука принесли плоды: победа Рауля над нацистами и нилашистами была победой его "программы". Его внук продемонстрировал свои способности и принес славу семье. Но сделал он это в адских условиях и дьявольской ценой.

Благодарности

Автор благодарит всех, кто оказывал помощь в ходе работы над этой книгой — материалами, советами, сведениями и своей точкой зрения: Биргитту и Яна Ангеров, Глорию фон Берг, Ларса Бринка, Люсьен Броньяр и Пер-Улова Клейна, Луизу фон Дардель, Густафа Дугласа, Барбру Эк (Архив Бонниерс), Кая Фалькмана, Эдди Фоньоди, Карин Улофсдоттер и Ларса-Эрика Тиндре (шведское посольство в Будапеште), Берндта Фредриксона (архив МИДа), Кристиана Гернера, Ласло Дьёри, Марию Халпен, Торстена Хернода, Сюзанну Хетеньи, Надава Каплана, Эву Клейн, Бенгта, Манне и Рольфа аф Клинтбергов (Рольф был школьным другом Рауля Валленберга и умер в возрасте 99 лет незадолго до публикации этой книги), Геллерта Ковача, Стаффана Ламма, Исака Ларсона, Тумаса Лундгрена (Государственный архив), Юхана Матса, Камиллу Наглер, Тину Нурдборг и Андерса Весслена (Музей армии), Грегора Новински, Ференца Ороса, Стаффана Пауэса, Андерса Перлинге (Управление по изучению истории экономики в области банковской и предпринимательской деятельности), Лену Поснер-Кёрёши, Сцаболца Сциту, Сюзанну Тороньи (иудейская община Будапешта), Кристиана Унгвари, Франка Вайду, Кристера Вальбэка, Петера Цвака и Анне Маршалл Цвак и их секретаря Юдит Ласцаи.

Бесценной помощью были и беседы с Яном Лундвиком, занимавшимся делом Валленберга в шведском МИДе с 1960-х годов.

Отдельная благодарность тем, кто работал с Раулем Валленбергом, а также тем, кого он спас. Все они помогали мне. Это Алис Бройер, Габор Форгаш, Габриэлла Кассиус, Кейт Вац, Эдит Воль (и Руне Веннерберг).

Есть еще один человек, сыгравший решающую роль в рождении этой книги. Это сестра Рауля Валленберга Нина Лагергрен. Без ее приветливости, доброжелательности и щедрости в отношении информации, архивных и иллюстративных материалов этот проект не мог бы быть осуществлен. Ей — моя глубокая благодарность.

БЕНГТ ЯНГФЕЛЬДТ,
март 2012 года

Избранная библиография

Безыменский, Лев. *Будапештский мессия: Рауль Валленберг.* — М.: Коллекция "Совершенно секретно", 2001.

Бирман, Джон. *Праведник. Рауль Валленберг. Отчет шведско-российской рабочей группы.* М.: Текст, 2007.

Ваксберг, Аркадий. *Валькирия Революции.* Смоленск: Олимп, Русич, 1998.

Валах, Яков. Я был последним, кто видел Валленберга. Известия (15 ноября 1991).

Рауль Валленберг: Отчет шведско-российской рабочей группы (Стокгольм. 2000).

Adachi, Agnes. *Child of the Winds: My Mission with Raoul Wallenberg.* Chicago, IL, 1989.

Agrell, Wilhelm. *Skuggor runt Wallenberg: Uppdrag i Ungern 1943–45.* Lund, 2006.

Anger, Per. *With Raoul Wallenberg in Budapest: Memories of the War Years in Hungary.* New York, 1981.
'Inledning', *Räddningen: Budapest 1944: Rapporter ur UD:s arkiv.* Stockholm, 1997.

Beér, János. 'A testimony...' Доступно по адресу: www.raoulwallenberg.net/news/janos-beer (на 28 марта 2013)

Berg, Lars G:son. *The Book that Disappeared: What Happened in Budapest.* New York, 1990. Английский перевод шведского издания 1949 г.

BERGER, SUSANNE. 'Swedish aspects of the Raoul Wallenberg case' (2001). Доступно по адресу: www.raoul-wallenberg.eu/researcher/susanne-berger (на 28 марта 2013).

'Stuck in neutral' (2005a). Доступно по адресу: www.raoul wallenberg. eu/researcher/susanne-berger (на 28 марта 2013).

'Jacob Wallenberg's initiative' (2005b). Доступно по адресу: www.raoul-wallenberg.eu/researcher/susanne-berger (на 28 марта 2013).

'Prologue to Budapest: Raoul Wallenberg and Special-Metall Förening' (2008a). Доступно по адресу: www.raoul-wallenberg.eu/researcher/ susanne-berger (на 28 марта 2013).

'Raoul Wallenberg's lost inheritance' (2008b). Доступно по адресу: www.raoul-wallenberg.eu/researcher/susanne-berger (на 28 марта 2013).

BIERMAN, JOHN. *Righteous Gentile: The Story of Raoul Wallenberg, Missing Hero of the Holocaust.* London, 1981.

BISS, ANDREAS. *Der Stopp der Endlösung.* Stuttgart, 1966.

BRAHAM, RANDOLPH L. *The Politics of Genocide: The Holocaust in Hungary,* 2 Vols. New York, 1981.

The Politics of Genocide: The Holocaust in Hungary. Detroit, MI, 2000.

BRINK, LARS. *Demokrat och krigsfrivillig.* Mölndal, 2007.

När hoten var starka: Uppkomsten av en väpnad folkrörelse. Mölndal, 2009.

CESARANI, DAVID. *Adolf Eichmann: His Life and Crimes.* London and Portland: OR, 2002.

Christmas of Raoul Wallenberg: Budapest 1944. Budapest, 2004.

DARDEL, FREDRIK VON. *Raoul Wallenberg: Fakta kring ett öde.* Stockholm, 1970.

DARDEL, MAJ VON. *Raoul.* Stockholm, 1974.

EISENBACH, ARTUR. *Pertraktacje anglo-amerykańskie z niemcami a los ludności żydowskiej podczas II wojny światowej.* Warszawa, 1955.

EMBER, MÁRIA. *Wallenberg Budapesten.* Budapest, 2000.

ENGBLOM, GÓRAN. *Himmlers fred.* Lund, 2008.

Ett diplomatiskt misslyckande: Fallet Raoul Wallenberg och den svenska utrikesledningen. SOU 2003.

FORGÁCS, GÁBOR. 'The history of the Üllői út 2–4, Wallenberg office hired by the Swedish Embassy' (2004). Доступно по адресу: http://www.raoul-wallenberg.eu/testimony/historyof — wallenbergs-office-hired-by-the-swedish-embassy (на 28 марта 2013).

Emlek es valosag: Mindennapjaim Raoul Wallenberggel. Budapest, 2006.

FROJIMOVICS, KINGA. *G. Komoróczy, V. Pusztai and A. Strbik, Jewish Budapest: Monuments, Rites, History.* Budapest, 1999.

GÅRDLUND, TORSTEN. *Marcus Wallenberg 1864–1943: Hans liv och gärning.* Stockholm, 1976.

GERNER, KRISTIAN. 'Fallet Raoul Wallenberg, Vilmos Böhm och Stalin', Historielärarnas Förenings Årsskrift (2005).

HÄGGLÖF, INGEMAR. *Berätta för Joen: mina år med ryssarna 1943–1947.* Stockholm, 1984.

HANDLER, ANDREW. *A Man for all Connections: Raoul Wallenberg and the Hungarian State Apparatus 1944–1945.* Westport, CT, 1996.

JOSEPH, GILBERT. *Mission sans retour: L'affaire Wallenberg.* Paris, 1982.

KÁDÁR, GÁBOR, VÁGI, ZOLTÁN. *Self-Financing Genocide: The Gold Train, the Becher Case and the Wealth of Hungarian Jews.* Budapest, 2004.

KARLSSON, BIRGIT. 'Ekonomiska aspekter på Raoul Wallenberg-fallet' (приложение к SOU 2003).

KASTNER, RUDOLF. *Der Kastner-Bericht über Eichmanns Menschenhandel in Ungarn.* München, 1961.

KAUFMANN, TOMAS. 'My memories of Raoul Wallenberg' (2000). Доступно по адресу: http://www.raoulwallenberg.net/wallenberg/testimonie/stories/my-memories-raoulwallenberg/ (на 28 марта 2013).

KERSHAW, ALEX. *The Envoy: The Epic Rescue of the Last Jews of Europe in the Desperate Closing Months of World War II.* Cambridge, MA, 2012.

KLEIN, GEORG. *Jag återvänder aldrig: Essäer i förintelsens skugga.* Stockholm, 2011.

KLINTBERG, ROLF AF. 'Nya Elementarskolan 1925–1930', Nya Elementarskolan i Stockholm 1900–1955. Stockholm, 1962.

KOBLIK, STEVEN. *The Stones Cry Out: Sweden's Response to the Persecution of the Jews 1933–1945.* New York, 1988.

KORÁNYI, ERWIN K. *Dreams and Tears: Chronicle of a Life.* Renfrew, Ontario. [Без даты.]

LAJOS, ATTILA. Hjälten och offren: Raoul Wallenberg och judarna i Budapest (докторская дисс., 2006).

LANGLET, NINA. *Kaos i Budapest: Berättelsen om hur svensken Valdemar Langlet räddade tiotusentals människor undan nazisterna i Ungern.* Vällingby, 1982.

LANGLET, VALDEMAR. *Verk och dagar i Budapest.* Stockholm, 1946.

LESTER, ELENORE. *Wallenberg: The Man in the Iron Web.* Englewood Cliffs, NJ, 1982.

LÉVAI, JENÖ. *Raoul Wallenberg regenyes elete, hősi kuzdelmei, rejtelyes eltűnesenek titka.* Budapest, 1948.
Raoul Wallenberg: His Remarkable Life, Heroic Battles and the Secret of His Mysterious Disappearance. Melbourne, 1988. Английский перевод венгерского издания 1948 года.

LEVINE, PAUL A. *Raoul Wallenberg in Budapest. Myth, History and Holocaust.* London, 2010.

LINDGREN, HÅKAN. *Jacob Wallenberg 1892–1980: Swedish Banker and International Negotiator.* Stockholm, 2009.

LUKACS, JOHN. *The Legacy of the Second World War.* New Haven, CT, and London, 2010.

MARSHALL ZWACK, ANNE. *If You Wear Galoshes, You Are an Emigré.* Budapest, 2001.

MARTON, KATI. *Wallenberg: Missing Hero.* 1982; New York, 1995.

MATZ, JOHAN. 'Sweden, the United States and the bureaucratic politics of the Raoul Wallenberg mission to Hungary in 1944', Cold War Studies xiv/2 (весна 2012).

McKAY, C. G. 'A friend indeed: the secret service of Lolle Smit' (2010). Доступно по адресу: http://www.raoul-wallenberg.eu/researcher/craig-graham-mckay (на 28 March 2013).

'Excerpts from McKay's notes on the case of Raoul Wallenberg' (2011a). Доступно по адресу: http://www.raoul-wallenberg.eu/researcher/craig-graham-mckay (на 28 марта 2013).

'What happened in Cairo?' (2011b). Доступно по адресу: http://www.raoul-wallenberg.eu/researcher/craig-graham-mckay (на 28 марта 2013).

'A note on Kutuzov-Tolstoy's letter of authorization' (2012). Доступно по адресу: http://www.raoul-wallenberg.eu/researcher/craig-graham-mckay (на 28 марта 2013).

NILSSON, GÖRAN B. *The Founder: André Oscar Wallenberg (1816–1886): Swedish Banker, Politician and Journalist.* Stockholm, 2005.

NYLANDER, GERT/ PERLINGE, ANDERS. eds, *Raoul Wallenberg in Documents, 1927–1947.* Stockholm, 2000.

OLSSON, ULF. *Furthering a Fortune: Marcus Wallenberg: Swedish Banker and Industrialist 1899–1982.* Stockholm, 2001.

A Prince of Finance: K.A. Wallenberg 1853–1938: Swedish Banker, Statesman and Philanthropist. Stockholm, 2007.

PHILIPP, RUDOLPH. *Raoul Wallenberg: Diplomat, kämpe, samarit.* Stockholm, 1946.

Raoul Wallenberg: Kämpe för humanitet. Stockholm, 1947.

PLATEN, GUSTAF VON. *Resa till det förflutna: Lättsinne i allvarstid. Minnen del I.* Stockholm, 1993.

Räddningen: Budapest 1944: Rapporter ur UD:s arkiv. Stockholm, 1997.

Raoul Wallenberg Database. Доступно по адресу: http://wallenberg-database.ud.se (на 28 марта 2013).

Raoul Wallenberg: Dokumentsamling jämte kommentarer rörande hans fångenskap i Sovjetunionen. Stockholm, 1957.

Raoul Wallenberg: Dokumentsamling rörande efterforskningarna efter år 1957. Stockholm, 1965.

Raoul Wallenberg: Letters and Dispatches 1924–1944. New York, NY, 1995.

Raoul Wallenberg: Report of the Swedish — Russian Working Group. Stockholm, 2000.

Remembering Raoul Wallenberg. Ann Arbor, MI, 2001.

ROSENFELD, HARVEY. *Raoul Wallenberg.* New York, NY, 1982.

RYDEBERG, GÖRAN. *Raoul Wallenberg: Historik och nya forskningsfält.* 2002. Доступно по адресу: www.raoul-wallenberg.eu/researcher/goran-ryde-berg (на 28 марта 2013).

SANDEBERG, EDWARD. *Nu kan det sägas: Sanningen om min fångenskap i Sovjet och Berlins fall.* Stockholm, 1946.

SCHILLER, BERNT. *Varför ryssarna tog Raoul Wallenberg.* Borås, 1991.

SCHULT, TANJA. *A Hero's Many Faces: Raoul Wallenberg in Contemporary Monuments.* Basingstoke, 2009.

SERENY, GITTA. *Albert Speer: His Battle with Truth.* Basingstoke, 1995.

SJÖQUIST, ERIC. *Affären Raoul Wallenberg.* Stockholm, 1974.
Raoul Wallenberg. Avesta, 1985.
Dramat Raoul Wallenberg. Falun, 2001.

STAFFORD, LILLIAN E. 'Raoul Wallenberg remembered', Michigan Alumnus. 1985. Май.

Statens Provskola Nya Elementarskolan i Stockholm. Årsredogörelse, avgiven vid slutet av läsåret 1918–1919 av Rektor Knut Bohlin. Stockholm, 1919 и 1928.

SUDOPLATOV, PAVEL (with Anatoli Sudoplatov and Jerrold L. Schecter). *Special Tasks: The Memoirs of an Unwanted Witness, a Soviet Spymaster.* Boston, 1994.

SVANBERG, INGVAR/MATTIAS TYDÉN. *Sverige och förintelsen: Debatt och dokument om Europas judar 1933–1945.* Viborg, 2005.

SZEL, ELISABETH. *Operacion noche y niebla.* Madrid, 1961.

SZITA, SZABOLCS. *Trading in Lives? Operations of the Jewish Relief and Rescue Committee in Budapest 1944–1945.* Budapest, 2005.
'Langfelder Vilmos, Raoul Wallenberg budapesti segítője', Multunk 1 (2008). Доступно по адресу: www.polhist.hu/multunk/letoltes/szitasz². pdf (на 28 марта 2013).
The Power of Humanity: Raoul Wallenberg and his Aides in Budapest, nep. Bernard Adams. Budapest, 2012.

TEICHOLZ, TOM. [Memories of My Father]. Доступно по адресу: http://www.raoulwallenberg.net (на 28 марта 2013).

The Trial of Adolf Eichmann: Record of Proceedings in the District Court of Jerusalem. Vols 1–6. Jerusalem, 1992–1995.

TSCHUY, THEO. *Dangerous Diplomacy: The Story of Carl Lutz, Rescuer of 62,000 Hungarian Jews.* Grand Rapids, MI, 2000.

UNGVÁRY, KRISZTIÁN. *Battle for Budapest: One Hundred Days in World War II.* London, 2005.

VAKSBERG, ARKADIJ. *Le laboratoire des poisons: De Lénine à Poutine.* Paris, 2006.

VALAKH, YAKOV. I met Raoul Wallenberg. New Times 31 (1990).

VALENTIN, HUGO. 'Rescue and relief activities on behalf of Jewish victims of Nazism in Scandinavia', YIVO Annual of Jewish Social Science viii (1953).

VERES, THOMAS. 'I was there'. Доступно по адресу: www.raoulwallenberg. net/wallenberg/testimonie/stories/thomas-veres-i (на 28 марта 2013).

VILLIUS, ELSA and HANS. *Fallet Raoul Wallenberg*. Stockholm, 1966.

VÖRÖS, MÁRTON. *Även för din skull: Svenska röda korset i Ungern i världskrigets dagar*. Stockholm, 1978.

VYLDER-BELLANDER, BIRGITTA DE. 'Raoul Wallenberg-aktionen: Historik och rapport', Fred och Frihet 1 (1952).

WAHLBÄCK, KRISTER. 'Raoul Wallenberg och synen på Sovjet 1944–47', *Till en konstnärssjäl: En vänbok till Stig Ramel*. Kristianstad, 2002.

WALLACE, RALPH. 'Raoul Wallenberg: hero of Budapest', Reader's Digest. 1947. July.

WALLENBERG, RAOUL. *Några förslag till ett friluftsbad å Riddarholmen*. Stockholm, 1935.

'Sydafrikanska intryck', Jorden runt. Magasin för geografi och resor, del II (Stockholm, 1936)

WERBELL, FREDERICK E./ CLARKE, THURSTON. *Lost Hero: The Mystery of Raoul Wallenberg*. New York, NY, etc., 1982.

Архивные материалы

Ваксберг, Аркадий, Эспертное заключение МИД Швеции по делу Рауля Валленберга. [Без года.] UD.

Документы = Документы касательно Рауля Валленберга из архива шведского МИДа в 29 т.

Anger, Per, P. M. angående Pilkorsöverfallet på beskickningen m.m. [Памятная записка о нападении нилашистов на миссию и т.д.] (20 April 1945), Документы IV.

Bauer, Margareta, Specialberättelse angiven av skrivbiträdet vid Svenska Beskickningen i Budapest fröken Margareta Bauer angående händelserna på Svenska Beskickningen i Budapest under tiden 17 februari — 12 mars 1945 [Специальный доклад Маргареты Бауэр в шведской миссии в Будапеште о событиях, связанных с миссией, в период с 17 февраля по 12 марта 1945 года] (27 апреля 1945), Документы IV.

Bauer, Margareta, Minnesanteckningar från krigsåren i Budapest 1943–1945 [Дипломатические ноты из Будапешта военных лет 1943–1945] (1996), UD.

Bauer, Margareta, Dagbok [Дневник], UD.

Berg, Lars, Specialberättelse avgiven av attachén vid Svenska Beskickningen i Budapest Lars G:son Berg angående händelserna pa Svenska Beskickningen i Budapest under tiden 11–13 februari 1945 [Специальный доклад Ларса Берга в шведской миссии в Будапеште о событиях, связанных с миссией в период 11-13 февраля 1945 года] (2 мая 1945 [1945a]), Documents IV.

Berg, Lars, Specialberättelse avgiven av attachén vid Svenska Beskickningen i Budapest Lars G:son Berg. Tiden den 13/2–15/3 [Специальный доклад Ларса Берга в шведской миссии в Будапеште. Период 13/2–15/3] (2 мая 1945 [1945b]), Документы IV.

Hegedűs, Pál, Dikterat och undertecknat vittnesmål av Pál Hegedűs avlagt i Stockholm 27.8.46 [Надиктованное и подписанное свидетельство Пала Хегедюша, данное им в Стокгольме 27 августа 1946], RW1, т. 5.

Kaufmann, Tomas, 'Interview with Tomas Kaufmann' (1996), Yad Vashem (033C/4257).

Klintberg, Rolf af, Minnesanteckning om Raoul Wallenberg [Памятка о Рауле Валленберге] (4 февраля 1946), RW1, т. 7.

Loyda, Jan, Dag Hartelius, P. M. över samtal med Hans Lojda [sic] (5 декабря 1990), RW Database/test. 488.

Loyda, Jan, Interview by Marvin W. Makinen with Mr Jan Loyda... (5 января 1992), RW Database/test. 490.

Lundvik, Jan, P. M. om Harald Feller och Max Meier [Памятная записка о Гаральде Феллере и Максе Майере] (26 October 1999), UD.

Lundvik, Jan, RW-forskning i Budapest: Identifiering av namnen i fickkalendern [РВ-ведение в Будапеште: Идентификация имен из дневника] (12 апреля 2004), UD.

Mezey, Dénes von, Specialberättelse avgiven av kanslisten vid Svenska Beskickningen i Budapest D. P. Mezey angående händelserna på Svenska Beskickningen i Budapest under tiden 11–20 februari 1945 [Специальный доклад фон Мезея в шведской миссии в Будапеште о событиях, связанных с миссией в период 11–20 февраля 1945 года] (27 апреля 1945), Документы IV.

Müller, Károly, Skriftligt vittnesmål av Károly Müller avlagt i Budapest 23.10.48 [Письменные показания Кароя Мюллера, данные в Будапеште 23 октября 1948], Документы VII.

Raoul Wallenberg Project, Uppsala University Library [Упсальский проект].

Richter, Gustav, P. M. angående samtal med Gustav Richter... [Памятная записка о беседе с Густавом Рихтером...] (31 октября 1955), RW Database/test. 673.

Примечания

Сокращения

KA — *Krigsarkivet* (Военный архив, Стокгольм)

KB — *Kungl. Biblioteket* (Королевская библиотека, Стокгольм)

LUB — *Lunds Universitetsbibliotek* (Университская библиотека, Лунд)

NL — Архив Нины Лагергрен, Стокгольм

RA — *Riksarkivet* (Национальный архив, Стокгольм)

RW — Архив Рауля Валленбегра (в *RA*)

RW *Database* — *Raoul Wallenberg Database* (Электронная база данных по делу Валленберга. См. Архивные материалы в Избранной библиографии)

SEHF — *Stiftelsen för Ekonomisk Historisk Forskning inom Bank och Företagande* (Фонд исследования экономической истории банковской деятельности и предпринимательства ("Архив семьи Валленбергов"))

SSA — *Stockholms Stadsarkiv* (Стокгольмский городской архив)

UD — *Utrikesdepartementets arkiv* (Архив министерства иностранных дел, Стокгольм)

UU — *Uppsala University Library* (Университская библиотека, Упсала)

Основная часть корреспонденции Рауля Валленберга, в том числе его переписка с семьей и Коломаном Лауэром, как и ряд других документов (в том числе копии его карманного ежедневника и записной книжки), хранится в Архиве Рауля Валленберга (*RW*) в Национальном архиве

Швеции (*RA*). Некоторые письма находятся в частном архиве Нины Лагергрен. Переписка Густава Валленберга и его родственников находится в Национальном архиве и Фонде экономической истории банковской деятельности и предпринимательства (Архив семьи Валленбергов). Письма, касающиеся карьеры Рауля Валленберга и уже опубликовававанные (*Nylander/Perlinge*, 2000), хранятся там же. Некоторые письма из этого архива публикуются впервые.

Письма Май фон Дардель опубликованы в 1974 году (*von Dardel*, 1974), а бóльшая часть переписки Рауля и его дедушки — в 1995 году, по-английски, в *Raoul Wallenberg: Letters and Dispatches* (шведское издание — 1987 год). Письма Пера Висинга Густаву Валеннбергу хранятся в Архиве семьи Валленбергов.

Дипломатическая переписка (например, между шведской миссией в Будапеште и шведским МИДом, а также между дипломатами) хранится в архиве Министерства иностранных дел (*UD*). Письма, телеграммы и документы, относящиеся к делу Валленберга, собраны в 49 томов ("Документы"; см. Архивные материалы в Избранной библиографии). Некоторые, в том числе дипломатические отчеты Валленберга, были опубликованы в *Raoul Wallenberg: Letters and Dispatches* (1995). Переписка американской и британской дипломатических миссий в Стокгольме и госдепартамента США цитируется по отчету государственной комиссии по делу Валленберга (*SOU* 2003).

Упсальский проект проводился в университете Упсалы и заключался в интервьюировании 170 человек, спасенных в Будапеште шведской миссией или по разным причинам причастных к ней.

Большинство документов, относящихся к задержанию и аресту Валленберга, напечатаны в книге "Рауль Валленберг: Отчет шведско-российской рабочей группы" (2000).

Электронная база данных (*RW Database*) представляет собой интернет-ресурс, содержащий документы и свидетельства, относящиеся к делу Валленберга.

Добрые предзнаменования

ЛИТЕРАТУРА: *Gårdlund* 1976, *Lindgren* 2009, *Olsson* 2007, *von Dardel* 1974. АРХИВНЫЕ МАТЕРИАЛЫ: *KA* (Военно-морское училище), *RA* (дневники Фредрика фон Дарделя), *SSA* (описи наследства, документы, касающиеся опекунства, школьные отчеты), интервью Луизы фон Дардель с Рольфом аф Клинтбергом.

1   По-шведски выражение "родиться в сорочке", т. е. удачливым, звучит "родиться в победном капюшоне". Например, Карл XII родился в таком капюшоне.

2   Устное сообщение Нины Лагергрен автору.

Новое элементарное училище

ЛИТЕРАТУРА: Bierman 1981, af Klintberg 1946 и 1962, Brink 2009, Gårdlund 1976, Lester 1982, Olsson 2001.

АРХИВНЫЕ МАТЕРИАЛЫ: Архив семьи аф Клинтбергов (дневники Рольфа аф Клинтберга), RA (мемуарные записки Май фон Дардель, Анны Ниссер и Рольфа аф Клинтберга, SSA (школьные отчеты).

В мир

ЛИТЕРАТУРА: Lester 1982, Rosenfeld 1982, Stafford 1985.

АРХИВНЫЕ МАТЕРИАЛЫ: KB (фонд Карла Миллеса).

3   Джон Вехаузен (1913–2005) защитил докторскую диссертацию по математике в возрасте 24 лет и на протяжении своей долгой карьеры работал в нескольких американских университетах. Отличался также своими языковыми способностями.

Архитектор

ЛИТЕРАТУРА: Bierman 1981, Gårdlund 1976, Lester 1982, Lévai 1988, Marton 1995, Rosenfeld 1982, Stafford 1985.

АРХИВНЫЕ МАТЕРИАЛЫ: SEHF (конфликт между Маркусом и Густавом Валленбергами).

4   Имеется в виду Альфонс — главный герой пьесы Александра Дюма-сына "Господин Альфонс".

Южная Африка

ЛИТЕРАТУРА: Rosenfeld 1982, von Dardel 1974, Wallenberg 1935 и 1936.

АРХИВНЫЕ МАТЕРИАЛЫ: NL (переписка Бернис Рингман и Рауля Валленберга).

5   Рисунки Валленберга хранятся в Музее архитектуры в Стокгольме. Его проект не выиграл и не был отмечен жюри.

Палестина

ЛИТЕРАТУРА: Lévai 1988.

АРХИВНЫЕ МАТЕРИАЛЫ: SSA (свидетельство о смерти Густава Валленберга).

6   "Черная драгоценность, прекрасная Абиссиния" (итал.). Faccetta nera была невероятно популярной песней о встрече красавицы рабыни с итальянскими войсками, захватившими Абиссинию: теперь ее освободят, возьмут с собой в Рим, и вместе с войсками она будет участвовать в параде перед дуче и королем.

Конец эпохи

ЛИТЕРАТУРА: Olsson 2007, Wallenberg 1936.

7   Рост Рауля составлял 176 см.

8   Переписка Маркуса Валленберга-ст. и Гертруды хранится в SEHF, но не каталогизирована.

Интерлюдия

ЛИТЕРАТУРА: af Klintberg 1946, Berger 2005a, 2008a и 2008b, Bierman 1981, Brink 2009, Lévai 1988, Marton 1995, Philipp 1946, Rosenfeld 1982, Stafford 1985, von Platen 1993, Werbell/Clarke 1982.

АРХИВНЫЕ МАТЕРИАЛЫ: RA (записка К. Лауэра "Валленберговская акция" и его заявление о шведском подданстве; записка Май фон Дардель).

9   Подробности о наследовании можно найти в Berger 2008b.

10   Согласно Коломану Лауэру.

11   Поездка в Берлин задокументирована в письмах Рауля Валленберга Эрнсту Берендту (6.12.38; NL) и Май и Энцио фон Плауэнам (Рождество 1938 г.; NL).

12   Интервью Ласло Хертеленди Magyar Hirlap (11.04.1987).

13   Устное сообщение автору, 27 октября 2010 года.

14   Информация о поездках Валленберга содержится в письме Коломана Лауэра Рудольфу Филиппу от 25 октября 1955 года (RA).

Назначение

Литература: Agrell 2006, Bierman 1981, Braham 1981 (т. 2), Brink 2009, Forgács 2006, Klein 2011, Koblik 1988, Lester 1982, Lévai 1988, Levine 2010, Lindgren 2009, Matz 2012, Sjöquist 1974, Svanberg/Tydén 2005, SOU 2003, von Platen 1993.

Архивные материалы: Интервью Луизы фон Дардель с Рольфом аф Клинтбергом, RA (письма Мазура и Валленберга Эренпрайсу [в фонде Эренпрайса]; подданство Лауэра).

15 Сведения о встрече Рауля с Эренпрайсом приводятся по свидетельству Леваи, который в свою очередь основывается на разговоре с главным раввином.

16 В Levine 2010 (с. 219) письмо ошибочно датировано 6 июля.

17 Лауэр утверждает, что встреча состоялась в конце апреля или в начале мая, но это, скорее всего, ошибка памяти. Встреча должна была произойти после телеграммы Халла Джонсону 25 мая.

18 На это дало свое согласие Министерство иностранных дел Швеции, которое разрешило УВБ переписываться с Валленбергом по мидовским каналам (Matz 2012).

19 Устное сообщение Нины Лагергрен автору.

20 По утверждению Валленберга в отчете шведскому МИДу 29 июля 1944 года, "теперь подтверждено, что телеграмма Короля Регенту нации была причиной прекращения депортаций".

21 Письмо Фольке Бернадота Вальдемару Лангле 9 августа 1944 года (KB, фонд Лангле).

Будапешт

Литература: Anger 1981, Bierman 1981, Braham 1981 (т. 2) и 2000, Forgács 2004, Kaufmann 2000, Korányi [без даты], Lajos 2006, Lester 1982, Lévai 1988, Levine 2010, SOU 2003, Marshall Zwack 2001, Рауль Валленберг: Отчет шведско-русской рабочей группы 2000, Szita 2005.

Архивные материалы: Bauer 1996, Hegedűs 1946, RA (заявление Марии Лауэр о шведском подданстве), UU (фонд Пера Ангера; Упсальский проект: Пер Ангер).

22 Ласло Петё не упоминается среди товарищей по учебе в письмах Рауля из Тонон-ле-Бен. Причиной может быть то, что Ласло был на два года младше и, возможно, учился на другом курсе. Возможно также, что Л. Петё не жил у Бурдийонов и они встречались не там.

23   В целях безопасности — даже дипломатическая почта иногда под-
      вергалась немецкой цензуре — фамилии тех, на кого ссылается Ра-
      уль, сообщены в более поздней докладной записке.

24   После "эмансипации" 1867 года многие венгерские евреи крести-
      лись по убеждению и из подлинного патриотизма. В связи с приня-
      тием антиеврейских законов 1930-х годов и особенно во время Вто-
      рой мировой войны, напротив, многие крестились, чтобы избежать
      репрессий. После того как Хорти запретил депортации, количество
      крещений сильно выросло. См.: Braham 2000, стр. 173–174.

25   Недатированное письмо, написанное в начале августа, а не в начале
      июля, как утверждается в Levine 2010, стр. 190.

26   Операция в Шарваре была проведена в условиях строгой секрет-
      ности, и в докладной записке Валленберга в МИД от 6 августа го-
      ворится, что она имела место 5 августа; информация базировалась
      на рапорте венгерского полицейского, который был прав по суще-
      ству, но ошибся в дате.

27   По всей видимости, имеется в виду брак Марии Лауэр с Дежё фон
      Бошем, капитаном венгерской армии, закончившийся разводом
      в 1936 году.

28   Как ни странно, ни письмо Марии Лауэр, ни инструкции ее мужа
      не были замечены исследователями (RA, фонд RW).

Кровь за товары

ЛИТЕРАТУРА: Anger 1981, Berg 1990, Braham 1981 (т. 2) и 2000, Forgács
2006, Kádár/Vági 2004, Langlet 1982, Lévai 1988, Philipp 1946, Schiller
1991, Szita 2005, Ungváry 2005.

АРХИВНЫЕ МАТЕРИАЛЫ: Bauer 1996, LUB (письмо М. Бауэр
к Л. Петри), KB (фонд Вальдемара Лангле), UD (письмо Халла
к Олсену), UU (Упсальский проект: Пер Ангер).

29   Forgács 2006, стр. 17; устное сообщение Габриэллы Кассиус автору,
      7 июня 2011 года.

30   Устное сообщение Габриэллы Кассиус автору, 7 июня 2011 года.

31   О биографии Биллица см. Szita 2005 и Kádár/Vági 2004.

32   Почти неразборчивую запись от 22 сентября в карманном ежеднев-
      нике Валленберга возможно интерпретировать как "13:30 Бехер".
      Вывод Пола А. Левина о том, что Валленберг и Бехер встречались
      "по меньшей мере пять раз" (Levine 2010), — результат неправиль-
      ного прочтения дневника. Имя, которое упоминается "по меньшей

мере пять раз" (на самом деле семь), не Бехер, а Бербер [Смит] — молодая голландка, с которой Валленберг встречался в Будапеште.

33   Следует отметить, что венгерские евреи были не только рабочей силой в Австрии. 21% рабочей силы составляли иностранные работники в соответствие со следующей иерархией: свободные иностранные работники, работники, занятые на общественных началах или привезенные с оккупированных территорий, узники трудовых лагерей, военнопленные и интернированные военные из Италии, венгерские евреи, задействованные на принудительных работах (Szita 2005, с. 104).

Марши смерти

Литература: Anger 1981, Berg 1990, Bierman 1981, Braham 1981 (т. 2), Ember 2000, Forgács 2004 и 2006, Frojimovics et al. 1999, Kádár/Vági 2004, Lajos 2006, Lester 1982, Lévai 1988, Philipp 1946, SOU 2003, Vörös 1978, Werbell/Clarke 1982.

Архивные материалы: Hegedűs 1946, Muller 1948, RW Database (Áron Gábor/test. 211), UU (Упсальский проект: Пер Ангер, баронесса Кемень).

34   Согласно Леваи, переговоры по поводу синагоги вел не Валленберг, а Ларс Берг. Но сам Берг утверждает, что в тот день пытался добраться от железнодорожной станции домой, и не упоминает об инциденте на улице Арена. Однако он упоминает подобную спасательную операцию, не называя даты. Есть свидетельство того, что синагога была освобождена два раза — 14-го Валленбергом и 15-го Бергом. Скорее всего, очевидец перепутал даты.

35   На самом деле убитых было более 300.

36   Интервью Пера Ангера Шведскому радио 8 августа 1956 года.

37   Заявление Кеменя было сделано в ходе суда над ним в 1946 году. Он был приговорен к смертной казни через повешение за государственную измену и военные преступления.

38   См. телеграмму Джонсона Халлу от 7 августа: "Ребе Эренпрайс сообщил нам, что немцы отказались дать Валленбергу визу для временного возвращения в Стокгольм".

39   В архиве Международного Красного Креста в Берне хранятся письма, относящиеся к этому вопросу (устное сообщение Сабольча Ситы автору).

40   Ноты были не подписаны, но сомнений в их авторстве нет.

41 Нота была также подписана поверенными в делах Испании (Анхел Санс-Бриз), Португалии (граф Понграш) и Швейцарии (Харальд Феллер).

42 Помощник Крауса Ари Бреславер, присутствовавший на встрече, описывал его во время процесса над Эйхманом в 1961 году. Бреславер также принимал участие в спасательной акции в Хедьешхаломе.

Геттоизация

Литература: Adachi 1989, Anger 1981, Beér [без года], Berg 1990, Bierman 1981, Braham 1981 (т. 2), Kastner 1961, Ember 2000, Forgács 2006, Kaufmann 2000, Koblik 1988, Lajos 2006, Lévai 1988, Philipp 1946 и 1947, Szita 2008, Teicholz [без года], Ungváry 2005, Veres [без даты], Werbell/Clarke 1982.

Архивные материалы: Bauer 1996, Hegedűs 1946, шведское телевидение (программа о Р. Валленберге 2 февр. 1965 г.), RW Database (Áron Gábor/test. 211), UU (Фонд П. Ангера; Упсальский проект: Агнеш Адачи, Пер Ангер, Джонни Мозер).

43 Kaufmann 2000. Маргарета Бауэр вспоминала, что "евреи, не имевшие связей в Швеции, выстраивались в очередь в миссию, чтобы воспользоваться телефонными справочниками". Закрывая глаза, они наугад тыкали в списки фамилий, чтобы "найти тех, кого можно было объявить родственниками или деловыми партнерами" (Bauer 1996).

44 Устное сообщение Габриэллы Кассиус автору, 7 июня 2011 года.

45 Там же.

46 В том числе Вильмош Лангфелдер, Казмер Каллаи, Тивадар Йоббадь, Дьёрдь Сель, "Релли" Балаш и Шандор Ардаи.

47 Рассказ о геттоизации базируетса на Braham 1981, т. 2, с. 850 и далее, и Ungváry 2005, стр. 237–238, 246–247.

48 Другими членами были Бела Элек, Петер Шугар, Томаш Вереш, Андраш и Ласло Гейгеры.

49 Фотографии Вереша были приложены к докладной записке Валленберга шведскому МИДу 8 декабря.

50 Veres [без даты]. Согласно шоферу Шандору Ардаи, человеком, который вскарабкался в товарный вагон, был сам Валленберг, что маловероятно, учитывая его положение дипломата. Однако ошибка свидетельствует о почти мифологическом статусе Валленберга в представлении своих сотрудников.

51 Значение гарантий Джойнта для соглашения между Валленбергом и Бехером становится ясным из телеграммы Бисса Сали Майеру (Lévai 1988, с. 275; Biss 1966, с. 226).

52 Возможно, словом "икра" обозначалось что-то другое, но на фоне хороших отношений Лауэра с советским Торгпредством в Стокгольме не исключено, что такая сделка была осуществлена.

53 Возможно, слово "бекон" использовалось как кодовое.

54 Согласно Леваи, это был способ затянуть время — "на самом деле Валленберг не хотел, чтобы его подзащитных вывезли из Будапешта ни при каких обстоятельствах" и "раз за разом... ему удавалось предотвратить посадку евреев с охранными паспортами на поезд в Швецию" (Lévai 1988, с. 117). Можно предположить, что Валленберг пытался задерживать репатриацию до 15 октября, однако после этой даты он даже заплатил, чтобы транспорт состоялся. Несколько подзащитных по собственной инициативе добрались до Швеции, подкупив гестапо.

Открытый террор

ЛИТЕРАТУРА: Berg 1990, Christmas of Raoul Wallenberg 2004, Ember 2000, Kaufmann 1996 и 2000, Lester 1982, Lévai 1988, Philipp 1946, Sjöquist 1974, SOU 2003, Szel 1961, Szita 2008, The Trial of Adolf Eichmann 1995. АРХИВНЫЕ МАТЕРИАЛЫ: Bauer 1996, UU (Упсальский проект: Агнеш Адачи, Пер Ангер, Казмер Каллаи, Джонни Мозер).

55 Устное сообщение Габриэллы Кассиус автору, 7 июня 2011 года.

56 Встреча Валленберга с Эйхманом подробно описана в книге Ларса Берга (1990). И он, и Йоте Карлсон рассказывали о ней в интервью (напр. Sjöquist 1974, с. 47–48). О встрече Валленберга с Эйхманом говорил и Пер Ангер в интервью, данном Полу А. Левину (Упсальский проект).

57 В беседе с Л. Лестер Берг говорил, что встреча состоялась "за неделю или десять дней до Рождества" (Lester 1982, с. 115). Во французском документальном телефильме Le dossier Wallenberg: L'Ange de Budapest (1982) Берг не столь точен и говорит о декабре. Скорее всего, встреча состоялась в самом начале месяца, до того, как Габриэлла Кассиус оставила работу в шведской миссии 3 декабря.

58 В расшифровке телеграммы дана искаженная фамилия — Daögger.

59 Устное сообщение Габриэллы Кассиус автору, 7 июня 2011 года.

60 Там же.

61 Там же.

62   Некоторым сотрудникам уже предложили вернуться домой. Так, ассистентка Биргит Брюлин, которая незадолго до этого обручилась с венгром, уехала из Будапешта в середине декабря. Однако Маргарета Бауэр решила остаться (Bauer 1996).

63   Устное сообщение Нины Лагергрен автору. Леваи, цитирующий записку, тоже утверждает, что она была написана Валленбергом (Lévai 1988, с. 147).

Гость или пленник?

ЛИТЕРАТУРА: Валах 1991, Anger 1981, Berg 1990, Braham 1981 (т. 2) и 2000, Lajos 2006, Lester 1982, Lévai 1988, Philipp 1946, Raoul Wallenberg: Dokumentsamling 1957, Рауль Валленберг: Отчет шведско-российской рабочей группы 2000, Rosenfeld 1982, Sjöquist 1974, SOU 2003, Ungváry 2005, Werbell/Clarke 1982.

АРХИВНЫЕ МАТЕРИАЛЫ: Anger 1945, Bauer 1996 и дневники, CIA (Raoul Wallenberg, т. 1–0125), Hegedűs 1946, Библиотека конгресса (фонд Отто Флейшмана), Lundvik 1999, RW Database (Чаповский/doc. 287, Данилаш/test., Дмитриенко/doc. 23, Голуб/doc. 8, Куприянов/doc. 24, Махровский/doc. 291, Захаров/doc. 25)), UU (Упсальский проект: Лайош Баюс, Ласло Петё, Пал Салаи).

64   Швейцария взяла под охрану посольства США, Великобритании, Бельгии и других стран. Харальд Феллер находился в британском посольстве, а когда оно подверглось бомбардировке, переехал во дворец графа Эстерхази. Карл Лутц остался в американском посольстве, а Макс Майер — в Стеклянном доме на улице Вадас.

65   Сведения о событиях, развернувшихся в рождественские дни, основаны на мемуарах и дневниковых записях Маргареты Бауэр.

66   Согласно показаниям Салаи ЦРУ в 1956 году.

67   Интервью Пера Ангера Шведскому радио 8 августа 1956 года. См. также: Sjöquist 1974, стр. 69.

68   Джон Дикинсон работал ревизором в венгерской дочерней компании фирмы "Шведские спички". Документы, свидетельствующие о его контактах с Валленбергом, хрянятся в шведских архивах.

69   Сообщено Лангфелдером одному из сокамерников в Москве (Raoul Wallenberg: Dokumentsamling, 1957).

70   Описание событий на улице Бенцур основываются на показаниях трех сотрудников отдела Т (Андора Вереша, Дьёрдя Вильгельма и Белы Реваи), хранящихся в архиве шведского МИДа.

71 Офицера, о котором идет речь, принято называть майором Демчинко. Это ошибка, исходящаяся из письма шведского посланника
в Будапеште в МИД от 26 января 1946 года, в котором он сообщает, что его "при таинственных обстоятельствах посетил некий аноним", утверждавший, что видел Валленберга на улице Бенцур в сопровождении трех представителей советской армии. Одним из них
был майор Димитрий Демчинко (Dimitrij Demtschinko), инженер
из Днепропетровска. Эту информацию подхватили Филипп (1946)
и Леваи (1948), и с тех пор ее как факт принимают биографы Валленберга, хотя офицер с такой фамилией никогда не был иденти-
фицирован. Поскольку рапорт о встрече с Валленбергом 13 января,
составленный рано утром следующего дня, подписан Я. Дмитриенко, логично предположить, что он и был тем самым офицером,
с которым Валленберг имел дело, и что "аноним" просто перепутал
фамилии. В пользу этой гипотезы говорит и тот факт, что 17 января 1945 года сам Валленберг назвал сопровождавшего его офицера
полковником (Леваи 1948, с. 241), тогда как фиктивный Демчинко
фигурирует как майор.

72 Эта информация исходит от Филиппа (1946). Однако, по словам
Ивана Даниэльсона, ни МИД в Стокгольме, ни миссия в Будапеште
не выдавала Валленбергу таких документов. На самом деле шведский министр выдал Кутузову-Толстому доверенность, дающую
право контактировать с представителями СССР от имени шведской
дипломатической миссии (McKay 2012)

73 Подробности, сообщенные Голубом о "студебеккере", — имена
женщины-офицера и солдата, ремонтировавшего машину, — делают его рассказ весьма достоверным.

74 В 1965 году, когда Габор давал показания, данное лицо все еще проживало в Будапеште, поэтому его имя не было названо.

75 Согласно Филиппу (1946), Валленбергу не разрешалось зайти в дом,
и он просил сотрудников спуститься по лестнице. Но Бицкеи видел
его сквозь стеклянную дверь (входы на этажи оборудованы стеклян-
ными дверями). Другие также свидетельствовали, что разговор Валленберга с сотрудниками состоялся в доме, а не на улице.

Москва

Литература: Anger 1981, Berg 1990, Ember 2000, Hägglöf 1984, Marshall
Zwack 2001, Sjöquist 1974, Raoul Wallenberg: Dokumentsamling 1957,

Рауль Валленберг: Отчет шведско-российской рабочей группы 2000, Rosenfeld 1982, SOU 2003, Ungváry 2005, Wallace 1947.

АРХИВНЫЕ МАТЕРИАЛЫ: Bauer 1945 и 1996, Berg 1945a и 1945b, KB (фонд Вальдемара Лангле), RW Database ('Mr Budapest'/test. 101, Jan Loyda/test. 488, 490, József Marton/test. 514, Gustav Richter/doc. 4/ test. 673, Jerzy Trau/test. 863, 864), von Mezey 1945, UU (Упсальский проект: Лайош Баюс).

76   По данным немецкого офицера Эрхарда Хилле, находившегося в одной камере с Вильмошем Лангфелдером весной 1945 года, Валленберг старался добиться того, чтобы "кварталы миссии больше не обстреливали" (Raoul Wallenberg: Dokumentsamling, 1957, с. 88). Однако никаких "кварталов миссии" не было. Имеются в виду дома или кварталы, находящиеся под шведской защитой, т. е. Международное гетто. Это подверждается свидетельством другого заключенного, Яна Лойды, который говорил об "одном или нескольких домах, принадлежавших шведской миссии в Будапеште" (RW Database/test. 488).

77   Адреса были предоставлены Валленбергом полковнику Дмитриенко еще 14 января.

78   После ареста Валленберга советская комиссия посетила улицу Бенцур для обследования припаркованного во дворе дома 12 автомобиля, в котором Рауль прибыл в отдел Т. Когда через несколько дней они вернулись, чтобы его забрать, пришлось его вывозить на санях с помощью пары лошадей: Андор Вереш снял бензобак, чтобы вывести автомобиль из строя (S. Engfeldt, памятная записка 19.7.51, Документы X). Находилось ли в бензобаке что-то ценное? Или Вереш хотел лишь испортить автомобиль, как он заявил? Позже Дьёрдь Вильгельм получил на машину квитанцию, которая потом была передана Рудольфу Филиппу Палом Хегедюшем.

79   В досье Валленберга, вдруг "обнаруженном" КГБ в 1989 году, содержалось 1000 долларов, 500 швейцарских франков, 30 шведских крон, 153 443 пенгё и 25 750 в валюте Болгарии (Рауль Валленберг: Отчет шведско-российской рабочей группы, 2000). Все ли это деньги, которые были конфискованы, сказать трудно.

80   Сведения о поездке Валленберга и Лангфелдера в Москву основываются на показаниях их сокамерников (Raoul Wallenberg: Dokumentsamling 1957).

81   План Рихтера можно изучить на www.yadvashem.org.

82   Данные базируются на показаниях Рихтера в RW Database (test. 673), Raoul Wallenberg: Dokumentsamling 1957, с. 71–73, и на интервью газете Dagens Nyheter (8.2.57).

83 В отличие от Рихтера, который высказался в середине 1950-х годов, Лойда, живший в ГДР, давал показания в 1990-м, когда его память по естественным причинам начала сдавать.

84 В интервью, которое Лойда дал Марвину В. Макинену в 1992 году, он утверждал, что следователь сказал: "Немец — дипломат, швед — нет" (RW Database/test. 490).

85 "Справка о вызовах на допросы Рихтера Г." (RW Database/doc. 4).

86 Журналист стокгольмской вечерней газеты Aftonbladet позвонил Коллонтай, которая утверждала, что у нее не было никакой информации о Валленберге: "Здесь, в Москве, я ничего не слышала о Валленберге — эти вещи через меня больше не проходят".

Дипломатическое фиаско

Литература: Anger 1981, Безыменский 2001, Philipp 1946, Raoul Wallenberg: Dokumentsamling 1957, Рауль Валленберг: Отчет шведско-российской рабочей группы 2000, SOU 2003, Villius 1966, Wahlbäck 2002, Werbell/Clarke 1982.

Архивные материалы: Anger 1945, Lundvik 1999, RW Database (Otto Danielsson/test. 202, 469, Áron Gábor/test. 211, Gunnar Reuterskiöld/test. 392).

87 Вербелл и Кларк беседовали с Краусом в 1981 г. Они также говорили с бывшим шведским премьер-министром Таге Эрландером и со Стаффаном Сёдерблумом, которые "дали понять, что были проинформированы о деле с пропавшими ценностями" (Werbell/Clarke 1982, с. 201–203).

88 Сведения об условиях на Лубянке и Лефортове базируются на информации, содержащейся в: Raoul Wallenberg: Dokumentsamling, 1957, с. 36–43.

89 Свидетельства сокамерников Валленберга — там же.

90 Явная ошибка, должно быть НКВД.

91 Письмо Александры Коллонтай Маркусу Валленбергу 7.6.45 (Документы V).

92 Philipp 1946, с. 183. Сандеберг уточнил информацию о встречах с Хилле в стокгольмской газете Stockholms-Tidningen 05.07.1946. Осенью 1946 года он опубликовал книгу о своем пребывании в советском плену (Sandeberg 1946).

93 Изложение советского отношения к делу Валленберга зимой и весной 1947 г. базируется на SOU 2003 и на Отчете шведско-россиской рабочей группы 2000.

Ликвидация

Литература: Agrell 2006, Anger 1997, Безыменский 2001, Eisenbach 1955, Englblom 2008, Gerner 2005, Lukacs 2010, Matz 2012, McKay 2011b, Рауль Валленберг: Отчет шведско-российской рабочей группы 2000, SOU 2003, Schiller 1991, Sereny 1995, Sudoplatov 1994, Vaksberg 1997, Valakh 1990.

Архивные материалы: RW Database (рапорт майора Петровского/ doc.33), Ваксберг [без даты].

94 О судьбе Лангфелдера и Ределя см.: Отчет шведско-российской рабочей группы (с. 143 и далее) и также Оберфюрер СА Вилли Редель. Документы из архивов ФСБ России (отв. ред. В. С. Христофоров; авт.-сост. В. Г. Макаров, В. С. Христофоров). Москва, 2012.

95 Переписка Наркоминдела и шведского посольства в Стокгольме в 1944–1947 гг., которая стала доступной в 2012 г., не проливает никакого света на дело Валленберга.

96 Возможно, Валленберг знал о существовании Кутузова-Толстого до отъезда в Венгрию. У жены его сводного дяди, художника Нильса Дарделя, была сестра, Линда Клинковстрём, влюбленная в русского графа, с которым она познакомилась в Париже в 1927 году. Потом они встречались несколько раз в 1930-е, но чувства не были взаимными. Даже если Валленберг не слышал о Кутузове-Толстом до их знакомства в Будапеште, можно предположить, что граф рассказывал ему о своих шведских связях, что, в свою очередь, могло заставить Валленберга доверить Кутузову-Толстому информацию о семье, и эта информация могла быть использована против него представителями советской власти.

97 О "следе Гиммлера" впервые заговорил Бернт Шиллер (Schiller 1991), убедительно и на основе достоверной документации. См. также Englblom 2008.

98 Эта информация (Ваксберг 1997) не подтверждается документтаами шведского МИДа.

99 Шведский дипломат Ульф Барк-Хольст истолковал беседу с Иваном Сысоевым в декабре 1946 года как подтверждение, что СССР рассматривает дело Валленберга как возможную "основу для переговоров". Предполагается, что это Сысоев был в курсе того, что Валленберг находится в советском плену, что подлежит сомнению.

100 John Crawford, The Raoul Wallenberg mystery, Palestine Post (18.04.1947).

Последствия

ЛИТЕРАТУРА: de Vylder-Bellander 1952, Lévai 1988, Philipp 1946, SOU 2003, Sjöquist 1985 и 2001.

101 Отчет о чествовании Валленберга базируется на: Lévai 1988, стр. 237 и далее.

102 Manchester Guardian (14.11.1952).

103 Washington Post (25.04.1947); New York Herald Tribune (27.04.1947); недатированное письмо Гарри С. Труману в Palestine Post (18.04.1947).

104 Redegjørelse for Nobels Fredspris: 1949 (Oslo 1949), с. 42 и далее.

105 Вальдемар и Нина Лангле в 1965 году, Пер Ангер в 1980-м, Ларс Берг и Иван Даниэльсон в 1982-м. Праведниками также были признаны представители других государств — Карл Лутц, Харальд Феллер, Петер Цурхер, Фридрих Борн, Анхел Санс-Бриз, Джорджо Перласка, Анжело Ротта, Дженнаро Веролино. Среди венгров — Ласло Очкаи, Александр Кассер и, в 2009 году, Пал Салаи.

Сделать честь своей семье

ЛИТЕРАТУРА: Berger 2005b, Engblom 2008, Karlsson 2003, Sjöquist 1985.

106 Интервью с Пером Ангером Микаэлу в Svenska Dagbladet (12.01.2001).

107 Karlsson 2003, с. 643. Об участии семьи Валленбергов в поисках правды о родственнике см. также: Sjöquist 1985, стр. 188–191.

108 Engblom 2008, с. 11 и далее.

109 Письмо Густава Валленберга Раулю от 21 июля 1935 года (Архив издательства Бонниер).

Именной указатель

ЛИТЕРАТУРНО-ХУДОЖЕСТВЕННОЕ ИЗДАНИЕ

CORPUS 292
БЕНГТ ЯНГФЕЛЬДТ
РАУЛЬ ВАЛЛЕНБЕРГ
ИСЧЕЗНУВШИЙ ГЕРОЙ ВТОРОЙ МИРОВОЙ

12+

Главный редактор ВАРВАРА ГОРНОСТАЕВА

Художник АНДРЕЙ БОНДАРЕНКО

Ведущий редактор ЕВГЕНИЙ КОГАН

Научный редактор КСЕНИЯ ПОЛУЭКТОВА-КРИМЕР

Ответственный за выпуск ОЛЬГА ЭНРАЙТ

Технический редактор НАТАЛЬЯ ГЕРАСИМОВА

Корректор ЕКАТЕРИНА КОМАРОВА

Верстка АНДРЕЙ КОНДАКОВ

Общероссийский классификатор продукции
ОК-005-93, том 2; 953000 — книги, брошюры

Подписано в печать 17.10.14. Формат 60×90 1/16
Бумага офсетная. Гарнитура *OriginalGaramondC*
Печать офсетная. Усл. печ. л. 40
Тираж 3000 экз. Заказ № 4433/14.

ООО "Издательство АСТ"
129085 г. Москва, Звездный бульвар, д. 21, строение 3, комната 5
Наш электронный адрес: www.ast.ru
E-mail: astpub@aha.ru

"Баспа Аста" деген ООО
129085 г. Мәскеу, жұлдызды гүлзар, д. 21, 3 құрылым, 5 бөлме
Біздің электрондық мекенжайымыз: www.ast.ru. E-mail: astpub@aha.ru

Қазақстан Республикасында дистрибьютор және өнім бойынша арыз-талаптарды
қабылдаушының өкілі "РДЦ-Алматы" ЖШС, Алматы қ., Домбровский көш., 3"а", литер Б,
офис 1. Тел.: 8 (727) 2 51 59 89,90,91,92, факс: 8 (727) 251 58 12 вн. 107;
E-mail: RDC-Almaty@eksmo.kz. Өнімнің жарамдылық мерзімі шектелмеген.

По вопросам оптовой покупки книг обращаться по адресу:
123317, г. Москва, Пресненская наб., д. 6, стр. 2, БЦ "Империя", а/я №5
Тел.: (499) 951 6000, доб. 574

Отпечатано в полном соответствии с качеством
предоставленного оригинал-макета в ООО "ИПК Парето-Принт", г. Тверь
www.pareto-print.ru